아프더라도 알아야만 하는 진실, 그리고 국민의 알 권리를 위해...

당신은, 진실과 마음의 평안 중
어느 쪽을 원하는가?

만약 당신이 철천지 원수라 여기며 증오하던 사람과
생명의 은인이라고 알던 사람이 뒤바뀌는 게 진실이라면?
마음의 평안은
크게 흔들릴 수도 있다.
그러나 올바른 미래를 찾기 위해서는
진짜 기억을 찾아야 할 것이다.

아프더라도 알아야만 하는 진실...
그리고 국민의 알 권리를 위해 이 책은 쓰여졌다.

한국의 역사조작 이념사기극

한국은 거대한 대국민사기판,
한국사 교과서의 80%는 거짓이다.
일본 관련 한국사의 99%는 소설이다.

새미래북스

우리 국민들에게는

교과서에 나오는 이야기들은

당연히 진실일 거라는 고정관념이 있다.

하지만 그게 바로 함정이었다.

우리 국민들이 분열된 이유는

가짜 국사와 사기 이념에 속아왔기 때문이며,

그 뒤에는 거대한 배후 세력이 있었다.

프롤로그

"한국사 교과서의 80%가 소설이라니? 국가와 학교의 공신력이 있는데 말도 안돼" 라는 반응을 하실 분이 많을 것이다. 그러나 필자가 이 분야를 17년간 연구하면서, '내가 이렇게까지 속아왔나?' 라는 배신감과 참담함은 이루 말할 수 없다. 한국사 교과서의 거짓말은 그보다 더 많기 때문이다. 한국처럼 극단적으로 분열된 나라도, 이토록 과거사에 집착하는 나라도 찾기 힘든데, 그 원인도 정치적 목적의 가짜국사 세뇌교육 때문이며, 누구라도 가짜 기억을 주입당하면 정상인일 수 없을 것이다. 예를 들어보자.

조선이 굶어 죽은 시체들이 널려있던 나라임을 국사 교과서는 철저히 감춘다. 조선 말까지 해마다 수만~수십만 명씩 굶어 죽어 총 6천만 명이 굶어죽은 '아사(餓死)의 나라', 북한을 우러러 볼 지상 최빈국의 실상을 교과서는 속인다. 조선은 동족을 자자손손 노예로 부리던 지상 유일한 노예제 나라였고, 돈을 벌어봤자 지배층이 빼앗아 가버리니 백성들은 끝없이 굶어죽던 나라다. 하지만 그 사실은 물론 그 고통에서 어떻게 벗어났는지를 국사 교육은 감춘다.

심지어 을사조약 후에 그런 굶어 죽음과 노예제의 참상이 사라지는 것을 본 조선 백성 100만 명이 뭉쳐서, 반봉건 한일합방 운동을 통해, 봉건 지배층을 굴복시켰던 역사의 기본 줄기조차 확 뒤집어서, 찬란한 나라를 강점 당했고 수탈 당했고 학살 당했다는 거짓말 역사만 가르친다.

가짜 국사를 주입 당하고 증오심만 배운 국민이 과연 정상일 수 있을까?

한국인 수십만 명은 대륙 진출 한다며 대륙에서 온갖 못된 짓을 자행했다. 그런데도 한국사 교과서는 한국이 마치 미국과 연합국 편에서 일본과 싸우기라도 한 것인 양, 피해자 행세까지 하며 자신들을 고난 당한 성자로 둔갑 시킨다. 조선인 일본군 지원자가 80만 명이 넘고 임시정부 광복군은 최대 339명

조선 말기의 서울

미만이라는 사실도 국민들에게 **철저히 속인다**. 조선인 일본군 입대 경쟁률이 평균 30:1을 넘고, 경쟁률이 62:1까지 치솟아서 일본군 자원입대에 낙방하여 자살한 사람들까지 있으며, 거의 전 국민이 대륙침략에 열광 동조했고, 태평양전쟁의 조선인 전범만 148명이라고 말하면 대부분 믿지 않을 것이다. **가짜 국사만 주입 세뇌 당하니 국민들은 자신들이 피해자인지 침략자인지마저 모르는 '기억 상실된 장님 국민'이 되어버렸다.** 한국사 교과서와 미디어를 사실이라 믿는 순간 국민은 바보가 되는 것이다. 사죄하는 침략자와 피해자 행세하는 침략의 공범 중 누가 더 나쁠까?

하나만 알고 넘어가자. 구소련의 공개된 기밀문서 등에 의하면, 김일성은 소련군 대위였다가 스탈린 앞 면접+ 필기 시험에서 박헌영을 누르고 합격된 사실이 드러났는데, 만약 북한 주민들이 이를 알았다면 김성주(김일성)를 지도자로 여겼을까? "소련군 대위가 왜 우리의 지도자가 되지?" 라고 국민들이 인식하게 되면 권력은 오래갈 수 없고, 권력을 위해 이미 수만 명을 죽였기 때문에 권력을 절대 내려 놓아선 안된다. 때문에 권력을 지키려면 반드시 '영웅'이 되어야 하는데, 그 수단이 바로 역사 조작이다.

1930년대의 서울

국사는 승자 멋대로 쓰는 거라서, 독립된 나라는 독립파가 영웅이고 합병된 나라는 합병파가 영웅이며 패자는 무조건 악당이 되는데, 영웅은 '구원자'여야만 하고 **승자를 구원자로 만들기 위해 패자는 필히 악당으로 교육된다.** 그가 짠 하고 나타나기 전에는 끔찍한 생지옥 시대라고 주입 시켜야 하고, 그 악당에 의해 우리 민족은 굶주린 늑대에게 뜯어먹히듯 끔찍한 악몽의 암흑 시대를 살았다고 믿게 해야만 한다. 그러나 뒤에서 밝히겠지만, **일제시대는 현재의 북한보다 훨씬 더 자유와 풍요를 누리던 시대다.**
일제시대에 끔찍한 수탈 당했다는 교육만 받아온 한국인은 믿기 힘들겠지만, 그 끔찍한 굶어 죽음과 노예에서 해방시킨 세력이 일본과 친일파였고, 한국의 굶주림을 해결하기 위해 일본이 투입한 돈은 천문학적이었다.
하지만 남북한의 교육은 이를 철저히 감추어야 한다.

만약 '북한이 일제시대보다 훨씬 빈곤하고 훨씬 끔찍한 인권 말살을 당하는 나라'임을 북한 주민들이 알게 되면 김씨 왕조가 지속될 수 있을까?
북한 주민들이 '괜히 독립해서 망했다'고 여기면 권력이 지속될 수 있을까?
북한이 망할수록 일제 시대는 북한보다 훨씬 나쁜 시대가 되어야만 한다.

조선 말기의 서울

'일제시대=악몽시대' 명제가 깨지면 김씨 왕조는 붕괴 위험에 처하며, 북한 정권을 추종해 온 남한의 김일성주체사상파 진보 진영도 뿌리채 흔들리게 되어있다. 그들도 대부분 사기 당하는 부류니까...

황장엽 전 노동당 비서가 남한 내 간첩이 5만 명임을 폭로했는데, 만약 당신이 김일성·김정일이었다면 간첩들에게 무슨 일을 먼저 시키겠는가? 남한에 거대 간첩망이 없다고? 북한이 간첩을 심을 능력이 없다고?

동독의 간첩이 2만 명이었고, 월맹이 자유월남에 심은 간첩도 3만 명이며, 자유월남의 유력 대통령 후보도 간첩이었는데 북한이 바보일까?

만약 필자가 김씨 왕이라면 남한 역사계와 사상계부터 장악했을 것이다.

내 사람을 학계에 심고, 학문의 자유를 악용하여 국사를 조작하며 내 사람을

1930 년대의 서울

키웠을 것이다. 국민의 기억을 조작해야 적을 분열시키며 권력을 이어가고 적화통일 가능성도 커지니까. 그런데 권력을 이어가려면 그것만 가지고 될까? **하나가 더 필요한데 바로 이념·사상으로 대중을 세뇌시켜 정신적 노예로 키우는 것이다. 물리적인 간첩 투입 작전에는 한계가 있으므로, 가짜 과거와 가짜 미래를 주입해서, 적진 속 내 추종 세력을 만드는 수법인데, 쉽게 말해서 "나는 너희들을 끔찍한 악몽에서 구해 준 영웅이고, 미래에도 유토피아로 인도할 초인이니 나를 잘 따르고 받들어 모셔" 이 컨셉이어야 한다.**

역사·정치·이념은 사실 한 세트이며, 그 곳은 존경받는 극소수의 사기꾼과 사기 당하는 대다수의 용감한 바보들로 넘치는데, 그들 중 가장 쓸모 있는 바보는 자신을 정의롭다고 믿는 용맹한 바보다. 기억을 조작해서 증오심과 복수심을 유발하고 이념으로 세뇌시켜서 용맹스런 졸개를 만드는 것이다. 북한 정권이 깊이 개입할 수 밖에 없는 한국사 조작과 이념 사기극, 그 전체의 큰 판을 이해하지 못하고 교과서가 가르쳐주는 국사만 믿는다면 국민은

기아와 부황에 시달리는 조선 백성들

사기 당하기 쉽기 때문에, 이 책은 국사·정치·이념 사기극을 함께 언급할 것이다.

북한 정권 입장에서는 유사시 한국을 도와줄 나라는 미국·일본 밖에 없으니, 자유 우방인 미국·일본을 한국과 이간질 시켜서 한국을 외톨이로 만들어야만 중국과 함께 남한 적화 통일이 가능해진다. 중국정권 입장에서도 한·미·일이 뭉치는 것을 막고, 북한 정권을 지키기 위해서는 한·미·일 이간질 공작을 할 수 밖에 없다. **누가 북한과 중국 정권이어도 그리 할 수 밖에 없다.**

북한 권력의 유지를 위해 외부의 적을 필요로 하고, 한국인들이 누가 적인지

1930년대의 부산 송도 해수욕장

러일전쟁기의 일본군과 조선인들

분별하지 못하도록 분단의 원흉을 만들어 분열 시켜야만 한다. 때문에 간첩과 종북 인사들의 첫째 임무도 대한민국을 미국·일본과 이간질 시키는 임무일 수 밖에 없고, 누가 북한의 봉건 왕이어도 그 전략을 쓸 수밖에 없다.

그런데 한국에는 북한·중국 등 공산 진영의 어떠한 현재진행형 만행에도 일체 침묵하고 오로지 자유민주주의 진영인 미국과 일본의 과거완료형 잘못만 부풀려서 헐뜯고 이간질시키는 거대 세력이 분명히 존재한다.

최근의 한일 갈등도 국사조작이 원인이며, 그 본질은 좌우 대립·남북전쟁이다. 한국의 모든 문제는 북한 간첩 5만명의 공작을 빼고서는 퍼즐이 맞지 않으며, 북한이 대형 간첩망 조성을 하지 않았다면 바보·멍청이다.

황장엽 등의 폭로처럼, 그들은 침투·김일성장학금·포섭 등으로 학계·정치계·교육·법조·언론·문화계 등에 침투시킨 세력을 동원하여 국사조작과 반미·반일 선동 및 한일 이간질을 할 수밖에 없다. 자유 월남처럼...

조작을 누가 했는지는 둘째 치고 적어도 한국사 교과서의 80~90%는 거짓이며, 일본과 관련된 한국사의 99%는 정치적 목적의 소설이다.

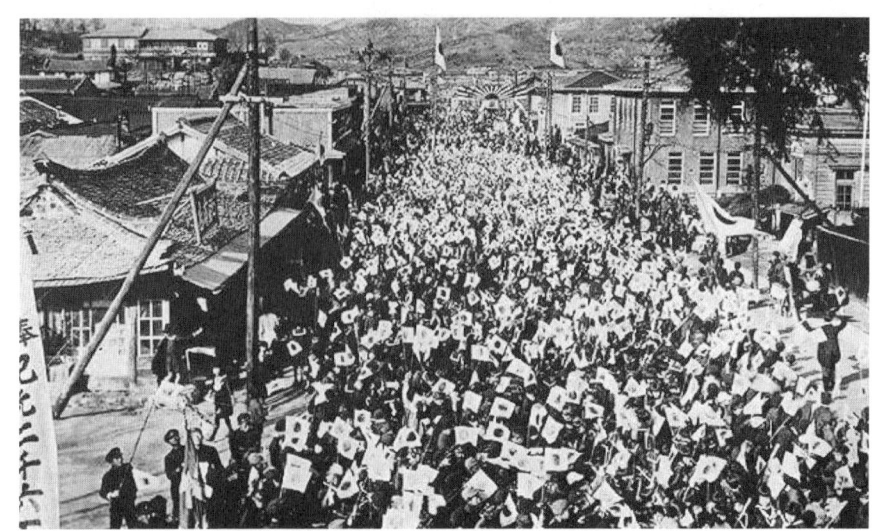
1941년 중국전선 연전연승에 환호하던 조선인들의 일장기 물결

임진왜란·늑약·밀사·강점·수탈·학살·위안부·징용·명성황후 등의 모든 국사 중 사기 아닌 게 없고, 정치 사기꾼들의 주요 수법이 가짜 역사 세뇌로 증오심과 정의감을 유발시켜 악용하는 것이며, 달콤한 술수의 '이념사기'까지 동원하는데, 극단적인 국민 분열의 이유도 통일이 안되는 진짜 이유도 바로 이거였다.

미국·일본이 한국에게 준 돈은 경부고속도로 200개를 만들 액수이며, 일본은 자국 총 외환 보유고의 35%를 떼어서 한국에 주기도 했다.

그런 우주학적 지원을 받았다면 미국·일본 수준의 경제가 되어 있어야 맞지만, 그렇지 못한 것은 가짜 국사와 이념 사기에 속아 분열형 손실이 많았기 때문이다. 가짜 국사에 세뇌 당해서 누가 적이고 누가 우군인지조차 분별 못하는 국민이 어떻게 통일을 할 수 있으며, 그런 국민은 나라의 주인인가, 누군가의 노예인가?

교과서와 미디어가 가르쳐주는 국사만 배워서는 국민은 영원토록 정치 사기꾼들의 노리개에서 벗어날 수 없다. 정치판은 사기판이며, 국사·이념·사상은 그 사기꾼들의 권력을 위한 도구다.

한일합방 시대의 노예 해방과 굶어 죽음에서의 해방 및
박정희 시대를 능가하는 초비약 발전과 함께,
일본의 대륙 침략에 철저히 동조했던 침략의 공범 한국....
그러나 갑작스런 패전 후,
미·소 점령군에게 임명되어 권력을 쥔 남북한 집권 세력이,
점령군에게 아부하고 자신들이 영웅 되어 권력을 지킬 목적으로
대대적으로 조작하여 국민들에게 세뇌시킨,
강점·수탈·학살 등 일본 악당화 목적의, 승자가 쓴 역사조작 농간...

그 역사 조작을 바로잡기는 커녕, 확대 재생산한 한국인의 무개념과,
미국·일본을 이간질시켜 한국을 외톨이로 만들려는 북한의
간첩단 공작과 함께 이념·사상 사기극조차 분별하지 못하여
북한을 추종하는 김일성 주체사상파 진보 진영이 생겨났고,
그들로 인해 국민들은 분열되어, 악마의 인민납치범 왕조는
3대째 호화향락을 누리고 동포들은 죽어가고 있다.
한국사의 80%가 거짓이고
일본 관련 한국사의 99%가 소설인 나라...
영웅과 악당이 뒤집히고, 은인과 원수가 뒤집힌 나라,
정의로 가장하여 국민을 망치는 국사·정치·이념 사기꾼들의 나라....
북한 왕조와 정치사기꾼들을 위해 존재하는 한국사 교과서, 이념사기극
우리 국민들이 분열된 이유는 가짜 국사 세뇌교육 때문이고,
통일이 안되는 이유도 국사조작 세뇌교육 때문인데,
이것이 대체 누구를 위한 가짜 국사인지를,
도대체 언제까지 이어갈 것인지를,
17년간 한국사와 이념 사상을 파고든 필자가
한국사 교과서 사기꾼들과 우리 국민들에게 묻고자 한다.

목 차 (1권)

00 프롤로그··05

제1장 한국은 거대한 대국민사기판
01 반드시 감추어야 하는 한국의 중대 국가기밀·····················20
02 정치 사기판 타짜들의 자기 지지층 뒤통수치기 술수············35
03 거대한 사기판 한국, 전체를 이해하기 위해 먼저 알아야 할 이야기···61

제2장 외국인의 눈에 비친 찬란한 나라
04 외국인의 눈에 비친 조선의 사회상··································110
05 외국인의 눈에 비친 조선의 정치계··································141
06 외국인이 바라본 조선의 모습들······································152
07 역사의 전환기를 바라보는 외국인들의 눈·························176

제3장 국민을 손쉽게 속여 넘기는 역사 타짜들의 기초 술수
08 국민을 손쉽게 바보 만드는 역사사기 타짜들의 기초 술수······192
09 폭군 세종대왕, 세종에 비하면 김정일은 천사다··················202
10 가짜성웅 이순신과 한국사 교과서의 임진왜란 조작 사기극···241
11 역사 조작의 나라 한국의 명성황후 사기극·······················274
12 후진국형 지배 술수 민족주의 사기극·······························299

제4장 한국사 교과서의 일제강점기 사기극

13 반봉건 한일합방 운동을 한 100만 명의 조선인들·············**312**
14 남북한의 사악한 역사조작 세뇌교육, 과연 무엇이 정의인가?···**335**
15 안중근과 동학, 그리고 악당화 된 국민영웅 이토 히로부미···**350**
16 한 줌의 독립파를 위해 전 조상을 바보로 만든 한국사 교과서···**369**
17 매국노와 매민노(賣民奴)·····································**379**
18 그냥 한번 웃고 넘어갈 을사늑약 코미디극···················**386**
19 또 하나의 코미디 헤이그밀사 조작극························**396**
20 한국과 일본, 고대에는 언어가 같았다························**399**
21 한국사 교과서가 감추는 진실, 백제와 일본은 사실상 같은 나라···**401**
22 일제가 이 땅에 처음 발 디뎠을 때····························**409**

목 차 (2권)

00 프롤로그···**05**

제1장 실컷 얻어먹고 나서 수탈 당했다고 사기교육 하는 나라

01 한국사 교과서의 일제 쌀수탈 거짓말, 토지수탈 거짓말········**20**
02 실컷 얻어먹고 나서 수탈 당했다고 사기교육 하는 나라·········**33**
03 너무 쉽게 속는 사람들, 한국인이 모르는 정치 구조적 심리학···**47**
04 한국인이 알면 곤란해지는 한글의 비밀·······················**59**
05 진실 기반이 아닌 목적의식 기반의 역사만 가르치는 나라·······**71**
06 한국인이 알아선 안되는 일제 시대의 진실····················**89**
07 쓰레기통 속에서 장미 꽃이 피어난 이유·······················**126**

제2장 피해자 행세하는 침략자, 이제는 한국이 사죄할 차례다

08 한반도 전역을 휩쓴 한국인들의 광적인 전쟁참여 열풍········150
09 피해자 행세하는 침략의 공범, 부도덕한 한국················167
10 숨겨진 진실, 한국이 발전한 또 하나의 이유··················179
11 참 허접한 역사조작, 난징대학살 사기극······················192
12 허접해도 통해 먹히는 역사조작, 관동대학살 사기극··········204

제3장 독립투쟁, 한국인이 알아선 안되는 진실들

13 독립 영웅들 염장 지른 어느 친일파의 팩트폭격···············216
14 어느 친일파의 일기를 통해 보는 우리가 몰랐던 진실·········228
15 일기장에 적힌 생생한 3.1운동·······························267
16 3.1운동, 유관순열사 조작극과 역사 사기판의 비밀···········281
17 뒤바뀐 영웅, 뒤바뀐 악당, 한국의 역사조작 사기극···········302
18 3.1운동과 함께 가르쳐야 할 조선인들의 중국인 학살 폭동···309

제4장 알고나면 멘붕, 그래도 알아야 할 우리의 진짜 역사

19 8천만이 속아온 한국 독립의 충격적 비밀······················322
20 태평양전쟁의 진짜 도발자, 마침내 드러난 진실················342
21 가짜 국사 제작의 공범이었던 우파, 그 감추고 싶은 비밀······370
22 시작은 어리석었지만 끝은 좋았던 한일 국교정상화 반대투쟁···396
23 '숭배족'들의 나라, 박정희의 중대 실착························400
24 한국인이 알아선 안되는 독도의 진실···························409

목 차 (3권)

00 프롤로그··05

제1장 종북·친중 좌파와 '위안부 사기극'

01 달을 볼 것인가 손가락을 볼 것인가?·······················20
02 위안부 할머니들의 절규, 우리를 팔아 사익을 취하는 악당들···34
03 쉿 비밀, 조선인들의 호황 산업이었던 위안소업과 마약 밀매업···47
04 쉿 절대 비밀, 한국군 위안부와 중국군 성노예···················54
05 한국인이 알아선 안되는 위안부의 진실······················60
06 자기 얼굴에 똥칠하는 위안부 소녀상························94
07 진짜 위안부와 가짜 위안부, 그리고 수입된 위안부··········106
08 무한반복 일본의 사과, 도대체 몇 번이나 더 사과 해야 돼?···135

제2장 친일파 청산 코미디극과 바보들의 합창

09 징용 피해자의 후손이 쓰는 강제 징용 사기극·············144
10 역사 조작의 나라 한국의 군함도 사기극···················157
11 친일파가 한 일 30가지와 반일파가 한 일 30가지··········167
12 청산하지 못한 일제 잔재 50가지····························169
13 조작된 영웅, 조작된 악당, 친일파 청산 코미디극과 바보들의 합창···174
14 과거사 문제에 대한 일본 정부의 잘못된 대응··············188

제3장 손에 손 잡고 함께 새미래로

15 권력 목적의 이념사기, 마르크스·레닌주의 사기극·········196
16 권력 목적의 이념·철학 사기, 주체사상 사기극·유교사기극···206
17 멸망과 도약의 기로에 선 인류, 지상낙원으로 가는 진짜 진보의 길···224
18 외계인 우주선의 관점에서 본 한반도의 역학적 지형·······250
19 한국어의 소멸, 일본어의 소멸·································254
20 미래혁명, 한·일 연합국(U·S·K·J)과 한·미·일 연합국가(U·S·W·E)···270

80년 전 조선의 전국적인 진풍경

무려 20만명, 미혼여성 140만 명 중 1/7이
위안부로 강제연행 당했다고 가르치는데....

제1장: 한국은 거대한 대국민사기판

01 반드시 감추어야만 하는 한국의 중대 국가기밀······20

02 정치 사기판 타짜들의 '자기 지지층 뒤통수치기' 술수···35

03 거대한 사기판 한국, 전체를 이해하기 위해 먼저 알아야 할 이야기···61

조선 말의 서울 종로

조선 말의 서울 남대문(숭례문, 서울 도성의 주 관문)

01. 반드시 감추어야만 하는 한국의 중대 국가기밀

⊙굶어 죽은 시체들이 널려있던 나라

한국인이라면 누구나 어릴 적부터 주입 받아온 명제가 하나 있다. 우리는 '찬란한 역사의 민족'이라는 것인데, "조선은 엉망이었다"라고 말하면, "그래서 일본이 나라 빼앗은 게 잘했다는 거냐?"라면서 '식민사관' 운운하지만, '목적의식'보다는 진실이 더 중요하다. **조선을 북한과 비교하기도 하는데, 이는 북한에 대한 모독이다. 북한이 아무리 x판이어도 조선과 비교 당할 정도의 막장은 아니다.** 조선과 북한의 실상을 있는 그대로 보여주고 한 곳을 선택해 살라고 한다면, 조선을 선택할 사람은 백만 명 중의 한명도 안될 것이다. **조선에 비하면 북한은 '인권선진국', '경제초강대국', '지상천국'이며, 조선 지배층에 비하면 북한 지배층은 천사다.**

*너무 곤궁해지자 서해안 주민들은 중국의 밀수업자들에게 자신들의 어린 딸들을 한 사람당 쌀 한 말에 팔았다. **몇몇 조선인들은 선교사들에게 처참한 국내 상태를 묘사하면서, 길마다 시체들이 널려 있다고 말했다.** [한국천주교회사, 프랑스신부 샤를르 달레 1870년대 후반의 조선을 묘사]

⊙조선왕조실록을 통해 들여다 본 찬란한 역사

다음은 '조선왕조실록' 중 시대 역순으로 극히 일부만 추린 자료다.

★(흉년·기근)**구제가 안되어 구덩이에 시체가 뒹굴고 있습니다**[고종42(1905)-2-8]

★항간에 굶어 죽고 얼어 죽는 사람이 많은 데야 말할 것이 있겠는가? 애처로운 이 궁핍함 역시 너무 참혹하여.[고종 41(1904)-1-30]

★한성부 5서 안에서 얼어 죽은 시체를 거두어 묻는 돈이[고종34(1897)-1-14]

★떠돌아다니며 얼어 죽거나 굶어 죽음을 면치 못하고 있다[고종31(1894)-10-13]

★굶주린 백성들이 부황이 든 것은 어느 곳이나 같으니 참혹하고[고종21(1884)-11-9]

★(북방은)**기근과 호표의 재변으로 10집에 9집은 비었습니다**[고종17(1880)-12-28]

★**해마다 흉년이 들어...굶어 죽은 시체가 곳곳에 있지만**[고종13(1876)-8-9]

★굶어 죽는 이가 잇따르고 있습니다.[고종2(1865)-6-10]

★백성이 굶어 죽어 구렁을 메웠는데도...[철종5(1854)-1-25]

★굶주려 죽는 경우가 이루 셀 수 없을 정도로 많으니[헌종3(1837)-11-10]

★사망자가 수십만 명이고...살아갈 재산이나 생업이 있는 백성이 극히 적은데, 지금은 그런 백성도 끼니를 잇기 힘들어 부황에 시달리니, 재산이나 생업이 없는 백성은...길바닥에 시체가 잇따르고...[순조21(1821)-8-22]

★굶어 죽은 시체가 길에 깔려 있습니다[순조10(1810)-3-7]

★굶어 죽은 사람을 헤아리기 어렵다고 한다[정조19(1795)-10-2]☞조선의 전성기

★**제주의 굶주려 죽은 백성이 6천여 명입니다**[영조41(1765)-12-16]

★기근이 겹쳐 이르러 사망한 사람이 거의 반이나 되니[영조28(1752)-2-19]

★굶어 죽은 시체가 서로 베고 누웠는데[영조18(1742)-3-5] ☞조선의 전성기

★굶어 죽은 시체가 깔려 있으나 썩은 살을 덮어주지 못하여[영조8(1732)-3-5]

★인류가 거의 다 죽어 없어질 지경입니다.[경종2(1722)-2-21]

★**제주에서만 굶어 죽은 백성이 수천에 이르니**[숙종42(1716)-윤3-19]

*길에 굶어죽은 시체가 즐비하며...[숙종30(1704)-5-19]

*호수는 25만 3391이 감손되고 인구는 141만 6274명이 감손되었다. 을해년 이후 기근과 여역이 참혹하여 그리 된 것이다[숙종25(1699)-11-16]
☞실제 인구는 기록 인구의 1.5배 이상이므로 약 **250만명 사망**으로 추정

*기근이 들어 도성에 시체가 산더미처럼 쌓였다[숙종23(1697)-10-23]

*굶어 죽은 자가 잇댈 정도로...열 집에 아홉은 비었는데[숙종2(1676)-3-7]

*기근·여역으로 죽은 토착 농민까지 합하면 그 수가 거의 100만에 이르고, 한 마을이 모두 죽은 경우가 비일비재합니다[현종12(1671)-12-5]

*그의 다섯 살 된 딸과 세 살된 아들을 죽여서 먹었습니다..."굶주리던 중 삶아 먹었으나 죽여서 먹은 것은 아니다."고 하였다 합니다[현종12(1671)-3-21]

*기근으로 굶어 죽은 시체들이 길에 가득하다[현종3(1662)-6-1]

*기근이 들어 들에는 굶어죽은 시체가 널려 있으며[인조26(1648)-5-11]

*흉년이 잇따라 굶어 죽는 자가 즐비하다.[인조19(1641)-2-3]

*굶어 죽은 시체가 길에 가득하고 목을 매어 죽는 자도[인조2(1624)-5-1]

*이리저리 떠돌다 굶어 죽은 시체가 널려 있습니다.[광해8(1616)-4-9]

*굶어 죽은 시체가 들판에 가득하여 아무리 파 묻어도[선조26(1593)-12-24]

*극도로 곤궁하여 굶어죽은 시체가 들에 가득하니[선조12(1579)-5-22]

*굶어 죽은 시체가 들에 깔려있고, 굶주린 백성이 시체를 뜯어 먹었습니다. 대낮에 성안에서 사람을 죽이는데도 막지 못합니다[명종13(1558)-3-6]

*사망한 자가 태반이고···열집 중 아홉집이 비었습니다[명종7(1552)-1-17]

*길바닥에는 굶어 죽은 시체가 서로 잇닿을 만큼 널려 있으며, 도성 밖에는 죽은 시체가 서로 포개져 있었다[명종2(1547)-5-10]

*함경도는 길에 굶어 죽은 이가 서로 연속되어 있고 육진(六鎭)은 더욱 심하여 사람끼리 서로 잡아먹는데 [중종34(1539)-2-3]

조선 말의 서울 서대문(돈의문)

*길주(吉州) 이남은 기근이 너무 심하여 사망자가 반이나 되니[중종8(1513)-5-6]
*굶어 죽은 시체가 서로 바라다 보일 정도이니[연산6(1500)-2-12]
*굶주려 죽은 시체가 길거리에 즐비하고[성종25(1494)-4-6]
*가족이 서로 흩어지고 굶어 죽는 자가 거듭 쌓이며[성종15(1484)-8-2]
*기근이 잇달아 백성들이 유리하여 굶주려 죽어가며, 미음과 죽을 잇댈 수 있는 자도 백에 한둘 밖에 안됩니다.[세조3(1457)-7-14]....<후략>

☞ **조선 시대의 '굶어죽음'은 아마 지구 역사상 최악일 것이다.**
한국은 '진실' 기반이 아닌 '목적의식' 기반의 국사만 가르치는 나라여서 국민에게 진실을 알려주지 않지만, 한국인 중에 사람시체(人肉) 뜯어먹던 조선시대의 식인종 조상 안가진 사람 없다고 보면 거의 맞을 것이다.

*굶주린 백성들이 다른 굶어 죽은 시체의 살점을 모두 베어 먹어버리므로 백골만 남아 성 밖에 쌓인 것이 성괘 높이기 같습니다.[선조27 (1594) 3-20]

중국의 공산화 후 학살 및 굶겨 죽임 당한 6500만 명의 생명과, 구소련에서 학살당한 2000만 명이 최대의 살육이며, 공산주의가 죽인 1억 명이 최대의 학살이지만, 그것은 인구 비율상 조선에 비하면 미미한 숫자다. 인구 수백만 명인 나라와 수억 명인 나라의 수치는 비교 될 수가 없다.

중국의 장춘학살(30만명,1948년)

위 사진은 도시 전체를 굶겨 죽이는 작전으로 1948년에 30만 명을 굶겨 죽인 장춘학살 시신의 일부인데, 조선시대에 저 정도 시체 더미는 흔했고, 조선 500년간 굶어 죽은 시체는 위 사진 속 시체 200구의 30만 배였다.

☞6.25때 김일성과 좌파의 남한양민 학살은 122,799명[대한민국통계연감.1952]이며, 북한 정권은 주민 100만 명을 학살하고(6.25희생자 300만명 빼고), 300만 명을 굶겨 죽였는데, 그 정도는 조선에 비하면 '새 발의 피'다.

(김일성과 좌파의 6.25 남한 민간인 학살: 서울 8,800명 경기7,511명, 충북 3,409명, 충남 5,562명, 전북 14,216명, 전남 69,787명, 경북 6,609명, 경남 6,099명, 강원 6,825명)[대한민국통계연감.1952] -전쟁 희생자를 제외한 남한 민간인 학살.

북한은 자기 나라를 지상 천국이라고 선전하는데, 이는 남한과 비교 되기 때문에 코미디가 된 것일 뿐, 조선에 비하면 북한은 지상 천국이 맞고, 죽은 시체 수만 비교한다면, 북한의 봉건 왕은 조선 왕에 비해 천사다.

(한국사 교과서는 북한·중국 등 공산권의 만행은 언급을 하지 않고, 미국·일본·우파 진영의 잘못만 부풀리는 성향이 강한데, 균형 차원에서

*김일성의 함흥학살 : 1950년 10월 1만 2천여 명 양민학살(함흥감옥:700명, 충령탑 지하실:200명, 정치보위부 지하실:300명, 덕산 니켈광산:6,000명, 반룡산방공굴:8,000여명. 납치·실종자 제외) [자유공화국 최후의 날, 박계주]

김일성의 함흥 양민학살(1만2천여명 학살)

한국사 교과서가 언급을 피하는 북한·중국·좌파의 만행도 조금 실었다.)
한국은 북한군과 좌파에게 많이 죽임 당한 지역일수록 더더욱 친북적이고 친좌파적인데, 그런 게 역사조작 세뇌교육의 무서움이다.

☞백성이 굶어 죽으면 관리가 곤장 맞았으니 보고를 안하는 경향이었고, 그래도 왕에게 보고된 것만 실록에 기록 되며, 그 중 죽은 인원을 적시한 것은 수십 분의 1인데 일부만 집계해도 1,600만 명 쯤은 쉽게 확인 되며, 실록이 너무 방대해서 수치화 되지 않은 사망자를 인구변동률로 추정하면 4천만~1억 명이므로 약 6천만 명이 굶어 죽었다고 보는 것이다.
(연 평균 사망자의 15% 정도만 굶어 죽었다고 본 최소의 수치)

*'**국물도 없어**' 라는 말은 굶주림 구호처인 '설죽소'에서 줄을 섰다가 국물마저 얻어먹지 못한 사람들이 섭섭해 하던 말에서 유래된 소리다.
*'**엉망진창**' 이라는 말의 어원은, 죽을 배분할 때 서로 먹으려고 달려들었기 때문에 '엉망이 된 진제장' 이라는 말에서 나온 것이다.
*'**먹고 죽은 귀신 때깔도 좋다**'라는 속담도 너무 굶주리던 데서 나왔다.

* **'점심'**이라는 말은 출근하는 직장 개념이 생기면서 근세에 겨우 생긴 말이고, 그 말의 유래도 뱃속에 점 하나 찍는다는 뜻으로 나온 말이다.
* **'찢어지게 가난하다'** 라는 말은, 소나무 껍질이나 솔잎 따위만 먹어서 변비에 걸려 항문이 찢어질 만큼 가난하다는 뜻에서 유래된 말이다.

⊙ 끝 없는 민란·비적·도적떼와 공생(共生)하던 역사

조선시대에 서점과 세계지도가 있다는 말은 들어본 사람 없을 것이다. 또 중국에 대한 조공 외의 무역을 한 사례도 찾기 힘들 것이다.

고려는 외국과 교류를 했기 때문에 korea라는 국호가 세계에 알려졌고, 일본은 16세기부터 서양과 교류를 통해 발전했지만, 쿠데타로 권력을 쥔 조선 지배층은 외국과의 무역을 차단하고, 유교서적 외의 대부분의 서적을 말살하고, 농업 외의 거의 모든 산업을 억압했다.

그런데 **작은 나라가 나라의 문을 수백 년간 걸어 잠그고, 사유재산마저 보호해주지 않는 속에서 상공업까지 말살시키면, 그 속에서 어떤 일이 벌어지게 되는지를 우리의 교육은 가르쳐주지 않는다.**

그래도 국민들은 평온하게 잘 지내는 것처럼 가르친다.

민중이 지배층의 도덕성을 부정할 때 폭동이 일어나는데, 조선은 민란·폭동·도적떼가 없는 해가 없었다. 조선 말의 1년에 한 건 씩만 보자.

*비적이 창궐하여 인민 생활은 아침 저녁도 고려하지 못하고 [순종2(1909)-12-4]
*비적의 무리들의 화가 무고한 사람들에게 미쳐...불타버린 민호가 수천 호나 되어 잿더미만 남은 촌락들은 쓸쓸하고 [순종1(1908)-2-28]
*전 참판 허위는 비적의 괴수가 되었는데, 700여 명의 무리를 거느리고 각 고을을 노략질 하므로... [순종 즉위년(1907)-10-15]
*수령이 탈취하고 군사들이 침탈하며 의병이라면서 약탈하고 [고종43(1906)-9-24]

*도적의 약탈이 곳곳에 낭자하고 사람을 죽이고 집을 불질러[고종43(1906)-3-11]

*인심은 소란하여 진정될 가망이 없고 도적은 점점 성하여[고종42(1905)-5-1]

도적들의 약탈로 몽땅 거덜나고, 군사로도 토벌할수 없으니.[고종41(1904)-7-15]

*백성은 굶주림에 시달리고 도적이 횡행하여 길이 막히고[고종41(1904)-1-8]

흉년으로 인하여 도적이...어디라 할 것 없이 사정이 모두 민망하지만, 도적의 우환은 삼남 지방이 더욱 심하다고 한다.[고종40(1903)-7-1]

*비적(匪賊)들의 경보(警報)가 막심합니다.[고종39(1902)-7-20]

*제주도 대정 민란에 대하여 보고하다.[고종38(1901)-5-31]

*경성 내외에서 도적들의 약탈로 도로까지 막힌다고[고종36(1899)-1-15]

*도적이 횡행하여...약탈이 도처에서 벌어지고 있건만[고종33(1896)-12-26]

도적의 소요로 성주에서 불타버린 민가가 600여 호나 되고 하동에서는 온 성이 모두 타버렸다고 한다.[고종32(1895)-10-1]

동학 무리들이 날뛴 것 때문에 금산군과 용담현의 인명 피해가 81명, 불에 탄 민가가 972호이고 불탄 관청 건물이 44칸이니[고종32(1895)-1-8]

괴산에서 비적의 소요로 불에 탄 민가가 500여 호나,[고종31(1894)-10-29]

*의정부에서 민란이 일어난 개성에 대한 처리를 아뢰다[고종31(1894)-11-24]

*도적들의 소요가 더욱 심해져서 대낮에 떼를 지어 다니며 가게들을 모두 털고 길가는 사람의 물건을 약탈하며[고종30(1893)-10-29]

평안도 민란을 일으킨 자들의 처벌에 대해...[고종30(1893)-2-23]

*도적이 갈수록 성하여 도성 안에서 대낮에 약탈하며[고종28(1892)-12-24]

*도적으로 인한 소란이 기내(畿內)에서 더욱 심한 만큼[고종27(1891)-3-8]

옛날의 도적은 사람들에게 들킬 것을 두려워했는데 오늘날의 도적은 오히려 알려지지 않을 것을 걱정합니다...[고종24(1888)-3-29]

*도적이 없는 데가 없고 변란이 없는 곳이 없으니[고종23(1887)-8-16]

황해도 토산현의 민란에 관하여 의정부에서 보고하다[고종22(1886)-1-4]

★모반대역부도에 대해...능지처사에...천한 노비 부류로서 [고종 21(1884)-12-13]
★백주에 강도 6, 70명이 상인 재산을 빼앗고, 도성에서도 왕왕 강도짓을 하는데, 모두 총과 검을 가지고 있다 합니다. [고종20(1884)-6-15]
★도적의 수가 수백 명 혹은 700, 800명에 이르며... [고종18-(1882)-3-23]
★소굴을 만들려고 강화도를 먼저 침범하려 하였고 무기를 빼앗아 서울로 향하려 하였습니다...모반대역부도에...능지처사에... [고종18(1881)-10-10]

☞조선 말은 도적떼로 들끓는 춘추전국시대 조짐이 역력한 시대다. 우리가 '찬란하고 아름다운 시대'라고 교육받는 조선시대에는 저렇게 민란과 도적떼로 들끓었지만, '끔찍한 악몽의 국치시대'라 교육받는 시대가 되자 민란과 도적떼가 거의 사라졌다.

도적 떼와 민란과 의병과 독립투사를 구분할 방법은 없다.
한국사 교과서에 의하면 그들 중 일본과 싸운 흔적이 있다면 의병·의거·혁명·독립투사이고, 일본과 싸우지 않았다면 도적 떼나 '반란괴수'다. 민간인에게 살인·약탈을 일삼던 무장 도적떼도 얼마든지 의병·독립투사가 된다. 역사는 승자 맘대로 쓰는 거니까...

◉외국인이 바라본 조선

★지구상에서 조선만큼 지배층이 범죄적인 곳은 없을 것이다. [헤세 바르텍]
★국가는 수시로 고을 수령들에게 할당량을 요구했다.
이에 따라 각 관찰사에게 할당이 되고 **사또를 거쳐 맹금류 아전들에게 명령이 떨어진다. 그러면 백성들의 집은 이 잡듯이 살살이 수색 된다.** [제이콥 로버트 무스의 '1900 조선에 살다' 중]

*조선의 가장 비참한 모습 중 하나로 최하층 계급인 노비가 있는데, 100만명에 불과한 노비가 나머지 1000만명 이상을 먹여 살리는 구조다. 이들은 인간적인 권리나 그 어떤 소유권도 인정받지 못했고, 노비의 소유자는...노비의 목숨을 맘대로 할 수 있다.[러시아 장교의 내가 본 조선인]

*여성은 가재도구에 불과하며...여자는 교육을 받아서는 안되고, 남자들은 음양이라는 이원적 철학을 가지고 있어서 여성은 열등한 존재다. 딸들은 아버지에 의해 처형되고, 아내는 남편에 의해 살해된다.[비숍]

*사령들은 급료가 없으므로 횡령으로만 살며, 그들 마음에 드는 것이라면 무엇이든 백성에게 강탈한다.[샤를르 달레]

*그는 푸념을 늘어놓았다. "죽도록 일해서 벌어봤자 관리가 다 빼앗아갑니다...당신 같으면 일할 맛 나겠습니까?"[아널드 새비지랜도어, 고요한 아침의나라 조선]

*양반들은 평민에게 가혹한 폭정을 가한다. 양반들은 평민들에게서 착취,약탈,불법구금 등을 자행하는데, 그것을 아무도 제지하지 못한다. 관리나 수령 등의 양반들은 논이나 집을 사고도 돈을 지불하지 않는다. 이것은 관습이다. 조선의 가장 못된 착취 계급은 양반이다[선교사 다블뤼의 서신]

*사람들이 이런 환경에서 생존하고 있는 것이 놀라울 따름이다...대부분 맨발이고, 가축 우리보다도 훨씬 못한 집들이 끊없이 이어져 있고...[알렌]

*과거시험은 단 몇시간 만에 시험과 시상식이 끝난다. 시험은 형식일 뿐이고, 관직은 비싼 돈을 내놓은 사람에게 팔린다.[헤세 바르텍]

*모든 관직은 뇌물을 통해 구해야 하고, 관리들은 백성들이 굶주려도 착취를 멈추지 않는다. 이들 관리들 역시 기생충에게 피를 빨리고 있으니 바로 외척인 민비(명성황후) 일가였다. 가장 높은 관직도 이들로부터 사야한다...수백 년에 걸친 폐해를 왕은

조선의 고문과 형벌들

제거할 힘이 없다. 만약 그런 시도를 한다면 왕위가 위태로울 것이다. 그러니 왕 또한...뇌물을 탐닉하고 있었다.[헤세 바르텍]

*조선의 형벌은 매우 끔찍해서 줄톱으로 다리를 켜고, 불로 지지거나, 도끼로 몸의 일부를 자르거나 했다. 사형은 너무 흔한 형벌인데, 좀도둑에게도 사형을 시킨다. 하지만 돈만 있으면 피해 나갈 수 있었고, 수령들은 이를 악용해서 부를 축적했다.[러시아 장교의 내가 본 조선인]

*사법 조직은...백성을 억압·약탈하는 도구이자, 관리의 배를 채우고 사적인 복수를 하는 데 사용되는 도구다. 수령은 판사 역할까지 겸하는데...중요한 것은 돈의 양이다. 또 아전들은 급료를 받지 못하므로 죄인 용의자들로부터 뇌물을 받아 생계를 유지한다.[헤세 바르텍 1994년 여름]

*재판에서는 고위직의 소개장만 얻으면 아무리 부당한 사건이라도 이긴다. 돈을 전혀 받을 게 없는 사람이라도 힘 있는 인사에게 돈의 절반을 주기로 하면 그가 수령에게 보내는 편지를 받고 수령은 무조건 들어주는 것이 관례로 되어 있다. 이 경우 망설이는 수령은 세력층에 원수를 지게 되어 자리를 잃게 된다. 조선에서 돈 없고 힘 없고 정당한 권리만 있을 때 그 권리를 지키는 것은 불가능에 가깝다.[샤를르 달레]

외국인이 찍은 조선의 민가지역

⊙1인당 GNP가 500년간 1/20로 쪼그라든 초고속 마이너스성장국

고려 시대에는 20만 대군이 운용된 적도 있는데, 조선 말에는 국가 공무원이었던 수도방위군 1~2천명의 급료조차 못주어서 임오군란이 일어났고, 이를 진압하려고 청군 3000명을 불러들였다.

인구가 많아졌는데도 그 꼴이 된 이유는, 경제 자체가 사라져버렸기 때문이다. 조선초기 인구 100만 명일 때 세입이 40만석이었고, 조선 후기 인구 1천만명일 때 세입은 10만석이었다.

1인당 국민 소득이 1/20 이하로 추락 했다는 것이다.

월 100만원 벌던 사람이 월 5만원 수익으로 몰락한 것이다.

세수 10만 석은, 요즘 시세 쌀 20kg당 6만원씩 환산하면, 1년 예산은 430억원이다. 참고로 대한민국 예산은 600조원이다. **조선의 국가 예산은 대한민국의 1/10,000 정도이며, 한국의 '리'나 '동' 쯤의 마을 규모 정도다.** 조선왕조 500년 동안 국가는 동네가 되고, 대장군은 골목대장이 되고, 왕은 추장이 되어버렸다.

북한은 300만 명 굶겨 죽이면서, 인민들 살릴 돈으로 김일성 궁전과 핵무기라도 만들었지만, 조선은 전 국민을 다 굶겨 죽여도 김일성궁전 지을 돈이 안 나오는 조프리카 막장 동네였다.

*우리 나라는 천하에 가난한 나라입니다. 1년의 조세 수입을 풍년의 것으로 헤아려도 10만여 석이 넘지 않는데...[실록, 정조2(1778)-윤6-24]
*나라의 전성기 때도 1년 세수 23~24만 석이었고 그 중 쌀은[선조26(1593)-8-10]
국초에는 세입이 40여만 석이나 되었습니다.[선조34(1601)-8-1]
*각도의 호가 15만 3,404호, 인구가 32만 2,786명이다.[태종4(1404)-4-25]
함길도의 사망자가 1,752인이니 1/10이 죽은 것인데[세종25(1443)-11-19]
*한국의 해군에는 배가 단 1척 있는데, 그마저도 아무 쓸모 없는 것이며, 해군의 수군절도사가 39명이나 된다.[대한제국의 비극, 매켄지]

☞일부 학자들은 조선 개국 초의 인구를 수백만이라 엉터리로 말하는데, 실록은 32만 명이라고 밝히고 있고, 함길도(함경남북도)의 굶어 죽은 1,752명을 인구의 10%라 밝히고 있다. 누락분 포함 인구는 100만 명으로 추정되며,(=20만호*5명) 고려시대 20만 병력이 있었던 사례에 비추어, 조선 초기에 초대형 인구 감소 사건이 의심된다.(대학살,대탈출,대기근,전염병 떼죽음 등)

우리 민족의 전통 정서는 한(恨)인데, 비참한 굶어 죽음 때문일 것이다. **가정과 전제가 바뀌면 결론이 바뀌는데, 한국사 교과서는 기초사실 조작, 즉 조선이 어떤 나라였는지를 속이면서 대국민 사기를 시작한다.** 진실을 알아야 고치거나 반성할 점도 알고, 누가 우군이고 적군인지도 알 수 있는데, 한국사 교과서는 오로지 국민을 속일 목적으로만 존재한다. 한국인은 국가의 주인이 아니며, 국가의 주인은 따로 있는 듯 하다.

⊙굶어 죽음의 암흑기가 된 이유, 그리고 한국의 진짜 문제

굶어 죽게 된 이유를 생각해보자. 정책 실패로 굶어 죽을 수도 있고, 몇 번 반복 될 수도 있다. 그러나 너무 반복되면 단결된 움직임이 필요했는데, 그게 없었다. 국민들이 계속 굶어 죽는 이유는 둘 중의

하나다. **첫째는 지배층의 도덕성이나 능력의 문제,
둘째는 체제의 문제인데**, 둘 중 하나도 바꿀 능력이 없으니 국민들은 끝없이 죽어갔던 것이다.

*역사를 알면 알수록 현 왕조 하에서는 개혁의 희망이 없음을 확신하게 된다. 정부는 500년간 국가의 향상을 위해 한 일이 전혀 없다. 무엇보다 슬픈 것은 황제나 비굴하고 부패한 정치인들이나 완전히 죽은 대중에게서도 한국의 장래에 대한 희망을 발견할 수 없다는 사실이다…**소수의 독재 정치로부터 한국민을 구하는 유일한 방법은 현 정부와 낡은 체제를 철폐하는 것이다.** 철저히 썩은 정부를 미봉하는 것은 소용 없는 일이다.[친일파 윤치호일기]

시스템과 지배층의 도덕성이 글렀는데, 그 근본을 내버려 두고서는 아무 것도 해결되지 않는다. 경제가 반 토막 났다면 정책을 바꾸거나 지배층을 바꾸어야 하고, 그 때를 놓쳤어도 반의 반 토막 때라도 바꾸었어야 했다.

경제 규모가 1/20로 쪼그라들 때까지 그 정권만 계속 모시지 말고, 6천만 명이나 굶어 죽을 때까지 구경만 하지 말고, 지배 권력을 손절하고 시스템을 바꾸었어야 했지만, 500년 간이나 그것을 하지 못했다.

이와 똑같은 일이 휴전선 이북에서 일어나고 있고, 강제수용소 등지에서 하루 평균 40명 이상씩 죽어가고 있다.

북한은 조선과 시스템이 똑같다. 이씨 왕조와 양반 지배층이 김씨 왕조와 당원으로, 조선의 이웃감시법 '5가작통제'가 5호담당제로, 왕을 어버이라 모시는 유교사상 외의 모든 사상을 조선이 말살했듯이, 북한은 주체사상 외의 모든 사상을 말살했다.

요즘의 부자는 좋은 물품을 개발하건, 개인의 능력을 쌓건, 타인과 사회에 기여 함으로써 그 보상으로 부자가 되지만, 조선의 부자 대다수는 무력 정복한 지배 세력의 일당이라는 점도 북한과 비슷하다.

자유가 없고, 잔혹한 인권말살의 노예제와 굶어죽음까지 이어 받은 나라,가족끼리 죽이는 패륜의 전통까지 물려받은 지구 최악의 막장국가, 북한의 모습이 우리 민족 본래 모습의 비약발전 버젼이며, 외력이 없이는 저렇게 수천 년이라도 갈 것이다.

인명 살상 수단이 강력해서, 의식 있는 국민들이 있어도 민심 결집 움직임만 있으면 바로 죽이기 때문이다.

문제는 남한이다. 북한 인민에게 자유를 찾아 주어야 한다거나, 북한 인민이 주인이 되어야 한다는 의식조차 없고, 북한 인권을 말하면 "그럼 전쟁하자는 것이냐?" 소리나 하고,

공산주의가 인류를 인권말살의 생지옥으로 몰아 넣어 1억명 넘게 학살 했는데도, 지금까지도 공산주의를 '진보'라 부르고, 추종 세력이 넘치며, '인간우상 숭배집단'인 '김일성주체사상파' 세력까지 '진보진영' 간판으로 득세한다.

이 지경인데도 북한의 권력 교체나 시스템 교체를 외치는 분위기조차 안되고, 오히려 그들을 추종하는 그룹까지 활개 친다는 사실....

이것이야말로 한국인의 정신이 '지적 반신불수'라는 증거다.

만약 미국·일본이나 독일 영국이 우리의 처지였다면 그 나라 국민들은 분단과 이산가족 문제를 수십년 전에 해결 했을 것이다.

지구상에서 통일을 못한 유일한 민족이라는 것, 그게 우리 능력의 증거이며, 능력 정도가 아니라 이건 인간들의 나라도 아니다.

02.정치 사기판 타짜들의 자기 지지층 뒤통수치기 술수

◉운동권 출신 한 후배와의 대화

후배: "아이~ 형은 왜 자꾸 '수구x통'들과 똑같은 얘기만 해요?"

필자: "너는 지금도 여전히 좌파야?"

후배: "좌파가 아니라 진보죠. 노동자와 서민의 편에 서는 세력이니까."

필자: "노동자와 서민의 편이라...당연히 그래야지. 기업은 가진 자인데 노동자와 서민의 편, 못가진 자의 편에 서야 옳지. 그러니까... 기업에게 강제력을 가해서라도 노동자의 임금을 올려 주고, 세금을 인상해서 서민 복지도 향상 시켜야 맞는 거지?"

후배: "당연하죠. 그래서 투쟁하는 거잖아요? 임금이 올라야 일 할 맛도 나고, 노동자가 살아야 경기도 나아지고, 복지가 향상돼야 사회도 좋아지죠. 가진 자의 편에 선 수구x통들이 가로막는 거고."

필자: "그렇지, 서민과 노동자를 위한 정책이 돼야지. 그런데 말야..." 그렇게 서민과 노동자를 위해주려고 기업에게 그런 불이익을 주면 기업 하겠다는 사람은 많아질까, 줄어들까?"

후배: "그야 뭐 줄어들겠죠?"

필자: "또 해외 자본의 국내 투자는 많아질까, 줄어들까?

후배: "뭐 쪼끔....줄어들 수도 있고...."

필자: "기업 세금을 올리면 해외로 튀는 기업은 많아질까, 줄어들까?"

후배: "음.... 쪼금....많아질 거....같기도 하고...."

필자: "국내외 자본의 투자가 줄어들면 일자리는 많아질까, 줄어들까?"

후배: "뭐....약간....줄어들....수도....!"

필자 : "일자리를 줄이면서 노동자 편에 선다? 복지 많이 해준다? 이상하지 않아? 또 일자리가 줄면 임금은 올라갈까, 내려갈까?"

후배 : "음....쪼끔....내려....갈려나?"

필자 : "와 너 진짜 똑똑하다. 경제 원리를 정확하게 이해하잖아? 너 그리 똑똑한데 왜 여태 좌파니? 너 정도면 진작 빠져 나왔어야지. "

후배 : "어쨌든요 서민과 세입자의 편에 서야 하는 건 맞잖아요?"

필자 : "맞아. 서민과 세입자 편에 서야지. 그러니까 임대료도 확 낮추고, 집 주인에게 세금을 많이 걷어서 세입자를 도와주면 좋은 정책이지?"

후배 : "당연하죠. 정책이란 못가진 자의 편에 서야 맞는거죠."

필자 : "맞아, 당연히 못가진 자의 편에 서야지. 그런데.... 세입자의 편에 서 주려고 집주인에게 그런 불이익을 가하면, 집을 공급하는 사람은 많아질까, 줄어들까?"

후배 : "공급이야 뭐....줄어들 수도.... 있고...."

필자 : "공급이 줄어들면 집값,전·월셋값은 올라갈까 내려갈까?"

후배 : "음....쪼끔......올라......가려나?"

필자 : "와...너 정말 똑똑하다. 세입자의 편에 서면 되려 그들을 해칠 수 있는 이치까지 이해하잖아? 좌파가 그런거 이해 못해서 항상 집값과 전·월세 값을 폭등시키는데, 대통령도 이해 못하는 어려운 이치를 너는 정확히 이해 하잖아? 와... 너 그리 똑똑한데 왜 여태 좌파야?"

후배 : "어쨌든요, 노동자의 편·비정규직 편에 서야 하는건 맞잖아요?"

필자 : "물론 노동자의 편에 서야지. 그러니까 비정규직도 정규직화 시키고 파업 노동자의 편, 약자의 편에 서야 한다는 말이지?"

후배 : "당연하죠. 요즘 비정규직이 얼마나 많은데...."

필자 : "그래 비정규직 편에 서야지. 그런데 말야. 임금으로 지출될 돈은 한계가 있는데, 비정규직을 정규직화 시키고, 고임금의 파업 노동자 편에 서고, **특정 부류의 임금을 올리면, 그 정규직이 못 된 사람들, 취업 못한 청년들에게 돌아갈 몫은 줄어들지 않을까?** 오히려 청년 실업자와 노동 약자를 더 망치게 되진 않을까? 한정된 파이를 가지고 누군가에게 더 주면 그로 인해 손해보는 '더 약자'를 만들어서 오히려 약자를 망치게 되지는 않을까?

'노동자와 서민의 편', '약자의 편'이라, 참 멋있고 정의로와 보이지? 하지만 세상은 그리 단순하지 않아.

오히려 기업 편에 서서 기업 활성화를 돕고 일자리 창출할 여건을 키워주면서 파이를 키워 가는 게 진정 약자를 위하는 길 아닐까?"

후배 : "그러니까...잠깐만요...자 잠깐 화장실...!!!"

(화장실 다녀온 후 급한 연락이 왔다면서 황급히 나감)

⦿ 서민의 편으로 위장한 서민의 **흡혈귀들**

당신이 중소기업을 경영하며 직원, 알바를 10명 고용한다고 치자. **만약 국가에서 직원의 급여를 강제로 확 올려버리면, 당신은 그들을 계속 고용 하겠는가, 감원을 고려 하겠는가?**

강제적 임금 인상이 정말 약자를 위한 것일까? 혹시 사기는 아닐까? 아주 오래 전에 '엄마 찾아 삼만리'라는 만화영화가 있었다. 이탈리아 소년 마르코가 아르헨티나에 돈 벌러 간 엄마를 찾아가는 실화 바탕의 이야기인데, 과거의 아르헨티나는 이탈리아 시민이 돈 벌러 갈만큼 세계적인 부국이었고, 그 나라 수준은 우리로선 꿈도 못꿀 정도였다.

하지만 현재 그 나라는 IMF 단골이고 한국은 그보다 훨씬 잘 산다.

영화 '에비타'의 여주인공 '에바 페론'의 남편인 후안 페론, 노동자와 서민의 편에 서고 '세금복지'를 팍팍 베푸는 '아름다운 진보좌파' 페론이 집권하면서 잘나가던 아르헨티나에 문제가 생기기 시작한다.

노동자와 서민의 편이라던 페론은 가진 자에게 많이 걷어서 서민

1910년의 아르헨티나

들에게 나누어주는 '아름다운 복지' 정책을 폈다. 서민들은 열광했고, 페론의 인기는 하늘을 찔렀다. 그런데...남이 번 것을 빼앗아서 나눠주는 것은, 당장은 좋지만 지속 가능하지 않다는 문제점이 있었고, 결국 대다수 기업들이 망하거나 해외로 탈출했다.

결국 일자리도 급감하고 경제는 망했지만, 복지라는 마약은 한번 투여하기 시작하면 중간에 그치기 힘든 것이어서 결국 임금 인상과 인플레의 악순환이 이어지고, 나라는 거덜났다.

남의 것을 빼앗아서 나눠주면 빼앗기는 자도, 빼앗는 자도 망한다는 단순한 원리를 몰랐던 것이다.

'진보 간판의 좌파'가 득세한 모든 나라가 망해버린 게 그 때문이다. 정부가 노동자와 서민의 편에 서겠다던 베네수엘라와 남미 대부분의 국가들, 그리스가 망한 것도 좌파 포퓰리즘이 원인이다.

같은 아메리카인데도 미국은 잘 살고 남미는 가난한 이유가 미국은 사유재산권을 확실히 보장해서 기업을 위해주고, 남미는 노동자, 서민의 편에 선답시고 복지 포퓰리즘을 했기 때문인데, 우리는 타산지석을 모른다.

'진보' 간판의 좌파는 PD계열, 즉 마르크스 레닌주의자(원조 공산주의)와 NL계열(≒김일성주체사상파) 두 세력이 주류지만, 국민에게 파고들 때는 이념을 숨기고 '노동자와 서민의 편'임을 가장한 술수를 쓰는데, 대표적 술수가 '(최저)임금인상 사기극', '복지확대 사기극', '양극화해소 사기극', '빈익빈부익부 사기극' 등이다.

⊙ (최저)임금인상 사기극

임금으로 지출할 돈에는 한계가 있는데, (최저)임금을 강제로 올리면, 일자리가 줄어드는 것은 경제학의 기초다.

노동도 상품의 일종이며, 가격을 강제로 올리면 구매가 줄어드는 것이다. 임금을 올리면 투자도 줄고 실업도 늘어나며, 경기 악화로 서민들이 가장 큰 타격을 입는다.

또 기업은 제품 가격을 올려야 하니, 국민 부담은 커지고 기업 경쟁력은 약화되고 제품 경쟁력이 해외 경쟁사에 밀리는 타격으로 이어져 투자는 더 줄어들고, 기업이 파산하거나 해외 탈출이 늘고 경기와 실업은 더 악화된다. 그 결과 좌파는 선거에서 큰 이득을 보지만, 그들을 지지했던 '노동자와 서민'들 다수는 직장을 잃거나 장사를 망치는 타격을 입는데, 결국 노동자와 서민의 뒤통수를 쳐서 정치적 이득을 얻는 게 좌파의 '임금인상 사기극'이다.

⊙복지확대 사기극, 돈뿌리기 사기극

당신 집안의 가장이 자녀들에게 용돈을 100만원씩 쫙 뿌리면 자녀들은 기분이 좋을 것이다. 그러나 받은 돈에다 고금리 이자를 쳐서 훗날 되갚아야 한다면 얘기가 다른데, 좌파의 술수가 바로 그것이다. 현금을 뿌리거나 복지를 늘리겠다는 게 좌파의 대표적인 선동이다. 복지 확대나 돈뿌리기가 공짜인 줄 아는 사람이 많은데, 이는 기업과 근로자의 세금 인상을 의미하고, 기업은 해외에서 오라는 데가 많다. 안 그래도 해외로 튈까 고민 중인 기업들의 세금을 올리는 것은 해외로 꺼지라는 말과도 같아서, 자본의 해외 탈출을 부추기고 해외 자본의 국내 투자를 막아서, 고용을 줄이고 경제를 망치는데, **고용을 줄이게 만들면서 복지를 많이 해주겠다는 말은 사기다.** 복지 확대와 돈뿌리기를 남발하는 것은, '경기활성화'와 '일자리 증가'를 통한 파이 증가와 자연스런 복지 확대의 선순환 구조를 깨서 **기업 경쟁력 악화, 일자리 감소, 경기 악화를 부추겨 국민의 가처분 소득을 줄여서 되려 '복지의 기반'을 파괴한다.** 그게 남미 각국이 겪은 망국의 길인데, 좌파는 국민을 원숭이로 보는 조삼모사의 선수다. **좌파는 세금을 올리면 스웨덴·노르웨이·핀란드 등의 북유럽처럼 되는 것마냥 선동하지만, 그 나라들은 인구 수백만에 땅은 우리의 5~7배이고 자원이 풍족하며, 높은 세금 때문에 기업들이 해외로 탈출하는데도 아직 버티는 이유는, 기존에 벌어 놓은 돈과 자원을 축내며 사는 구조이기 때문이다.**
북유럽식 복지는 자원도 없는 인구 수천만의 우리와는 맞지 않고, 그것은 미국과 일본마저도 엄두를 못내는 것인데도 그 진실을 감추고,

뭘 모르는 사람들을 상대로 '북유럽식 복지선동'을 벌인다.

좌파도 대부분 배운 사람들이라 이런 경제의 초보상식 쯤은 안다. '노동자와 서민의 편'이라거나, '임금인상'으로 성장을 시키겠다거나 '복지확대'를 외치는 게 그들도 알면서도 벌이는 술수다. 강제적 임금 인상과 복지 확대가 자기들에게 미치는 영향을 분별 못하는 무지한 대중을 이용해 먹는 게 '남는장사'이기 때문이다.

좌파가 이런 사기를 치는 기본 패턴이 있다.

일단 그렇게 국민을 속여 권력을 누리고 경제는 추락한다.

그러나 좌파의 사기극에 속아 실업자가 되고 장사 망친 부류는 보통 불변의 골수 지지층이며, 가난해진 만큼 복지에 더 매달리는 더 열성적인 좌파 지지층이 된다.

게다가 우파를 가진자의 편이라 욕하면서, 기업과 근로자의 과세를 더 강화하게 만들어서 경제는 더더욱 무너진다.

남미 경제가 폭망했어도 좌파 지도자가 재선 되는 게 그런 이유다. 어리석은 대중은 좌파가 자기들의 편이라 믿고 경제가 무너질수록 더더욱 좌파에 의지하는데, 그런 구조를 만들어 권력을 오래 누리려는 수작이 '진보 간판을 건 좌파'의 '자기 지지층 뒤통수치기 술수'다.

⊙서민의 흡혈귀 강성 귀족노조와 좌파

진보 간판의 좌파는 강성노조 편에 서면서 '노동자의 편'이라 위장한다. **억대 연봉 귀족노조의 파업을 돕거나 방조하고 해고를 막으면, 임금 인상과 고용세습 등으로 강성 귀족노조만 이득을 얻고, 그들 임금의 반의 반만 받고서도 일하고 싶어하는 청년 실업자들을 죽인다.** 노동 약자들에게 돌아갈 몫을 빼앗는 것이다.

억대 연봉의 강성 노조가 권력화 되니, 노조 간부들의 친인척 특혜와 고용 세습, 고용장사 등으로 청년 구직자들의 일자리를 빼앗는다. 고임금 대기업 생산직의 구인 공고를 보기 힘든 것도 그런 이유다. **노조 제도의 취지는 약자를 보호하는 것이지만, 한국 강성노조 투쟁의 본질은 진짜 약자인 청년 실업자와 서민들에게 돌아갈 몫을 가로채서 자기들 귀족 노조의 배를 불리는 것이다.**

또 그런 임금인상 투쟁으로 인해 제품 가격을 올려야 하니, 강성 귀족 노조가 국민 대다수의 피를 빠는 구조이며, 결국 기업경쟁력 악화와 기업의 해외 탈출을 부추겨서, 강성 귀족노조와 진보간판 좌파의 사익을 위해 전 국민이 희생 당한다.

시장경제적 임금 구조라면 국내에서 자동차와 전자제품을 생산하며 더 많은 고용을 할 수도 있으나, 정치적 배후가 있는 파업 투쟁으로 기업을 쫓아내서 청년 실업자와 서민과 국민 모두를 망친다. **또 억대 연봉의 귀족 노조가 무리한 요구를 앞세워 파업을 해도 해고를 못하게 막고, 노조가 없는 기업마저 좌파가 귀족노조 설립을 강제로 유도하니 기업은 고용을 않고 청년 실업자는 죽어난다. 해고를 못한다면 당신은 고용을 하겠는가? 당신이 기업이라면 해고가 쉬운 미국과 해고가 어려운 한국 중 어디에 투자하겠는가?**
해고 금지법은 고용 금지법이며, 국내기업 해외추방 촉진법이며, 해외자본 국내투자 금지법인 것이다. 남미가 망한 이유도 그것이다. 해고가 쉽다면 국내외 자본의 투자도 늘고 일자리 총량도 늘어서, 설령 해고 되더라도 찾아갈 일자리가 많아진다.

> 기업하기 좋은 환경을 만들어서 국내외 자본의
> 투자를 늘리고, 서민과 청년들의 일자리를 늘리자고?

> 서민과 실업자들이 감히
> 우리 귀족 철밥통을 건드리겠다?
>
> 우리를 건드릴 수 있는 권력은 없어.
> 파업해도 우릴 자를 순 없어.
> 법도 우리 강성 귀족노조 편이야.
> 우리 진보 동지들이
> 국회와 권력층을 꽉 잡고 있거든. ㅋ
> 정부도 우리의 권력에는 도전 못해.
> 서민과 청년 실업자들이 죽건 말건
> 그게 우리와 무슨 상관?
> 우리 지키기만 하면 돼.
> 니들은 우리 진보 진영에게
> 표만 열심히 주면 되는거야!

해고가 쉬운 미국에 일자리가 넘치는게 그 때문인데 좌파는 일자리를 없애면서 서민의 편인 척 속인다.

해고를 막는 함정을 파놓고서 기업더러 고용하라는 것은 기업을 바보로 아는 것이다. 좌파는 자기들은 똑똑하고 기업은 멍청할 거라 믿고, 함정을 파서 걸려들기를 바라지만, 그런 함정을 파놓으면 기업이 함정에 빠져서 죽어주지 않고 해외로 탈출한다. 해고를 막음으로 인해서 투자해주지 않는 국내외 자본은 엄청날 것이며, 그 피해는 고스란히 청년실업자와 서민들에게 돌아간다.

좌파는 그렇게 서민,실업자,약자의 피를 빨아 귀족 노조와 나눠먹는 '서민의 흡혈귀'이면서 서민의 편인 척 위장하여 서민의 뒤통수를 친다.

◉페론 좌파의 '보편적복지' 속임수

한정된 복지 재원은 취약계층 위주로 쓰여져야 하며, 그래야 좌파가 외치는 '양극화 해소'와 빈부격차 해소에도 도움이 된다. 그러나 **취약계층 위주의 복지는 득표에 도움이 안되고, 취약 계층이 많아져야 좌파의 표가 많아지는 구조 때문에 좌파는 한정된 복지 재원을 취약계층이 아닌 다수에게 퍼붓는 '보편적복지 선동'을 한다.** 좌파 '복지 선동꾼'들은 다른 곳에 꼭 써야 할 돈을 빼서 쓴다. 예컨대 **미래의 먹거리나 교육에 써야 할 돈, 정말 어려운 취약 계층에게 집중해야 할 돈을 용돈처럼 넓게 뿌리며 '복지생색'을 내는 것이다.** 마치 자기 돈을 선심 써서 나눠주는 것처럼 말이다. 이는 자녀의 교육비를 줄이고, 고금리 대출을 받아 자녀에게 갚게 만들면서 새 차를 구입하는 것과도 비슷한데, 그걸 공짜라고 믿는 국민이 너무 많다.

◉노동자를 망치는 좌파의 '부자감세' 선동

미국 정부가 법인세 최고 세율인 35%를 절반 가량인 20%로 낮추는 혁명적 친기업 정책을 폈어도 경제는 살아났고 세수도 증가했다. 해외 자본의 국내 투자가 늘고 해외로 나가려던 기업들도 눌러 앉고, 중국에 갔던 기업들도 유턴하면서 일자리 증가로 이어졌기 때문이다. **그러나 우리 나라가 그랬다면, '부자감세'라며 난리가 났을 것이다.** 좌파는 이런 짧은 단어로 선동하는 실력은 가히 천재적이다. 간단하게 우파를 '가진 자의 편'으로, 자기들은 '못가진 자의 편'으로 만드니까... **현대는 국제 경제 전쟁터이며 기업은 국민을 먹여 살리는 최전방의 군대인데, 좌파는 자국 군대의 등에다 총질하는 것을 '진보'라 부르며, 진보 간판을 건 좌파의 주특기는 '경제x판'과 '서민경제 파탄'이다.**

◉집값 전월셋값 폭등과 자영업 몰락은 실수가 아니라 의도된 것.

좌파가 집값과 전·월셋 값을 폭등 시키는 원리는 아주 간단하다. 시중 자금이 투자될 곳은 ①기업 ②부동산 ③해외, 3군데 밖에 없다. ①번이 막히면 ②번으로 가고, ②번마저 막히면 해외로 탈출한다. 그런데 좌파는 최저임금 폭등과, 비정규직 정규직화 등으로 기업을 구타한다.

월 100만원짜리 일자리도 없는 것 보다는 있는 게 나은데, '150만원 못줄거면 고용하지 마', 라고 막으니 100만원짜리 직장이라도 원하던 구직자는 일자리를 잃고, 기업도 고용을 꺼린다. 기업을 구타하고, 돈을 뿌려대니 돈이 갈 곳은 부동산 밖에 없는 것이다.

작은 사업을 하려던 사람도 임금과 세금이 급등하니, 사업 의욕을 접고 집을 사고, 좌파 정부가 전·월세 공급자를 구타해서 전·월셋 값을 폭등시키니 너도나도 집을 사는 것이며, 일자리는 사라지는 것이다. 부동산과 해외로 이탈할 돈과 해외 자본을 기업 투자로 유인해서 경제를 활성화 시키고 일자리를 늘리며, 미래의 먹거리 개발에 치중하여 돈 나올 곳을 만드는 게 정부의 할 일이다. 그러나 좌파는 노동자의 편이랍시고 기업 못살게 구는 것을 정의라 선동하니, 일자리 감소와 집값 전·월셋값 폭등과 자본의 해외 탈출 및 경제붕괴 코스 밖에 없는 것이다.

좌파는 '다주택 투기꾼들이 집을 많이 사서 집값을 폭등시켰으니 다주택자 때려잡자'라며 악당을 만들어 제 잘못을 뒤집어 씌우는데, 그들이 좌파 물먹이려고 갑자기 집을 사는가? 예전엔 안사다가? 또 그 악당들이 집을 공급하지 않았다면 집 없는 나머지 절반 국민의 전·월셋집은 누가 공급하는가? 오히려 열심히 벌어서 추가적인 집을 더 마련한 다주택 악당들의 주택 공급 때문에 무주택자에게 전·월세가 싼 값에 공급되는 것이며, **그 악당들의 주택 공급이 없었다면 공급 부족으로 집값 전·월셋값은 더 폭등했을 것이다.**
다주택자는 전·월세를 공급하는 꼭 필요한 세력인데, 그들을 악당 만들어 때려 잡으니, 공급은 줄고, 건설경기 악화로 일자리도 줄고, 영세 사업자도 타격을 입고, 공급 부족으로 집값 전·월셋값은 재폭등한다.

이것은 노무현의 실패 사례인데도, 좌파는 똑같은 실수를 반복한다. 이미 했던 실패에서 배울줄조차 모르는데 정말 멍청해서 그런 걸까? 좌파가 데모나 하며 공부는 안했어도, 죄다 대졸 이상인데 이 초보적인 경제 상식조차 몰라서 실수한다고 믿는다면 당신은 참 순진한 부류다.

이 문제의 본질은 밥그릇 전략이다. 좌파는 무산계급 즉 빈곤층과 무주택 서민이 주 지지층이니, 그들이 집을 가지면 우파화되어 지지층에서 이탈한다고 여기므로, 무주택 서민이 집을 갖는 것을 싫어한다.
'달동네 세입자였을 때는 자기들을 잘 찍어주다가, 아파트를 소유하여 잘 살게 되니 자기들을 안 찍어주고 배신 때리더라' 이거다.
좌파 선동의 공통점은 '남의 것을 빼앗아서 당신에게 주겠다' 이건데, '나라가 망하건 말건, 가진 자들에게 많이 빼앗아서 나에게 달라.' 라고 여길 만한 그룹이 좌파의 주 지지층인 빈곤층과 무주택 서민이며, **그들이 잘 살게 되면 지지층에서 이탈한다고 여기므로,**
좌파는 서민들을 무주택 세입자로 묶어 놓을 궁리만 하고, 서민의 신분 상승 사다리를 없애버린다.
집값·전·월셋값 문제를 진짜 해결할 목적이라면, 1주택자건 다주택자건 집가진 사람을 늘려야 전·월세 공급도 늘어나므로, 공급만 늘려도 전·월셋값과 집값이 안정되어 서민의 삶이 나아지며, 아무것도 안하고 놀고 먹기만 해도 공급이 늘면서 시장이 해결해주는, 일도 아닌 문제지만, 좌파가 공급축소형 규제만 하는 이유는 생존 문제이기 때문이다.

집값이 안정되어 주택소유자가 늘고 중산층이 늘어나면, 미국·일본처럼 좌파가 소멸하므로, 서민의 주택 소유와 신분 상승을 막아야 하고, 그러려면 전·월셋값 부담을 키워야 하며, 공급을 줄여야 하는 것이다.

좌파는 전세 세입자를 위하는 척 집주인을 구타하는데, 전세 공급자를 구타하면 전세가 줄어드는 기초 상식을 몰라서가 아니고, 전세를 줄여서 월세 세입자로 묶어 놓아야 무산계급이 늘어나기 때문이다.

서민들은 전세를 거쳐 내 집 마련을 원하지만, 좌파는 그것을 우려한다.

다주택자의 보유세를 왕창 때리면, 극소수 가진자만 손해일 뿐, 집값이 폭락해서 자신들은 이익인 줄 아는 좌파 지지층이 많은데, 그것은 결국 세입자에게 전가되고, 공급을 위축시켜서 오히려 집값,전·월셋값을 올리게 되며, 설령 집값이 폭락해도 서민이 집을 살 기회는 더 줄어든다. 투자 및 공급의 위축과 자본의 해외 이탈 및, 일자리 급감 때문이다. 양도세 폭탄도 공급을 위축시켜 세입자를 망치게 됨을 좌파도 알지만, 집주인을 구타하면 자기들은 이익인 줄 아는 좌파 지지층이 많고, 자신이 가난해질수록 더 열심히 좌파를 찍는 열혈지지층도 늘어나니, 집값 전·월셋값 폭등으로 인한 지지층의 불만이 큰데도 공급을 막는 것이다.

공급이 줄면 집값 전·월셋값이 오르는 상식을 모르는 바보도 있는가?

좌파도 고급 두뇌가 많은데, 그 기초조차 몰라서 실수를 반복?
한두 번도 아니고, 같은 실수를 수 없이 반복? 그들이 정말 바보일까?

무능한 게 이유가 아니다. 거지 왕초가 자기 졸개들이 부유해지는 것을 원치 않듯이, 자기 지지층이 부유해지길 원하는 좌파는 지구별에 없다.

좌파는 국민을 표나게 망치진 않더라도 아주 서서히 끌어내리거나, 일부러 무너뜨리지는 않더라도 서민의 신분 상승은 극도로 경계한다. 아르헨, 베네수엘라의 좌파건, 한국의 좌파건, 자신들이 자기 지지층을 더 가난하게 만든다는 사실을 모르는 게 아니다. 주택 정책이건 서민 정책이건, 인터넷 댓글만 살펴도 쉽게 알 수 있는 문제를, 국민이 망해가는 긴긴 세월동안 깨닫지 못한다는 것은 있을 수 없다.

국민이 가난해져야 좌파가 이득을 얻는 그 구조가 문제인 것이다. **세입자와 집주인, 노동자와 기업은 서로를 필요로하는 공생관계이며,** 강제로 떼어내더라도 자석처럼 만나는, **바늘과 실 같은 관계지만, 좌파가 끼어들기만 하면, 그 관계들을 대립 관계로 바꾸고, 편 갈라 싸우게 만들며, 좌파에게 걸려들면 양쪽 모두가 망한다.** 왜냐하면, 세입자가 집주인과 싸우면 공급을 줄이고, 노동자가 기업과 싸우면 고용을 줄이고 해외로 탈출하기 때문인데, 좌파는 싸움 붙이기가 특기다. **노동도 상품이며, 상품 가격은 시장 원리적 합의로 정해야 하는 것이지, 고임금을 강매하면 모두가 망한다.** 기업을 착취자로 보는 좌파의 비뚤어진 계급투쟁 이념이 득세하니 국민이 불행한 것이다.

좌파 정책들은 무산계급 확대와, 표 매수자금 확보에 쓸 증세 목적인데, 그 지지층은 "니들을 위해 애쓰는거야" 라는 '쇼'에 속아서, 공짜복지 몇 푼 받고 일자리를 잃었어도 좌파를 계속 지지하고 좌파는 권력을 누린다.

좌파도 원래는 사기 칠 목적이 아니었지만, 이미 너무 많이 와버린 데다, **사기 이념에 속았음을 깨달았어도, 전향하면 모든 정치적 기반을**

잃으니, 한번 좌파이면 영원히 좌파일 수 밖에 없는 것이고, 김문x처럼 전향했어도 살아남기는 어려운 게 그 바닥이다. 배운 게 도둑질이어서, 그 일 밖에 먹고 살 길이 없으니, 자기 지지층을 뒤통수 치는 수 밖에 없게 되었고, 정치와 경제는 이념과 철학의 그룹이 하는 것이지만, **한국은 자신의 운명를 좌우할 지도자를 뽑을 때도 이념과 철학의 그룹보다 이미지 등을 더 중시하고,** 건망증이 심해서, 몇번 속고서도 자리만 바꿔 앉으면 계속 속으니, 정치 사기꾼들이 성업을 하는 것이다. 좌파 지지층은 보통 이성적 사고 대신 감성적 사고만 한다.

때문에, 분별력이 낮고 무능할수록, 쉽게 좌파가 되는데, 무지한 인간이라도 50%만 모으면 권력을 쥘 수 있는 체제의 특성상, 그들을 속이는 좌파의 술수가 기업을 쫓아내고, 있는 일자리마저 없애며, 우파는 기업 활성화를 통해 온 국민을 잘살게 하자는 주의이니 투자가 늘어서 서민 일자리도 늘고 집값 폭등도 없는 것이다.

보통 시민들은 열심히 벌어서 내 집을 마련하거나 월세 받고 사는 게 꿈인데, 좌파는 그 꿈들을 모두 짓밟고 애먼 국민들을 악당 만들어 싸움 붙이면서도 표는 잘 얻는다. 좌파는 무능하긴 해도 술수에는 천재다. **최저임금을 급인상하면 일자리도 줄고, 영세 자영업자도 타격을 입는 기초 원리조차 좌파가 모를까?** 좌파의 타겟은 중산층과 영세 사업자다. **그들이 타격을 입어도 자신들은 이득이기 때문에 그러는 것이다.**

좌파의 말을 믿는 사람은 단칸방 월세 세입자와 최저임금 알바를 벗어나기 어렵고, 현재 그 신세가 아니라면, 그게 미래가 될 공산이 크다. **좌파는 푼돈 적선을 받으며 열심히 찍어주는 호갱 지지층을 원할 뿐, 국민을 부유하게 만든 좌파는, 외계는 모르지만 지구 역사에는 없다.**

집값 전·월셋값 폭등과 실업난 해결책은, '최저임금 인상과 주52시간제 등을 모두 되돌리고, 귀족노조 편에서 벗어나 고용 유연화 등 기업하기 좋은 환경을 만들어 부동산과 해외로 도는 자금을 기업 투자로 유인하는 것임을, 좌파도 알지만 해결하진 않는다. 밥줄 때문이다.

집값 전·월셋값 폭등은, 다주택자와 무관하고, 좌파의 술수 때문인데, 자신의 잘못을 국민에게 뒤집어 씌워 부동산까지 때려 잡는다면, 전·월셋값 폭등과 최악의 경제 추락 후, 남미식 몰락으로 종말을 맞게 될 것이다. 물론 국민이 망해야 좌파가 이득이니, 결국 똑똑한 행동이긴 하지만...

◉좌우파 전쟁의 본질과 우리가 가야 할 곳

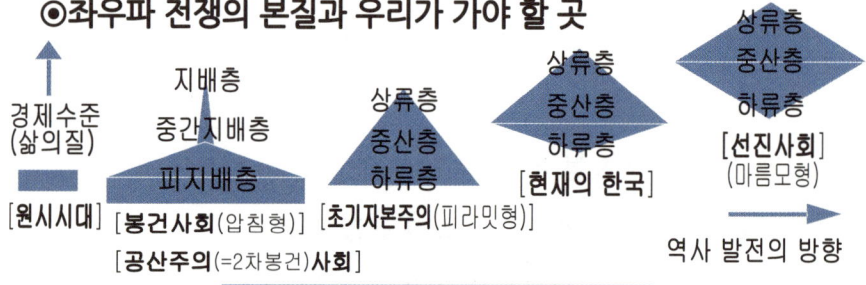

역사발전 단계상 사회계층 구조도

위 그림은 역사발전 단계상의 사회계층 구조도이며, 압침형은 봉건시대의 구조다. 정복 권력인 극소수의 지배층과 대다수의 피지배층으로 구성되며, 대다수의 국민은 노예나 도구에 불과하지만, 초기자본주의 시대가 되면, 국민 참여식 피라미드 형이 되고,

자본주의가 고도화 된 선진국은, 마름모형의 이상적 구조가 된다. 우리가 가야 할 곳이 바로 그 곳이다.

좌파의 상당 수는 자본주의가 고도화 되면 체제가 붕괴하여 공산화 된다고 믿는데, 이는 좌파가 200년 전 미개인의 망상을 믿기 때문이며, 압침형이나 피라미드형 사회는 폭력혁명 등 체제붕괴 가능성이 있지만,

자본주의가 고도화 되면 중산층이 대다수가 되어, 좌파가 소멸한다.
왜냐하면, 대다수 중산층이 '상류층은 좋은 물품 개발과 사회 기여로 이윤을 얻고, 우리도 그들이 만든 일자리 등을 통해 함께 발전하는데, 왜 뒤엎어야 하지? **우리는 상호의존적 공생관계야, 니들이나 꺼져**'
라고 여기게 되어, 좌파는 망하는 것이다.

때문에 **좌파는 사회가 마름모형으로 진보하는 것을 두려워하고, 피라미드형에 퇴보시킬 목적으로 서서히 영세 자영업자 등을 끌어내려 무산계급을 늘리며, 역사 조작으로 악당을 만들어서 싸우게 만든다. 좌파의 목적은 오직 권력이기 때문이다.**

좌우파 전쟁은 중산층을 늘리려는 우파와 줄이려는 좌파의 전쟁이다.
봉건사회와 공산사회는 구조가 같고, **공산사회는 2차봉건 사회**이며, 북한과 중국이 압침형이다. 그 나라들은 결국 체제의 자체 모순에 의해 붕괴에 이르며, 비약적 진보를 하면 피라미드형으로 진보하게 된다.
봉건사회에서, 2차봉건사회인 공산주의 사회를 거쳐, 자본주의·자유민주주의 사회로 진보하는 법칙을 포함한 역사발전 7단계 과정과, 권력 목적의 이념사기 '마르크스주의 사기극' 등은 뒤에서 밝힐 것이다.

필자는 정치 할 사람이 아니므로 국민이 듣기 싫어하는 진실을 말하겠다.
표 구걸할 일 없으니 눈치 안보고 떠들 것이며, 어차피 목숨 걸었다.
경제가 어려운 이유는 정치인 탓도 기업 탓도 아닌 국민 탓이다.
낮은 국민 의식이 정치 사기꾼들을 반기고 결국 제 목을 찌르는 것이다.
'악법'으로 기업 해체의 위기에 처한 수많은 기업들의 고충을 대다수 국민들은 강건너 불로 여기지만 최종 피해자는 국민, 바로 당신이다.

한국의 대선후보 대부분은 공짜선동꾼, 복지를 늘린다는 퍼주기선동꾼들인데, '공짜복지' 몇 푼 주고서 일자리를 없애고 장사 망치게 만드는 정치사기꾼들을 구분 못하는 낮은 국민의식 때문이다.
국민 의식은 낮아도 지도자만 잘 뽑으면 된다? 택도 없는 소리이고, 국민은 자기 수준에 딱 맞는 지도자를 가진다.
무능하고 썩은 정치꾼도 국민의 거울이며, 국민 의식이 낮기 때문에 좋은 나라가 안되는 것이다.
국민의식 향상 없이는 민주주의도 국민의 정치참여 확대도 소용 없다. 한국은 역학 구도상 미국·일본 수준의 경제를 누리고 있어야 맞지만, 좌파의 기득권 유지 술수에 서민과 국민 모두가 희생 당하는 것이다.
현명한 지도자가 나와서 강성노조 하나만 잡아도 경제는 살아날 것이다.
기득권과 자기 편 보호를 위한 진보간판 진영의 방해가 예상되므로, 귀족노조를 극복하는 것은 어렵겠지만, 반드시 이겨내야 한다.
서민을 살리는 우파와, 귀족노조와 자기들만의 사익을 위해 서민을 뒤통수 치는 좌파 중 어느 쪽이 옳은 길이며, 어느 쪽이 진짜 진보인가? 자신을 진보라 믿는 용감무쌍한 이들이여, 불변의 법칙 하나만 기억하자.

노동자와 서민의 편이라 자처하는 정치세력 치고, 그 노동자와 서민을 말아먹지 않은 세력은 없다.

⊙경제 몰락의 또다른 뇌관, 약탈적 상속세
상속 재산의 최대 65%이상 뜯어가는 날강도적 상속세로 인해 한국의 많은 기업들은 해체 위기·해외 자본에 먹힐 위기에 처해 있다.
가령 10% 지분의 기업인이 기업을 상속하려면 6%를 팔아야 하는데,

그리 되면 경영권을 빼앗기기 쉽다. 어리석은 좌파는 그런 것을 남의 일로 여기지만, 오너의 지분이 적어서 기업의 경영권이 외국에게 넘어가면, 그들이 내던 천문학적 세금을 한국이 아닌 외국에 낼 수도 있고, 서민들이 얻던 복지도 일자리도 사라지며, 한국은 경제 붕괴의 위기에 처한다.

단순 경제지표만 보면 경제가 아직 버티는 것처럼 보이지만, 상장기업들을 분석해 보면 소수 기업 외에는 돈 버는 기업이 별로 없는 착시 지표다.

만약 삼성,현대만 외국 자본에게 넘어가도 한국이 버틸 수 있을까?

그들을 포함한 상당수의 기업들이 경영권 위기 상황인 것으로 여겨지는데 이 상황에서도 위기의식이 없는 국민들, 정말 문제다.

기업이 거덜날 만큼 상속세를 뜯어서 국민들에게 나눠준다고 쳐도 1인당 몇푼 되지 않으며, 닭을 잡아먹고 나면 더이상 계란은 생기지 않는다.

오늘만 배부를 궁리 말고, 내일도 생각할 줄 아는 국민이 되어야 한다.

IMF 사태는 일시적 자금유동성 문제로 인한 흑자부도 상태와 비슷해서, 자산 매각으로 빚을 갚은 경우지만, 지금의 주요 대기업 몇개만 통째로 잃더라도 한국은 IMF시대 이상의 파국을 맞을 것이다.

선진국들 대부분은 상속세가 없어서, 기업을 수백년간 가업으로 키우지만, 한국은 그게 어렵다. 흥청망청 쓰면 세금을 안내고, 세금 다 내고 알뜰히 모으면 이중 세금을 약탈하는 합법적 떼강도의 나라.

기업을 '가진 자'라 미워하는 좌파의 낡은 이념, 낮은 국민의식과 함께

기업파괴 목적에 가깝게 만들어 놓은 '약탈적 상속세제'와 함께 '황금알을 낳는 거위'인 기업의 해체와 기업의 해외 이탈은 더더욱 가속화되고, 이 또한 한국경제 붕괴의 중대한 뇌관이 될 것이다.

◉국민 모두가 기업의 편에 서야 하는 이유

국민의 삶이 향상되려면, '인기 없는 정책'을 펴는 리더가 필요하다. 바로 기업의 편에 서는 리더이며, 국민 의식의 **향상**이 절실하다. "기업의 편에 서라니, 노동자는 죽으란 말이냐?"라고 말할 분이 많을 것이다. 그러나 세상을 계급투쟁론의 이분법으로만 보는 간판만 진보의 철 없는 이념에서 벗어나 경제 원리와 상생의 메카니즘을 알아야 한다.

정부가 가진 돈은 빵이고, 기업이 가진 돈은 씨앗이다.

기업의 사유재산권을 최대한 보호해 주어야 하는 이유는 그것이 궁극적으로 노동자와 서민의 이익을 위한 최선의 길이기 때문이다. 좌파가 입에 거품 물고 증오하는 사람일수록 경제는 가장 크게 살렸다. 세상에는 **'역행의 이치'**라는 게 있다.

노동자·서민의 편에 서면 설수록 노동자·서민은 망하고, 기업의 편에 서면 설수록 노동자·서민은 흥한다. 일자리를 만드는 것은 기업이며, 국가의 **흥망**도, 노동자·서민의 **흥망**도 기업이 좌우하기 때문이다. 해외 기업의 국내 투자를 유도할 개념이 없는 정도는 이해하지만, **적어도 쫓아내지는 말고**, 국내 기업의 신규 공장을 해외 아닌 국내로 유인 정도는 해야 하는 것이다.

기업 총수들을 불러다가 고용을 윽박지르는 바보짓 말고, 국내투자 여건을 만들어 주는 것만이 길인데, 제 할 일은 팽개치고, **기업을 적폐로 몰고, 노조가 없어서 잘 발전해온 기업마저 귀족노조 설립을 강제하고, 세금 다 내고 모은 재산을 상속세로 65%나 약탈하고**, 그것도 모자라 툭하면 총수를 감옥에 처넣는 나라에, 기업이 미쳤다고 투자하는가? 해외탈출 준비나 하겠지.

진보 간판의 일자리소탕좌파, 그대들이라면 이런 나라에 투자하겠는가?
언제까지 그대들과 귀족노조만을 위해 서민 일자리를 말아드시려는가?
한국기업의 투자를 유치한 나라들이 '땡큐코리아' 하는게 안보이는가?
좌파 그대들의 한 짓이 청년들의 일자리를 싹~ 말아먹고 있다고오.!
그런 짓 하면서도 죄책감은 전혀 없어? 속는 사람이 많으니까?
아무리 설명해도 믿고싶은 것만 믿고, "서민들이 부자 걱정해주네? ㅋㅋ"
이러는 게 진보간판 좌파 진영의 의식 수준이니, 견디다 못한 주요 기업 상당수가 이 나라를 뜰 것으로 여겨지지만, 이런 악조건에서도 아직까지 본사를 해외 이전하지 않는 기업들에게 감사해야 하는 것이다.
좌파는 너무 감성적이어서, 한 컷짜리 만평 등의 심플한 것만 좋아하고, 독서는 거의 하지도 않지만, 읽더라도 극단적인 편식만 하며, 영웅과 악당, 가진 자의 편과 못가진 자의 편 등, 초딩틱한 분별밖에 못하니, 이성적 사고에 서투르다. 그러나 좌파도 이성적 분별력이 있어야 한다.
노동자는 살고자 할수록 죽고, 죽고자 할수록 사는 존재다.
노동자가 살아야 기업이 사는 게 아니라, 기업이 살아야 노동자가 사는 것이며, '가진자의 편'이라며 '미움받을 용기'를 가진 리더가 필요하다.
이 시대 최고의 애국자는 기업인들이다. 한국 같은 '정치 x판의 나라'가 아직 버티는 이유도 정치는 'x떡'이지만 기업이 잘 했기 때문이다.
그러나 무능한 정치와 낮은 국민의식 하에 기업의 힘만으로 헤쳐 나가는 데는 한계가 있고, 한국은 붕괴 위험의 임계점에 다다르고 있다.
오늘 배가 고프다고해서 씨암탉을 잡아먹어버리는 행위와, 당장은 배가 고프지만 그 씨암탉에게 먹이를 잘 주며 키워서 계란과 병아리를 지속적으로 얻어내는 행위 중 어느 쪽이 현명할까?

이것이 오늘 밖에 모르는 **'오늘형 좌파'와, '미래형 우파'의 차이이며, 기업이 바로 그 씨암탉이다.** 그것을 가진 자의 편이니 뭐니 왜곡하고, 남의 재산은 일단 뜯어먹고 보자는 좌파적 심보, 남 잘되는 꼴 못봐주는 좌파적 심보가 나라를 망치고 있다.

위의 내용들은 별로 어려운 것이 아니어서 좌파 주도층도 대부분 안다. 단지 좌파 지지층만 이해 못하고, 사기에 쉽게 속는데, 그들을 이용하는 극소수의 사기꾼들과, 사기 당하는 용감무쌍한 자폭형 단세포 두뇌의 무리가 한데 뭉쳐서 '진보진영'이라는 이름의 사기 간판을 걸고 있다.

최고의 복지는 바로 일자리이며, 그 일자리를 만드는 게 기업이다. 타국은 기업 모셔오기 경쟁을 하는데, 기업을 구타하고 해외로 내쫓아서 일자리를 없애면서 노동자의 편이라 위장하고, 서민의 몫을 가로채서 기득권 귀족 노조와 나눠 먹는 게 진보 간판을 건 서민의 흡혈귀 좌파다.

좌파에게 사회적 약자를 위하는 진정성이 있고 그것이 사회적 약자를 위하는 길이 맞다면 누가 반대 하겠는가?
돈 벌어본 적조차 없는 무능한 선동꾼들이 서민의 몫을 빼앗고 나라를 망치면서 기득권적 사익만 추구하기 때문에 부정하다는 것이다.

좌파가 할줄 아는 일은 딱 두가지다. 바로 세금 쓰는 것과, 남의 것을 빼앗아 먹는 것이며, 아는 거라곤 우파가 벌어온 것을 뜯어 먹는 재주다. 벌어오는 것은 우파이고, '빈대 스타일(오빤)' 좌파는 뜯어 먹을 줄 밖에 모르니, 한국 발전의 99.999%는 우파의 공이고, 좌파는 방해만 해 왔다.

좌파는 '민주화'의 공로까지 도둑질했는데, 뒤에서 밝힐 문제지만, **민주주의는 경제가 만드는 것이다.** 시위 한다고 민주화 되는 게 아니다. 경제가 발전하면 민주주의도 뒤따르지만 경제 없이는 민주주의도 없다.

한국의 민주화는 경제를 키운 우파의 작품이며, 진짜 독재자는 그것을 알기 때문에, 경제를 발전시키지 않는다.

민주화의 참 길은 오직 경제 발전임을, 참진보 혁명우파는 깨달아서, 그 길을 일관되게 추구했지만, 수구좌파는 그것을 지금도 깨닫지 못한다. 좌파는 민주화의 방해꾼이었다.

한 일이 전혀 없이 밥숟갈만 얹었으니, 그 무능함과 부정을 정당화하기 위해 독재악당, 친일파 악당을 만들어 증오를 유도해야 생존이 가능하므로, 우파 악당화와 권력을 위한 역사 조작들이 필요한 것이다.
배급 타 먹는 국민을 만드는 게 진보라 믿는 낡은 이념의 잔당들.
몸만 성인일 뿐인 분별력 미달의 철부지들과, 권력사기꾼들의 조합체.
입에만 달콤할 뿐 건강을 망치는 좌파 정책에 쉽게 속는 국민이 많으니, 서민의 편으로 위장한 서민의 흡혈귀가 창궐하고,
좌파가 득세하는 나라는 예외 없이 국민 삶이 거덜나는 것이다.

좌파와 진짜 독재자가 국민 삶을 향상시키지 못하는 것은, 못하는 게 아니라, 안하는 것이다. 강성노조가 서민과 국민 모두를 망친다는 점도 좌파는 안다. 북한의 독재자도 경제발전 방법을 모르는 게 아니다. 단지, 못사는 사람이 많아야 권력에 유리하니 안하는 것일 뿐이다.

필자는 노무현 정권 당시 주변의 여러 서민들에게 집을 사라고 권고했던 적이 있다. 좌파 정부가 말로만 집값을 잡겠다고 할 뿐, 정책은 집값을 올리는 정책이었기 때문이다. 당시 '저 많은 고학력 고급 두뇌들이 초딩적 분별조차 못해서 실수할까?' 라는 의심과 함께 연구했었고, 결국 집값은 폭등했는데, 훗날의 결론은 **'생존표밭 확보전'**이었다.

좌파의 말을 믿는 사람은 보통 못사는데, 그들이 삶의 향상을 원한다면, 좌파의 말을 반대로 이해하는 방법 정도는 배워야 할 것이다.

좌파의 말을 믿으면 보통 망하고, 반대로 가면 보통 돈을 번다.

좌파는 국민이 망할수록, 자기 지지층이 망할수록 이득을 얻는다.

좌파 진영이 가장 크게 대박 쳤던 시대가 바로 IMF시대다.

국민은 망했어도, 운동권과 종북좌파 등 별 볼일 없던 자들이 대거 정계 진출한 좌파대박 시대다. IMF사태는 달러부족 사태이고, 외국 자본의 대량 이탈이 주 원인인데, 외국자본의 이탈 원인은 기업이 돈을 못벌었기 때문이고, 그 이유는 노태우 후기부터 이어진 대규모의 파업과 노동자 과보호가 인건비의 초급등과 생산성 악화를 불렀기 때문인데,

전국적 파업을 주도하고 노동 개혁을 방해한 게 IMF사태의 주범 좌파다.

그로 인해 파업선동 좌파는 대박났지만, 죄없는 노동자들만 몰락했는데, **좌파는 승자의 힘으로, 나라 망친 책임을 마녀에게 뒤집어 씌워 영웅이 되었고, 우파는 좌파의 농간을 막지 못한 책임이 있을 뿐이다.**

좌파의 방해만 없었다면, 통일과 미국 일본 수준의 경제가 되어 있을 것이며, 한국의 가장 큰 문제는, 나라 망치는 진보 간판의 수구좌파를 정신차리게 만들 능력이, 참진보 우파 진영에게 부족하다는 것이다.

문재인 정권이 집값 전·월셋 값을 잡을 의도가 정말로 있었다면, 공급을 늘리거나, 방해만 않고 낮잠 잤어도, 저절로 해결될 문제였다.

문재인 좌파 정권의 대책은 모두가 노무현의 실패를 반복한 공급자 구타 정책인데, 노무현은 몰라서 실수했을 수도 있지만, 그 정책의 반복은, 과거를 또 다시 반복하게 됨을, 좌파가 정말로 몰랐을까?

빈곤층과 무주택 서민이 주 지지층인데, 좌파는 그 지지층이 줄어들기를 원할까, 많아지기를 원할까?

모든 좌파는 국민을 망치는데, 그들이 정말 잘해 보려다 실수한걸까? **좌파가 망치는 세력은 4부류**이고, **좌파가 살리는 세력은 2부류**다. 좌파가 망치는 첫째 세력은 기업이다. **기업과 중소 자영업자**를 망친다. 그로 인해 일자리를 줄여서 **저임금 노동자와 서민**을 망친다. 좌파가 망치는 셋째 세력은 **다주택자**다. 그들에게 세금 폭탄을 때려서, 주택 소유자를 망치는데, 그로 인해 주택 공급을 확 줄이니, 전·월세를 폭등시켜서, 넷째 세력인 **전·월세 세입자**를 망친다. 하지만 좌파도 2부류는 살리는데, **강성귀족노조와 좌파생태계 관련자**들이다. 귀족노조가 좌파 열혈지지층인 이유가 그것이다. 후자에 해당되는 사람들이 좌파를 열혈 지지하는 것은 이유가 있지만, 한국은 전자에 해당되는 사람도 좌파 지지자가 많은 코미디 나라다. **좌파가 서민들이 집을 갖지 못하도록, '니들은 영원히 세입자로 남아라' 라는 말을, 말 대신 정책으로 확실히 보여주는데도,** 공짜 몇 푼을 반기는 사람이 많은데, 그게 '**서민뒤통수치기 선수좌파**'가 대국민 사기를 치는 근본 이유일 것이다.

좌파 정책은 마약 정책이다. 그 시작은 달콤하지만 끝은 파멸이다.

한국은 급행 진보열차 타고 아르헨·베네수엘라로 달리는 나라이며, **진보 간판의 좌파는 오직 두 종류의 사람만이 존재한다. 하나는 '사기쳐 먹는 자'이고, 다른 하나는 '사기에 당하는 자'다.** 그들에게 정상적 분별력을 키워주어 그들과 이 사회가 나아갈 올바른 길을 깨닫게 해주는 것이, 우리의 암흑의 과거로부터 이 땅의 노예해방,

굶어죽음의 해방,인간해방,여성해방,경제비약,민주혁명을 이끌어 온 진짜 진보세력, '우파'라 불리우는 '참진보 혁명세력'의 할 일이다.

우파가 '보수'라는 잘못된 용어를 쓴 탓에 좌파가 진보로 둔갑했을 뿐, 좌파는 진보가 아니라 '진성바보'다. 지적 능력이 낮은 것이다.
하지만 좌파를 치료하여 정상인으로 만드는 일도 불가능한 일은 아니다.
진보라는 간판 이름을 선점했다고 수구좌파의 본질이 바뀌지는 않는다.
진보 간판의 좌파는 '건강식품점'이라는 간판을 건 '불량식품점'이다.
좌파여 그대들이 택한 길은 절벽 밑 시궁창으로 진보 당하는 길이다.
이제라도 깨닫고 탈출하라. 그 길은 공멸의 길이다. 죽음의 길이다.

*스탈린:*인민은 밭을 가는 자들이잖소? 인민들에게 왜 물어봐? 결정은 우리가 해야지.*
*레닌:*The way to crush the bourgeoisie is to grind them between the millstones of taxation and inflation.* **(중산층을 분쇄하는 방법은 세금과 인플레이션 맷돌 사이에서 갈아버리는 것이다.)**
☞레닌은 국민을 빈곤층(프롤레타리아)으로 만들면 영구 집권이 가능하다고 보았다. 칼 마르크스라는 3류 돌머리 학자를 띄워서 이용한 마르크스·레닌주의 이념 사기극은 뒤에서 밝힐것이다.
(좌파 그대들은 공산주의자임을 부인하니 마르크스를 돌머리 라고 불러도 불만 없지?)
좌파가 모두 공산주의자는 아니지만, 좌파의 목적은 권력일 뿐,
잘사는 국민이 많아지길 원하는 좌파는 없다.
좌파는 못사는 국민이 많아지길 원한다.

03. 한국은 거대한 사기판, 전체를 이해하기 위해 먼저 알아야 할 이야기

한국은 극단적인 국민 분열의 나라이며, 통일을 못한 지상 유일한 나라인데, 이유가 뭘까? 남 탓일까?

한국의 국사·정치판은 국민을 노리개로 삼는 사기판일 뿐인데, 대중이 꾼들이 만든 허수아비만 쳐다보며 속기 때문에 모든 게 꼬여 있는 것이다. 국가가 달을 가리키더라도, 달도 보고 손가락도 보고 가리키는 사람도 보아야만 '꾼'들의 농간에 속지 않을 수 있다. 상대는 '꾼 중의 꾼'이다.

◉우파 진영의 무능함과 중대한 실착

1980년대 후반 학번이라면, 한번쯤 들어 보았을 만한 이야기가 있다. '운동권 주사파' 학생들의 '남녀혼숙' 이야기, 그러니까 "운동권 남녀가 한 방에서 나체로 의식화 교육을 하고 함께 잠까지 잔다"라는 이야기들이다. 당시 운동권 선배들이 신입 여학생을 사상교육 시키고 '혁명전사' 간에 부끄러움이 없어야 한다면서 후배 여학생들을 돌려가며 어쩌고 하는 이야기들이 당시 학생들 간의 술안주로 흔히 쓰이던 '얘깃거리'였다.

이에 대해 과거 대공분야에 근무했던 우헌근 박사가 증언 하기도 했는데, "운동권 세력은 의식화 교육(공산주의, 김일성주체사상 교육, 가짜역사교육 등-필자)을 하면서 남녀가 한 방에서 나체 상태로 교육하고, 돌아가며 함께 잠까지 잔다. 전문 사진사를 고용해서 현장에 잠입해 사진과 비디오 등의 명백한 증거 자료를 갖고 있다."라는 것이다.

운동권이 그런 상상초월 교육을 하는 이유는, 노동현장에 위장취업과

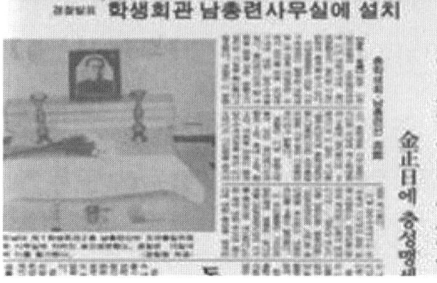

운동권 진보진영의 김일성 추모 기사

의식화 교육을 위해, 수치심을 없애고 집단 이탈을 막을 목적이라며, 그게 운동권(대다수가 김일성주체사상파-필자)의 기본원리 라고 부언했다.

그러면서 그들에게 교육 장소와 은신처를 제공한 '도시산업선교회', '천주교 평신도협의회' 등의 단체와, 자신이 검거한 전·현직 정치인과 유명인 가족의 본명을 대기도 했다. 그들은 왜 그리 되었을까?

이것은 우파 진영의 무능함과 중대한 실착이 원인이다.

첫째, 독립 후 미·소 점령군에 의해 권력을 쥔 남북한의 독립파가, 점령군에 아부하고 자신들이 영웅되어 권력을 유지할 목적으로 조작한, 일제 강점·수탈·학살 등의 일본 악당만들기 가짜국사 세뇌교육을 바로잡기는 커녕 확대재생산 했다는 것이다.

둘째, 한국은 독립 직후부터 자유민주주의(자유주의,자본주의) 우파와 공산주의(사회주의) 좌파 진영 간의 이념 대립이 지속되어 온 나라인데, **우파 정부가 공산·사회주의 좌파 이념을 강제 금지만 시켰을 뿐, 좌파 이념을 제대로 연구하지도 않고, 알리지도 않았다는 것이다.**

즉 좌파는 가짜 국사와 사기 이념을 기반으로 사상 무장을 단단히 하고 있었지만, 우파는 정신적 무장 해제의 날라리 우파라는 것이다. 우파 진영의 무능함과 중대 실착에서부터 모든 문제가 시작된다.

한국 진보 진영의 각종 피켓들

⊙ 우리 역사 두 번의 암흑기와 김일성주사파 진보 진영의 출현

사회 초년생인 대학생들은 정의감과 의협심이 있는 반면에 좀 단순한데, 김일성·김정일의 지속적인 한·일 한·미 이간질 지령과 함께, 80년대 그들에게 접근한 세력이 있었다.

모든 사회는 부각시킬 문제가 있는 만큼, 남한의 문제점 부각과 함께 북한의 이념·사상전인 '마르크스·레닌주의, 김일성주체사상, '가짜국사 주입' 3가지 사기극이 그들에게 통해 먹혔다.

자유민주주의·자본주의는 수구이고 공산주의·사회주의가 '진보'이며, 미국·일본은 분단의 원흉이자 민족의 원수이고, 대한민국은 친일·친미파가 민족을 배반한 나쁜 나라이며, 악당인 미국·일본과 싸운 어버이 김일성 수령은 영웅이니, '민주기지'인 북한과 손잡고 미제로부터 민족을 해방시켜 남한을 적화통일 하자 라는게 골자다.

♪압박과 설움에서 해방된 민족, 싸우고 또 싸워서 찾은 이나라, 쪽바리 양키놈이 남북을 갈라, 매판파쇼 앞세운 수탈의 나라, 이 땅의 민중들은 피를 흘린다. 동포여 일어나라 해방을 위해, 손잡고 한라산에 해방기 휘날리자♪

'해방가2'인데 80년대 운동권 진보진영의 사상을 대변하는 '의식화노래' 중 하나다. 80년대 후반 학번 중 이 노래를 모르는 사람은 없을 것이다. 필자도 한때 좌파 필독서들을 읽고 대한민국에 분노했다가 훗날 연구해 보고서야 속았음을 알았지만, '민주화투사'라는 운동권 진보진영 대다수는 '김일성주체사상파·공산주의자'였고, 그들이 진보진영 주류로 성장했다.

운동권 진보진영은 크게 2부류로서, PD계열(마르크스·레닌주의 = 공산주의)과 NL계열(≒김일성 주체사상파)이며, 이 중 '진보진영'의 주도 세력은 NL계열의 '김일성 주체사상파'다.

'김일성주사파 진보진영'을 모르고선 한국사도 정치도 이해할 수 없다. **당신은 운동권 진보진영 인사가 김일성·김정일과 공산·사회주의·김일성주의 비판하는 것을 본 적 있는가? 아마 전혀 없을 것이다.** 반공만 문제 삼으며 자신이 공산주의자임을 부인할 뿐, "공산주의나 김일성주의 등을 본질적으로 비판하는 것은 본 적 없을 것이다.

진보 진영의 주류에는 '절대성역'이 있는데, 공산주의·김일성 주체사상·북한체제·김씨왕조·3대세습·북한의 인권말살을 절대 비판해선 안되는 것이다. 이는 사실상 '진보진영 6대성역'이며, 중국·소련과 공산권을 비판하는 것도 금기에 가깝다.

PD와 종북주사파 NL은 노선이 다르니 서로 비판할 수도 있지만, 공생관계 때문에 서로 비판하지 않는다. **이런 진실을 말하면, 그들은 "또 색깔론이냐?"라며 얼버무리려 하겠지만, 그리 말하는 사람마저도 이 6가지 성역은 절대 비판하지 못한다.**

혹 위장하려고 비판하는 척 할 수는 있겠지만 공산주의·김일성주의와 북한 왕조를 본질적으로 비판하는 것은 절대 못한다. 그게 '진보진영' 간판을 건 좌파의 위장술의 한계다. 이는 '색깔론'이 아니라 '실체론'이며 겪어본 사실과 있는 그대로 말하는 것이다.

훈장 받고 즐거워하는 소련군 대위 김일성

뒤에 언급될 '마르크스·레닌주의 사기극'과 '김일성주체사상 사기극'은 권력 목적의 단순한 '이념사기극'인데도 그들이 속은 것이지만, '역사조작 사기극'은 국사 권력을 장악한 거대 세력에 의해 한국사 교과서에 버젓이 적어서 자행되기 때문에 국민 모두가 속아 왔다.

우리 한반도에는 두 번의 암흑기가 있다.

하나는 스탈린의 졸개에게 강점당한 김조강점기(북한)다. 김씨왕조는 100만 명을 학살하고 권력 목적의 김일성 궁전과 핵무기 제작에 국민의 10년치 식량 비용을 퍼부어서 300만 인민을 굶겨 죽였다.

또 하나는 북한을 천국으로 여길만한 '진짜 생지옥'인데, 중국 황제의 졸개에게 정복당해 6천만 명이 굶어 죽은 '이조암흑기(조선)'다. 뒤에서 밝히겠지만,

조선 민중이 그토록 굶어 죽은 이유는 국민의 자유를 강탈했기 때문이고, 국민을 탈탈 털어 중국에 바쳤기 때문이다. 조선은 돈으로 평화를 사는 나라가 어떤 꼴이 되는지를 보여주는 실증적 사례다.

조선에 기병대와 금·은 등 귀금속 유물이 전혀 없는 이유도, 그것을 몽땅 털어서 중국에 바쳤기 때문이고, 일본이 개항할 때 조선이 개항을 못한 진짜 이유도, 금·은 등의 국제 화폐와 기술이 전혀 없는, 요즘으로 치면 '달러거지·기술거지'여서 소외 당했기 때문이다.

◉좌파는 왜 거악(巨惡)에는 침묵하면서 소악(小惡)에만 입에 거품을 물까?
좌파의 모든 시위, 투쟁, 촛불시위는 오직 미국·일본·우파 대상일 뿐, 그보다 수천 수만 배 극악한 북한·중국의 악행에는 절대 침묵한다.
좌파는 미군의 6.25 양민 학살을 부풀려 헐뜯지만 그보다 수십만 배 더 죽인 북한·중국과 공산권의 악행에는 절대 침묵한다.

2차세계대전 일본인 희생자는 310만 명이고, 일제시대 40년간 조선인 희생자는 원폭희생자 4만명 포함 총 6만2천 명이다.
그러나 북한 왕조는 700만 명을 죽였다. 일본은 인권말살국이 아니지만 북한과 중국은 현재 인권말살 국가다. 중국 공산 정권이 학살한 생명도 6500만 명이며, 티벳·신장 위구르 등에서도 수십만 명을 학살했다. 또 일본은 성노예 나라가 아니지만 북한은 현재 성노예 나라다.

그러나 좌파는 미국·일본·우파 진영만 헐뜯을 뿐, 북한·중국 등 공산권의 현재형 거악(巨惡)에는 일체 침묵한다.
좌파는 마르크스·레닌주의 이념상 봉건 왕조를 비판해야 맞지만, 좌파는 봉건 왕조의 악행은 절대 비호 및 미화시키고, 특히 반일에 올인하는데, 이유가 뭘까?
비유하자면, 내 가족을 100명 죽인 자가 지금도 대를 이어 계속 죽이는데, 그런 만행에는 침묵하면서 옆집 사람의 증조부가 80년 전에 내 가족을 1명 죽였던 일만 계속 헐뜯으면서, 그 증손자에게 들어줄 수 없는 요구와 함께 '진정한 사과' 요구를 반복한다는 것이다.

일본은 총리급 이상의 공식 사과만 최소 22차례 이상 했고, 배상과 지원으로 우리에게 경부고속도로 10개 건설비 이상의 경제 지원을 하는 등, 한국 발전의 종잣돈을 제공했다.

경부고속도로, 포항제철 등 한국 발전의 기반시설 대부분이 일본의 지원금과 기술 지원으로 만든 것이며, 모든 산업의 기반인 철강과 고속도로만 없었어도 자동차도 조선도 산업화도 불가능했지만 그 대부분을 일본의 도움으로 이룬 것이다.

하지만 북한은 우리국민 수백만 명을 죽이고서도 사과는 커녕 '북침'이라 우기는데, 좌파는 사과 안한 자는 비호하면서 수십번 사과한 자에게만 '진정한 사과' 요구를 반복하며 70년째 '반일'을 선동하고 있다. 좌파는 6.25를 계속 '북침'이라 우기다가 구소련의 문서 공개로 남침이 입증된 후에는 일체 침묵한다.

좌파는 '반전반핵 양키고홈' 하며 미군 철수를 외치다가 북한 핵에는 시늉만 할 뿐 일체 침묵한다. 반일 선동으로 우리의 경제적 안보적 손해는 막대하지만, 좌파의 반일 선동은 그치지 않는다.

좌파 진영에 의한 조직적인 대국민 사기극의 의혹이 있는 사건이 바로 '위안부좌파'의 '위안부 사기극' 의혹이다.

한일 이간질의 최대 수혜자인 북한·중국 정권의 개입 정황도 있다. '위안부 좌파'가 20만 명이라 부풀리는 일본군 위안부는 피해 주장 인원이 총 238명이다. 돈 받을 게 예상 되는데도 지난 수십

년간 등록된 인원은 그게 전부다. 그 중 33명은 '자신들이 진짜 위안부'이고, "위안부 시위에 나오는 위안부들 대다수는 중국에서 수입된 가짜이며, 진짜 위안부는 저런 시위에 나오는 것을 꺼려하고, 정대협(정의연)의 목적은 다른 데 있다"면서 따로 단체를 만들기도 했다. 그들은 "정대협이 사적인 부귀영화를 위해 할머니들을 악용한다"고 폭로하기도 했다.

당시의 사료를 통한 위안부 사기극의 넘치는 증거는 뒤에서 밝히겠지만, **설령 모두가 진짜 위안부라고 쳐도 위안부 피해자는 총 238명이다.** 그런데 그건 과거완료형이고 북한과 중국의 악행은 '현재진행형'인데도 좌파는 북한·중국 등 공산권의 현재진행형 거악(巨惡)에는 일체 침묵하고 위안부 등을 구실로 일본의 1세기 전 과거만 부풀려서 헐뜯는다.

6.25때 북한군과 좌파에 학살 당한 양민이 전라남도에서만 7만 명이며, 지금도 일 평균 수십~수백 명씩 죽임 당하고 있는데도, **좌파는 최대 238명 피해 주장의 위안부만 수천 배 부풀릴 뿐, 그와 비교조차 못하게 큰 북한과 중국 공산 정권의 현재형 거악에는 일체 침묵한다.** 이쯤 되면 이상함을 느낄 만도 한데 당신은 의구심을 가져 본 적 있는가?

◉좌파는 '일제시대=악몽시대' 조작만 무너져도 붕괴하는 '낙엽 좌파'
한국에서 반일을 선동하는 세력은 좌파이며, 문제의 본질을 이해하려면 표면적 구호 말고 그들의 전략적 목적과 심리를 읽어야 한다. 인간은 100년 전의 일에는 가족사건 국사건 신경쓰는 동물이 아니며, 자신의 이익과 관련 있어야만 관심을 갖는데, '이념'이 바로 그것이다. '이념'이란 자신을 더 좋은 세상으로 이끄는 길이라 믿는 방법론이며, 동기를 유발할 최고 수단은 증오심과 복수심인데, 그 이념 투쟁과 권력을 위해 '일본 악당화'의 증오심 유발을 수단으로 쓰는 것이다.

우파는 흔히, 좌파가 과거에 얽매여서 미래를 가로막는 바보들이라고 여긴다. 과거에 침략전쟁 안 해본 나라 없는데, 일본의 과거만 헐뜯으면서 미래를 망친다는 것이다. 하지만, 좌파는 과거에 얽매이는 게 아니라 과거를 조작 및 선동하는 게 우파진영 악당화에 도움이 되어, 자신들의 이득이라고 보기 때문에 그러는 것이다.

좌파가 바보가 아니고 그 기본 전략조차 이해 못하는 우파가 바보다.

진보간판 좌파의 절대적인 최종 목적은 공산 혁명인데, 좌파가 정직하게 공산혁명·폭력혁명을 외칠거라 믿는 사람이 의외로 많다.

좌파의 사상적 기반이 마르크스·레닌주의와 김일성주체사상인 건 알면서도 폭력 혁명을 외치지 않으니 공산주의와 무관하다는 사람들까지…

좌파는 6.25 양민학살 등으로 공산주의 이미지가 나빠서, '공산혁명' '폭력혁명' 구호를 쓰면 먹히지도 않고 법적으로도 금지되이 있이시 **증오심을 생산할 다른 수단이 필요한데, 그게 바로 '일본 악당화'다. 반일종족주의도 무개념도 아닌 이념전·남북전이며, 반일·종북·공산주의는 한 세트다.** 반일은 좌파 진영의 전략이기 때문이며, 거의 모든 시위의 배후는 북한이라는 황장엽의 폭로도 참고할

한국 진보 진영의 각종 피켓들

필요가 있다.

좌파의 기본 이념은 '가진 자는 나쁜 놈이니 그들의 것을 빼앗아서 나눠먹자'이거다. 빼앗아서 평등하게 나누면 지상 낙원이 된다 이거다. 폭력혁명론이 힘을 잃긴 했지만, 강온의 차이만 있을 뿐, 남의 것을 빼앗자는 게 좌파의 기본 마인드다.

제 이웃이라도 부자라면 유산계급이니 원칙적 타도 대상이며, 이를 위해 과거에는 대학살도 많이 했다.

그런데 맨정신의 사람은 그런 게 강도짓임을 알기 때문에 쉽게 동조해 주지 않아서 '구실'이 필요하다. 즉 '대한민국은 악당 나라이고 기업과 자유민주주의 우파는 악당이야'라고 믿게 해야한다.

자기 인생은 기본적으로 자기가 사는 것인데도, 인간의 심리에는 자신보다 잘 나가는 사람을 약탈하고 싶어하는 강도적 약탈 본능이 잠재해 있는데, 그 악마적 심리를 부추겨서 악용하는 게 좌파다.

즉 강도범죄 정당화의 구실로 삼을 악당이 필요한 것이다.

[가진 놈들이 우리를 착취하고 있대. 그 나쁜 놈들...일본은 악마이고, 우리 민족이 나라를 빼앗겨서 독립투사님들이 나라 되찾아

주시려고 추위에 떨며 독립투쟁 하실 때, 민족을 배반한 친일파는 호의호식 했대, 그 친일파가 가진 놈들과 우파의 뿌리래, 천하의 죽일 놈들...한국은 기회주의가 승리하고 정의가 패배한 나라야]

좌파의 역사관과 이념을 요약한 게 바로 이것인데, 좌파가 눈만 뜨면 친일파 친일파 하고 앵무새처럼 외치는 이유가 그 때문이다.

좌파는 '증오의 종교'로서, '일본=악당' ☞친일파=악당 ☞우파=친일파 ☞우파=악당, 이렇게 억지로라도 이미지 연결을 못하면 생존이 어렵고, '일제시대=악몽시대' 명제는 좌파가 목숨걸고 지켜야 할 종교다.

좌파는 감성에 지배될 뿐 논리와 숫자 감각이 낮아서, 영웅과 악당 등의 이분법으로 밖에는 구분을 잘 못하므로, 감성 선동만 잘하면 100만 명 죽인 자의 편에 서서 100명 죽인 자만 열심히 헐뜯는데, 그들에게, '우리는 정의의 용사이고 쟤들은 악당이야. 한국은 악당나라야' 라고 믿게 만들어야 하며, 거기에 필요한 악당이 일본과 친일파다.

증오심 증폭을 못하면 마르크스·김일성주의 이념전으로는 승산이 없고, **일본을 필히 악당으로 만들어야만 자유민주주의 우파를 악당 일본과 한패인 친일파다 라고 엮어 선동할 수 있는 것이다.**

만약 그 '일본=악당' 명제가 무너지면 정의로운 척 할 근거가 사라지고, 추종자들이 대한민국을 '친일파 청산 못한 악당나라' 라고 여기지 않게 되면 체제 전복의 동기가 흐려지므로, '일본 악당화'는 필수다.

그게 깨지면 '자본주의' 체제를 뒤엎기는 커녕 자멸하며, '이념적

▲조선 말기의 서울 중심부 전경

동지' 북한 정권을 살릴수 없다. 좌파 주도층이 미국·일본과 자유주의 우파 진영의 잘못은 교통사고 해난 사고까지 부풀려 모략하면서도 북한과 중국 등 공산 정권의 거악에 일체 침묵하는 이유는, 그들이 이념적 동지, 즉 그들이 이념 투쟁에 도움이 될거라는 기대 때문이다.

좌파와 북한의 전략적 목적 때문에 일본만 헐뜯는 것이며, 좌파가 일본 악당화에 올인하고 끝 없이 친일파를 운운하는 것도, 우파진영 악당화를 목적으로한 술수일 뿐, 그들은 일본에는 관심이 없다.

그들이 왜 아까운 시간과 정력을 들여 일본만 헐뜯겠는가? 목적이 있기 때문이다. **좌파가 '일본 악당화'에 집착하는 첫째 이유는 좌파와 북한 왕조는 '일본 악당화' 조작의 진실만 드러나도 붕괴하는 '약골'이기 때문이다. 가령, 수탈은 거짓이고 대량 지원과 '초비약성장'과 '인권혁명'을 한 점, 조선에 비하면 북한은 천국이고, 북한에 비하면 일제시대가 천국이라는**(뒤에서 자세히 밝힐) **진실만 알려져도, 좌파와 북한 정권은 망한다.**

일제 시대의 진실을 말하는 학자가 나오면 좌파가 벌떼처럼 물어 뜯는

▲ 1930년대의 서울

게 그 때문이다. 생존이 걸려 있어서 진실 따위는 필요 없는 것이다. 이 나라가 조선의 끔찍한 암흑기에서 벗어나 비약적인 진보를 해 왔다는 실체적 진실만 알려져도, 좌파는 존재 기반이 흔들린다.

끝 없는 굶어 죽음에서의 해방과 노예해방, 르네상스, 경제비약 등 모든 비약 발전은 미국·일본과 친일파와 우파의 작품이고, 좌파는 방해만 해 왔으니, 그 진실이 드러나면 영웅과 악당이 뒤집히기 때문이다. 좌파는, '우파는 친일파의 후예이고 자기들은 독립투사의 후예다' 라고 조작하려고 수를 쓰는데, 좌건 우건, 일제 말기 일본군에게 총 한발이라도 쏴본 인간이 있는지에 대해서는 뒤에서 밝힐 것이다. 독립투쟁 했는지 같이 침략했는지, 한국사 교과서의 근본적 사기를 까발리겠다는 소리다.

한국의 국사판은 정치적 목적의 사기판이며, 북한 정권은 남북한 국민 모두를 속이지 않고서는 존립 불가능한 구조임을 알아야 한다. 또, 한·미·일이 뭉치는 쪽으로 국론이 통일되어버리면 좌파와 북한 정권은 설 곳이 없기 때문에 한·일 이간질이 필수이며, 조선을 미화

시키고, 우파의 잘못은 부풀리고, 같은 이념권인 북한과 중국의 악행에는 일체 침묵하면서 일본 악당화 조작에 총력을 기울이는 것이다.

좌파는 경제 망친 노무현이 살았을 때는, 지지율 한자리 수가 될 때까지 그리도 욕하다가, 죽고 나니 언제 그랬냐는 듯이 '그립습니다' 하면서 '돌변추모'를 했는데, 그들은 노무현을 정말 갑자기 사랑하게 됐을까? 좌파가 총력을 기울이는 박정희 전두환 악당화도, 그들을 악당화 시켜야 우파진영을 같이 몰아서 악당화 시킬 수 있다는 전략적 목적 때문인데, 우파는 좌파와 함께 그들을 욕하기도 할 만큼 무개념이다.

좌파는, 조선의 끔찍한 실상을 속여서 찬란한 나라라고 미화시켜야만, 그 찬란한 나라를 악당 일제가....에서 시작하여 우파진영 악당화로 연결지을 수 있고,

우파진영 인물들을 악당들로 만들어야, 우파를 함께 악당화 시키고, 그 악당과 싸우는 자신들이 정의의 사도가 될 수 있기 때문이다.

전 세계 공산권이 모두 망했는데도 한국의 좌파와 북한 정권만 건재한 이유는, 국사 무개념 그룹인 우파 진영의 무능함 때문이다. 상대 진영은, 필요하면 어제까지 욕하던 인간을 갑자기 사랑하기도 하고, 북한·중국의 거악에는 일체 함구하고, 오직 미국·일본·우파만 패는 등 모두 전략을 갖고 대하는데, '이왕이면 찬란한 역사라고 자부심을 갖도록 가르치는 게 낫지 뭐' 식의 무개념이다.

한국사가 진실 전달의 수단이 아니라, 북한의 대남전략과 좌파의 이념투쟁에 악용되고 있는데도 개념 자체가 없는 것이다.

북한 봉건 왕조의 태생적 본질을 알아야 이 문제를 이해할 수 있다.

김씨 왕조는 인민의 선택을 받은 적 없는 '정복권력', '인민납치범 권력'이다. 때문에 '악당 일제로부터 민족을 구한 영웅'이라는 조작이 필수이며 '일본=악당, 일제시대=악몽시대' 명제가 조작임이 들통나면 김일성은 영웅에서 쫓겨나 사기꾼이 되는 것이다.

종북좌파가 김일성을 흠모하는 주 이유도 '악당 일제로부터 민족을 구한 독립투사'라는 조작 때문인데, **지금껏 '친일파'니 '토착왜구'니 하며 김일성을 영웅인 줄 알던 종북 좌파가 "우리가 속은거야?" 하며 정신 차려버리면 좌파와 북한 왕조는 공멸하는 구조다.**

북한 왕조는 유사시 한국을 도울 나라는 미국·일본 밖에 없으니, 미국·일본 이간질로 한국을 외톨이로 만들어야 중국과 함께 남한적화가 가능하며, 분단의 책임을 떠넘길 악당을 만들어야 권력이 유지된다.

때문에, **간첩단과 좌파 진영의 동조 세력을 총동원한 반일 선동으로 남한 내 좌파 진영을 단결시켜, 남남 분열과 좌파 기득권 세력의 득세를 이어 가지 못하면 북한 권력이 위험해지는 것이다.**

남북한 온 국민이 통일을 원하는데도 통일을 못하는 데는 이유가 있다. **봉건 왕조는 그 지배층의 권력욕 때문에 힘으로 굴복 당하기 전에는 절대 스스로 권력을 국민에게 넘기지 않는다.**
특히 악정을 해 온 왕조는 권력을 잃으면 맞아 죽기 때문에, 북한 왕조는 자신이 지배하는 통일 외에는 자유 왕래나 중국식 개방조차 절대 거부하는 것이다.
통일을 막고, 가족 상봉과 자유 왕래를 막아야 행복한 그룹은 남북한에 딱 하나다. 북한 왕조다. 남북한 국민 모두가 원해도 소용 없다.

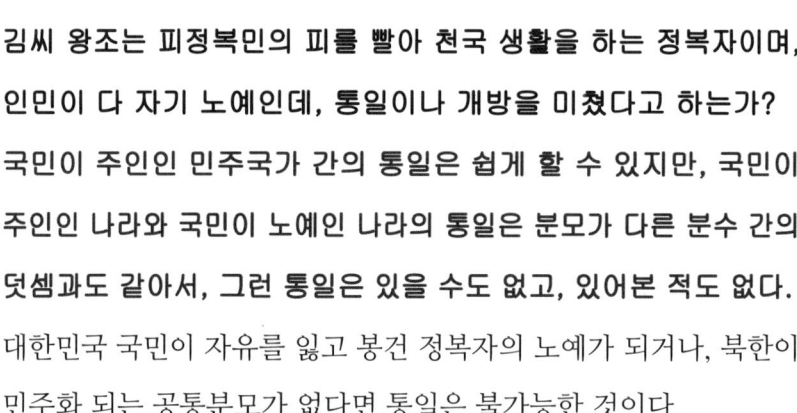

김씨 왕조는 피정복민의 피를 빨아 천국 생활을 하는 정복자이며, 인민이 다 자기 노예인데, 통일이나 개방을 미쳤다고 하는가? 국민이 주인인 민주국가 간의 통일은 쉽게 할 수 있지만, 국민이 주인인 나라와 국민이 노예인 나라의 통일은 분모가 다른 분수 간의 덧셈과도 같아서, 그런 통일은 있을 수도 없고, 있어본 적도 없다. 대한민국 국민이 자유를 잃고 봉건 정복자의 노예가 되거나, 북한이 민주화 되는 공통분모가 없다면 통일은 불가능한 것이다.

권력을 위해 많은 사람을 죽인 것도 통일 의사가 없다는 증거다. 권력을 잃으면 맞아 죽기 때문이며, 김씨는 '호랑이 등에 탄 권력자'다. **자유왕래나 가족 동거도 있을수 없다. '역사조작 사기영웅'의 진실만 알려져도 붕괴 및 맞아 죽는 허약한 권력인데, 당신이 김씨 왕이라면 통일이나 자유 왕래를 허용해서 맞아 죽겠는가?**

문제는 통일을 과제로 삼는 한국의 철학마저 비뚫어졌다는 것이다. 중요한 것은 통일이 아니라 노예 해방과 인권혁명, 즉 북한 민주화다. 인권 말살이 지속 된다면 통일 따위는 아무 의미가 없고, 북한이 일본·대만처럼 국민이 주인인 나라가 되면 통일은 중요하지 않다. 나라를 합치는 게 중요한 게 아니고, 자유와 인권이 우선인 것이다.

70년 넘도록 이 기본조차 깨닫지 못하니 한발짝도 못나간 것이며, 가짜 평화론, 껍데기 통일론의 사기에 속는 좌파 지지층이 이를 깨달아 국론통일을 이루면 북한 정권과 좌파는 붕괴위기에 처한다. 때문에 북한 간첩단의 최우선 목표는 남한 국사계와 사상계를 장악하여, '일제강점 때문에 분단과 전쟁이 생겼어. 전쟁을 누가 일으켰건 간에, **분단의 원흉도 전쟁의 원흉도 미제 일제이고, 통일을 막는 원흉도 미제 일제와 그 파쇼세력 우파 수구x통들이야.**' 라고 믿게 만드는 것이었고, 그 책임전가 술수에 성공하여 남남분열과 좌파기득권 확대 공작이 성공했기 때문에 3대 세습에도 성공한 것이다.

좌파와 북한 왕조가 '일제시대=악몽시대' 만들기에 집착하는 이유는, 그 진실이 좌파와 북한 왕조의 생사를 결정하는 약점이기 때문이다.

북한 정권과 진보간판 좌파는 이런 공통 이해관계를 가진 세력이며, 좌파·북한 정권과 일본은 '역공동운명체'다. 일본 악당화 조작이 성공할수록 좌파·북한 왕조는 이득을 얻고, '일제시대=악몽시대' 조작의 진실만 알려져도 좌파·북한 왕조는 공멸한다.

좌파의 희망이 마르크스·레닌주의와 김일성주체사상과 북한·중국

정권이고, 그들의 목적에 방해되는 세력이 미국과 일본이라 여기니, 좌파가 미국·일본만 헐뜯고 북한·중국 등 공산정권에는 그리도 비굴한 것이다.

좌파가 추종하던 소련·중국·북한 등은 모두 망했고, 좌파는 진보 간판으로 반짝 전성기이지만 소멸을 두려워하는 맑시즘의 마지막 잔당이다. 공산권의 몰락으로 그들도 정신적 지주가 무너진 공황 상태인 것이다.

사회를 계급으로 나누어 갈등을 유도하며 이득을 노리고, 중산층을 내려 앉히며, 서민의 피를 빠는 서민과 약자의 흡혈좌파…
한국은 좌파의 행복을 위해 남미·북한 같은 꼴로 몰락할 것인지, 국민의 행복을 위해 그런 나락에서 벗어날 것인지를 선택해야 할 것이다.

좌파 중에서 극좌·종북은 소수이고, 추종 세력들은 속고 있을 뿐이며, 누가 진짜로 노동자·서민과 약자를 잘 살게 하는 세력인지의 문제를 좌파 하부 계층이 깨닫게 되면 좌파의 운명은 끝이다.

국사·정치·이념은 한 세트이며, 이 세가지는 함께 풀지 않으면 절대 풀리지 않는 방정식이다. 필자는 우파 논객으로서 지금껏 수많은 좌파들과 토론 대결을 해 보았는데, 좌파는 짧은 단어로 선동은 잘 하지만 끝장토론을 해 보면 완전 약골들이어서 좌파를 정상인으로 만드는 것은 결코 어려운 게 아니다.

서민의 편을 가장한 기득권 배채우기의 '이념사기극'과,
권력을 위해 조작한 '한일과거사', 마르크스주의, 김일성주체사상 모두가 사기였음이 알려지면 좌파도 북한 왕조도 끝이다.

'한국사 교과서'는 같은 좌파부터 속이기 위해 조작 되었으며, 적을 속이기 위해 아군(종북좌파)부터 속이는 전략이다. **좌파 지지층이 아무리 많아도 그 99.9%가 속는 부류이므로, 좌파 지휘부가 북한에 있건 남한에 있건, 그 하부 층을 깨닫게 하면 북한 정권의 존립 기반인 종북좌파는 무너지고 통일은 쉽게 도래할 것이다.**
이 책은 그 진실을 알리는 책이며, 이 책 내용의 10%만 국민이 알게 되어도 좌파는 지속이 어려울 것이다.

참고로 전 세계 모든 공산주의자들은 자신들을 '진보(Progress)'라 부르는데, 이는 마르크스·레닌주의 이론 속 '역사 발전의 진보론'에 따른 것이다.
운동권 진보진영은 김일성·김정일의 이름을 절대 함부로 부르지 못하고, 반드시 **위수김동**('위대한 수령 김일성 동지'를 칭하는 진보진영의 용어), **친지김동**('친애하는 지도자 김정일 동지'를 칭하는 진보진영의 용어)이라 경칭을 붙여 부르던 그룹이 대다수다. '진보'라는 좋은 단어를 선점한 '반미·반일·종북·친중파', 그들의 적은 미국, 일본과 자유민주주의·자본주의 체제이며, 그들의 우군은 북한과 중국의 공산 독재 정권이다.

이는 이념·사상 사기와 '역사조작'에 그들도 대부분 속고있기 때문이다. 즉 부모 죽인 원수와 부모 살려준 은인을 바꾸어 인식하기 때문이다. 뒤에서 밝히겠지만 '일본군위안부' 주변도 김일성주사파, 종북좌파, 간첩단사건 관련자로 깔렸을 것이다.
모든 게 북한의 대남전략과 일치하며, 진보간판 진영이 원하건

원치 않건 좌파는 '대남적화전략' 동조 세력이다.

좌파는 이념을 감추어 '진보'로 위장했고, 표면상 한국은 공산주의자가 한명도 없지만, '민주화세력'이라 자칭하는 '진보진영' 주도세력 대다수는 '김일성주사파'와 '공산주의자' 출신이고, 전향한 사람은 극소수다.

⦿종북좌파 세력이 종북하는 진짜 이유

운동권 진보 진영의 필독서들을 보면, 북한을 '민주기지'라 부르고, 남한은 '민족사적 정통성이 없는 정부'라고 기술하는데, 우파는 이를 근거로 좌파가 이념 때문에 종북하는 줄 알지만 천만의 말씀이다.

북한 김씨 왕조의 성노예인 '기쁨조'들은 '처녀검사'를 받고 선발되어 온갖 성적 서비스 교육을 받은 후 김씨 왕조의 수청을 들면서도 이를 자랑스럽게 여긴다고 한다. 그들은 수청 대가로 받는 김일성 시계를 '가보'로 간직하는데, 이는 정신적 노예로 길러졌기 때문이다.

탈북자들에 의하면 북한에 남한 고위 인사들의 처자식이 사는 가족촌이 있다고 한다. 한국인들은 "김씨 왕조가 40여 개의 호화별장 '특각'에서 10~20대 기쁨조 미녀들의 성적 서비스를 즐긴다"는 등의 폭로 정도만 들었겠지만, **다른 탈북자는 "기쁨조는 방북인사 포섭역할도 한다"**며 남한 진보 인사들을 수청 든 10대 기쁨조들의 이야기를 전하기도 한다. 남한 인사가 방북하면 술좌석과 호텔 등에 기쁨조 미녀들을 투입해서 임신을 하거나 성관계 동영상 등을 기쁨조 여성과 공유하게 만들어서 종북 할 수 밖에 없는 인사들을 꾸준히 만들어 왔다고 증언하고, 심지어 나체 여성이 "선생님과

동침하지 못하면 저는 죽습니다"라고 애원하는 경우까지 있다고 하며, 한번 방북한 진보 인사가 자꾸 밀방북하는 것도 보통 기쁨조 미녀 아내와 그 자식 때문이라고 한다.

성을 이용한 포섭은 방북 여성도 같아서, 방북한 어느 유명 진보 진영 여성에게는 미남 톱스타를 붙여서 '환락'을 선물 했다는 등, 탈북자들은 누구나 알 만한 진보 인사들의 실명과 단체까지 밝히며 그들에 대한 '성접대' 사실을 폭로하기도 한다.

원래 종북이 아니었던 인사들이 방북 후에는 진보 성향으로 바뀌는 등 진보인사 상당 수는 '어둠의 수단'으로 포섭된 것이어서 빠져나갈 수 없다고 증언하기도 한다.

그렇게 돈·여자·지위·침투·거액의 김일성장학금 등 갖은 방법으로 종북 진보 간첩단이 수십년간 형성되었고, 그들이 자유 월남처럼 **정계·법조계·학계·언론·방송·출판·문화계로 진출했고,** 논문·저서·방송·영화 등 곳곳에서 공작을 해 왔으며, 간첩이 청와대 설비 기술자로 장기 근무하기도 했는데, 간첩끼리도 서로 모르며, **황장엽의 폭로에 의하면 그런 간첩이 5만 명이다.**

때문에 그들 입장에서는 북한 왕조가 무너지면 끝장이다.

북한이 붕괴되어 간첩 명단이 공개되면 재앙이므로, 남한 주도의 통일만은 막아야되고, 그러려면 김씨 정권만 살리면 되는 것이다.

당초 목적인 적화통일은 어렵더라도, 북한 정권만 살리면 김씨가 바보가 아닌 한 스스로 북한이라는 상속 재산을 포기하는 자유·민주 통일을 할 턱이 없으므로, 즉 남한 주도 통일을 막을 수 있기 때문에, 좌파는 자신들의 안전을 위해 **'통일방해 목적의 북한정권 지원'**에 집착할 수 밖에 없다.

좌파는 북한 주민들이 인권말살 당하거나 죽임 당하는 데에는 관심 없고, 김씨 왕조만 살리고 인권말살의 노예 상태와 살해를 방조하는 가짜평화, 껍데기 통일만 선동하는데, 납치범에게 내 가족이 죽임 당하는 상황에서 돈 퍼주면서 잘 지내기만 하면 문제가 해결 되는가? 그게 해법이 아님을 좌파도 알지만 그러는 이유는 자신들의 안전 때문일 것이다. 좌파가 북한 중국 등 공산권 독재를 비판하는 일은 일체 없는데, 좌파는 이해 구조상 김씨 왕조의 편일 수 밖에 없으며, 그 납치범 왕조의 적은 미국·일본과 우파이니,

미국·일본과 우파 진영만 증오할 수 밖에 없고, 북한 주민들에게 진실을 전하려는 탈북자들을 탄압할 수 밖에 없다.

⊙운동권 진보 진영과 좌파 이념의 기본 구조

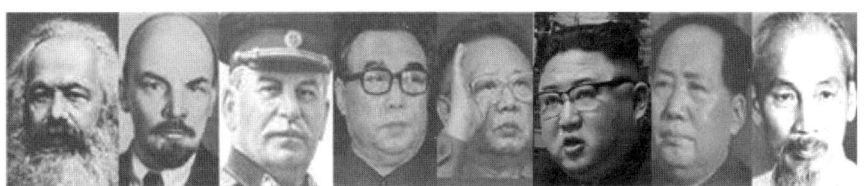

진보진영 주류가 절대 비판 못하는 인물들이며, 공통점은 공산주의·학살자다. 20세기 이후 무고한 생명을 1억명 넘게 학살한 자들이다. **운동권 '진보진영'이 이 사람들을 비판한 경우는 누구도 들어본 적 없을 것이다. 사실상 성역이기 때문이다.**

물론 진보 진영이라고 해서 모두 공산주의자는 아니지만, 공산화된 모든 나라의 공산주의자는 인구의 1~5%밖에 안되며, 그 나라들은 '폭력혁명' 구호가 아닌 '부패척결'이나 '정의실현' 등의 다른 구호에 의해 공산화 되었다.
한국 '진보 진영'의 주류는 4가지 이념적 스펙트럼의 집단으로서, 첫째 공산·사회주의(마르크스·레닌주의), 둘째 김일성주체사상(진보진영 주류의 사상), 셋째 민족주의, 넷째 전체주의(파시즘,쇼비니즘)다.
물론 '진보', '서민의 편' 등의 허위 간판에 속는 추종자들은 빼고 운동권 핵심세력을 말하며, 그들의 공통분모는 '마르크스·레닌주의'다. **그들이 말하는 민주주의도 자유민주주의가 아닌 '용어혼란 전술'이다.** 좌파의 다수는 공산주의·사회주의를 '민주주의'라 불러왔고,

자유를 혐오하며, 헌법의 '자유'라는 단어를 빼려고 할 수 밖에 없다.
또 그들이 말하는 민주화투쟁도 이념적 동지 그룹의 집권을 지향하는 권력투쟁일 뿐, 자유민주주의를 의미하는 게 아니다.
특히 그들이 숭배하는 '민족주의'는 '극우 중의 극우'다.

인류는 평등하고 특정 민족이 우월하거나 열등하지 않으며, 모든 후진국의 공통점이 '우리는 위대한 민족'이라 추켜주며 정치적 이득을 얻는 것이고, **국민을 노예로 만든 못된 지배자라도 '우리'라고 믿게 만들어 나쁜 놈을 구분 못하게 만드는 '지배자 행복 중심주의'가 민족주의다.** 때문에 자유와 인권 등 '국민행복'의 관점이 아닌 지배자 관점으로 밖에 구분 못하는 좌파는, 극좌와 극우 중 나쁜 것만 골라 배운 수구x통이지만, 이미 좌파라 불리우는 점을 고려하면 그들은 '전체주의 수구좌파'다.
즉 정치적으로 '반미·반일·종북·친중파'이고, 이념적으로 공산주의·김일성주체사상·민족주의·파시즘의 전형적인 수구x통 세력이다.

⊙통일을 외치는 통일방해 사기꾼들

좌파 진영은 김씨 왕조가 무너지면 중국에게 점령 당한다는 논리까지 개발해서 김씨 왕조 살리기에 올인하지만, 중국이 그리 한다면 한미일 3국이 똘똘 뭉쳐 중국과 싸우게 되고, 북한 내부의 반발도 우려 되므로, 그 구도가 되면 체제 유지조차 버거운 중국 정권은 붕괴를 피하기 어렵다.
즉 중국은 북한을 삼킬 능력이 없고, 설령 먹더라도 체할 수 밖에 없으며, 북한 동포에게는 노예 해방이 중요한데도 진보 간판의 '종북·친중파'는 온갖 논리를 개발해서 '김씨 왕조 살리기'를 통한 '통일방해' 공작을 하는 것이며, 철저한 '반미·반일·종북·친공·친중파'이자, 말로만 통일을 외치는 통일 방해꾼 종북 진보 진영에 의해 그렇게 통일이 막힌 것이다.

좌파는 북한 핵도 막으려는 게 아니라 핵무장을 도와야만 하는 구조이며 북한인권법도 막아야만 하고 '오직 북한정권 지원'일 수밖에 없다. 진보 진영에는 '북한을 공산낙원 직전의 노동자 독재 단계'라 여기며 공산 낙원과 통일을 기다리는 열성적인 바보들이 많지만, 그 상층부는 통일을 막는 게 목적이고, 단지 권력을 위해 그들을 이용만 할 뿐이라는 것이다.

*발전한 한국에서 왜 데모나 운동이 일어나는가? 그 대부분은 북에서 작용하고 있기 때문이다.
남로당 때처럼 조직을 노출시켜서는 안되므로 지하당을 이중 삼중으로 만들어 누가 지도하는지 모르게 한다.[황장엽]

⊙ 민주화의 진짜 영웅과, 핵폭탄급 중대 사건의 진실

탈북 북한군 상좌 김유송씨는 김대중 정부 취임 직후 북한의 장성급 이상 고위층 200여 명이 간첩 죄로 일거에 처형 되었음을 **밝혔다.** 그 폭로에 의하면 박정희 정부가 심어 놓은 북한 내 우리 측 휴민트가 완전 살해되어 통일의 교두보를 완전히 날려버린 것인데, 그의 주장처럼 김대중 정부가 우리 측 간첩 명단을 북한에 제공했는지, 김일성이 김대중에게 공작금을 제공했다는 황장엽의 폭로가 사실인지 등을 명확히 확인하기는 어렵지만, 탈북자들은 북한 정권과의 유착의혹 때문에 좌파 진영을 멀리 한다.

내가 5.18을 비판할테니, 좌파 니들이 만든 5.18비판자 재갈 물리기 법으로 나를 감옥에 쳐넣어 보라.

나도 감옥에서 니들의 멸망을 기다릴 것이다.

국민화합 차원에서, 민주화의 공을 양보하는 데는 필자도 반대하지 않았다. '우파는 경제 발전의 공을, 좌파는 민주화의 공을 나눠 갖고 잘 지내자' 정도라면 반대할 일이 없지만, 배려가 지나치니 좌파는 그것을 진짜 지들의 공인 줄 알 뿐만 아니라,

5.18을 반복 악용하여, 80년대 경제비약 시대를 끔찍한 악몽시대처럼 만들어서, 이를 우파진영 악당화와 국민 분열에 악용하고 있다. 배려를 이런 식으로 악용하면 곤란하다.

민주주의는 민주화 투쟁이나 5.18가지고 만드는 게 아니다. 시위나 투쟁 했다고 해서 민주화가 된다면 지구상에 민주화 되지 않은 나라 없을 것이다. 세상 일에는 순서가 있다. 화장실이 급한 사람, 배고파 죽을 지경인 사람에게 민주니 철학이니 떠들어봐야, 소용 없다. 시급한 일, 즉 배고픔이 해결 되어야만 민주 의식이 싹트게 되어 있다.

민주주의는 경제가 만드는 것이고, 경제발전 없는 민주화는 지구에 없다. 세상의 모든 독재자들은 이 사실을 알기 때문에, 진짜 독재자는 경제를 발전시키지 않는다.

경제가 발전되면 권력이 흔들린다는 사실을 알면서도 경제를 발전시킨 독재자는 진짜 독재자가 아니다.

좌파 그대들은 김일성·김정일·모택동·스탈린은 일체 비판 못하고,

박정희·전두환만 악당 만드는데, 박정희 전두환이 그들처럼 반대파를 모두 죽이고 개인우상화를 했다면, 그대들도 대부분 죽었고, 국민은 망했어도 박정희·전두환은 그들처럼 영웅화 되어 있을 것이다.

권력은 그런 것이다. 권력의 칼자루를 쥐었는데도 단임제 개헌으로 자기 자신을 스스로 결박하고, 경제 초비약 성장을 이끈

전두환만 그렇게도 짓밟아 악당 만들면서, 자국민을 끔찍하게 계속 죽이고 3대 세습을 이어가는 진짜 독재자에게는 입 뻥긋 못하는 좌파 그대들의 위선을 무엇으로 변명할텐가?

5.18직후 북한에 수많은 5.18 영웅들이 생겨났다는 많은 탈북 인사들의 증언과, 황장엽, 김덕홍 등의 증언도 있다.

북한에 5.18영웅 수백 명의 추모비와, 5.18 기념물 등의 증거와 증언들도 수십 명의 탈북자들이 속속 제공하고 있다.

국민 앞에 모두 까발리고 진실을 밝혀야 한다.

지휘부도 없는 시위대 300여 명이 사단 부대 이동 정보를 알고 새벽에 잠복했다가 습격하여, 사단장 1호차 및 각종 장비들을 탈취하는 작전에 성공했고, 이를 기반으로 장갑차와 각종 무기들을 탈취하여 운용했는데, **특전사·공수부대도 힘든 작전을 민간인들이 했는데 했다는 자가 없다.**

'내가 장갑차 탈취해서 운전했소' 라고 말하는 사람 본적 있는가? 무장 시위대의 수차례 교도소 습격도 이것을 했다는 시민은 없다.

지휘부도 없는 시민들이 광주 전남의 무기고 40개소를 불과 4시간 만에 털어서 총기 5천여 정을 탈취했고, 전남도청 지하에 다이너마이트 2천여 발과 뇌관을 조립하는 -그 지역을 통째로 날려버리고

계엄군에게 뒤집어 씌울 목적이라 추정되는-짓을 했는데도 조립한 사람들조차 없는데, **탈북인사 수십 명이 북한군 특수 부대의 소행임을 폭로했다는 사실이다.**

변장한 북한군은 군경과 국민 이간질을 위해 시민들을 잔인하게 죽였다고 하고, 그런 장면들이 북한에 실시간 생중계 되었다고 한다.

또 지만원 박사가, '5.18현장사진 속 주도인물 500여명 중에 내국인은 없고, 대다수가 북한 고위층에 진출했다'는 정밀 사진분석 증거를 내놓았는데,

그 수백명 중 "이게 나다" 라고 말하는 한국인은 몇명 없다는 것이다.

탈북자들에 의하면, 5.18이 커지면 북한이 남침할 준비를 완료했었다고 하며, 당시 북한군은 완전군장 출동대기 상태였다고 한다.

미국의 공개된 기밀 문서도 당시 남침준비설을 뒷받침하고 있다. 발포 명령을 사과하라고? 왜 사과해야 하는가?

총기 5400정 탈취도 민주화 운동이니 군경이 구경만 했어야 한다? 5.18이 커져서 북한에게 남침 당하면 국민들이 떼죽음 당하는데?

좌파 그대들이 국민 세뇌에 성공하여 국민들의 지지까지 확보했으니, 국민 혈세로 천문학적 배상금과 특혜의 셀프수령도 막을 순 없지만, 총기 탈취에는 발포 할 수 있어야 한다. 공권력은 허수아비가 아니다.

심지어 어디서 뭐 했는지마저 불분명한 5000명 가량의 5.18 유공자를 만들어서, 천문학적 배상금을 혈세로 지급하고, 그들이 각 공직과 각계 각층에 특권 진출하면서 다른 국민들의 기회를 수 없이 박탈하고 있는데, 이런 진실 앞에서 5.18 유공자 명단조차 공개를 거부한다.

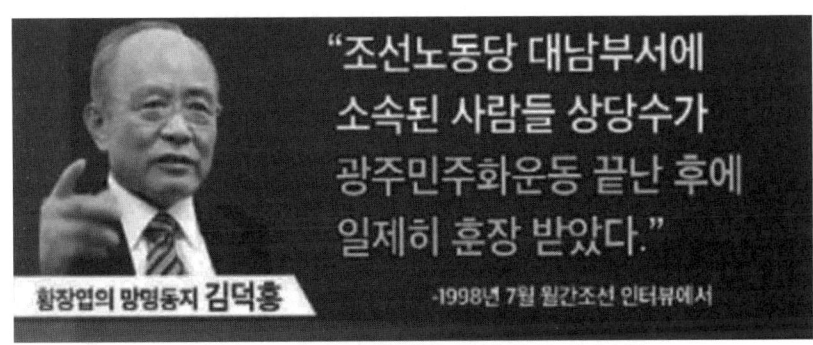

▲황장엽과 그의 망명동지 김덕홍은 5.18에 북한이 깊이 개입되어 있음을 폭로했다.

5.18 유공자는 6.25 전사자보다 수십 배의 특혜를 받고 있는데, 그런 영웅이라면, 왜 유공자를 공개못하고, 무슨 공을 세웠는지를 왜 떳떳이 밝히지 못하는가?

그런데도 국회는 이런 중대 사건들에 대한 국정조사조차 시도할 줄 모른다. 5.18 권력이 무서워서 숨 죽이고 있을 뿐...

5.18현장 사진 속의 수백 명 중 "이게 나요"라는 사람은 몇명 안 되는데, 나머지 500명은 하늘에서 떨어졌을까? 땅에서 솟았을까?

80년대 운동권이 생겨난 근본 이유가 5.18이다.

당시 수만 명이 죽었다는 유언비어가 난무했고, 5월 그날이 다시오면...노래를 부르던 군중들 속에 필자도 있었다.

그런데 그 5.18이 사기였을 공산이 큰 것이다. 진실이 들통나면 좌파 진영이 통째로 붕괴하는 문제일 공산이 크고, 감출 명분도 없는데,

우파는 상대가 집착하는 곳이 약점이라는 점조차 모른다.

좌파는 콧털만한 화약도 부풀려 이슈화 시키지만, 새가슴 우파는 한방에 끝장내는 대형 폭탄조차 써먹을 줄 모른다. 그러니까 망하지.

⊙ 종북 좌파를 만든 주범은 바로 무능한 우파진영

그런데 좌파 진영의 99.999%는 속고있는 착하고 순수한 사람들이다. 필자도 과거 운동권 친구·선배들의 말만 듣고 '김일성이 정말로 위대한 인물 아닐까?' 하며 헤맨 적 있고, 운동권을 많이 접해 보았는데, 그들은 절대 나쁜 사람들이 아니며, 정의감과 신념을 가지고 있다.

다만 **좌파의 정신적 바탕 심리가 '증오심'이며, 공산화 된 나라마다 수백만의 대학살이 발생한 이유도 그 때문이다.**

역사조작과 이념 사기로 증오심과 살인 욕구를 유발시켜 악용하는 게 좌파의 술수인데, 그들을 세뇌시킨 사기 이념과 역사조작이 문제일 뿐, 사람이 나쁜 게 아니다.

그런데 우파는 좌파 이념을 금지만 시켜서, 역사연구·이념연구·이념교육을 등한시하는 중대 실착을 했고,

6.25때 좌파 진영의 수십만 양민학살 기억에만 취해 반공만 외쳤을 뿐, 진보 이념의 사기성을 몰랐다.

"공산주의는 사람을 많이 죽이니 나쁜거야" 정도에 불과했으니, 막으면 더 하고 싶어지는 게 사람 심리여서, 그들에게 '탄압과 싸우는 혁명전사'라는 착각을 하게 만들었고, 다들 간판을 '진보'로 바꾸어버렸다.

제 딴에는 그게 정의라 여기는데, 그들을 다 감옥에 쳐 넣어도 소용없다. 사상전에는 사상으로, 역사조작에는 진실 전파로 대응해서 그 정신적 기반을 붕괴 시키는 것 외의 수단은 필요 없다.

입장 바꿔 생각해보자. 좌파는 자본주의가 무너지고 '노동자 독재' 과정을 거쳐 '공산낙원'으로 '진보' 한다는 200년 전 미개인의 망상을 '과학'이라 부르며, 북한의 독재를 그 과정인 줄 알고, 자유민주주

의를 극우니 수구꼴통이니 부른다. 게다가...**가짜국사에 세뇌 당해 '미국·일본은 분단의 원흉인 악당, 그 악당들과 싸운 김일성은 영웅'이라 믿는 사람들이 '노동자와 서민의 편'이라 위장한 이념 사기에 속으며, 자신의 이념을 진보이자 낙원으로 가는 길이라 믿는데, 억지로 막는다고 되겠는가?**
그들에게 깨달음을 주는 근본적인 수단 없이 해결이 되겠는가?
남남 국론 통일이 되겠는가? 남남분열 상태에서 통일이 되겠는가?

안타깝게도 지난 70년간 우리는 그런 잘못을 범해왔고, 남남 분열의 이유는 가짜국사 세뇌와 이념·사상적 혼돈, 즉 국민이 길을 잃은 것이다. 길을 잃은 국민들에게 갈 길을 정확히 납득 시켜주지 못하면 분열은 극복될 수 없고, 설령 통일이 되어도 그 통일은 재앙이 될 것이다.

한국은 국론분열 상태의 독립의 재앙을 겪어 보고서도 깨닫지 못하니, **국론분열 상태의 통일 재앙을 '대박'이라 착각하며, 아무런 준비도 없이 입만 벌리고 기다리고 있다.** 대화만 하면 다 되는 줄 알고...
비극을 막을 길은 국론 통일이므로, 우파는 좌파가 옳다면 같이 마르크스·김일성 숭배하며 공산주의 하던가, 아무리 연구해도 좌파가 옳지 않다면, 그들을 이론적으로 설득시키는 국론 통일에 총력을 다했어야 했다.

**공산·사회주의 이념을 막기만 할 게 아니라 허용해서,
공개 진검 승부를 걸어 끝장 냈어야 했고,
가짜 국사의 진실을 밝혀내서 설득을 하건 설득 당하건
끝장 냈어야 했는데, 제대로 연구조차 하지않고 막기만 했다.
좌파의 갈증을 풀어주지 않고 막기만 한 게 우파의 중대 실착이다.**

공개 진검승부를 한다면 10분 깜의 오합지졸도 안되는 게 좌파 사상이다. 마르크스주의·김일성주의가 애초부터 사기였음을 깨우쳐 주고 그걸 '진보'라 부르지 못하도록 정신적 아작을 냈어야 했는데 그걸 못했고, 운동권을 김일성 추종자로 만들어버린 '국사조작 사기극' 하나 밝혀내지 못해서 '김일성주사파'가 '민주화 투사'로 둔갑 되어버렸다.

좌파의 역사관과 이념·사상은 모두 '강점·수탈·학살' 등의 일본 악당화 가짜역사와 사기이념, 즉 분단의 원흉인 김씨의 책임을 미국·일본과 우파에게 전가시키는 가짜 국사 위에 존재하므로, 그 진실이 절반만 드러나도 좌파는 치료 되는데 무개념의 우파는 좌파에 마냥 놀아났고, 일본 악당화의 목적이 우파 악당화인데, 같이 일본을 헐뜯기까지 한다.

좌파는 조작한 역사와 낡은 이념 가지고도 '진보'로 둔갑했지만, 우파는 '자유민주주의'라는 최고의 보검을 가지고서도 '수구x통'으로 전락했다. **우파는 자신의 능력을 깨닫지 못한 멍청한 삼손이었다.**
좌파는 전략이 있었지만 우파는 전략이 없었고, 좌파는 달콤한 속임수 비젼이라도 제시 했지만 우파는 비젼조차 제시하지 못했다.

국민의 뜻에 따르기만 하는 게 정의가 아니라, 국민이 깨닫지 못한다면 깨닫도록 이끄는 게 참진보 혁명 세력의 책무인데, 천하무적의 힘이 있는데도 진검 승부를 피하고 종이 호랑이를 맹수라고 착각하며 끌려 다녔고, **심지어 좌파를 따라 했다. 그러니까 망하지. 그런 우파의 무능함이 종북 수구 좌파를 키운 것이다.**

⊙우리 중에 악당은 없었다. 진짜 악당은 다른 데 있다.

종북좌파의 99.999%는 악당들이 아니다. 당시 필자의 친구·선배들은 개인 생활을 포기하고 신념과 열정으로 김일성 주체사상 합숙교육과 북한 바로알기 교육 등에 나섰고, 열성적으로 화염병을 던졌으며, 필자도 그들의 용기와 열정 만큼은 존경했었다.

그들이 김일성과 공산주의를 숭배 했어도 속아서 그랬을 뿐, 그 진정성마저 의심해선 안된다. 종북 좌파가 나쁜 게 아니라 진실을 알리지 못하고 방치한 대한민국이 나빴던 것이다.

때문에 '종북타도'를 외치기만 할 게 아니라 그들의 용기와 열정과 애국심 만큼은 인정해 주고, 그들이 속아 왔음을 깨닫게 해 주어야만 문제가 풀리는 것이다.

진실을 깨닫게만 된다면 그들은 우파보다 **훨씬 애국자가 될 사람들이고, 북한의 '노예해방'의 강력한 우군이 될 것이다.**

필자는 진보진영 사람들이 과거와 달라졌는지가 궁금해서 마르크스주의와 김일성주체사상을 흠집내며 떠보다가 맞아 죽을 분위기가 된 적도 많다. 그들은 변하지 않았지만 그들도 결국 멘붕에 빠지는데, 그들을 멘붕에 빠뜨렸던 '이념사기극'과 '가짜국사' 이야기가 이 책의 주요 내용이다.

북한 주민은 노예이며, 민주화가 되지 않으면 통일은 불가능하고, 설령 되더라도 그 통일은 재앙이다. 때문에 국론 통일부터 하고, 가짜 국사와 사기 이념의 진실을 북한에 전하여 민주화 욕구를 확산시켜야 하며, 외부에서 적극 도와야 노예 해방도 통일도 가능하다. 진실전파, 인민 납치범과 좌파가 두려워하는 그게 통일의 급소다.

입만 벌리고 납치범의 처분만 기다릴 게 아니라, 북한이 남한 대학생들에게 썼던 수단만 그대로 써도 '차우세스쿠'처럼 무너지게 되어 있다. **김씨 왕조는 치명적 약점을 가진, 아주 허약한 존재인데, 단지 국론분열 때문에 쩔쩔매고 있는 것이다.**

그런데 우리는 통일 준비가 전혀 안된 나라다. 진보 인사 상당수는 속았음을 깨닫더라도, 과거에 코 꿰어 북한 정권의 편에 설 수밖에 없다. 80년대만 해도 진보 인사들의 밀방북은 흔한 일이었으니, 뭘 모를 때 속아서 한 행위들이 족쇄가 되고 있을 것이다.

공산화 되면 우선 처형 되는 게 내부의 좌파임을 그들도 알겠지만, 그들은 속았음을 알더라도 오도 가도 못하는 부류가 많을 것이다. **그게 핵심 중의 핵심 문제인데, 그 근본적 문제를 풀지 않고서 어떻게 미래를 기대 할 수 있는가?**

우리 사회가 그들을 끌어안고 우군으로 만들 방법을 필히 찾아야 한다. **북한의 노예 해방과 민주화가 재앙이 되는 세력이 우리 내부에 있기 때문에 우리는 힘을 모을 수 없는 것이며, 묻지도 말고 따지지도 말고 과거의 이적죄를 용서하는 장치가 필요하다.**

황당하게 들릴는지 모르나 통일의 비결은 안전 보장이며, 북한의 노예 해방과 자유를 위해 우파 진영부터 정신 차려야 한다.

종북 좌파를 만든 근본 책임은 좌파가 아니라 무능한 우파에게 있다. 국사 조작을 동조 및 방조하고 사기 이념에 팔짱 낀 그 무능함 말이다. **5만 명의 간첩단 대다수는 포섭 당한 내부 세력일 수 밖에 없고, 그들이 속았음을 깨닫게 하고 안전이 보장되면 종북진보 진영은 뿌리채 흔들리며, 국론만 통일되면 남북 통일은 쉬운 것이다.**

때문에 모든 원한을 버리고 더 큰 것을 추구해야 하고, 그러려면 국민에게 모든 진실을 알려야 한다. 그러면 국민도 결국 동의해 줄 것이다.

이것이 선결되기 전에는 통일은 재앙이다. 누가 통일을 해도 피바람이 불 것이며 우리는 전혀 준비되지 않았다.

사람이 나쁜 게 아니라 가짜 국사와 사기 이념이 나쁘고, 우파에게 근본 책임이 있는데, 그런 준비도 않고서 어찌 통일을 바라겠는가?

우파에게 종북 좌파를 비난할 자격은 과연 있는가?

먼저 속아왔던 종북 진보 진영을 깨닫게 만들고 우군으로 만들어 그들과 함께 국민이 하나 된다면 통일은 쉽게 다가올 것이다.

그들도 민족을 위하는 애국심과 사명감으로 그리 했던 사람들이니까…

이 책을 끝까지 읽어보면 우파가 비난하는 종북 좌파도 좌파가 비난하는 친일파도 나쁜 놈들이 아니었음을 서로가 알게 될 것이다. 우리 중에 악당은 없었고 뒤에서 조작질한 자에게 속아서 서로 증오하며 70년간 괜한 싸움을 해왔고 뒤에서 비웃는 자가 있었다.

⊙일제 피해자가 일본 악당만들기 역사조작을 고발하는 이유

필자는 시골 빈민 출신이며, 남들이 가는 학원을 구경조차 못하고, 책값 걱정, 오뎅반찬 계란반찬 부러워하며 살았다. 지하 단칸방 생활, 장문 없는 골방 생활…또 그 가난은 일본과 무관치 않다.

필자의 조부님이 일제 징용에서 돌아가셨고 그로 인해 조모님도 돌아가셔서 필자의 부친은 어릴 때 고아가 되셨다.

그런데 필자는 왜 좌파일 수 없는지, 일제 피해자가 왜 '일본 악당화 역사조작'을 고발할 수 밖에 없는지를 당신은 짐작할 수 있는가?

필자는 80년대 후반 학번이며, 운동권의 주류는 필자의 동기와 선배 세대가 대다수다.

필자는 그들에게 흔들리기도 하고, 대립하기도 했었는데, 문제는 그들은 과격 시위를 해도 죽이지 않는 작은 악당과만 싸우고, 작은 시위만 해도 죽이는 큰 악당과는 싸우지 않더라는 것이다.

게다가 그들은 김일성 김정일의 이름조차 함부로 부르지 못했고, 노선 다툼이라 해봤자 그냥 공산주의냐 김일성식 공산주의냐의 차이 정도였다. 반대파를 모두 죽이는 권력과, 죽이지 않는 권력 중, 어느 쪽이 더 악당이며 누구와 싸우는 게 우선인가?

그 분별을 못하고, 거악의 편에서 소악과만 싸웠기 때문에 지들 밥그릇은 챙겼지만 통일은 날려먹은 것이다.

필자는 운동권 선배들에게 질문도 많이 했었는데, 예를 들면 '공산주의? 그래 좋을 수도 있다. 그런데 자본주의를 무너뜨리고 **평등분배의 공산낙원이 온다고 쳐도, 그리 된다면 게으를수록 이득인데 누가 열심히 노력하나? 결국 그 세상도 쇠락하는 거 아니냐?** 세상의 발전은 인간의 노력이 있기 때문인데 그 동기를 없애버리면, 끝없는 추락이 예상된다.

우리가 좋은 물품들을 싼 값에 쓰는 이유는, 소비자 선택받기 경쟁 때문이고, 만약 경쟁이 사라지면, 생산 효율도 떨어지고, 물질적 정신적 쇠락으로 이어질텐데, 그걸 진보라 할 수 있느냐?

평등분배? 그래 다 좋은데, 분배권을 쥔 놈보다 더 큰 권력이 어딨냐? 결국 분배 해주는 놈 멋대로 하는 세상이 공산주의 아니냐?

반독재 투쟁은 좋지만 이념적 방향에 문제 있는 거 아니냐?'
라고 물어도, 대답은 '공산주의가 다 좋다는 게 아니라 장단점이 있을 뿐이고, 미 제국주의와 그 하수인 전두환이가 문제'라는 식이었다.

또 '김일성 수령님을 욕하는 것은 박정희 전두환 파쇼 권력의 주입 교육일 뿐, 실제는 위대하신 독립투사? 그래 다 좋은데, 어버이수령이 전쟁 영웅이라 치고, 전쟁 영웅의 강도살인은 무죄?'

'운동권 진보진영은 6.25도 북침이라고 하는데, 우리가 선빵 날렸는데 수도가 3일 만에 함락 당한다는 게 상식적으로 말이 되느냐?'
등등의 질문에 운동권은 납득할 만한 대답이 없이 맹신만을 강요했다. 거기서 타당한 설명을 들었다면, 필자도 그들과 함께 '위대한 어버이수령' 외치는 운동권, 오늘날 진보진영의 일원이 되었을지도 모른다.

특히 필자는 너무 가난했기 때문에, 좌파의 선동에 혹할 이유가 있었지만, 내 생활이 궁핍하더라도 길이 아닌 곳을 선택할 수는 없었다. **당시는 대학 졸업장만 있으면 취업 못하는 사람이 없던 시대**인데, 독재를 핑계 삼은 시험회피형 수업거부 데모와, 부모가 애써 벌어 준 돈으로 술 퍼먹고 방탕하게 노는 운동권의 민낯들도 보면서, 필자는 **'얘네들 혹시 머리에 똥 들었거나, 공부 잘하는 멍청이들 아냐? 부모 돈으로 배 부르니 영웅 될 놀잇감 찾는 소영웅주의 철부지들...'** 그게 필자가 본 운동권이고, 그들은 지금도 정신 못차리고 있다. 때문에 김일성주사파 운동권 진보진영이 전국 총학생회를 휩쓰는 파도에 휩쓸릴 만 했는데도, 필자는 좌파가 될 수 없었다.

그런 경험들 속에서 필자는 **독재와 싸웠다고 해서 민주화 투쟁이 되는 게 아니라, 그들이 어떤 이념을 가지고, 어떤 사회를 지향했는지가 더 중요하다는 생각을 하게 되었다.**

'자유민주주의'를 추구하는 운동권은 전혀 본 적 없으니까.

'어버이수령, 마르크스 숭배하며, 미군철수 외치면 민주화투쟁? 북한,중국도 민주주의라고 하는데, 니들의 민주도 그거랑 같잖아? 철없는 소영웅주의로 국민 엿먹이지 말고 공부나 해' 이러고 싶었다. 당시는 파업이 적고 기업 활동이 자유로와서 일자리도 넘치고 경기도 좋았으며, 범죄자와 데모꾼을 제외한 국민들은 삶의 만족도가 아주 높았다. **요즘의 역사세뇌 교육이 5.18이니 삼청교육대니 반복주입 하면서 그 시대를 악몽의 시대처럼 세뇌시킨 것일 뿐, 그 시대는 아마 국민 삶의 만족도가 우리 역사에서 가장 높은 시대였을 것이다.** 좌파는 국민의 삶 따위는 무시하고, 민주냐 독재냐, 쿠데타냐 아니냐만 따지는데, 필자는, '**민주주의는 수단일 뿐이며, 궁극적인 목적지는 국민 행복**'이라고 보았다. 즉 **나라 망치는 민주보다 나라 발전시키는 독재가 더 낫다고 보았다.** **한국사는 자본주의·자유민주주의 참진보세력에 의해 비약발전을 해 온 역사**이며, 당시 여건상 국민의 자유를 일부 제한한 점은 있지만, 한국은 자유민주·시장경제 기반으로 꾸준한 진보를 하는 중이며, **결국 좌파는 소멸되고 자유민주주의가 승리한다고 보았다.**

그러나 IMF사태와, 우파 진영의 캐스팅보트 두들겨패기·경선불복 등과 함께 김대중 정권이 들어서고, 여중생 교통사고 부풀리기와 김대업 사기에 놀아나서 노무현 정권이 들어서면서,

운동권의 대대적 정계 진출과, 전교조의 의식화교육 등에 의해 나라는 죄다 좌파의 판이 되어버렸다.

과거 필자는 '**이 돌머리들아, 북한은 인민을 노예로 부리는데, 전두환이가 국민을 노예로 부리니? 니들이 전두환이 때려잡고 미군철수 성공시켜도 훨씬 나쁜 세상을 만들게 돼. 공산낙원도 주체낙원도 사기야. 니들 목적이 달성되면 남침 전쟁도 뻔하고, 국민은 노예가 되고, 북침이 사실이라면, 복수극 학살도 극에 달할텐데, 그 어버이 수령님이 니들은 이뻐해 주실까?** 설령 그렇더라도, 니들 이쁨 받으려고 다른 국민들을 죽여? 그게 옳아? **니들 바보야? 니들 왜 이렇게 세트로 멍청하니?**' 이러면서도, '대다수가 쟤들 잘했다는데, 혹시 쟤들이 정상이고, 내가 비정상은 아닐까?' 하는 고뇌도 많이 했었지만, 훗날 전교조의 의식화교육, 여중생사고 촛불좌파의 난동 등에 속는 대중의 어리석음을 보면서,

숫자가 정의는 아님을 깨달았고, '내가 아니더라도 누군가가 알아서 해 주겠지' 라는 생각을 버렸다.

좌파 이념서적의 난립 속에서 우파 서적의 필요성을 절실히 느끼면서, **'저 대규모의 멍청이들을 정신 차리게 만들 방법은 없을까?'** 하는 고민과 함께, 전교조와 좌파 진영을 비판하는 우파 논객을 시작했고, 역사 연구는 이미 진행중이었는데, 알고보니 그 둘은 세트였다. 당시의 30대 초반이었던 필자가 이제 50대가 되었고, 인생을 건 연구의 종착역에 가까와졌는데, 필자의 동기와 선후배 좌파들에게 묻고 싶다.

니들 지금도 미군철수 원하니? 지금도 어버이 수령님 존경해?
니들은, 북침이 진실이고, 어버이 수령님은 남침 하실 일 없다고 믿었지?
니들이 외치던 대로 미군철수 시켰다면 이 나라는 어찌 되었을까?
또 색깔론이냐 식으로 얼버무려서 계속 국민을 속이려고?
좋아. 나까지 속았다고 쳐. 그러면 그 수십 년 동안 니들은 무슨 일을 했어?
권력을 잡고 김씨에게 알랑방구 꾸니까 통일 해 주디?
니들 밥그릇 얻은 거 외에, 한 일이 뭐야?
니들이 통일을 날려 먹었다는 사실은 깨닫지 못하지?
니들 때문에 수많은 인민들이 계속 죽어 왔다는 사실도 깨닫지 못하지?
니들의 철부지 놀음에 국민들이 언제까지 희생 당해야 하니?
혹시 속아 왔음을 알고서도 밥그릇 때문에 계속 그러는거야?
난 뭐했냐고? 니들 수구좌파와, 니들 위의 사기꾼들을 날려버릴 칼을 갈았어.
좌파치료사 논객, 좌파만 베는 검술을 17년간 연마했어. 하나만 더 말할까?
니들이 자유민주주의를 추구한 적 있어? 니들이 왜 민주화에 밥숟갈 올려?
비뚤어진 철학의 니들 따위가 어떻게 민주주의를 함부로 입에 올려?

나라의 진보를 가로막는 진보 간판의 수구좌파. 니들 악당만들기 엥간히 좀 해라.

니들은 밥그릇 지키고 싶어서 악당이 필요할 뿐이잖아?

세상은 니들 생각처럼 그렇게 흑백으로만 나뉘는 곳이 아니야.

진검승부, 니들 중 누구라도 나서 봐.

좌파 니들이 할줄 아는 게, 강제로 입에 재갈 물리는 것과

읽지도 듣지도 않고, 욕하도록 선동하는 것 외에 있기나 해?

좌파 니들은 결정적 시기에 의문스럽게 자살한 인간의 도움을 참 많이 받드라.

굵직한 인물만 해도, 노무현,노회찬,박원순,정몽헌 등, 참 희한한 우연들이 많아...

분명히 말하는데, 난 자살하지 않아. 내가 죽으면 타살이야.

좌파에게는 '국가의 주인은 국민이다' 라는 기본이 바로 서 있지 않다. 이는 이 나라의 비뚤어진 철학과 교육 탓이다. 교육만 바로 되었다면, 북한과 조선의 주인도 국민임을 그들도 깨달았을 것이고, 민족보다 노예 해방이 더 중요함을 깨달았겠지만, 그들은 지금도 깨닫지 못한다.

한국의 우파 진영은 크게 세 종류의 부류로 구성되어 있다.

(1)박정희 이승만 숭배족, (2)미국 숭배족, **(3)자유민주주의와 시장경제 및 자유라는 가치를 통해 사회의 진보를 이끌자는 세력**

그런데 좌파 진영을 공산주의나 종북이라고 하는 것은 옳지 않다. 그들은 좌파의 부분집합이며, **진보 간판의 좌파는, 여섯 종류다.**

(1)김대중·노무현 숭배족 (2)마르크스주의 숭배족

(3)민족주의 숭배족 (4)김일성주체사상 숭배족

(5)북유럽식 사회주의 숭배족 **(6)달콤한 술수로 유혹하여 서민들을 망치면서 정치적 사익을 얻는 정치 사기꾼들...**

이 6종류이니 좌파를 종북이나 빨갱이라 싸잡는 것은 옳지 않지만 **분명한 것은 모든 공산주의 세력과, 북한·중국 추종의 종북 친중파는 진보진영 간판 아래 뭉쳐 있고,** 북한·중국 정권은 각종 선거 등에서 계속 좌파를 응원해 왔고, 그럴 수 밖에 없는 구조라는 점이다.

⊙우리 국민들이 알아야 할 우리 사회의 본질적 문제

종북좌파는 가짜 국사와 이념서적 등에 속아서 미국·일본·우파가 분단의 원흉이라고 믿으면서 생겨난 그룹이다. 그들은 자본주의의 문제를 해결할 진보적 대안이 마르크스주의와 김일성주의라 여겼고, 진짜 독재를 겪어본 적 없으니, 눈 앞의 작은 독재자를 악마로 여겼다.

때문에 미군철수와 함께 좌파 정권만 세우면 통일이 된다고 믿었고, 북한 정권을 동족이자 우군으로 보고 내통도 많이 했었다. 그러나 공산권 붕괴의 멘붕을 겪고, 북한 정권도 통일 의사가 없음을 알았다.

결국 목표도 흔들리고, 과거 신념을 가지고 했던 행동들이 자신들의 목을 죄는데다, 밥줄까지 걸렸으니 통일이나 인권보다 생존이 중요하게 된 것이고, 좌파의 한 축인 종북좌파가 무너지면 나머지 좌파도 같이 망하는 구조다.

그게 좌파가 북한의 인권과 민주화를 외면하는 진짜 이유라고 여겨지며, 과거와 달리 북한을 추종하는 것은 아닌 듯하다.

그들은 잘해 보려고 했을 뿐인데, 북한이 무너지면 자기들은 죽을 수도 있게 된 것이다. 살기 위해서 우파진영 악당화와 일본 악당화를 해야하는 본질적 문제를 모르고, 종북만 외치거나, 국사 교과서만 믿으면 국민은 그냥 장님일 뿐이다.

필자가 파악하는 이 구조가 분명하다면,
종북좌파를 우군으로 만들 국민 통합의 열쇠도 이 구조 속에 있다.
통일을 원하더라도, 상대에게 통일 의사도 민주화의 의사도 없다면 방법을 달리 했어야 하는데, 우리는 수십 년간 바보 짓만 하고 있다.

일본 관련 진짜 역사를 알아야 하는 이유도 우리 자신을 위해서다.
'우리는 악당 일제에게 강점당해 찬란한 나라를 빼앗겼고 수탈 당했고 학살 당했어. 악당 일제와 싸우신 위대하신 독립투사님 만만세'가 한국사 교과서의 거의 전부인데,
그 거짓말 국사 때문에 김일성이 영웅화 되고, 종북 진보진영이 생기고, 국민 분열로 통일은 물 건너 갔다.

독립 후 남북한 집권파가 자기들 권력을 이어가려면 영웅이 되어야 했고, 영웅이 되려면 악당이 필요했으며, 독립 직후 나라가 x박살 나버린 탓에, 실패한 독립의 책임론으로 맞아 죽기 싫었던 사정 까지는 이해 되지만, **권력을 이용한 국사조작 세뇌교육은, 그때 좀 그러다 말았어야지**, 그로 인해 국민은 분열되고, 통일도 물건너 가고, 우리의 미래를 망치는데, 대체 언제까지 우리 아이들에게 **가짜국사 세뇌 교육을 시켜야 하는가?**

이미 생겨나버린 좌파의 언론,출판,방송,문화,정치 등등,
좌파라는 거대 생태계 기반으로 먹고 사는 인간들의 밥줄이 본질적 문제지만, 그렇다고 해서 그들의 밥그릇을 위해 사기 이념과 믿고 싶은 가짜 국사만 붙들고 살아야 하는가? 나라가 망하거나 말거나?

⊙ 가짜 국사와 IMF시대

IMF시대 직전 문민대통령 김영삼이 일본에게 '버르장머리 고쳐주겠다'는 폭언을 했다. 김영삼의 어리석은 폭언은 잘못이지만 문제는 강점·수탈·학살 운운하는 가짜 국사를 그도 진짜인줄 알았다는 것이고, 그 폭언을 반기는 국민이 많았다는 것이다.

결국 경제 위기가 다가왔을 때 김영삼 정권은 일본에게 손을 벌렸고, 일본은 자기들도 어렵다며 만기가 된 대여금 150억 달러를 회수해 버렸다. 어떤 나라가 그런 소리 하는 나라를 도와 주겠는가?
결국 어리석은 지도자와 어리석은 국민은 버르장머리 고침을 당했다. 아니, 여전히 정신 못차렸다. 지금도 그런 정치인이 인기 짱이니까.

결국 IMF 사태로 빈곤층이 급증하자 좌파 지지층도 급증했고, 붕괴 직전의 북한 정권은 그들로 인해 회생하여, 북한 민주화도, 통일도 물건너 갔다. 가짜국사 세뇌만 없었어도 IMF 시대는 없었을 공산이 크고, 그랬다면 우리는 지금 평양을 자유롭게 오가고 있었을 것이다. 국가적 재앙의 원인은 가짜국사였고, 우리는 누군가의 노리개 상태다. 이제라도 잃어버린 진짜 국사에 대해 관심을 가져야 하지 않을까?

우리는 가짜 국사가 싫어요.
진짜 국사를 배우고 싶어요.
우리를 바보로 만들어 이용하는 거,
나쁜 짓이잖아요?

⊙좀더 넓은 시각으로 현실을 보는 국민이 되어야...

이제 우리는 좀 더 시야를 넓혀서 전체의 큰 판을 볼 수 있어야 한다. **지금은 인류사적 문명전파 물결의 시대이며, 서양식 자유주의 문명과 동양식 낡은 전체주의 문명 간의 대결 시대다.** 만민평등주의 수평형 사회인 서양 문명권과, 윗놈 아랫놈 구분 짓고 지배층과 피지배층으로 나뉜 수직형 동양 문명 간의 대결장이고, **해양의 자유주의 진보세력과 대륙의 전체주의 수구세력 간의 대결장이며, 미국+일본+자유주의 참진보진영 vs 중국+북한+진보간판 수구좌파의 대결 구도에서 우리 국민은 어느 편에 설 지를 결정해야 하는 것이다.**

올바른 분별을 위해서는, 한국사 교과서가 주입시키는 '봉건지배층 중심주의'와 '민족주의'라는 '지배층행복 중심주의'의 수구적 사고에서 벗어나, 국민의 자유와 인권과 행복 관점에서 분별할 수 있어야 하는 것이다.

암흑의 아시아를 해방시켜 인류에게 자유와 인권의 빛을 밝혀줄 인류사적 거대한 문명전파 물결이, 진보간판 수구좌파로 인해 한반도에서 가로막혀 있고, 그 수구좌파를 만든 세력이 무개념의 우파다. 우리의 총체적 무능함 때문에 북한과 중국의 죄 없는 생명들이 이 시간에도 수 없이 죽어가고 있다.

인류 발전을 가로막는 인류사적 ttongcha의 나라,

한국인이여, 그리고 진보 간판의 수구좌파여,

도대체 언제쯤 정신 차리려는가?

⊙정치 사기꾼들의 두가지 무기, 그리고 북한 정권의 약점

북한 정권과 좌파는 일면 강해보여도 약점을 가진 모래성 그룹이다.
정치 사기꾼들의 무기는 '과거사기'와 '미래사기' 두가지다.
첫째, '우리는 정의의 용사이고 쟤들은 악당이야' 라는 과거사기,
즉 '이 나라는 친일파 청산을 못해서 친일 우파들이 득세하는 악당 나라인데 정의로운 우리가 바로잡을거야' 라는 역사 조작의 과거사기.
둘째, 우리가 너희를 유토피아로 인도할 초인이야. 라는 이념사기
위의 두가지 핵심적 환부를 도려내면 좌파는 치료되는 것이다.
필자가 좌파치료사를 자칭하는 핵심 이유가 그것이다.
역사조작 사기극으로 영웅된 사실과, 뒤에 언급될 마르크스주의 사기극, 김일성주체사상 사기극 등 이념 사기극이 들통나거나, 최소한, **일제시대가 북한보다 훨씬 잘 살던 시대였고, 6.25는 김일성이 일으켰다는 사실만 북한 인민들이 알게 되어도, 영웅에서 사기꾼으로 전락하여 존재이유를 상실한 김씨 왕조는 지속 불가능하다.**
진실 전파에 힘을 모을 수 있느냐가 관건일 뿐이다.
진정한 평화와 번영을 원한다면, 가짜국사 사기극과 이념사기극에 속고 있는 진보 간판의 수구좌파 진영을 깨닫게 해 주어야 한다.
문제는 우파 진영부터 이념 사상 무장을 제대로 해야 하는 것이고, 역사 조작과 좌파 정치세력 간의 관계를 알아야 하는 것이다.
암흑의 한반도를 사람 사는 곳으로 진보시킨 참진보 혁명우파여,
죽어가는 동포들을 살릴 길이 있고, 총 한발 안쏘는 통일의 길이 있는데 좌파를 정상인으로 만드는 길에 동참해서 함께 손 잡고 가겠는가,
나라 망치는 좌파를 구경만 하다가 좌파와 함께 골로 가겠는가?

⊙**전향시킨 좌파 하나 열 우파 못지않다.**

이 나라는 '아시아에 세워진 서양국가'이며, 문명전파의 최대 수혜자로서, 암흑의 아시아에 자유의 빛을 전할 인류사적 책무가 있다.
이 땅은 암흑 한반도의 대혁명을 주도해 온 참진보 혁명우파 세력이, 갖은 난관을 극복하며 오늘의 한국을 만들었고, 할 일이 태산인데, 낡은 이념의 무리들에 밀려 나라를 몰락시켜야 하는가?
한국사는 국민이 누가 적인지 분별 못하게 만들기 위해 조작되었고, 국민들이 가짜 국사의 세뇌에서 벗어나, 이념적 분별력을 갖추어야 진정한 진보의 길과 누가 우군인지를 알 수 있는 것이다.
때문에 국민이 진실을 알아야 한다는 것이 이 책을 쓴 목적이며, 진보우파 논객인 필자의 경험상, 운동권 출신의 수구좌파를 '정상인'으로 만드는 데 최소 5시간 이상이 필요했고, 이 책은 〈좌파치료사〉를 자부하는 필자의 '좌파 정상인 만들기' 경험의 모든 것을 집약한 책이다.

"전향시킨 좌파 하나 열 우파 못지않다."

좀비를 정상인으로 만들면 그들이 진짜 혁명 세력으로 바뀐다.
국론통일, 분명히 가능하기에 17년을 파고 든 것이다.
한국인이여, 인류사적 문명전파 물결의 이 시대,
아시아 대혁명의 주역이 되겠는가, 가로막다가 함께 망하겠는가?
그 선택을 위해 '역사조작 사기극'과 '이념사기극'의 진실을 바로 알자.
그리고 남남 대립의 시대를 끝내고 함께 손잡고 미래로 가자.
단언컨대 다음의 한 단원만 읽어도 당신은 충격에 빠질 것이며,
이 책을 끝까지 읽고서도 여전히 좌파인 사람은 없을 것이다.
가짜 역사와 사기 이념을 극복 못한 민족에게 미래는 없다

좌파, 그대들은 불의를 보면서 분노하는가?

나는 그대들을 그리 믿도록 만든

사기꾼들을 보면서 분노한다.

그대들이 무슨 생각을 하고 있는지 알기 때문에

이 말을 할 수 있는 것이다.

무엇이 진실이고, 무엇이 길인지를 알기 위해

필자와 함께 가보지 않겠는가?

필자는 누구와의 공개토론 댓글 토론도 환영하며,

그대들의 옳음을 입증한다면 필자가 좌파로 전향하겠다.

만약 그대들이 속아왔음을 깨닫는다면

진심으로 마음과 행동을 바꿀 자세는 되어 있는가?

그대들 중에는 속아 왔음을 깨닫더라도

밥그릇 때문이거나 처지 때문에

가던 길을 계속 갈 사람들이 적지 않을 것이다.

하지만 그 선택은 진실을 알고 난 후에 해도 늦지 않다.

선택은 자유 의지에 의해 그대들이 해라.

나는 그대들에게 진실을 알려줄 뿐이며,

모두가 공존 번영하는 문제의 해법을 국민들에게 외칠 뿐이다.

좌파치료사 이 방 주

제2장 외국인의 눈에 비친 찬란한 나라

04 외국인의 눈에 비친 조선의 사회상·············110
05 외국인의 눈에 비친 조선의 정치계············141
06 외국인이 바라본 조선의 모습들················152
07 역사의 전환기를 바라보는 외국인들의 눈······176

조선 말의 서울 동대문

04. 외국인의 눈에 비친 조선의 사회상

누구도 자기 자신을 객관적으로 알기는 어렵고, 한국인이 쓴 한국사는 정치적 목적의 거짓말 우려가 있다. 때문에 이해 관계가 없는 제3자 외국인의 눈을 통해 역사 속의 우리를 들여다보자.

◉외국인의 눈에 비친 조선

*사또는 그저 중앙 정부를 위해 세금을 걷는 것이 임무이며, 이를 위해서는 맹금류 같은 아전들이 있었다.
세금을 징수하는 원칙은 걷을 수 있는 모든 것, 눈에 띠는 모든 것을 가져 간다는 것이다. [제이콥 로버트 무스]

*조선은 세계 모든 나라들 중 가장 가난한 나라이며, 조선의 교우들 중에는 굶주림의 고통을 당하지 않는 집안이 열 집이 될까 말까 합니다.[샤를르 달레]

*계층적 특권, 수탈, 불의, 불안정한 수입...최악의 전통을 수행해 온 정부, 책략에만 몰두하는 공식 약탈자들...조선에는 착취하는 계급과 착취 당하는 계급, 이 두 계급만이 존재한다. 전자는 허가받은 **흡혈귀**라 할 수 있는 양반계급 관리들이고, 후자는 인구의 **4/5**를 차지하는 하층민들로서 하층민의 존재 이유는 **흡혈귀**들에게 피를 공급하는 것이다 [이사벨라 버드 비숍 '조선과 그 이웃나라들'(1897)]

*양반들은 이웃의 권리에 대한 배려가 없다. 이웃의 물건 중 무엇이든 자신이 원하면 대가를 지불하지 않고 맘대로 가져간다.[제이콥 로버트 무스]

*조선은...양반이 아니면 관리가 될 수 없고, 학업에 종사할 수도 없으며, 양반이 아니면 사유재산도 안전하게 지킬 수 없다.

1895년의 서울 충무로 5가

사실상 조선에서 자유의지를 가진 자, 독립 인격을 가진 자는 오직 양반 뿐이다. 양반이라는 자들은 모두 높이 받들어지고 넉넉한 곳에 처하며, 교만하고 방탕하여 일하지 않고, 오직 벼슬하는 것을 유일한 직업으로 삼았다. 다른 나라에서 관리를 두는 것은 국사를 다스리기 위함인데, 조선에서 관리를 두는 것은 오직 직업 없는 사람들을 봉양하기 위함이다. [조선의 망국을 기록하다-청나라의 량치차오]

*조선의 악담 중에 양반이라는 특권층에 대한 것이 많다...그의 노비들은 마을 사람들의 가금이나 계란 등을 대가 없이 강취한다. 돈이 생겼다는 소문이라도 나면 양반은 그 돈을 빼앗아 간다. 양반이 집이나 땅을 살 때 대가를 지불하지 않는 것은 흔한 일이며, 어떤 관리도 지불을 강요하지 않는다.

농부들은 수확 후에 돈이 생기면 땅을 파고 집어넣어 흙으로 덮는다. 그래야만 그들로부터 그 돈을 지킬 수 있다. [비숍]

학춤(매달아서 때리는 고문)

*가뭄이 계속되어 거의 수확이 없을 때, 한인은 아녀자를 부자 혹은 중국인에게 팔아 하인을 만들어서 겨우 쌀과 보리를 구한다고 한다...

부잣집 문앞에 가서 한 그릇의 밥을 구걸하는 모습, 찢어진 옷에 흐트러진 머리를 하고 뺨에 뼈가 튀어나올 정도로 마른 사람들이 비틀거리며 지팡이에 의지해 겨우 걷는 그 모습은 차마 볼수 없을 만큼 참담하다. [1894년 '조선잡기' 혼마 규스케]

*조선인들이 조선에서 연해주로 이주하는 대부분의 이유가 가혹한 신분제로 인해 도망친 노비들이 대부분이다. [내가 본 조선인]

*다른 나라는 귀족 계급을 견제하여 균형을 이루지만 조선의 양반은 수가 많고 자신들의 특권을 위해 뭉치는 것도 잘하므로 왕조차도 그들의 권력과 싸우지 못한다.

감사나 수령이 배경이 좋은 양반을 처벌하려 들다가는 자기가 먼저 파직 당할 것이다. 큰 양반이 돈이 필요하면 상인이나 농민을 잡아 가두어서 돈을 낼 때까지 때린다.

가장 정직한 양반들도 강탈을 차용 형식으로 가장하나 차용한 돈을 돌려주는 일은 없다. 양인에게 논밭이나 집을 살 때에는 대부분

값을 치르지 않는다. 이를 막을 수 있는 수령은 없다. 양반에게 감히 말을 걸지도 못하며, 설령 모르고 그랬더라도 엄한 벌을 받을수 있다. 어떤 양반에 대한 일화가 있다.
[초라한 옷차림을 한 한 양반이 관가 근처를 지나가고 있었다. 이에 도둑을 찾던 포졸 네명이 그 양반을 의심하며 무례하게 굴었다. 이에 그 양반은 "예 그렇습니다. 따라 오시면 훔친 물건을 드리겠습니다"라고 말했고, 포졸들은 따라 갔다. 그의 집에 다다르자 그는 종들을 불러서 포졸들을 묶어 구타했고, 그들의 한쪽 눈알을 빼버렸다. 그리고 말했다 "다음에는 똑똑히 보라고 그런 것이다"] 이런 야만적 행위가 처벌 받지 않았음은 물론이다.
이와 비슷한 예는 많아서 양인들 특히 시골에서는 양반을 불같이 무서워한다. 아이들을 겁주려면 "양반이 온다"며 겁준다. 양반들의 악행을 그들은 별수 없이 참고 견디지만 그들의 마음 속에는 뿌리 깊은 원한이 있어서 기회만 오면 피비린내 나는 복수를 하게 될 것이다.[샤를르 달레,한국천주교회사]

◉ 동학농민봉기의 진짜 이유

*민비(명성황후)는 사치는 부릴대로 부리고, 관직은 자기 일족에게 나눠주고, 고종의 시야를 차단해서 민생을 살필 생각도 않는다. [헤세 바르텍]

*1890년까지 관직은 2~3년 단위로 팔렸지만 돈에 맛 들인 민비(명성황후) 일가는 이를 1년으로 줄였기 때문에 거금을 들여 수령이 된 자는 본전을 뽑기 위해 2~3년간 수탈할 것을 1년 동안 수탈하게 된다. 때문에 올해 초 이 나라에는 대규모의 농민봉기(동학농민봉기)가 일어나게 된 것이다. [헤세 바르텍]

⊙외국인의 눈에 비친 조선의 사법 문화

*죄인은 감옥 비용을 스스로 감당해야 한다. 그러니 돈이 없는 자는 굶어 죽는 것을 면하기 어렵다. 반면 뇌물을 바치는 경우에는 어떠한 대죄인이라도 방면된다. 부패의 풍속이 극에 달했다.[혼마 규스케]

*송사를 들어주는 사람은…돈이 많아 관직을 산 사람이다. 모든 것은 사또의 재량일 뿐이고, 배심원, 변호사 등도 없다.[제이콥 로버트 무스]

*죄인이 맞아 죽는 일은 아주 흔하며 또 규정대로 재판하는 수고를 덜기 위하여 흔히 사용된다.

아전들은 수령보다 더 많은 권력을 가지는 경우가 많고, 백성을 착취하고 수령을 농락하는 데 놀랍도록 정통해 있다.[샤를르 달레]

*그들은 굵은 막대기로 죄수의 주리를 틀었다. 죄수의 안다리에 막대를 집어넣고 형졸들은 온몸의 무게를 막대 끝에 얹었다. '뜨아!' 죄수가 연달아 토해내는 비명은 듣기에 처절했다. 다리뼈가 부러져 으깨어지는 소리가 들림과 동시에 으드득… 아픔을 더 이상 표현할 소리가 없는 듯 죄수의 처절한 비명도 멎었다. 죄수의 얼굴에 핏기가 싹 가셨고, 입술은 새파랗게 변했다. 눈은 흰자위만 남았고, 식은 땀이 비 오듯 흘렀다…. 죄수는 의식을 회복해 신음을 시작했고, 집행인들은 죄수의 팔뼈와 갈비뼈 사이에 막대기를 집어넣어 이 뼈들을 차례차례 부러뜨린 다음…[아손 그렙스트]

*고문은 피고인 뿐만 아니라 증인에게도 가해졌는데, 이는 피고인의 죄를 입증할 증거를 자백하게 하기 위함이다.[카를로 로세티의 꼬레아 꼬레아니]

*범죄 피의자가 잡히지 않으면 대신 친인척들을 잡아간다.[제이콥 무스]

외국인이 찍은 조선인 죄수 고문 살해 현장

*형벌은 전국 공통이 없고 관리 맘대로 하는 게 대부분이다[혼마 규스케]☞**가장 잔혹한 형벌은 능지처사다. 사지를 찢어 죽이는 형벌이라고 알려졌지만, 그것은 능지처사의 잔인함을 감추려 거열형을 갖다 붙인 것이고, 실제는 산채로 사람 몸의 살점과 팔다리를 칼과 톱으로 수천 번 도려내고 조금씩 잘라서, 1~3일간 아주 천천히 최대한 잔인하게 죽이는 형벌이다.**

'천천히 죽인다'는 뜻에서 '능지'라 부르고, 천번 칼질한다는 의미로 '살천도'라고도 부른다.

*지극히 흉악한 대역이니, **백관이 차례로 서서 능지하고** 엿새 동안 현수 한 뒤에 수급을 소금에 담가 도순무영으로 보내어 진중에 효시하고 지체(신체 조각들)는 8도에 전하여 (조리돌림) 보이라.[영조4(1728)-4-6]

중국 청조말 능지처사의 끔찍한 살해 현장

☞요즘으로 치면 대선 낙선자, 권력에 도전한 자는 이렇게 끔찍하게 죽였다.

*죄인 최영식은 모반대역부도(謀反大逆不道) 죄인으로 능지처사(凌遲處死)의 형률을 시행하고 [고종21(1884)-12-13]

☞이 외에, 나무 도끼로 살점을 찍어내는 살저미기, 깨진 사기나 질그릇 위에 무릎을 꿇리고 다리를 때리는 '주장질', 옷을 벗기고 매달아서 때리는 '학춤', 발톱을 뽑는 난장, 가장 가벼운 형벌인 태형 등이 있었다.

*이런 잔학무도한 실상이 지구상에 남아 있는 것은 인간의 존재 자체에 대한 도전이다. 특히 우리 기독교인이 더 부끄러운 것은 이교도인 일본이 조선을 차지하면 맨 먼저 이런 고문을 폐지할 거라는 점이다 [아송·그레브스타 "비극의 조선"]

◉프랑스인이 프랑스 장관에게 보내는 조선의 노비제도 보고서

장관님....제가 보고 드리는 조선의 노비(奴婢) 제도가 장관님의 관심을 끌리라고 생각합니다...조선 각지에 주기적으로 가뭄이 발생할 때 대규모로 여자와 여자 아이들의 거래가 이루어집니다. 가장이 양도하는 경우 외에도 노름에 져서 빚을 갚을 방법이 없어 남자가 자기 부인을 채무자에게 주는 경우도 있습니다...
노비는 죽을 때까지...심한 노역을 강요 당합니다...

때리기도 합니다. 노비를 죽이는 것은 금지되어 있으나 죽인다 해도 처벌하는 경우는 드뭅니다.

노비는 아무리 심한 대우를 받아도 주인을 고소할 권리가 없으며 배상금을 지불하고 방면을 요구할 수도 없습니다...

혼자 다니는 여자는 처음 만난 남자가 마음대로 할 수 있으며 관아에 도움을 요청할 수 없습니다...

주인은 하인들 중 한 명을 선택해 자신이 소유하는 여자 노비와 짝을 지어 줍니다. 또 남편을 바꿀 수도 있습니다...

이 흉측한 제도는 인간을 동물과 동일시하는 것입니다.

법으로 노비의 남편을 주인 마음대로 바꿀 수 있게 허락함으로써 비참한 일들이 벌어지고 있으며...

이곳에서 여자는 열등한 인간입니다.여자는 이름도 없습니다.

동물보다 조금 나은 노비에게 신경을 쓸 이유가 무엇이 있겠습니까? 가장 지식인이라고 존경받는 사람들조차 이러한 논리에서 벗어나지 못하고 있습니다...대역죄가 발각되면 가담자들 모두 부모, 외조부, 장인 아들들과 함께 참수형에 처해지고, 딸과 부인은 모두 관아의 노비가 됩니다...

한국은 야만적이어서 의외의 사건이 발생하지 않는 한 현재의 관습을 버리고 문명화의 길을 걷게 되리라고 예상하기 힘듭니다...[외무부장관 스퓰러 각하께. 콜랭 드 플랑시,1890년 3월14] *첨부:노비 매매 계약서 (10살 먹은 딸 옥이를 노비로 팝니다. 가격은...)]

⊙지상 유일한 노예제 나라

*우리의 이웃 나라에 아직도 노예 제도가 있다고 하면 누가 진실이라 하겠는가. 조선의 노비는 봉급을 받고 노예가 된 것도 아니다. 돈을 빌렸거나 위력에 의해 노예가 되며, 일단 노예가 되면 자자손손 주인의 소유가 된다. **장가를 가는 것도 자식을 결혼 시키는 것도 마음대로 못하고, 배고파도 밥을 계속해서 먹지 못하고, 추워도 옷을 껴입지 못하며, 주인의 개가 되어 참담함과 눈물로 생을 마쳐야 한다. 참으로 불쌍한 백성들이다.**[조선잡기,혼마규스케]

☞최악의 신분제 나라라는 인도조차 동족을 사고 팔진 않았는데, 조선의 노비(奴婢)는 매매,상속,증여의 대상이자, 가축에 불과했고, 주인이 죽이거나 가혹행위를 할 수 있었다. 16~17세기 경은 인구의 절반 이상이 노비였다.

노비는 1894년에 갑오개혁 후에도 제대로 사라지지 않다가, 한일합방 후에야 사라졌고, 6.25 후에야 관습적 차별까지 사라졌다. 한국사 교과서는 조선후기 신분제가 붕괴 되었다며 양반이 절반을 넘었다고 가르치지만, 사실이 아니다.

그것은 호적에 등재된 유학(幼學)을 왜곡한 것이다. 유학에는 서얼과 중인 및 족보를 위조한 그룹이 대거 포함 되어 있고, 양반으로 인정받기 위해서는, 족보 위조가 아니라, 관직,토지,노비,기존 양반들과의 관습적 친분, 혈연 등의 요소가 필요했다. 사회적 '양반인정'이 선행되어야 양반으로 행세할 수 있었으므로, 양반은 이사조차 함부로 갈 수 없었고, 지배층으로서 권세를 가진 양반은 극소수였다.

한국인 모두는 자신을 양반의 후손으로 알고, 국민의 절반이 왕족 성씨인 코미디 나라인데, 족보의 대부분은 일본 통치 시대에 조작된 것이며, 성이 없었던 백성들에게 김·이·박 등 왕족 성씨를 부여한 것도 일본이다. '전 국민의 양반화', '국민 절반의 왕족화'는 일본 통치 시대에 이루어졌다.

⊙외국인의 눈에 비친 조선의 여성

*여성의 신분이 낮아서 남편의 동반자가 아닌 종이나 다름 없고, 재판 없이도 남편이나 친척에게 살해당할 수도 있다 [내가 본 조선인]

*남편이나 부모의 지배하에 있지 않은 여성은 누구나 주인 없는 짐승처럼 먼저 차지하는 사람의 소유물이 된다는 것은 널리 인정되고 법정에서도 공인된 원칙으로서 논박하려는 사람은 아무도 없다[샤를르 달레]

*특히 여성 관노비는 거의 짐승 취급을 받는다.
그녀들은 수령 뿐만 아니라 아전,포졸,사령 등 누구라도 마음대로 할 수 있다[샤를르 달레]

*여성들이 한가롭게 있는 것을 본 적이 없고, 남성과 함께 있는 것도 본 적이 없다....조선 여성들은 동물보다 나은 존재가 아니다. 여성을 존중하지 않는 민족일수록 문화 수준이 낮다는 사실이 입증된다... 여성들은 집안 깊숙히 머물고 가까운 친인척들만 접근 가능한데, 친척들도 접근하지 않는다. 천한 존재인 그들과 대화하는 것은 품위 없는 짓이라 보기 때문이다.[헤세 바르텍]

*조선의 여인은 자신의 주인인 남편에게 항상 복종해야 하는

하녀일 뿐이고 사실상 노예다. 만약 부인이 남편에게 존중받고 싶으면 남편의 명령에 잘 복종해야 한다…부인은 남편이 식사할 동안 바로 달려올 수 있는 곳에 있어야 한다.

남편이 물을 원하면 "어이 물가져와"라고 소리치고 "야 상치워"라고 말한 후에야 아내는 남긴 음식으로 부엌에서 끼니를 때울수 있다.[제이콥 로버트 무스]

*조선의 양반들은 아주 비열한 관습을 가지고 있다. 그들은 결혼을 한 후 3일 동안은 부인과 산다. 그런 후에는 더 이상 같이 살지 않고, 첩들하고만 사는 것이다. 그러면서도 본부인에게 정절을 강요한다. 만약, 도망가거나 정절을 버리면, 관리에게 데려간다. 관리는 그녀를 매질한 후 종에게 줘버린다. 양반 부인들은 혼자서 외출하는 것조차 불가능하다.[미국 선교사 아펜젤러]

*혼인하는 신랑이 장애인 혹은 정신지체아일 경우라도, 신부는 시댁에 온 후에야 이를 알게 되는데, 신부는 운명으로 받아들여야 하지만 남자는 아내가 적합하지 못하면 신부를 돌려보낼 권한이 있다.[제이콥 로버트 무스]

*아무리 귀부인의 옷이라도 무늬가 새겨진 옷감을 본 적이 없다. 하긴 누구를 위해서 외모를 가꾼단 말인가?
조선 여자들은 아주 짧은 기간 동안 남자들의 노리개였다가 나중에는 노예가 되고 마는데…[퍼시벌 로웰]

*농촌 여성들은 30살에 50살로 보이며, 40살이면 이가 거의 다 빠진다[비숍]
*조선인은 우리 나라의 부녀가 다홍 치마를 바람에 날리며 하얀 정강이를 드러내는 것을 보고 웃는다. 우리 나라 사람은 조선인 부녀

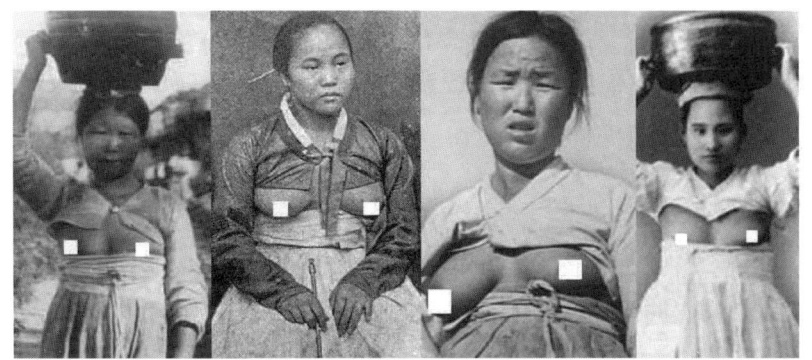

외국인이 찍은 조선 여성들

가 유방을 드러내 놓고 다니는 것을 보고 웃는다.[조선잡기,혼마규스케]

*조선 여자들은 젖을 내놓고 다니는데, 그게 유행인지는 모르겠다.
[알렌] ☞증언들을 종합할 때 위의 여성들은 20살 가량의 여성들로 추정된다.

*조선인의 대다수는 돈만 주면 처첩으로 하여금 손님의 머리맡에서 시중을 들게 한다[혼마규스케]

*아내는 출산과 가사와 육욕을 만족시켜줄 계급 높은 여자 종일 뿐이다. 남편은 재혼 할 수 있으나 남편이 죽으면 여성 특히 상류층 여성은 평생 수절해야 한다. 청상 과부들이 절개를 증명하려고 남편을 따라 죽기도 하는데, **수절 여성이 강간·납치를 당하기도 하지만, 어떤 경우건 법률과 관습에 의해 그녀를 먼저 취한 남자의 것이 된다.**[샤를르 달레.한국천주교회사]

*여아의 이름은 일순이,이순이,삼순이,어린소,어린돼지,어린꽃 등으로 잠시 불리우는데, 아들이 아니라며 '섭섭이'라 불리우기도 한다[로버트 무스]

*조선의 창기 집은 통상 남편이 자기 처첩으로 하여금 몸을 팔게 하는 것이다. 그러므로 창기 집 하나에 여러 명의 창기가 있지 않다[혼마 규스케]

⊙ 조선에 Home을 뜻하는 단어가 없었던 이유

*아내는 남편에 대한 의무만을 지고 남편은 아내에 대한 의무가 없다. 부부간의 절개는 아내에게만 의무이고, 아무리 모욕과 멸시를 당해도 아내는 질투하는 태도를 보여선 안된다. 또 남편이 아내에게 애정 표시를 하거나 일생의 반려자로 삼는 것은 조롱받게 된다. [샤를르 달레]

*첩은 남편의 정당한 부속물이어서 우리가 마차를 고르는 것처럼 아내들은 아무렇지도 않게 생각한다. 그러나 첩의 자식들은 심각한 차별에 처한다. **여성의 권리는 거의 없으며, 남편은 7가지의 이유**(칠거지악)**로 아내를 쫓을 수 있는데,**

나쁜 병, 도둑질, 불임, 행실이 음탕, 질투, 시부모와의 불화, 수다스러움이다. 가정의 행복은 아내가 구할 수 있는 것이 아니다. 조선 사람은 집(house)**은 있으나 가정**(home)**은 없다.**

남편은 아내와 떨어져서 산다. 부부 사이의 애정 표현 같은 것도 없다. 남자의 즐거움은 여자친구나 기생을 통해 얻어진다. "우리는 아내와 결혼을 하지만 첩과 사랑을 나눈다"라는 조선 양반의 표현으로 그들의 결혼 관계를 요약할 수 있다. [비숍] ☞연애, 프로포즈, 애정표현, 부부동반 등은 우리 문화와는 거리가 멀다.

*조선은 Home을 뜻하는 단어조차 없다 [무스]

☞ '가정'이란 단어는 신조어이고, 조선 말까지도 없었다.

*여자가 의지할 곳이 없는 경우는, 뭇 사내들이 몰려들어 그녀를 데려가는 일이 흔하고, 이런 일은 남편의 장례를 치른 당일에 일어나기도 한다. 과부는 모든 것을 팔자소관으로 여겨야 한다. [선교사 제이콥 로버트 무스]

풍속화 속 조선의 특권층들

*이혼의 첫째 사유는 아들을 못낳은 죄이고, 둘째는 말대꾸한 죄다. 남편은 아내를 좋아하지 않게 되면, 사실상 팔거나 교환하거나 내보낼 수 있다. 남편을 잃은 여자는 남편 친척들이 자신들에게 가장 이득이 되는 쪽으로 그녀를 보내버린다.[무스]

*딸은 아버지와 함께 같은 밥상에서 식사를 하며 인간적인 대화를 할 기회가 전혀 없다.[엘라스 와그너,조선의 아동생활]

*부인이 죽었을 때 남편이 우는 것을 부끄러운 허물로 간주한다. 보쌈 같은 약탈혼의 풍습도 있어서는 안될 일이다.[제임스 게일]

*안채에서 여자 아이가 계속 크게 울었다. 왜 그런가 물었더니 '남편 집으로 보내지는 신부의 울음소리'라는 것이다.

아이는 너무 어렸다. 그녀가 아는 거라고는 낯선 남자의 아내가 되는 것이 조선의 관습이라는 사실 하나 뿐이었다.

아이가 계속 울면서 가마에 실려가도 부모들은 팔려 가는 가축의 울음소리 정도로밖에 여기지 않는 것 같다.

오, 비정한 풍습이여, 이 순진한 아이를 어두운 밤 속으로 내동댕이치는 이 풍습은 대체 누구를 위한 것인가?

조선인 남성들

부모들은 딸들을 가족이라고 생각하지 않는다. 가장 유리하게 처분할 수 있을 때까지 가지고 갈 짐으로 여긴다. 대부분 12살 이전에 시집 보내는데, 적은 돈으로도 그 여자 아이를 얻을수 있다. **그녀들은 사실상 노예다…오 주여, 이 나라의 소녀들에게 빛과 자유를 내려주소서.**[선교사 제이콥 로버트 무스]

⊙조선인의 눈에 비친 조선의 백성들

*여러 고을을 지날 적에 촌가에서 자며 살펴보니, **집에 곡식이 없고 걸린 옷이 없으며, 남녀가 팔베개를 베고 굶주림을 참고 괴로움을 견디어 가는 사람들이 대부분이었다.** 걸인도 동냥을 주지 않으면 노여움을 품는데, 자기 힘으로 지은 농사를….바치는데도, 농민의 딱한 처지를 생각지 않는다면….백성의 원수다. **백성이 힘을 다하여 지은 농사로 부모 처자를 봉양하지 못하고…원수에게 다 바치니…**[실학자 성호이익의 성호사설 제8권 인사문]

*김옥균은 조선은 지옥보다 더 나쁜 곳이라고 했다. 지옥은 법에 따라 심판받지만 조선에서는 이유없이 고문하고 죽이기 때문이다.[윤치호일기1893-11-4]

*(서민들이)...**입고있는 옷은 십년 묵은 해진 옷에 불과했고, 집은 움막에 불과했다. 먹는 것이라곤 깨진 주발의 밥과 간도 안한 나물뿐이고,** 부엌에는 나무젓가락만 달랑 있고, 아궁이에는 질항아리 하나가 있을 뿐이다. **이유는, 무쇠솥과 놋수저는 관리가 몇 차례 빼앗아갔고...2.5~2.6냥씩 해마다 납부해야 했기 때문이다.**[실학자 박제가의 '북학의']

*1호의 부역이 9족에까지 해를 미치니...농사를 그만두면서까지 식량을 짊어지고 깊은 산이나 먼 섬을 찾아가서 배고픔을 참으며 일해야 합니다. 지칠 대로 지쳐 계곡에 여럿이 나뒹굴어도 아무도 애석하게 여기지 않습니다.[중종33(1538)-2-29]

*세상에 어찌 이럴 수가 있습니까? 애 낳은지 사흘만에 군적에 오르고, 시아버지가 죽은지 몇 년인데도 군적에서 안빼주고, 군역을 않는다며 소를 잡아가니 무슨 수로 농사를 지어 조세를 바친단 말이오? 내 남편이 스스로 궁형(생식기 절단)을 행하니 이게 그 물건이오. 이것을 가져가고 내 소를 돌려주오...으흐흐흑... 소 빼앗고 남편 물건 잘라가니...이게 도적이 아니고 무엇이오?...마을 사람들아 내 말좀 들어보소 [정약용의 목민심서 속 여인의 절규] ☞가족의 생명줄인 소를 빼앗겼다며 남편이 스스로 잘라낸 생식기를 들고 가서 소를 돌려달라고 애원하는 아낙네

***세계 인민 중 제일 불쌍한 백성은 조선 백성인데**···다른 나라

는…법만 잘 따르고 힘과 재능이 있으면 벌어먹고 살 수 있고…누구나 자유를 가지며, 자기 직분만 다하면 무서울 것 없고 천대 받지도 않는다. **조선은 법도 소상하지 않고 학문도 없으니 벌어 먹을 도리가 두가지 밖에 없다. 하나는 농사를 짓던가 짐을 지어 겨우 연명하는 것이오, 또 하나는 벼슬을 하든지, 벼슬하는 이에게 의지하여 농사짓는 사람들을 뜯어 먹는 것이라.**[독립신문 1897년 6월 10]

☞최초의 민권단체 독립신문은 이러다가 결국 폐간 당했다.

⊙서점이 없던 나라, 지구가 평평하다고 믿던 나라

*조선인들은 아직도 고대 그리스인처럼 지구가 평평한 판이라고 믿고 있다. 그들이 들고 있는 '천하지도'에는 일본이 조선보다 작게 그려져 있었고, 나라 이름은 중국과 일본과 만주 뿐이었다.[헤세 바르텍]

*유럽이 인쇄술을 알기 전부터 조선 사람들은 활자로 책을 인쇄하고 있었으나 이는 대중을 위한 게 아니었다…서민들은 20년 전의 학자보다 더욱 많은 정보를 얻고 있지만 지금도 기독교 출판물을 제외하고는 일반 시골 사람들이 구할수 있는 책은 거의 없다[1900,조선에 살다]

☞**조선은 문닫기 직전까지도 서점이 없던 나라였다.** 중국은 송대에 민간 출판사와 서점이 존재했고, 일본은 1666년에 이미 서양 서적들의 번역본이 나오면서, 1600~1700년대를 '서물(書物)의 시대'라 부를 정도다. 에도막부는 프랑스혁명과 나폴레옹의 등장을 알았고 페리 제독이 몰고 온 미국 군함의 이름과 규모를 미리 알고 있었다. 또, 메이지유신 이후 10만부 단위의 베스트셀러도 등장하는데 이

1890년의 미국

것은 식자층이 형성되어 있었기 때문이다. 서양에서는 구텐베르크의 인쇄술 이후 16세기에 생산된 책이 약 2억 권이며, 인쇄술로 지식을 확산시켜 혁명적 변화를 일으켰지만, 조선은 지식을 지배층만 독점하여 유교 경전이나 인쇄 했다.

세계 최초의 금속활자본이 이미 14세기에 있었고 그것은 구텐베르크보다 200년이나 앞서 있었다. 그러나 조선은 권력이 출판을 독점했고, 고작 봉건체제 유지용 유교서적이나 만들었고, 책은 양반의 상징으로서, 책을 읽는 것은 양반만의 특권이었다. 극소수 양반을 위한 몇몇 한문 학교 외에는 학교가 없었고, 글을 아는 사람이 거의 없어서 책 읽어주는 '전기수' 직업이 인기였을 정도였다.

18세기 말에 책쾌라는 책판매가 있어서, 단권으로 된 대학이나 중용도 논 2~3마지기의 소출액에 해당하는 상면포 3~4필을 주어야 살 수 있었다. 요즘 시세로 책 한 권에 수백 만원 이상이었다. 그런데 책이 유통되기 시작하자 왕을 모독하는 중국 서적도 유통되어 다수의 책쾌를 처형 하면서 그마저도 거의 사라졌고, 조선 말에야 극소수의 서점들이 생겨났다.

◉문맹률 99.5%의 나라

*조선은 반야만 상태이고 교육이란 것이 없다…물리적 힘이 유일한 법이고…주국에 대한 사랑조차 모르고 있다[선교사 다블뤼의 1846년 파리로 보낸 편지] ☞다블뤼는 훗날 종교 박해로 죽임 당한다.

*글을 읽을 수 있는 여성은 1천명 중 2명 정도다.
이토록 낮은 이유는 여성들에게 교육의 기회가 없고, 여성을 위한 학교가 없기 때문이다.[비숍]

*여성에게 교육의 기회란 없고, 부모들은 딸을 일찍 시집 보내려고만 했다[와그너]

*무관들은 그 이름만 있을 뿐, 손자와 오자의 병법서를 음독도 못한다. 무예가 뭔지도 모르는 양반이 돈을 내고 임용 받는 것이다 [혼마 규스케]

*관직자들은 대부분 몽매했는데, 지방관들과 필담을 해보면, 고루하고 편향된 점은 둘째치고 한자도 제대로 모른다.

특권 계층인 양반마저 이토록 무지몽매한 이유는, 과거 시험은 형식일 뿐이고 실제는 돈 액수로 뽑기 때문이다.[조선잡기,혼마규스케]
☞지배층도 이런데 백성들은?

*조선인 1700만 중 자기 성명을 쓸 줄 아는 자가 얼마나 있는가? **신문 읽기는 고사하고 사소한 서신 한 장 쓸 줄 아는 자가 100인에 1인이면 다행이라 하겠다**...조선 민중은 대부분이 문맹이니....우리를 구할 자는 일본인도 아니고 미국인도 아니며...바로 교육이다. 교육열이 이어지면 하늘이 도울 것이며 우리에게도 무한한 광명의 미래가 도래할 것이다...

교육은 인간 향상의 출발점이며 배움의 독립은 문화 향상의 종결점이다.[동아일보 사설 1922.1.05.] (참고:1984년 콩고의 문맹률 40.4%, 1983년 적도기니의 문맹률 38%)

☞조선은 책을 읽을 권리가 있는 유일한 계층인 양반마저도 성리학 즉, 공자왈 맹자왈 외에는 함부로 공부를 해선 안되는 나라였다. 학문은 지적 호기심을 채우기 위한 목적이 큰데, 지적 호기심을 위해 청나라에서 서양 학문을 접한 왕족과 양반들마저 죽임 당했고, 조선은 국민들에게 글과 학문을 가르쳐 주지 않았다. 백성들이 무식해야 지배하기 쉽기 때문이다.

동아일보 사설을 통해 유추되는 문맹율은 1921년 99%이하, 1922년 99%, 1925년 절대다수, 1927년 대다수 등으로 정리되는데, 1905년의 근대식 학교 46개, 1919년에 684개, **1945년의 국공립학교 5750개**(국가통계포털)**를 고려하면, 조선의 문맹률은 99.5% 이상임이 명백하다.**

*1905년 이전의 문맹률 : 99.5% 이상(위의 근거를 종합)

*조선의 문맹률은 77.7%(남자63.9%, 여자92.1%) [1930년. 조선총독부국세조사]

*전 조선의 문맹 총수는 전 인구의 72%, 경기도만 145만명 [동아일보 1933-1-20]
*전 인구 4만명 중 문맹 70%(화천) [동아일보 1936-2-20]
*공장 근로자의 문맹률 58% [동아일보 1935-10-29]
*170만여 명 중 42%가 문맹(황해도 조사통계)[동아일보 1940-3-25]
*인천 문맹퇴치 운동 문맹퇴치 90%의 好성적 [동아일보 1948-3-9] ☞문맹률10%
*서울에도 문맹이 20% [동아일보 1949-5-4]

☞독립 직후 문맹률은 27%였고, 1950년대 후반에 한자릿수가 되었는데, 독립 후의 경제 붕괴 및 전쟁 등으로 학교 신축이 거의 없었음을 고려하면, 문맹률을 그리 낮추게 된 요인은 일제시대의 국공립학교 5750개였다.

⊙대사헌 홍양호의 상소문을 통해 보는 조선

*(중국의)풍습을 관찰하여 민생에 절실한 것을 개열 하였으니, 살펴 주소서.

1.수레 만드는 법을 배워서 수레를 도입 해야 합니다.[정조7(1783)7-18]

온 나라의 편리하게 쓰는 기구가 이보다 더 큰 것은 없습니다. 불가능한 것이 아니라 하려고 하지 않기 때문에 못하는 것입니다...중국에서 모사(摸寫)해서 제작하면 될 것입니다. ☞개항 89년 전의 상소문

*수레는 시급히 연구해야 한다. 우리나라는 수레가 제대로 보급되지 않아 운반이 어려워서 바닷가 사람들은 지천으로 널린 새우와 정어리를 거름으로 밭에 내지만, 서울에서는 한 움큼에 한 푼이나 주고 사야 되며, 영남지방 아이들은 새우젓이 뭔지도 모른다. 나라가 가난한 것은 수레가 다니지 못한 까닭이다.[박지원의 열하일기]

2.벽돌 만드는 법을 배워 와야 합니다.[정조7(1783)7-18]

조선의 세종대왕 시대인 14세기 서양화가 Jan van Eyck (1395-1441)
의 그림 속 서양의 모습(의복,서적,도시의 모습 등이 눈에 띈다)

만리 장성도...벽돌을 사용했다고 했었지만 여지껏 자세히 알지 못하다가 신이 이번에 알게 되었습니다...수레는 형체가 둥근 것을 움직여서 사용하고, 벽돌은 형체가 모난 것을 이용하는 것이니...하나는 음이고 하나는 양이면서 이는 자못 천지의 조화가...

☞조선은 매사에 공·맹자와 유교식 음양이론을 꼭 갖다 붙이는 나라다.

3. 모자 쓰는 것을 금지해서 엄청난 국고 낭비를 막아야 합니다.

모자라는 것은...추위를 막기 위한 것일 뿐인데, 모자 값으로 거만의 재물을 허비하고 있습니다...☞'모자 쓰는 데 몇 푼이나 든다고' 라는 것은 요즘 생각일 뿐이다. 찢어지게 가난하면 이렇게 말할 수 밖에 없다.

⊙산업도 분업도 없고, 바늘조차 못만들던 '조빈슨 크루소우'의 나라

*조선인들은 지붕에서부터 짚신에 이르기까지 모두 자기 손으로 만든다. 즉 조선인 모두가 로빈슨 크루소우의 삶을 살고 있는 것이다. 이러니 어떻게 조선에서 산업을 일으킬 수 있단 말인가? 조선에도 숙련공은 있다. 하지만 **이들은 일본의 장인과 달리 연장을 가지고 이집 저집 떠돌아 다닌다. 이 곳의 장인들은 분업이라는 것을 모른다.**[헤세 바르텍]

*조선의 산업은 오로지 농업이고 수공업도 미미하다. 신발은 짚으로 만들어 하루 밖에 못신는다.[내가본 조선인]

*다른 나라는 물건을 펼쳐 놓고 호객행위를 하는데, 이곳은 그게 없다. 오히려 내가 물건 좀 보자고 부탁해야 했고, 그러면 상인들은 조악한 물건들을 꺼내 놓는데, 모자, 곰방대, 종이, 칼, 부채, 놋쇠그릇 따위가 전부였다.
예술가나 수공업자들은 서울에 전혀 없는 것 같다.[헤세 바르텍]

*조선은 가장 가난한 나라다. 경작 가능한 토지 중 20%도 경작하지 않는다. 외부 시장을 장악할 제조업이 하나도 없고, 광물자원은 풍부하지만 조금 개발하고 있는 자원조차 가장 비경제적 방식으로 개발하고 있다.[윌리엄 길모어]

*동맥(銅脈)이 널린 산이 있으나, 제련(製鍊) 방법을 모르니 수입한다. 누에를

1900년대의 서울

치면서도 비단을 중국에서 수입하고…[성호이익 (1681~1763) 성호사설 인사문(人事門)]
☞ 조선은 구리 제련법조차 몰랐다.
심지어 19세기 무렵 서유구의 임원경제지(林園經濟志)에는 조선이 바늘을 만들지 못하여 중국에서 수입한다는 기록도 나온다.

⊙조선에 시장경제가 불가능했던 또 하나의 이유

'피타고라스의 정리'와 '삼각함수'는 기원전 고대 그리스에서 만들어졌고, 고대 로마는 '성을 쌓는 자 망하고 길을 내는 자 흥한다'며 길을 뚫었다. 그런데 조선은 그 2500년 후에도 덧셈 뺄셈마저 제대로 못했고, 서울 사대문 안을 제외하고는 도로라 부를 만한 게 없었다. '대동여지도'에도 도로는 안나온다.
조선은 서양에 비해 문명이 적어도 3000년 이상 뒤쳐진 나라였다. 서양의 BC1000년 경보다 훨씬 더 뒤쳐진 나라라는 것이다.

*수레 하나 제대로 다닐 수 없는 좁은 도로에 놀라지 않을 수 없다[비숍]
*한양의 길들은 대부분 어깨를 비비며 겨우 다니게 되어 있다[선교사 길모어]

*서울까지 가는 동안 모든 길들은 전답 사이로 나 있었다. 조선의 도로는 대부분 논두렁 길이다 [내가 본 조선, 러시아공사관 장교 카르네프]

*조선의 도로는 오가는 발자국으로 형성된 통로에 불과했다.[퍼시벌 로웰]

*조선에는 배가 다닐 수 있는 강은 매우 드물다. 몇 개의 강에만 배가 뜨는데, 매우 제한된 수역에서만 가능하다.

산과 골짜기 투성이인 이 나라에서 길을 닦는 기술은 알려져 있지 않다. 그러니 거의 모든 운수가 마소나 사람의 등으로 운반된다[샤를르 달레]

*다블뤼 주교는 이런 말을 썼다. "도로는 세 등급으로 나누어집니다. 왕도라는 일등 도로는 대개 네 사람이 걸어 가기에 충분한 너비입니다. 철에 따라 길의 일부가 떠내려가기 때문에 도로의 3/4이 줄어드는 수가 자주 있습니다.

물론 이런 불편을 제거하려는 사람은 아무도 없습니다.

그래서 흔히 목을 부러뜨리든지 구렁에 위험을 무릅쓰고 말을 타고 바위 위를 올라가야 합니다. 2등 도로는, 나쁜 도로 밖에 안보일 때 이것이 대로(大路)라고 합니다. 그러나 3등 도로는 폭이 1자 밖에 안되고, 보이기도 하고 안보이기도 합니다.

논 사이를 지나갈 때는 흔히 물에 잠겨 있고, 산속에서는 낭떠러지를 스쳐 갑니다. 다리는 두가지인데, 하나는 커다란 돌을 던져 놓은 징검다리이고, 또 하나는 말뚝을 박고 그 위에 마루창 같은 것을 깔고 흙을 덮은 것으로서, 여름에는 떠내려가거나 물 속에 잠기므로, 나그네에게 미역 감는 즐거움을 선사합니다. 높은 양반들은 길잡이의 등에 업히므로 그것을 면할 수 있습니다.

1910년의 아르헨티나

큰 강은 나룻배를 타고 건넙니다."[사를르 달레]

*도로라고 하기엔 말도 안되는 웅덩이의 연속이지만 '왕도'라고 한다[잭런던]

*운송 수단이 없는 이 나라는 각각의 개별구역이 넘을 수 없는 장벽으로 둘러싸인 것과 같다[헤세 바르텍]

☞한국 같이 작은 나라는 지역별 사투리가 없어야 맞는데 사투리가 심한 게 이런 '無도로의 장벽' 때문이다.

병인·신미양요가 강화도에서 일어난 이유는 강화도가 조선의 급소였기 때문이다. 조선은 육로가 없어서 모든 보급품을 선박 운송 했기 때문에 한강 어귀의 강화도를 장악하면 조선군과 한양성은 보급줄이 끊겨 굶게 된다. 병인양요 때 프랑스 함대가 수로를 장악한 기간은 33일이었지만 한양의 7천여 가구가 집을 떠나버렸다고 한다. 도로라는 게 있어봤자 논두렁 산등성이 길이어서, 지역간 교통 두절로 인해 한 곳의 잉여 생산물을 다른 곳으로 운반해서 돈을 벌 수 있는 시장경제의 발전이 불가능 했던 것이다.

⊙조선 사람들에게 지폐를 보여 주었을 때

*조선 사람들에게 내 지폐를 보여주자, 그 중 한명은 "이것을 화폐라고 하다니 일본인이 우리를 속이는 것이냐"고 한다. 한 사람은 "만일 이것이 통화라면 도적을 만났을 때 많이 빼앗길 것이다."라고 한다.(조선 돈은 무거워서 상당히 많은 도적들이라도 15관문 즉 우리돈 20엔 이상은 지고 갈수 없다)

또 한사람은 "조선 돈을 이것으로 바꾸어 모아두면 안에 넣어두고 밖으로 빈것처럼 하여 관인이 빼앗아갈 걱정이 없을 것이다." 라고 한다.(관인이 재물을 맘대로 빼앗아가는 것이 이 나라의 통례다.) 열 사람이 열 가지의 논평을 하지만, 맹인이 코끼리를 평하는 것과 비슷하다. 그중 가장 유식해 보이는 사람이 조용히 말하기를 "지폐를 사용할 권리를 얻는 자는, 정부에 얼마의 세금을 내야 하느냐"고 물어본다. 아아 머리 아프다.[혼마 규스케]

⊙외국인이 본 조선의 화폐와 경제

*150달러를 조선 화폐로 바꿔 오도록 지시했다. 저녁 때에야 짐꾼들에게 지워 가지고 온 엽전 더미를 보고 기절할 지경이었다. 엽전 더미의 둘레가 18M이고 높이가 90CM였다. 미화 1센

1~2달치 월급을 엽전으로 환전했더니(조폐권 남발로 생긴 지상 최대의 엽전더미)

트가 엽전 15~30개와 맞먹었으며 환전하면 1달러당 장정 한 사람씩 지고 가야 할 지경이었다.[미국 특파원 로버트 던 1904]

☞ 위의 사진이 당시 보도된 사진이며, 조폐권 남발로 생긴 지상 최대의 엽전 더미다. 여비로 쓰려고 미화 150달러(약1~2달 월급)를 환전하니 이만큼의 엄청난 엽전 더미가 배달 되었다.

고종은 조폐권을 개인적으로 남용해서 돈을 마구 찍어서 개인 창고에 쌓아 두던 왕이었고, 조선의 화폐 인플레는 상상을 초월했다.

권력자가 돈을 마구 찍어 써버리면 국민들은 거지 될수도 있다. 대통령이 무제한으로 돈을 찍어 가지는 셈인데, 그런 게 죄가 아니던 나라다. 대한제국은, 서류상 24,000명(군대해산시7,000명)의 병력을 유지하는데 국가예산의 44%를 쓰던 나라이고, 황실 예산만 국가예산의 11%, 제사 비용만 국가예산의 2%가 넘던 나라다.[1897

조선의 지게꾼들과 도로 조선은 도로가 없어서 물품 운송의 주요 수단으로 지게와 소와 나룻배를 이용했다.

년도 국가예산 428만원, 황실비용 56만원, 제사 6만원] 황실의 사치도 있지만 워낙 찢어지게 가난한 극빈국이기 때문이다.

*조선이 청나라에 예속된 뒤 조선의 화폐 주조권은 박탈되었다. 조약문에 저촉 됨에도 불구하고 처음으로 감히 그것을 주조한 것은 1720년에 죽은 숙종이다.
오늘날 그 권리는 오랜 시효로 획득되었으며...근래에 화폐를 주조하고 있으나 그 질은 점점 더 떨어져가고 있다.[샤를르 달레]

⊙한국이 일본에 밀리기 시작한 시점은 언제부터일까?

일본은 AD 10세기부터 도로와 해운이 발전했기에 물품의 지역간 가격차가 적었고, 시장경제가 일찍부터 발전했으며, 그래서 한일합방 후 일본이 맨 먼저 한 게 도로와 철도의 건설이었다.
일본은 1633년부터 네덜란드와 무역을 했고, 1653년에 상수도가 완공되어, 에도 시민은 수돗물을 마실 수 있었으며, 1600년대 후반에는 도로의 4㎞마다 이정표가 있었다.

일본은 16~17세기에 베트남, 시암(타이), 캄보디아, 필리핀, 인도네시아 등 열대 동남

하나오카 세이슈의 유방암 절제 수술 도해

아시아에서 무역활동을 했고, 서로를 활용하기 위해 1609년 나가사키에 상관을 설치했다. 에도시대에는 현미경으로 관찰한 곤충을 보고 그린 그림과 현미경, 천체 망원경으로 달을 보고 그린 그림, 기초적인 영사기, 이산화탄소와 산소의 분리 실험기, 전기분리실험(전기를 이용하여 특정 물질을 분해하는 실험) 등에 대한 지식을 가지고 있었고, 토지측량법을 이용해 토지를 측량할 줄 알았고, 증기기관의 원리까지 이해하고 있었다.

일본은 1804년[순조 4년] **세계최초의 전신마취 수술을 성공한 하나오카 세이슈가 자신의 아내의 유방암을 전신마취 수술로 제거하며, 인류의 의학 발전에 중대한 공헌을 했고, 하버드대학교에는 이를 기리는 그의 동상이 세워져 있다.**

일본은 서양의 것을 받아 먹기만 한 게 아니라, 기술을 개발해서 가르쳐주기도 했으며, 현재 우리도 그 혜택을 입고 있다.

메이지 유신은 내공이 있었기 때문에 다가온 것이며, 준비되지 않은 자에게는 운 조차도 오지 않는다. 우리는 메이지 유신 이후부터 일본에 밀렸다고 믿지만, 한국이 일본을 앞선 적은 삼국시대

조선시대의 한강 나루터

이후에 없었거나, 적어도 13세기 이후에는 없었다는 게 진실이다. 능력 없으면 배울 줄이라도 알아야 하는데, 그것조차 전혀 못했고, 조선 500년 간 끝 없는 추락만을 이어 왔다.

고려시대 일본의 강에는 다리가 있었지만 우리는 한강 다리를 20세기에 들어서야 만들었다. 그것도 일본에 의해....

그런데 조선은 도로와 다리와 수레를 만들지 못한 대신 혁신적인 발명품 '지게'를 만들어 세계를 놀라게 했고, 조선 말에는 소달구지까지 만들어내는 기염을 토한다. 그런데 혁명적인 업그레이드를 하려니 O.S(운영체제)의 버전이 낮아서 버벅거렸다.

*서울의 골목들은 미로처럼 엉켜있고 좁기가 이루 말할 수 없다. 한번은 앞뒤에서 소달구지가 오는데, 한쪽이 양보 해야만 하는 상황이었다.
달구지 주인들은 꽤 오랫동안 말다툼을 했으나 결판이 나지 않았고, 땅 바닥에 주저앉아 담뱃대를 꺼내 물고 느긋이 협상을 시작 했다.............마침내 결판이 났으나, 이제는 무슨 수로 이 좁은 골목에서 달구지를 돌리느냐가 문제였다.[아손 그렙스트] ^^

05. 외국인의 눈에 비친 조선의 정치계

⊙외국인의 눈에 비친 조선의 정치계

*고종은 병적으로 미신에 빠져 있고, 국고로 갈 세금까지 가로챘다.[알렌 주한 미국공사]

*대개 왕위에 오르는 것은 게으름뱅이요 방탕하고 멍청한 사람들이다. 젊어서 왕좌에 불려 가서 아무도 충고 한마디 못하며, 12~15세 때부터 우스꽝스런 예절로 궁녀들 사이에 갇혀 있는 왕들이 어떻게 달리 될 수 있겠는가? 옛날에는 신문고라는 것으로 민의를 들었다지만 지금은 쓸모 없다. 거기에 들어가려면 엄청난 돈을 내야 하기 때문이다.[샤를르 달레]

*나라의 모든 관직은 뇌물을 통해 구해야 하고, 가장 보잘 것 없는 관직만이 중인에게 주어진다. [헤세 바르텍]

*고종은 가장 어리석은 인물이며, 나라 다스리는 유일한 기술이란 적대 세력을 대립시켜 균형을 유지하며 안전을 지키려는 것 뿐이다. 고종은 국제 정세를 판단 못하고 정치적 망상의 세계에 살고 있다.[조던 주한 영국 총영사]

*조선과 이웃 나라와의 무역은 거의 없다...법률이 규정한 경우를 제외하고는 외국인과의 어떠한 관계도 사형을 받을 범죄다.[샤를르 달레 1874]

*왕궁은 파리의 좀 넉넉히 사는 연금생활자라면 살려고 하지도 않을 초라한 집이다.

궁궐에는 여자와 고자 내시가 가득 차 있다. 여자들은 강제로 끌어오며 후궁이 되지 못하는 한 평생 정절을 지켜야 한다.

조선의 진짜 궁녀들 ☞TV 사극이나 영화에 나오는 궁녀는 요즘에 개발된 현대식 패션궁녀이고 **이들이 진짜 궁녀다**

⊙외국인의 눈에 비친 조중관계

*중국 황제는 조선 왕의 임명권과 신상에 대한 각종 권한을 가지는데, 정축년(1638) 3월30일에 조인된 조약의 한 조항은 연공지불을 아래와 같이 규정하고 있다. **<매 해 바칠 물품은 다음과 같다.** 금100온스, 은1000온스, 쌀 정곡 1만섬, 명주 2천필, 포목 1만필, 큰종이 1000권, 작은종이 1천권, 좋은 칼 2천개, 수우각 1천개, 화문석 4천장, 물감나무 200근, 호랑이 가죽 100장, 사슴가죽...수달피..(중략)...이 상납은 기묘년(1639) 가을부터

시작할 것이다.> 이 조약이 지금까지 두 나라 사이에 국제법이 되어 있다. **조선 왕은 즉위할 때마다 황제에게 임명을 청해야 하고 왕실에 관한 모든 것과 나라 안의 중요 사건에 대해 보고 해야 한다…조선 왕은 서울 성 밖까지 나가서 그들을 공손하게 영접하고 절해야 하는데, 중국 사신과는 다른 문으로 드나들어 야 하고 중국 사신에게 막대한 지출을 해야 한다.**

또 황실이 쓰는 빛깔을 조선 왕이 쓰지 못하고, 황제와 비슷한 왕관을 쓰지도 못하며 모든 민간 문서에 황제의 연호를 써야 한 다…조약에는 조선 정부가 화폐를 주조할 권리가 없다는 규정 도 있으나 이 조항은 이제는 지켜지지 않는다. 뒤알드의 책에는 1694년의 두 나라 조정 간의 예가 하나 있다. (조선 왕이 왕비를 폐하 고 바꾸었던 것을 되돌리고 싶다는 내용의 청원과, 중국 황제가 이를 검토 시킨 후 허 락하는 내용) 그 이듬해 조선 왕은 황제에게 한 장의 축하 글을 보 냈는데, 중국은 이 청원서에 무례한 용어가 있다며 조선조에게 중국 온스 은 1만의 벌금과 연공(年貢)을 받는 대신 황제가 내리 던 선물을 3년간 정지 시켰다. 이러한 사실들에 비추어 조선에 대한 중국의 종주권은 매우 실질적인 것이다[샤를르 달레]

☞실록(병자호란)속의 연공의 단위는 온스가 아닌 '냥'이며, 날짜도 다르다.
*그대 나라가 교활하게 속였으므로 조칙으로 보이는 바이다. 세폐(歲幣.연공)는 황금1백냥, 은…쌀…(중략)**…를 정식으로 삼는 다."**[인조15(1637)-1-28]

☞정복 당한 나라이니 피가 마르도록 상납할 수밖에 없었지만, 그 이전에 **금·은은 조선 개국 3대가 모두 중국에 상납해서 거의**

조선 왕이 중국 사신에게 예를 올리던 영은문(훗날 철거 및 국민 모금으로 독립문이 건립되고, 하부 기둥 구조물만 남아 있다.)

없었다.(뒤에 설명), 한국사 교육은 조중 관계가 '책봉'이라는 형식일 뿐이라 왜곡 시키지만, 그건 거짓말이고, 임오군란 때 중국군이 대원군을 압송한 효유문만 보아도 조선 왕조는 한반도를 정복한 중국의 졸개다.

*조선은 중국의 속국으로서...황제께서 군사를 파견하셨다...정제독이 대원군과 함께 황제께서 계신 곳으로 갔다...너희 대원군에게는 대단한 추궁을 하지는 않으실 것이다. 대국과 너희 조선은 임금과 신하의 관계이므로...[고종19(1882)-7-13]

☞조공에서 우리가 되받는 게 많았다고 가르치기도 하지만 사실이 아니다. 회사품은 미미했고, 고작 유교 서적 몇권이나 비단 20~30필 정도 받고 끝내는 경우가 많았으며, 그마저 중국 대신들에게 상당한 양을 바쳐야 했다. 실록에는 엄청난 상납 물

품 마련에 힘겨워하는 장면이 흔히 나온다.

어떤 학자는 중국 황제가 "3년에 한번씩만 조공해도 좋다"고 말한 데 대해 "매년 하겠습니다"라고 답하는 부분을 가지고 "우리가 되받는 게 많아서 그러지"라는 논리 비약에 쓰지만, 그리 말한다고 "땡큐"하긴 힘들다.

또, 지배층은 금·은과 백성들의 필수품인 소·말 등을 쓸어다 바치고 비단 등의 사치품과 유교서적 등을 받는 구조이므로, 백성들이 힘들건 말건, 지배층에게는 이익이 있었다.

한반도의 정복자가 국민을 피 빨아서 대량으로 상납 하면서 권력을 누리는 상태이니, 국민들이 그 정복자를 몰아내는 게 진짜 독립이지만, 조선에는 그런 능력도 철학도 없었고, 오히 그런 추종을 정당화 시키는 세뇌 수단, 즉 유교 등의 사상 사기극이 동원된다.(뒤에 연급) 심지어 지금도 그런 사기극이 널리 악용되며, 학자들마저도 분별을 못하는 경우가 많다.

*조선의 선비는 지나를 중화라 하고 스스로를 '소화'라고 부른다. 그들이 나에게 고국을 물으면 나는 '대화'라고 답한다. 그들은 나를 오만하다고 말한다. 그러나 오만하여 자랑하는 것과 비루하여 주눅 드는 것 중 어느 것이 나은가? 그들은 중화는 대중소가 아닌 가운데를 뜻한다고 말한다. "그렇다면 귀국은 왜 소화를 칭하는가"라고 물으면 대답을 못한다.[혼마 규스케]

⊙지역감정의 나라

*북쪽에 사는 사람들은 남쪽 사람들을 철저하게 미워하고 있는 듯하다. 평양 부근에는 도망친 범죄자들이 산적이 되어 도처에

널려 있는데, 특히 남쪽에서 올라온 사람들을 보면, 가차없이 폭행하고 물건을 빼앗았다. 평양 백성들도 그것을 당연하게 여기는 것 같다.[언더우드 부인]

☞조선은 남북간 지역감정이 지독했는데, 출세 길이 벼슬 밖에 없어, 사화,당쟁 등의 '집단 벼슬 쟁탈전'으로 서로 많이 죽였다. 그 후 일제시대에 일자리가 많아지고, 공채 제도에 의한 투명한 등용으로 지역감정은 거의 사라졌다가, 독립 후 지역감정이 또 생겨났다. 조선은 지역감정의 나라였고, 6.25 전쟁도 조선의 남북간 지역감정과 무관하지 않다.

통일이 되면 영호남 지역 감정은 사라질 것이다. 왜냐하면 그보다 큰 남북간 지역 감정의 전통으로 돌아갈 공산이 크므로…

인간은 다 똑같고, 개인 환경상 다소 각박해질 수는 있지만, 특정 지역 사람이 좋거나 나쁜 것은 있을 수 없는데, 조선은 기본이 안된 나라였다. 물론 지금도 그렇고...

⊙신사와 거지의 사이

*조선의 가장 큰 문제는 수천 명의 건장한 남성들이 친구나 친척에 의존해 살아가는 관습이다. 여기에는 어떠한 수치심도 없고 비난하는 여론도 없다. 일정 소득이 있으면 가솔들과 부인의 친척, 친구, 친척의 친구들을 부양해야 한다. 관직만이 이를 해결해 주고...수많은 건장한 사람들이 공직자에 의존하여 살아간다. 공직은 이 쓰레기들을 위해 필요한 것이다.

조선을 망신시켜 온 당파싸움은 결코 원칙에 대한 싸움이 아니

고 식솔들에게 공직과 돈을 제공하려는 싸움이다.[비숍]

*양반이 많다는 것은 이 나라의 큰 약점이다. 그들은 더 많은 강탈과 착취로 살 수 밖에 없게 되었기 때문이다. 그 많은 양반들에게 모두 관직을 주는 것은 불가능하고, 그들은 벼슬 이외의 생활 방도가 없다.

일해서 돈을 벌기에는 너무도 거만한 그들은, 하는 일 없이 작은 벼슬이라도 얻기 위해 갖은 비굴한 짓을 다 하고 성공 못하면 굶어 죽는다. 한 양반은 3~4일에 한번씩 밖에 밥을 먹지 못하면서도 일을 하는 것은 끝내 거절했다.

노동을 하면 생활은 좀 넉넉해 졌을 것이나 그들은 양반의 자격을 잃고 공직에 오를 자격을 잃는다.

양반이 관직에 오르면 이 나라의 관습은 그에게 모든 친척들을 부양할 의무를 지워 주고 만약 그가 성의를 보이지 않으면 친척들은 갖가지 수단을 쓴다.

예를 들면 그 부하를 결박하고 매달고 구타해서 원하는 것을 얻어낸다. 수령이 이를 알더라도 관리가 되기 전에는 그 자신도 그랬을 것이고, 벼슬 자리가 끊기면 자기도 그리 하게 될지도 모르니 눈 감아 줄 수 밖에 없다.

세력가의 사랑채에 드나드는 문객이 많은데, 문객은 소송 중인 모든 사람들과 모든 죄인들과 모든 지체 낮은 야심가를 찾아서 그들에게 많은 돈을 받고서 그들에게 세력을 약속한다.

돈만 있으면 죄인도 무죄가 되고, 도둑도 재판관이 되니, 문객과 돈으로 해결 못할 일은 없다.[샤를르 달레,한국천주교회사]

⊙조선의 당파와 그 기원

*우리가 정치 생활이다 진보다 혁명이다 하고 부르는 것은 조선에는 존재하지 않는다. 백성은 아무것도 아니고 아무 일에도 관여하지 않는다. 양반들이 백성에게 관심을 가진다는 것은 최대한 돈을 긁어내기 위한 것일 뿐이다.

양반은 서로 지독히 미워하는 당파로 나누어져 있는데, 그것은 원칙 때문이 아니고 관직과 권력을 다투는 것일 뿐이다.

3세기 전부터 조선의 역사는 피비린내 나고 무익한 투쟁의 이야기일 뿐이며, 당파의 기원은 다음과 같다.

선조 때(1567~1592) 가장 권력 있는 두 양반 간에 권력과 관련한 논쟁과 경쟁이 있었는데 두 경쟁자의 가족 친지와 부하들이 동인과 서인이다.

그 몇 해 후 역시 하찮은 원인으로 남인과 북인으로 불리우는 두 당파가 형성 되었다. 오래지 않아 동인들은 남인과 합류하여 남인이라는 한 당파만을 이루게 되는데, 북인은 거의 사형을 당하였고, 남은 사람들은 소북에 합류하여 1674년에는 서인,남인,북인으로 나뉘어 있었다. 그 후 숙종 때 한 양반의 묘지 비문과 관련한 하찮은 논쟁 과정에서 소론과 노론이라는 새로운 두 당파로 갈라졌다. 이것이 네 당파의 기원이다.

양반은 모두 이 당파 중 하나에 속해 있는데, 이 당파들의 유일한 관심은, 높은 관직을 손에 넣는 것과 정적의 관직 진출을 막는 것이다. 이 과정에서 끝 없는 싸움이 일어나는데 대개는 패배한 당파의 주요 인물들의 죽음으로 끝난다.

그들은 서로 접근하는 일이 없고, 행정 직무에 꼭 필요한 경우에도 서로 말을 하지 않는 것을 정부에서도 용인한다.

이 증오심은 대대로 내려온다.

특히 남인과 노론 사이에는 집안이나 개인이 당을 바꾼 사례가 없고 반대 진영 사이에 혼담이 오가는 일도 없다.

원수에 의해 지위나 목숨을 잃은 양반은 자손에게 원수를 갚을 소임을 남겨주며 아들이 복수에 실패하면 손자에게 넘긴다.

원수를 갚지 않는 것은 그 가문의 일원이길 포기하는 것이다.

만일 아버지가 사형을 당했다면 그 원수나 그 아들도 같은 운명을 당해야 하는데, 범죄자에게 거의 무죄가 보증된다. 왜냐하면 이 나라의 종교적 민족 감정이 그의 편을 들기 때문이다.

적대관계 당파들이 가장 흔하게 사용하는 방법은 왕의 목숨을 노렸다고 고발하는 것이다.

거짓 청원과 증언을 수없이 하며 대신들을 매수한다.

그렇게 승리를 거둔 당파는 관직을 남용하여 재산을 모으고 정적들을 파멸시킨다. 1800년 이후 남인의 대부분이 목숨을 잃었고 지금은 노론이 힘을 쥐고 있다.

조선의 당파는 일반적인 정당과는 전혀 다르다. [샤를르 달레]

☞주자(朱子)는 '임금과 아버지의 원수는 세세토록 꼭 갚아야 하며 잊어서는 안된다고 했는데, 조선은 주자학의 나라여서 끔찍한 복수를 당연시했다.

조선의 아이들

⊙조선 아이들이 버릇이 없고 성인도 미개한 이유

★조선인들은 일반적으로 완고하고 까다롭고 성 잘내고 복수를 잘하는 성격인데, 윤리 교육이 전혀 없고, 어린이들은 징계를 받는 일이 없고 어른들은 그들이 걸핏하면 골을 내는 것을 웃어 넘기고 만다. 그렇게만 자라니 어른이 되면 맹목적인 격분에 사로잡히고, 울화가 치밀면 이상할 정도로 쉽게 목을 매달거나 물에 빠져 죽는다.

작은 멸시 한마디나 하찮은 일로도 자살을 한다.

마찬가지로 복수도 잘 한다. 그런데 군인으로서는 아주 약해서 위험을 당하자마자 도망간다.[샤를르 달레.한국천주교회사]

★남자 아이들은 대부분 버릇이 없고, 거의 모든 것을 제멋대로 하도록 방치된다. 그들의 사고방식에 따르면 사후 세계의 행복은 후손들의 제사에 달려 있다는 것이다. 그래서 아들이 하고픈 대로 하도록 놔두지 않으면 부모 조상의 제사를 등한시 할지도

조선의 여자 아이들

모른다고 두려워 한다. 이런 것이 부모로 하여금 자식이 버릇없게 될 정도로 비위를 맞추게 한다.

나는 최근 신문에서 "일본 아이들은 태어날 때부터 문명화 되었다"는 문구를 본 적 있다.

그것이 일본 아이들이 다른 나라 아이들보다 우월하다는 의미라면 나는 반대 의견을 말할 것이다. 나는 10여년 동안 조선 아이들과 일본 아이들을 보아 왔는데, 교육 문제를 별개로 하면 일본 아이들도 다른 세계의 아이들과 똑 같다. 단지 환경의 차이일 뿐이고, 환경만 바뀐다면 동양과 서양의 아이들도 똑 같다.[아손 그렙스트]

☞일본 아이들이 우월하다는 기사를 부정하고 있는 외국인조차도 조선의 아이들은 버릇이 없다고 말하고 있고, 원인을 잘못된 교육에서 찾고 있다.

필자의 사견으로는 경제가 원인이라고 여겨진다.

인간은 정신적 동물이자 물질의 동물이고, 경제와 교육은 비례하는데, 조선의 경제 수준이 너무 낮아서 유아 때부터 공부 대신 노동만 했으니 정신적 질도 낮아지는 것은 불가피한 결과라는 것이다.

06. 외국인이 바라본 조선의 모습들

⦿ 한국어에 키스를 뜻하는 단어가 없는 이유

*들리는 말로는 조선인은 일생 동안 단 두 번만 씻는다고 하더라 [영국 군인들의 저서 '백두산으로 가는 길']

*많은 나라를 다녀 봤지만, 이 정도로 더러운 나라는 처음이다. 한 영국인은 조선에서 가장 깨끗하다는 사람이 그가 여지껏 본 가장 더러운 사람이었다고 말했다. 조선 방문객이라면 대체로 동의할 것이다 [조지 길보어의 '서울풍물지']

*서울은 내가 본 도시 중 가장 더럽고 보잘 것 없다. 거리의 더러움은 말하지 않는 것이 좋겠다. [미국인 선교사겸 의사였던 '셔우드 홀'의 보고서]

*(미국으로 가는)공사관 일행의 몸에서는 똥냄새, 지린내가 풍겼는데... 그들의 옷에 기어다니는 이(蝨)를 잡으라고 주의를 주었지만 참을 수 없을 만큼 고약한 악취를 없애지는 못했다. 배의 승객들은 조선 사절단을 격리해준 데 대해 감사했고 나도 그렇게 생각했다. 박정양 공사는 사절단 중 가장 바보 천치 같은 인물이다. 3등서기관 이상재는 더러운 사람이며, 번역관 이채연은 영어 한마디 할 줄 몰랐다. 1등서기관 이완용과 2등서기관 이하영이 사절단의 나쁜 인상을 상쇄해 주고 있다. [알렌의 일기 1887년12월, 미국으로 가는 조선 사절단의 모습]

*조선인처럼 깨끗함과 철천지 원수인 민족은 얼마 되지 않을 것이다. 이들은 몸이 지저분해도 목욕을 하지 않고, 머리카락과 수염에 가위를 대지 않으며, 거주지는 때와 해충이 가득하다. 이들은 오물 한가운데 살면서도 흰 옷을 입는다. 그러니 불쌍한 여인네들은 빨래와 다림질 하는 데 하루의 절반을 써야 한다. [헤세 바르텍]

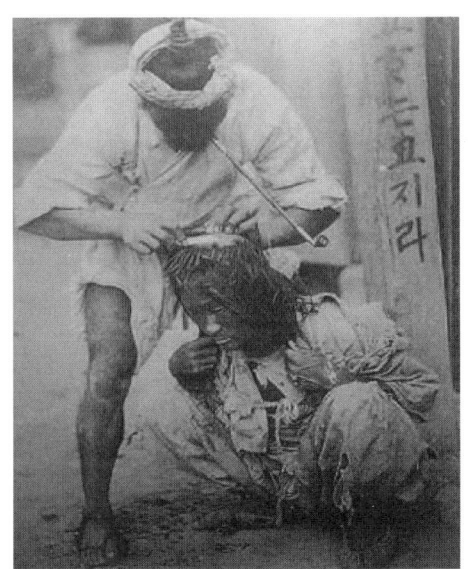

조선의 미용실(배코치기라고 불리우는 상투를 틀기 위한 머리 다듬기 현장. 참고로 조선에는 의자나 침대가 없었다)

☞조금 잘못 알고 있고, 머리카락과 수염은 계속 잘랐다. 상투는 이 사진처럼 가운데의 속알머리를 없애고 주변머리 일부만 남겨서 묶은 것이다.

*조선인 가옥의 불결은 이루 말할 수 없다. 옷이 벽에 닿으면 더러워지고, 하품을 하면 목이 천정에 닿을 정도다. 넓은 방이래야 6조(9M²)정도이고 좁은 방은 거의 1조(1.5M²) 정도다.[혼마 규스케]

*서울의 길거리...곳곳에 널린 똥과 오물들을 개들이 먹어 치우니 길의 청결 여부는 오로지 개들의 식욕에 달려 있었다.[대한 제국을 사랑한 독일인 의사 분쉬]

*나는 북경을 보기 전까지는 서울이 세계에서 가장 더러운 도시라 생각했고, 샤오싱을 보기 전까지는 서울의 냄새가 가장 지독하다고 생각했다. 수도가 이렇게 더럽다는 건 도무지 믿기 힘들다.[비숍] ☞꼴찌탈출 ^^

한국어에 키스를 뜻하는 단어가 없는 이유는,
너나 없이 모두가 너무 더럽고 냄새가 심했기 때문이라 추정된다.
1910년대 신문 사설에는 이런 말이 자주 등장했다.

"길바닥에 똥을 누지마라"

◉조선인의 평균수명

조선은 60세까지 살면 장수 축하 잔치를 하던 나라다.

조선 왕들 중에 60세 넘게 장수한 왕은 총 6명이며, 조선 왕의 평균수명은 46~47세였고, 백성의 평균수명은 23.5세 이하였다.

[Our World in Data] 자료에 의하면 조선의 평균 수명은 23.5세인데, 굶어 죽음이 반영되면 실제 평균수명은 훨씬 더 낮았을 것이다.

1930년대 동아일보에 의하면 평균수명은 34세로 급향상되지만, 뉴질랜드인의 절반이라 나오며, 평균수명은 1942년에 45세로 급증한다.

*1905년의 평균수명: 남자 22.6세, 여자 24.4세 [KBS 명견만리]

*한국인들은 가족이 병에 걸리면 돌보지 않고 그냥 죽게 방치한다. 가족들은 장례비용 부담 때문에 이들을 성문 밖으로 버려서 길가나 성벽 아래서 죽게 내버려둔다.

젊은 여자들의 시신들이 계곡이나 강에 떠다니는 모습을 자주 본다. 죽은 자와 죽어가는 자들이 도처에 가득했다.[알렌]

◉조선 사람과 호랑이

조선에는 병자호란 보다 더 무서운 호란이 있었는데, 상시호란(虎亂)이다. '정호기'에 의하면 조선총독부는 '1915년부터 2년간 맹수의 공격으로 351명의 사상자를 냈다.'며 맹수 소탕작전을 벌였는데, 1924년까지 호랑이 89마리, 표범521마리, 곰429마리, 늑대 228마리 등 1,267마리의 맹수를 사냥했다.

일제시대 호랑이 사냥의 1인자는 누계 100마리를 쏜 강용근이다.

*한 여인이 호랑이에게 물려갔다. 물을 길러 간다고 잠깐 나갔다가 변을 당한 것인데....핏자국과 사람 다리만 남아 있었다고 한다 [비숍]

***여행단 마부의 누이가 호랑이에게 잡아먹혔다**[러시아 장교의 내가 본 조선인]
*버려진 마을이 있었는데, 호랑이들이 계속 주민들을 잡아먹기 때문이다[비숍]
*중국의 속담에 의하면, '조선은 일년의 반은 사람이 호랑이를 사냥하고 나머지 반은 호랑이가 사람을 사냥한다'고 말한다.[비숍]
*조선인 고관이 물었다. 스웨덴도 호랑이로 인한 피해가 큰가요?[아손 그렙스트]

북악산에서 호랑이 3마리를, 수마동에서 2마리를 잡았다고...[고종5년 9월20]
*여름부터 가을까지 호랑이에 죽은 자가 140인이다 [영조10(1734)-9-30]
*영동 지방에 호랑이에 물려 죽은 자가 40여 인이다 [실록,영조11(1735)-5-29]
*호랑이가 경복궁 후원에 들어오다.[실록,영조28(1752)-1-2]
*호랑이가 경복궁에 들어오다.[실록,영조27(1751)-6-9]
*강원도에서...호랑이에 물린 수효가 3백여 인이니[숙종27(1701)-12-23]
*호랑이 떼가 성을 넘어 들어와 사람과 가축을 해쳤다 [인조16(1638)-2-5]

☞호랑이 침략군을 다행히 물리쳐서 성이 함락 당하지는 않았다. ^^
조선은 인권과 호권(虎權)이 대등한 2권분립 국가였는데, 일제가 호랑이들의 터전을 강점했고, 사람을 사냥하던 호권을 말살하여, 호랑이들의 토지와 식량을 수탈했으며, 호랑이 민족 말살의 만행을 저질렀다.
게다가 강제 징용으로 호랑이들을 동물원으로 보냈고, 암호랑이들을 그 성노예로 만들었다. 호랑이들은 만주 벌판을 떠돌며 독립투쟁을 했으나 결국 실패했고 농눌원 신세가 되고 말았다.(동물원 호랑이 : 아, 옛날이여.^^)

◉외국인이 바라본 조선의 모습들

*대부분 헝클어진 머리에 위통을 벗었고, 바지는 처음 색깔이 무언지 짐작조차 못할 정도로 더럽고 남루했다. 게다가 맨발이 대부분이다.[알렌]
*내 나라의 가장 가난한 사람들도 이런 집에서 살지 않는다. 수도인데도

1900년대의 코리안 레스토랑

2층 건물이 없다는 것은 기이하다…러시아의 시골이 더 낫다.[이브라힘]
*가난한 사람의 집은 흙으로 지은 단칸 오막살이에 불과하다. 그들은 방 두 개를 가질 길이 없고, 혹 있더라도 겨울에 두 방에 다 불을 땔 순 없다. 그러니 부모형제자매 모두가 끌어 안고 추위를 견디며 잔다.[샤를르 달레]

*조선의 여행은 아프리카의 내지 여행을 연상 시킨다[혼마 규스케]
*모두가 흰옷을 입고 있으면서도, 다른 곳보다 더 더럽고 똥 천지인 도시가 또 있을까? 종교도, 사원도, 가로등도, 상수도도, 마차도, 보도도 없는 국가가 또 있을까?…서울은 산업도, 굴뚝도, 유리창도, 2층건물도, 계단도 없는 도시, 극장과 찻집, 공원과 정원, 여관도 없는 지상 유일한 도시일 것이다. 가구나 침대도 없고, 대소변을 거리로 내다 버린다. **나무도 정원도 없다…25만 명이나 거주하는 대도시 중 5만여 채의 집이 초가지붕의 흙집인 곳이 또 있을까?**[헤세 바르텍]
*여행자에게 한반도는 일본처럼 매력적이지 않다. 아름다운 삼나무 숲의 사원도, 머물고 싶게 유혹하는 숲도, 지갑을 열게 만드는 예술품 공방도 없다…해안을 따라 항해할 때도 일본의 내륙해와 같

은 세련되고 아름다운 광경은 보이지 않는다...한국에는 (관광)자원이 전혀 없다고 보아도 무방하며 사람들은 게으르고 열정이 없어보인 다.[윌리엄 길모어]

*조선 사람은 실내에 유기로 만든 요강을 두고 주객과 마주 앉은 자 리에서도 이것을 치우는 일이 없다. 변이 나올 것 같으면 바로 여기 에 앉아서 누고 곁에 둔다. 또 부녀가 요강을 머리 위에 올린 채 밭 에 가는 것을 보는 것은 그리 이상한 일이 아니다.[조선잡기,혼마큐스케]

⊙ 외국인끼리 주고 받은 편지를 통해 보는 조선의 모습

뿌르띠에 씨는 조선의 모습을 재미있게 간추려서 이렇게 썼다.
"저와 함께 이 나라를 돌아 다녀보지 않으시렵니까? 아마 그럴 용 기가 없으실겁니다. 우선 당신은 비와 눈과 진흙과 온갖 오물이 스 며들 수 있는 짚신 밖에는 신지 못합니다. 또 조선에는 길을 닦으려 고 생각하는 사람이 아무도 없으므로 이 돌에서 저 돌로 건너 뛰느 라고 이내 피로하게 되고 가파로운 길을 오르내리느라 이내 지쳐버릴 것이며, 잘 주의하지 않으면 짚신 끝으로 불거져 나와 아무런 보호 없이 전진하는 발가락이 돌이나 덤불 등에 부딪혀서 비명을 지르고, 당신 계획을 포기할 수 밖에 없을 것입니다. 차라리 멀리서 보면 커 다란 검은 얼룩 같이 보이는 조선의 저 집들이나 살펴 봅시다.
당신은 어떤 꽤 초라한 오막살이를 보신 일이 있을 겁니다.
그렇다면 당신이 알고 있는 가장 초라한 집의 아름다움과 견고함을 한층 더 떨어뜨려 보세요.
그러면 조선의 주택에 관하여 거의 정확한 관념을 얻을 것입니다.
기와집은 1/200도 안되니 보통 조선 사람은 초가집에 살고 있습니다.

안양의 천주교인 집단 거주지역

집을 짓는데 벽을 돌로 쌓아 올리는 기술을 모릅니다. 나무 몇 토막과 약간의 돌과 흙과 짚이 건축재료가 됩니다. 2층 집을 찾지는 마세요. 조선은 그런 거 알지도 못합니다. 일단 안으로 들어가면 천장 부분에 머리를 부딪히지 않도록 조심하시고, 바닥에 쪼그려 앉으시고 걸상은 찾지도 마세요. 책상을 원해도 소용 없습니다. 조선 사람들은 제사와 식사용으로 밖에는 상이 없습니다.

추운 계절이라 문을 닫으라고 말하고 싶겠지만 창호지에 숭숭 뚫린 구멍들 때문에 문 닫는 게 별 소용 없으실 겁니다. 게다가 조선 목수의 솜씨는 숨 막힐 위험이 없도록 언제나 틈을 넉넉히 만들어 놓았을 겁니다. 그러므로 불이라는 수단을 쓰는 것입니다.

그러나 벽난로가 없으니 어떻게 불을 피울까요? 준비가 되어 있지요. 집 밖의 부엌 아궁이의 열이 방바닥으로 전해질 것입니다. 조선 사람들은 우리보다 훨씬 전에 난방 장치의 사용법을 안 셈입니다. 바닥 틈새로 연기가 무럭무럭 새어 나오기는 하지만 너무 까다롭게 굴어선 안됩니다. 좋은 물건 치고 결점 없는 게 있겠습니까? 당신은 가구를 둘러 보시겠지요. 우선 침대인데 휘장을 갖춘 매트리스 침대를 상상하진 마세요. 조선 전체가 바닥에 누워서 잡니다. **대다수는 밤낮으로 입고 있는 누더기 밖에는 다른 이불도 없이 그 위에 드러눕습니다. 돈 있는 사람들은 이불을 가지는 사치스러운 짓을 하고, 더 넉넉한 계급에서는 얇은 요를 곁들입니다.**
부자나 빈자나 모두 나무토막 베개를 베고 잡니다.
가난한 사람들은 가구가 전혀 없고, 서민들은 횃대가 있어 거기에 갈아 입을 옷을 걸어 놉니다. 형편이 넉넉한 사람들은 바구니 몇 개를 가로 장에 올려 놓거나 지붕에 매달아 놉니다.
부잣집에는 투박한 상자들이 있고, 학자들은 먹과 붓과 두루마리를 넣은 조그만 상자 옆에 앉아 있습니다.
이제 복장은 어떻게 하시겠습니까? **짚신이 이 나라에서 보통 사용하는 신인데, 그건 바닥의 조약돌로부터 발을 조금 보호해 주는 게 전부입니다. 그러니 추운 겨울에 그 신을 신고 눈이나 얼음장 같은 진흙 속에 푹푹 빠지는 길을 걷는다는 것은 거의 고행입니다.**
그 짚신을 신고 100리를 가기도 하지만 보통 훨씬 덜 가게 되니 줄곧 갈아 신어야 합니다. 좀 더 비싸고 나은 왕골 신도 있으나 조금만 물에 닿아도 망가지고, 불편한 가죽 신도 있으나 주민의 99%는 그런 사치를 할 수 없으며 집안에서나 신을 뿐 그 신을 신고 길을 나설 사람은 없을 것입니다.
당신은 버선을 신게 될 것입니다.
그러나 그걸 탄성 있는 양말이라고 생각하지 마십시오. 그것은 천 두 조각을 꿰맨 겁니다.
옷은 모두 투박한 무명인데 조선 포목이 그리 투박한 것은 공장이 적어서라기 보다는 모두가 공장이기 때문입니다.

집집마다 여자들은 실을 잣고, 베를 짜고, 옷을 만듭니다.

따라서 아무도 이 일에 전문적으로 종사하지 않으므로 전문가는 없게 됩니다. 모든 게 이와 같습니다.

조선 말의 서울 남대문시장

조선은 노아홍수 직후에 비해 진보된 게 없습니다."

페롱 씨도 1858년에 이런 편지를 썼다. "저는 이 마을 최고 부자의 좋은 집에 살고 있습니다. 그런데 웃지 마세요. 15수짜리 집도 있어요. 그나마 넓다는 제 방은 종이 한 장이 문이고 종이 한 장이 창이며, 다른 종이 두 장이 두 짝으로 된 큰 문인데, 그것은 옆방으로 통합니다. 비가 오면 바가지 두 개로도 빗물을 다 받아내지 못합니다. 침대도 의자도 책상도 없습니다.

저는 무릎 위에서 편지를 쓰고 있습니다. 그것이 책상보다 더 편리하다고 생각할 만큼 저는 충분히 조선 사람이 되지 못했습니다."

⊙미신의 나라

*부모에게 구타와 학대 당하던 척추장애아의 모습은 지워지지 않는다. 불구 여아를 가혹하게 학대하는 것은 하늘의 저주라고 믿기 때문이다.[와그너]

*서울에는 승려가 없다. 승려는 서울 안으로 절대 들어올 수 없기

때문이다. 대신 무당은 어디서나 쉽게 볼 수 있다. [아손 그렙스트]

*평양에는 우물이 없다. 우물을 파면 가라앉는다는 미신 때문이다. 개성의 성문도 모두 떼어버렸다. 왕기가 남아 있기 때문이라고 한다. [언더우드 부인]

*어떤 지방이 가뭄으로 고생을 하면 정부는 수령들에게 명령을 내리고 정한 날에 제를 지내게 하는데, 비가 올 때까지 이를 계속한다. [샤를르 달레]

◉외국인의 눈에 비친 조선의 이모저모

*조선은 수레가 없고, 가마·조랑말·소·나귀 등을 이용한다. 낮은 계층 사람들은 말을 탈 권리가 없어서 걸어 다녀야만 했다. [내가 본 조선인]

*지붕은 신분 구별 표시이니 평민은 지붕에 기와를 얹지 못한다. [하멜]

*이 나라에서 물건 만드는 사람은 사회적으로 낮은 대접을 받고 있다. 그리고 백정은 아마도 이 나라에서 가장 낮은 신분일 것이다. [제이콥 로버트 무스] ☞조선에서 가장 천한 신분은 8천(賤)인데, 노비·승려·무당·광대·상여꾼·기생·공장·백정이며, 천민들은 어린 아이에게조차 머리 숙여 소인이라 해야 했고, 옷차림도 천해야만 했다.

*이들은 엄동설한의 밤이라도 담을 바람막이로 삼거나 다리 밑에서 쓰레기와 함께 잔다. 해진 가마니를 이불 삼아 짚더미 속에 파묻혀 잠을 청하며...궁색한 모닥불을 쬐며 딱딱 부딪히는 이빨과 사시나무처럼 떨리는 사지로 긴 밤을 앉은 채로 꼬박 새우는 것이다. [아손 그렙스트]

☞이러다가 많이 얼어 죽었다.

이들도 교육을 받으면, 다들 사회의 일익을 담당할 사람들이었다. 반대로 당신이나 필자도 무지몽매 상태라면 다를 바 없었을 것이다.

조선인들(필자가 어렸을 때 듣기에 증조부 때(조선)에는 일거리가 없어서 밥만 먹여줘도 일 했었다고 한다. 조선의 노비가 일제시대에 머슴으로 바뀌었는데, 머슴도 처음에는 거의 무상으로 일 했었다고 하고, 그 후 일제시대 공장과 회사들이 생기고 일손이 부족해지면서 보수를 받고 일했다고 한다.)

조선왕조는 그런 사람들을 500년간 교육을 시켜주지 않아서 인력자원을 전혀 활용 못하고 끝 없는 추락의 500년을 이어간 것이다.

20세기 초까지도 '백정 각시타기'라는 놀음이 있었다.

이는 백정의 아내나 딸을 소처럼 바닥에 엎드리게 하고 그 위에 올라타고 끌고 다니며 모욕을 주는 악습이다. 일제시대 초 한 백정의 아내가 그런 능욕을 당한 후 자살하는 일도 있었는데, 이런 이야기는 소설 '토지'에도 나온다.

*"그 가시나를 엎어 놓고 장정들이 번갈아 올라타고 이랴 이랴 하면서 엉덩이를 철벅철벅 때리는 기라요. 뿐이것소? 목에다 새끼줄로 걸고 네 발로 기게 하고....좀 안된 생각도 들고....",
"안되기는 뭐가 안됐단 말이오? 백정은 사람이 아닌께..."

☞조선 500년은 99%의 인민이 1% 정복자의 노예로 굶어죽던 세월이며, 그 속에서 인민들은 '노예제' 사회의 지배층을 몰아내기 위해 동병상련으로 뭉쳤어야 했다.

하지만, 그들은 오히려 자기보다 약자를 괴롭히고 천대했다.

*조선은 총기가 3천정에 불과했고 군함도 상선도 없다. 해군장교와 200명의 수군이 나룻배 수준의 돛단배에서 근무할 뿐이다.[내가본조선인]

*병정은 무뢰한들을 모아 봉급을 주고 흑색의 목면 옷을 입게 한 것이다. 만약 전쟁이 나면 철포를 버리고 평상복을 입어 적병에게 당할 걱정이 없게 하면 된다는 것이 저 병사들이 항상 자랑하는 바이다. 따라서 저들이 술과 도박에 빠져 철포를 저당 잡히는 것은 조금도 이상할 것이 없다. 정부는 봉급을 못줄 때, 저들로 하여금 부잣집을 약탈하게 한다. 경성 안에 도적이 많은 것은 정부가 봉급을 주지 않는 것이 한 원인이다.[혼마 규스케]

☞조선군은 지휘관 외에는 갑옷이 없었는데, 도망칠 때는 그게 장점이었다.^^

*한 외국인이 "조선의 관리가 인민의 재화를 빼앗는 것을 보면 조선의 관리는 공도(公盜)"라고 했다. 관리가 인민을 괴롭히는 것이 사도(私盜)보다 심하다. 왜 이들을 제거하려 하지 않는가? 그렇다. 관리는 도적이 아닌 자가 없고, 가령 한 몸을 희생하여 관리 한명을 죽여도 그 뒤를 계승하는 관리 역시 도적이 되는 것이다. 이를 어찌할 것인가. 아 참담한 지옥에 사는 조선인들이 불쌍하다.[조선잡기, 혼마 규스케]

*조선은 상고부터 금일까지 타국에 속박되지 않은 적이 거의 없다. 조선이 쇠퇴한 원인을 학정의 결과라고 보통 말하지만, 이러한 원인도 있다. 아아 조선 사람이 지난 역사의 자취에 눈물을 뿌리고 스스로 신 독립국으로 크게 도모하려는 자가 과연 기백년 뒤에 일어날 수 있을까? 조선인은 역사적으로 독립 정신을 문질러 지워버리고 있다.[혼마규스케]

조선의 석전(돌싸움, 서양인이 그린 조선의 풍습)

*석전(돌싸움)은 두 마을이나 두 집단의 장정들이 서로 돌들을 준비한 후 가까이 접근 하면서 상대 진영 사람들에게 던져서 맞히는 게임이다. **돌을 정통으로 맞고 즉사 하기도 하지만, 그런 사소한 정도의 사고는 대수롭지 않게 경기는 끝까지 진행된다. 이 경기는 아마 구 시대의 야만적인 악습으로 기억 될 것이다.**[아손 그렙스트] ☞조선은 스포츠라는 단어조차 없었지만 스포츠 한번 하려면 목숨이 왔다갔다 했다. 일제가 이런 미풍양속(?)을 없애버렸는데, 우리는 이런 악습 자체를 없었던 것으로 만들거나, 짱돌로 독립운동 할까봐 폐지시킨 거라고 고쳐 놓는다.

*양반들은 결코 물건을 사지 않는다. 이들에게 물건 사는 일은 '체면 구기는 일'이다. 때문에 이들은 물건 사는 즐거움을 모른다.[제이콥 로버트 무스]
*경부선의 개통식이 있었다. 기관차는 온통 일장기로 치장되어 있었고, 구경하러 나온 코레아인들로 흰색 일색이었다.
이 중 한사람이 용기를 내어 기관차의 큰 바퀴에 손가락을 대자 주위 사람들은 감탄사를 연발하며 그 용기 있는 사나이를 추켜세웠다. 그러나 기관사가 장난삼아 환기통으로 연기를 뿜어내자 도망가는

1905년의 경부선 개통식

라 한바탕 대소동이 일어났다.[아손 그렙스트]

*그래도 조선에는 발달한 것이 하나 있는데 바로 침술이다. 가느다란 침으로 4~5센티 찔러도 피 몇방울 뿐인데, 선교사들은 그런 치료의 뚜렷한 치료 효과를 본 일이 많다고 단언한다.

또 조선이 중국보다 발달한 산업도 하나 있는데 바로 제지 공업이다. 닥나무 껍질로 중국보다 훨씬 우수한 종이를 만드는데, 여간해선 찢어지지 않는다.[샤를르 달레]

*러시아군이 후퇴하며 불지른 농가에 사람들이 집을 다시 지으려고 잔해를 치우고 있었다. 나는 중국에 들어와 있었다. **중국인의 집은 돌과 벽돌로 만든 것들이어서, 진흙으로 만든 조선인의 집에 비해 단단하고 견고하다. 이 곳은 모든 사람이 일하고 있었고, 길을 고치는 사람도 있었다.** 내가 중국에 있다는 것이 새삼 실감되었다.[잭런던의 '조선사람 엿보기']

⊙남녀유별 뒤에 숨은 또다른 진실

*조선은 가옥의 구조에도 내실과 외실을 구분하여 남자는 항상 외실에 있고, **여자는 내실의 문을 나가는 일이 없다.** 또 아무리 친한 친구 사이라도 서로 그 부인을 소개하는 일이 없다.

그런데, 도덕 부패가 심하여, 이런 엄중한 구획은 겉치레일 뿐이고, 그 내부에서는 화간과 강간의 악풍이 유행한다.

예컨대 간부(姦夫)가 여장을 하고 가마에 타고 부녀의 내실로 들어가, 문 밖에는 여자 신발을 벗어 두고 안에서 서로 즐기는 것이다. 남녀유별의 습속을 이용하여 이런 일들이 교묘하고 광범위하게 행해진다. 구구한 외형의 제제가 어찌 그들의 동물적인 열정을 누를 수 있겠는가 [조선잡기,혼마 규스케]

☞조선은 성폭행 피해 여성도 처벌했고, 신체가 타 남성과 닿거나 보여진 것 만으로도 풍속적 징벌을 당하는 나라여서 이런 사태를 더 부추겼다.

*조선의 창기는 모두 남의 처첩이다.
남편은 손님을 모으고, 화대를 청구한다. 그래서 창기가 남편의 생활비를 댄다. 이것은 조선 사회의 일반 상태다. 몸을 팔아 남편을 봉양하는 것, 이것이 남편을 위하는 것인가? [조선잡기]

*조선 팔도에 남색(男色)이 유행하지 않는 곳이 없다. 좋은 집안 자제라 해도 공공연히 볼기살을 팔고도 부끄러운 기색이 없다. [혼마 규스케]

⦿안빈락도(安貧樂道)의 진실

*그물을 던져둘까 낚시대를 놓으리까 / 삐그덕 삐그덕 어기여차 / 탁영가에 흥이 나니 고기도 잊겠도다. [윤선도의 어부사시사 중]

☞한국의 교육은 우리 조상들이 마치 관동별곡, 상춘곡, 어부사시사에 나오는 것처럼 유유자적 하는 삶을 살았던 것처럼 만들지만, 이것은 수백 명의 노예를 거느린 양반 사대부의 모습일 뿐이고, 그들의 '안빈락도' 뒤에는 노예로 피 빨려 죽어가는 수많은 민중들이 있었다.

조선시대 말의 양반과 상놈 우리 국민들은 모두가 자신을 양반의 후손이라 믿는다. 때문에 자신들의 조상이 위 우측 사람들의 모습일거라 착각하지만, 우리 조상들의 대다수는 우측이 아닌 좌측의 모습이었다.

*고기를 잡고 해물을 채취하는 가구는 더욱 가련합니다. 한겨울에 남녀가 발가벗고 바다 밑으로 들어갑니다. 피부가 터지고 주름져서 귀신처럼 추해 보입니다. 그런데도 겨우 몇 개의 전복이나 몇줌의 미역을 캐지만 그것으론 입에 풀칠조차 하기 힘듭니다.[실록, 순조25(1825)-11-19]

*양반은 하루 종일 아무 것도 하지 않는다. 하지만 재산가의 대부분은 관리들이다. 이것은 관리가 되어 난폭하게 거두어들이기 때문이다. 관리가 되면 3대가 놀고 먹을 수 있다고 하고 가장 큰 부를 얻는 길이 지방관이 되는 것이다. 그러니 어찌 응보가 없기를 바라겠는가?[혼마큐스케]

⦿일본의 지식인 여행가가 본 조선

*조선의 관습은 부채를 갚지 못하면 부자 형제가 대신 갚게 하거나 9족 중의 사람으로 대신 변상 시킨다. 그러니 친척 사이에 한명이라도 도박을 즐기는 자가 있으면 일족들이 큰 피해를 입는다[혼마큐스케]

*무슨 사업이든 사람들이 공동으로 그 사업을 성사 시키는 따위의 일은

조선 사람에게 바랄 수 없다. **제방이 없고, 도로가 수리되지 않고 위생적이지 못한 것도 공동정신이 부족한 결과다. 널리 해외에 판로를 열려는 희망도 없다. 국가가 빈약한 것도 공동 정신이 없기 때문이다**[혼마 규스케]

*조선에서는 인부의 품삯이 매우 저렴하기 때문에 그들을 사역해서 공사를 맡게 하면 양국 모두가 이익을 볼 수 있을 것이다.[혼마규스케]

*조선이 우리와 통상하기 전에는 설탕이 없었다. 그들에게 설탕을 조금 주면 아까워서 보관 했다가 복통약으로 사용하기도 한다[혼마규스케]

***조선의 산은 대개 벌거숭이이므로 땔나무도 거의 없다.**[조선잡기,혼마규스케]

*우리나라 목수가 반나절에 할 일을 조선의 목수는 3~4일이 걸리는 게 보통이며, 그 태평함에 화가 치밀어오를 정도다[혼마 규스케]

***우리가 조선인들에게 만국의 정세를 깨닫게 하고 신사업을 일으킬 용기를 생기게 하려고 힘써도 조선을 근본적으로 혁신한 후가 아니면 천번 만번을 도모해도 허사가 될 것이다.** 가령 우리나라 사람이 조선인의 우매함을 불쌍히 여겨 신문을 발간하고 학교를 설립하며 저들을 차차 문화로 인도하려고 하는 것도 **그 모든 것이 공자와 맹자에서 벗어나는데 이렇게 조선의 적폐와 원인을 지적한다면 한국 정부는 반드시 방해할 것이다. 오히려 학교 설립과 신문 발간에 앞서 '일본인이 간교한 책략을 부린다' 등의 허황된 설이 백출할 것이다.** 다른 사람의 순수한 마음에서 나오는 사업을 적대시하고 파괴하려는 것은 쉽게 볼 수 있다.

의심은 마음 속 도깨비를 그려낼 뿐이니 가련하다. 가련하다.[혼마규스케]

*조선에는 우산이 없다. 비가 오면 갓 위에 기름종이 덮개를 붙이고 의복은 그냥 젖는데, 비만 오면 거리에 사람이 없다. 최근에 우리가

도롱이 : 우산이 없었다는 말은 사실과 다르다. 조선식 우산 도롱이가 있었다. 우산 용도로 입기도 했고, 의복으로도 입었다.

우산을 수출하면서 우산을 사용하기 시작했다.[혼마 규스케]

*조선에서는 역병을 죽을 병이라 부르고 거기서 치유된 사람을 '요행'이라고 한다. 야외 곳곳에 가마니로 만든 작은 집에 수척한 사람이 고통스럽게 누워 있다. 약을 주는 일도 없으며 버려서 죽이는 것과 같다. 아아 무정하다.[조선잡기, 혼마 규스케]

*불쌍한 이 혼돈국, 조선은 썩은 달걀과 같아서 부화력이 없다. 어찌 스스로 껍질을 깨고 '꼬끼오' 하고 외치는 새벽을 얻을 것인가[혼마 규스케]

*아아 누가 조선에 가서 조선을 위해서 한 웅큼의 눈물을 뿌릴 자가 있겠는가? 조선인이 우리 거류지 안에서 때가 끼고 찢어진 옷을 입은 채 우리 말로 소리 지르며 물건을 파는 모습이 가슴 아프게 들린다. 작은 이익을 위해 머리를 조아리는 모양은…조선인은 소수의 우리 거류지민에게 이길 수 없어 상권을 우리에게 바친다.

아아, 망국민이 되지 말지어다.[조선잡기,혼마 규스케]

☞일본의 지식인은 당시의 조선인들을 망국민이라고 보고 있지만, **우리의 교육은 국민이 노예로 굶어 죽거나 말거나의 문제는 관심 없고, 봉건 왕조가 망한 것만을 국치이자 망국이라고 가르친다.**
봉건 지배층의 운명을 국민의 운명과 동일시하는 봉건 지배층 중심주의 교육인데, 국민 중심주의로 사고하는 일본의 지식인과 봉건지배층 중심주의의 한국사 교육 중, 과연 어느 쪽이 더 옳은 사고일까?

⊙남은 음식을 탐내는 조선 사람

*내가 저녁밥을 들었을 때, 한 남자가 왔다. 그를 보자 여관 주인이 말했다. "썩 돌아가라" 이에 그자가 말했다. "일본인의 음식을 보려고 왔다. 잠시 여기에 있는 것을 나무랄 거 없지 않느냐" 이에 주인이 말했다. "네가 식사 때를 재서 온 것은 남긴 음식을 먹으려는 것이 아니냐. 귀한 손님이 남긴 것을 너에게 줄리가 있느냐." 그자가 말했다. "아니다. 의심한다면 그냥 가겠다…그러나 나중에 알게 되었다. 그는 실제로 남은 음식을 얻으려고 온 거였고, 주인은 정말로 그것을 주는 것이 아까웠다는 사실을.[조선잡기, 혼마 규스케]

⊙이씨 왕조가 500여 년이나 장기 집권한 이유

굶주린 문맹의 거지들에게는 세상을 바꿀 역량이 없다. 또 좋은 옷과 좋은 음식은 빼앗길 수도 있지만, 누더기 옷과 쉰 음식은 줘도 안가져간다. 그런 나라를 괜히 정복했다가 굶주린 백성들을 덤터기 쓸 수도 있고... 이씨 왕조가 500년 권력을 지킨 수단은, 무식하고 무지몽매한 국민을 만들고, 아무도 빼앗고 싶지 않은 엉망진창의 나라를 만드는 방식이다.

*조선의 관리 계층은 상인들이 장사를 해서 돈을 벌면 이들이 손쉽게 계급 상승을 할지 모른다는 두려움을 가졌다. 관리 계층의 이러한 질시가 상업의 발전을 가로막았다. [윌리엄 그리피스, '밖과 안에서 본 코리아']

*채광을 금지하는 이유가 무엇인가? 자기네 나라를 최대한 작고 가난한 나라로 보여 이웃 강대국의 야심을 꺾으려는 옛날부터의 정책 때문이라 보는 사람들도 있고, 노동자들이 많이 모여들면 틀림없이 일어날 반란과 소요를 두려워하기 때문이라고 믿는 사람들도 있다. 1811년에 음모(홍경래의 난-필자)가 이런 모임에서 일어났다고 한다.[샤를르 달레]

1904년 조선 시장의 모습

☞성리학의 본산인 송나라도 상공업을 억제하지 않았는데 조선이 상공업을 억제한 데는 이유가 있다. **만약 상공업이 융성하면 피지배층 중에 자산가와 지식층이 나오고 그들의 힘은 정치적 힘으로 전환될 수 있는데, 그리 되면 지배층의 권세가 흔들리게 된다.**

그러니 사농공상의 신분제를 마치 자연의 이치인 양 내세워서, 심지어 이윤 추구는 악이라고 가르쳤고, 상공인의 과거 응시를 불허해서 상공업에 기반을 둔 정치엘리트의 등장을 저지했으며, 피지배층이 가난해지도록 만들었다. **조선 지배층이 두려워한 것은 자본의 권력화였다.**

일정한 정신적 안정에 이르는 상태를 유학에서는 항심(恒心)이라고 하는데, 맹자는 "항심을 위해서 필요한 것이 거학 즉 교육"이라고 했다.
그러나 **유교 사회였던 조선 지배층이 맹자의 가르침까지 저버린 것은 노예제·신분제를 이어갈 목적이며, 유교의 왕도정치는 구실일 뿐이고, 본질은 사악한 권력유지 술책이었다.**

조선 지배층은 지배층에 대한 충성을 유도하는 유교사상 외의 모든 사상과 모든 서점을 말살해서 문맹의 국민을 만들었고, 모든 도로를 없애

15세기 초 서양화가 Weyden(1400-1464)의 작품 속 서양 거리
위 작품은 우리의 세종대왕 시대 서양의 회화에 나타난 거리 풍경이다.
서양은 여기서 지속적인 발전을 해 왔고, 조선은 500년간 끝없는 추락만
이어 왔다. 어떤 학자는 서양은 산업혁명 이후에나 발전한줄 알고, 그 전
에는 동양보다 미개했던 것으로 가르치기도 하지만, 전혀 사실이 아니다.
서양이 월등히 앞서고 동양이 뒤따르는 게 보편적 공식이었으며,
동양이 서양보다 앞서거나 비슷했던 시대는 인류 역사에 존재하지 않는다.
문명전파 물결과 정보화 시대가 그 격차를 크게 좁히고 있을 뿐이다.

거나 만들지 않아서, 상공업의 기반을 없애버렸다.

지식과 산업이 자라날 토양을 없애버린 것이다.

상공업을 말살시키니 농업마저 몰락했고, 과거 일본과 비슷했던 나라가 일본이 수십 배 발전할 동안 끝 없이 퇴보하며 500년간 그토록 끔찍한 굶어 죽음을 당해 온 것이다.

또 일본과 중국에는 고대 서적들이 많지만 우리에게는 고려 이전의 고대 서적이 전혀 없는데, 이 또한 조선 지배층의 소행이라고 여겨진다.

기억과 사고력을 삭제당한, 일자무식의 바보 국민을 만들었기 때문에, 노예였던 인민들은 세상이 다 그런 줄 알면서 조용히 죽어갔던 것이다.

15세기의 서양 화가가 그린 회화 작품의 배경 속 서양 도시의 모습 이 작품은 Gentile Bellini (1429-1507)의 작품 중 일부의 부분발췌 자료.

◉세계 최초의 공산주의 국가 조선은 북한의 더블 다운그레이드 버전

*조선 정치의 가장 큰 문제점은 1인 통치다. 조선의 법률 체계는 왕은 백성의 아버지이며 지배자라는 관념 위에 세워져있다. 때문에 모든 관리는 왕의 마음에 들려고만 노력한다. **한 사람의 권력자가 전체를 지배하면 어떤 해악이 만연하는가는 이곳에서 쉽게 알 수 있다.** [제이콥 로버트 무스]

☞ 당과 수령이 법보다 위인 북한 체제와 똑 같다. 해악도 같다.

*토지소유권은 인정되지 않고 근본적으로 왕의 소유이며 경작지를 팔더라도 토지 이용권만을 파는 것이다. [내가 본 조선인]

☞ 거의 공산주의다.

*러시아 한인촌을 방문하고는 큰 충격을 받았다. 조선 민중은 관리들

에게 착취 당하지 않으려고 꾀를 내다 못해 부자가 되기를 포기했고, 그래서 게을러진 것 뿐이었다.

아무리 뼈빠지게 일해도 어차피 내 것이 될 수 없다는 체념은 조선인들을 더욱 가난으로 몰아넣

17세기에 서양으로 팔려 나간 일본의 도자기들

었다.[비숍, 조선과 그 이웃나라들 1897] ☞**가난과 몰락의 이유는, 사유재산권 보장이 없는 공산주의 국가였기 때문이다.**

⊙그래도 희망이 있는 나라, 내면에 훌륭한 본성이 있는 민족

*만약 조선이 중국이 아닌 다른 나라를 이웃으로 두었더라면 지금보다 훨씬 나았을 것이다. 수천년 동안 중국과만 밀접했기 때문에...

조선은 한 때 이웃 나라보다 앞서 있었는데, 12세기에 벌써 인쇄술을 알고 있었다. 그런데, 일본인들은 새로 습득한 기반 위에서 무언가를 더 만들어 많은 영역에서 유명해진 반면, 조선인들은 수백년간 제자리에 있다. 외부와 철저하게 차단되고, 관리들의 억압과 착취, 무능한 정부 탓에 있던 산업마저 사라져버렸다.[헤세 바르텍] ☞**북한과 비슷하다. 조선과 북한의 공통점은 기업이 성장할 토양을 말살해버린 것이다.**

*한국인들이 과세만을 위한 지배가 아니라 산업 발전의 지배 아래 있었다면 사정은 크게 달라졌을 것이다. 1,200~1,400만의 인구를 가진 한국에 가망이 없다는 사람은, 수백 명의 무기력했던 한국인들이 동시베리아에서 나날이 번창하는 모습을 보았어야 했을 것이다.[이사벨라 버드 비숍]

*하지만 조선인들에게는 **훌륭한 본성이 있어서, 현명한 정부가 주도한다면, 짧은 시간에 깜짝 놀랄 만한 것을 이루어낼 것이라 생각된다**. 잽싸고 기민한 일본인처럼 빠르지 않더라도, 종주국이었던 중국보다는 훨씬 빠를 것이다. 개방과 단호한 추진력이 필요할 뿐이다.[헤세 바르텍]

조선의 청소년들

*지적 호기심이 많았던 조선인들은 중국인보다 일본인을 닮아 지혜롭고 활발하고 지식욕이 풍부했다.[내가본 조선인]

*조선인들은 자신들의 소유권에 대한 확신이 없기 때문에 좋은 집을 짓거나 좋은 옷을 입는 것을 두려워한다.

수탈당하는 것이 확실한 계층이 최악의 타성과 무기력의 늪으로 가라앉아야 하는 것은 슬픈 일이다...

착취하는 아전과 관리들의 악덕 행위를 금지시키고 세금을 공평하게 부과시키고 법이 불법의 도구가 아니라 보호를 위한 것이 된다면, 조선의 농부들이 일본의 농부만큼 행복하지 못할 이유가 없다고 나는 생각한다. 다만 거기에는 '자신이 번 것을 안전하게 지킬 수만 있다면' 이라는 단서가 붙는다.

그러면 지치고 무감각한 조선 민족을 바꿀 수 있을 것이다.[비숍]

07. 역사의 전환기를 바라보는 외국인들의 눈

⊙영국인 기자 매킨지와 기업가 어니스트 해치

*짧은 기간에 조선을 돌아본 관광객들은 흔히 눈에 띄는 오리의 학정과 사회적 모순만을 보게 되어 반감과 공포를 가지게 된다. 죄수를 능지처참하여 개가 그 고기를 먹도록 거리에 내버려 두는 모습이나 수없이 고문을 당하는 죄수의 모습을 보면 그럴 것이다. 그러나 그들을 좀 더 알게 되면 그들이야말로 친절하고 악의를 모르며 천진스러우리만큼 단순하고 진리를 깨닫고 싶어하고, 정을 느끼는 성품을 가지고 있음을 깨닫게 된다. 조선인들은 기회만 주어지면 무엇이든지 할 수 있는 사람들이다. [대한제국의 비극, 영국인 기자 매켄지]

*"피압박 민족(한국)보다 더 열등한 민족이 4천년 역사를 가진 민족을 동화시키는 것은 불가능하다. 일본은 자신의 능력을 과대 평가하는 반면 한국인은 자신을 과소평가한다." [3.1운동의 제암리 학살을 고발한 영국인 기자 매켄지]

☞당시의 서양인 중 거의 유일한 반일친한 성향의 인물이 맥켄지인데, 한국인이 좋아하는 당시의 거의 유일한 서양인인 그는 이런 말도 했다.

*조선의 제도는 500-600년 전의 중국과 유사하다. 고문을 거리낌 없이 자행하고, 십여 명씩 교수형에 처함으로써 감옥을 정기적으로 청소하며, 재판은 돈으로 거래 된다.

수령들은 아무런 저지도 받지 않고 뜻대로 착취할 수 있으며, 아무리 넉넉한 사람이라도 하루 아침에 수령 방백의 제물이 되고만다. 만약 농사가 잘 된 농부에게 원하는 돈을 거절 당한다면 그는 즉시 투옥되어 돈을 줄 때까지 허기진 몸으로 고문 당할 것이다. [매켄지]

*정부의 부패와 비효율은 극복이 불가능한 지점에 도달했고, 인민은 실정에 익숙해져서 그것을 자연법이라고만 여길 뿐, 저항해 싸우려고 하지 않는다…조선의 지배층은 국민의 피를 빨아먹는 **흡혈귀다.** [기업가 어니스트 해치]

⊙스웨덴 기자와 일본인 대위

*피에르 형제와 엠버얼리 씨는 그들의 경험을 토대로 코레아에 대한 많은 예측을 하였는데, **코레아의 미래는 밝은 것이 아니었다.** 정신적으로 정체해 있는 민족을 기다리는 게 암담함 외에 무엇이 있겠는가?
일본인 대위와 대화를 하면서 이 나라 민족에 대해 이야기 하였다.
"망국에 운명에 처한 민족입니다" 그는 대답했다.
"장래성이 없고 중국인보다 더 엉망인 민족입니다. 1천년 전 잠든 그 자리에 아직도 머물러 있습니다. 더 나쁜 건 잠에서 깨어나려 하지 않는 것입니다. 자신의 다리로 일어나기를 원치 않고….

일을 하지 않으면 안된다는 것을 서럽게 생각하며 아무 일도 하지 않고 편히 지내야할 시간에 일을 해야 하는 것을 시간적 손실로 여깁니다. 선비는 노동으로 보일만한 모든 일을 멀리 합니다. 자기 손으로 옷을 입어도 안되고, 담뱃불도 스스로 켜서는 안됩니다.

거들어 주는 사람 없이는 말 안장에 제 힘으로 절대 오르지 않고, 말에서 굴러 떨어졌다면 누가 일으켜 세우기 전까지는 땅바닥에 그대로 누워 있어야 합니다. 선비는 장사에 관여하지 않는데 그 이유는 장사가 노동이고 예의에 어긋나기 때문입니다. 코레아의 유교

조선 말의 서울 중심가(종로)

예절은 의식적으로 속이려 들진 않지만 허무맹랑한 이론으로 결론을 맺는 논법은 사람을 놀라게 합니다.

공직자들은 체면을 차리느라 가마를 탑니다. 그 속에서 다리를 꼬고 앉아 10시간을 거뜬히 견딥니다.

고위층 관리들은 체통을 위해 4명의 가마꾼을 둡니다."[아손 크렙스트]

⊙조선을 바라본 몇 명의 미국인들

*조선인들에게는 기개가 없다. 일본인을 훌륭한 군인으로 만들어주는 그런 맹렬함이 없다. 예전에는 용맹을 떨쳤지만 수세기에 걸친 집권층의 부패로 점차 용맹성을 잃어버린 것이다. 조선인은 의지와 진취성이 부족한 지구상 가장 비능률적인 민족이다. 하지만 딱 한 가지 뛰어난 점이 있는데 그것은 짐을 지는 능력이다. 그들은 짐 끄는 동물처럼 완벽하게 일을 해낸다.[러일전쟁의 미국인 종군기자 잭 런던]

*조선인들은 어찌 이리 멍청한가?....수세기 동안 조선과 조선 정부는 다리를 절며 살았는데도 스스로 고칠 줄 몰라 우수한 마부가 편자를 고쳐 줄때까지 계속 다리를 절며 살았을 것이다.

서양인이 조선에 오면 두가지 충동에 사로잡힐 것이다. 하나는 조선인을 죽이고 싶은 충동, 다른 하나는 자살하고 싶은 충동이다.[종군기자 잭 런던]

*한국 정부는 국민들이 생계를 위해 겨우 벌어들이는 대부분의 것을 직·간접 수탈하며, 되돌려 주는 것은 전혀 없다. 생명 재산에 대한 아무런 보호책도 제공하지 않는다.

교육시설도, 도로도, 항만 개량도 없다. 등대도 없다. 도로의 청소와 위생에 대한 관심도 전혀 없고, 전염병의 예방이나 단속도 없다. 무역과 산업을 장려하는 노력도 없고, 미신을 장려한다. 인권 문제도 유례가 없을 정도의 부정과 잔인성과 세상을 비웃는 만행을 일상고 있다.[시어도어 루스벨트의 친구 조지 케넌이 '아웃룩(Outlook, 1905년 10월 7일)에 기고한 글]

*조선은 부패 타락했고, 인민을 약탈하며, 인민은 우매하다. 문명과 경제력을 가진 일본에 통치시키지 않으면, 러시아의 식민지가 될 것이다. 이토오 총감의 시책은, 조선인에 크게 유익하고, 백성들은 반대하지 않고 있다.[미국인 외교 고문 드함·스티븐스]

*한국인은 일본인·중국인과 같은 수준에서 사물을 파악하는 능력이 없다. 혹여 있더라도 부패와 인종적 결함과 낡은 정치 사회 제도 때문에 외부의 힘에 의존하지 않고는 후진 상태를 벗어나기 어렵다. 한국은 세상에서 가장 부패하고 무능한 정부의 나라이며, 가장 미개한 인종이다. 반면 일본은 엄한 정치의 나라이며 지성과 활력이 넘치는 문명국민이다.

(루즈벨트대통령 1905년 편지) ☞저 당시와 지금의 정신은 얼마나 달라졌을까?

⊙오스만제국 압둘 라쉬드 이브라힘

*나는 "이게 무슨돈이오?" 물었다. "노꾼에게 50전을 주셨다지요, 잔돈을 돌려드리는 것입니다."…**선천적인 착한 품성, 유럽인들이 야수와 같은 미개인이라고 표현했던 동양인의 실상은 무엇인가? 몇 푼 안되는 잔돈 때문에 20분이나 되는 거리를 수소문해 오다니**…"당신들이 우리를 미개한 사람으로 생각 하겠지만 우리도 자존심과 긍지가 있는 백성들이오. 참된 문화의 소유자는 당신들이 아니라 우리들이오." 라고 외치는 눈빛이었다…국왕의 신하 한 명을 만났다. 그는 백성들이 자기들의 통치보다 일본 정부 행정 하에서 더 편하게 살아간다고 말했다. 백성의 1/3이 일본의 통치를 원하고 있다며 일본인이 들어오면서 백성들이 자유의 분위기를 누리는 실정이라고 한다…백성들이 자기 나라에 **충성심이 전혀 없는 것이 놀라웠다**….일본 통치 하에서 수탈이 뒤따르지만 이를 알면서도 일본인을 원한다며 도로와 주요 사회 복지 시설을 만들고 전기와 기차를 들여오고 도시가 정비되었다면서 말이다.

조선은 얼마 안가 사라질 것이다…**조선인들이 해야 하는 가장 적절하고 현실적인 방도는 일본과의 합병일 것이다.**

일본인은 조선인과 어느 정도 정신세계와 문화가 같고, 종교와 종족에서 친밀감이 있기에 합병은 어느 정도 조선인의 생활을 보호해 줄 것이다. 적어도 러시아의 지배 보다는 나을 것이다.

역 관리가 말하기를…한국인들 대부분이 일본 말을 조금씩 압니다…사람들이 마을 한 구석에 모여 즐기고 있었다. 한쪽에는 한국기가 다른 쪽에는 일본 기가 꽂혀 있었다.[오스만제국 압둘 라쉬드 이브라힘]

운송 효율성 8배 차이 4명이서 1명을 운송하는 나라가 1명이서 2명을 운송하는 나라를 따라 잡는 것은 근본적으로 불가능하다.

☞일본은 인력거로 1명이 2명을 태우고 다녔으니 효율성이 일본의 1/8이다. 우측처럼 다리라도 내리게 만들었다면 좀 덜 불편했을텐데...ㅠㅠ

⊙네덜란드의 핸드릭 하멜

*조선인들은 훔치고, 거짓말하고, 사기 치는 습성이 강해서 그들을 지나치게 믿어서는 안 된다. 동시에 너무 단순해서 쉽게 속는다.

조선인들은 유약한 민족이며 강직함이나 용기가 없다. 그들은 남에게 해를 끼치고서 부끄럽게 생각하지 않고 자랑인 양 우쭐댄다.[핸드릭 하멜, 조선왕국기]

⊙영국인의 눈에 비친 갑오개혁

*일본 정부는 조선 상류층의 많은 젊은이들에게 2년간 일본에 파견시켜 제조업에 종사시킬 기회를 갖고 제조업을 연구 시키고자 했고, 1년간 교육을 받게 했으며, 나머지 1년간은 일정한 정부 기관에서 명예에 관한 제1원리와 행정 기능을 학습하게 했다....조선의 소수 관리들, 이른바 개화파를 제외한 대다수의 조선 관리들은 근대적인 신체제에 대해 아주 비호의적인 태도를 보였고, 심한 분노를 느끼기도 했다.[비숍]

*내가 조선을 떠날 때인 1895년 2월까지 갑오 개혁은 놀랄 만한 것이었다. 어떤 날에는 서울 주변의 벌거숭이 민둥산들을 치산하기 위해 소나무를 심도록 명령하는 계몽법을 발표했고, 어느 날에는 야만적이고 잔인한 형벌제를 폐지했다. 어느 날에는 칼로 목을 치거나 잔인하게 죽이는 참형,능지처참의 형벌을 폐지하고 교수형으로, 군인에게는 총살형으로 바꾸도록 했다. 이처럼 구제도가 일본에 의해 좋은 방향으로 과감하게 바뀌고 있었지만, 일본의 개혁조치가 너무 빈발했기 때문에 백성들을 혼란에 빠뜨렸다.

그런데 그것이 조선에 필요한 것이었다 해도 1894년 7월에 일본이 궁궐을 강점하고 국왕과 왕비,대원군을 농락한 것은 조선에게 치욕감을 느끼도록 만든 과실이었다.

과거 갑신정변의 모반자들을 요직에 앉힌 것도 중대한 실수였다.

그리고 장죽 담뱃대의 폐지, 왕실과 민간의 의복개조, 광범위한 사회관습의 폐지, 사소하고 성가신 제제 규정과 법규 등과 같은 사려 깊지 못한 조치들은 백성들을 격분하게 만들었다.

또한 일반 백성들은 비록 진정한 애국심을 갖지 않았다 할지라도 국왕을 절대자로 신성하게 여겼기 때문에 국왕이 일본에게 휘둘림을 당한 모멸감에 격분했다.

*갑오개혁은 다음과 같이 요약 될 수 있다.

일본은 조선 정부를 본격적으로 철저하게 개혁 시키려고 했으며, 아주 많은 개혁안이 공포 되었거나 계획되어 대부분의 악습들이 일소 되었다. 절대주권을 침탈당한 조선의 국왕은 실제상 일본으로부터 봉급을 받고 그들에 의한 개혁입법에 이름을 대신 써 주는 존재에 지나지 않았다.... 그런데 1896년 국왕의 칙령은 중대한 변화가 일어났는데, 국왕은 절대왕정으로의 복귀를 분명히 했다.

회의에서 토론된 의안은 찬성자의 숫자에 관계 없이 왕이 선택권을 가지며, 왕의 견해와 일치하지 않으면 내각에 환부되어 다시 논의되어야 한다고 명시하고 있다.

일본으로부터 자유로와져서 자신이 안전하다는 사실을 발견한 왕은 최악의 전통으로 되돌아갔다. 그의 칙령은 법이 되었고, 권력은 탐욕꾼들과 아관파천에서 공을 세운 박상궁과 엄상궁의 뜻대로 되었다. 아첨꾼들은 친척에게 벼슬을 주면서도 어려움이 없었다.

왕은 러시아에 의해 자유를 얻은 후 어떠한 통치권적 발전도 못했다. 매관매직으로 돌아가고 남자들은 이유 없이 감옥에 들어가고, 자객은 홍문관 교리가 되고, 독직 사건으로 유죄판결 받은 사람은 법부대신이 되었다. **일본인들이 국왕의 절대주의를 견제하려던 제도들은 사라지고 왕이 모든 것을 지배하는 과거의 권력남용 시대로 되돌아가고 있었다.**[비숍]

*조선인들은 미래가 없다. 기질에서 지킬 가치가 있는 요소는 하나도 없다. 그들이 중국인의 인내심을 가지고 있는가? 아니다! 일본인과 같은 무사도 정신과 민족적 명예심으로 충만한가? 아니다! 비록 더럽더라도 중국인들처럼 부지런한가? 아니다! 비록 게으르지만 아메리카 인디언들처럼 용맹한가? 아니다! 비록 교활하다 해도 기민하고 상술에 밝은가? 아니다! 단순하다 해도 솔직하고 마음이 열려 있나? 아니다! **간단히 말해서 야만인보다 나은 점조차 없는 야만인이다.**

유교와 전제주의가 윗돌과 아랫돌이 되어 사람을 짐승보다 낫게하

외국인이 찍은 조선인들의 모습

는 모든 기질을 그 사이에서 갈아버려 가루로 만들어 버렸다.

일본은 이제까지 조선인들이 스스로 개혁을 하도록 내버려 두었다. 그러나 그들이 개혁에 대한 의지도 능력도 없는 것을 보고 일본은 그 고삐를 일본의 수중에 넣기로 결심한 것 같다.

만일 내가 일본인이라면, 나는 다른 아무 것도 할 수 없을 것이다. 돌보거나 죽이거나![윤치호 일기1894년 11월1일]] ☞**한국사 교과서는 갑오개혁을 스스로 한 것처럼 가르치는데 거짓말이다. 갑오개혁은 일본에 의한 강제였고, 그 핵심은 '법적인 노예해방'이다.**

⊙외국인의 눈에 비친 을미의병(=상투의병)

*1896년...일본의 세력이 우세했던 기간에 제정된 개정들은 자연스레 폐기되어 가고 있었고, **풍속에 경도하는 폭동이 일어나고 있었다.** 그 원인은 1895년 말의 단발령 때문이다. 왕을 감금했을 때도 침묵했던 조선 사람들은 그들의 상투를 자르는 데 대해서는 참지 않았다. 백성들이 단발령을 받아들이지 못한 이유는 하층 계급인 중들이나 머리를 깎는다는 인식과 함께, 일본이 조선 사람을 자신들과 같은 모습으로 만들려 충동질한다는 인식이 있었기 때문이다.

조선 사람들에게 상투란 곧 국가이며 생명과도 같은 것이었다. 아무리 나이를 먹어도 상투가 없으면 이름 없는 아이로 취급 받는다. 이런 하대를 피하기 위해 상투를 틀고 망건과 도포를 구하기 위해 돈을 모으는 사람도 있다. 가족을 벌어 먹일 자신이 없더라도 이 의식은 꼭 통과해야 한다.[비숍]

조선 사람들에게는 애국심은 없지만 강한 민족적 본능이 있다.
상투를 없앤다는 칙령이 발표되자 온 나라가 벼락을 맞은 것 같았다.
때문에 곳곳에 폭동이 일어나고 일본인에 대한 공격이 심화 되었으며, 때로는 일본인을 죽이기까지 했다.
머리를 깎은 한 신관 사또가 부임하자 백성들은 그에게 "우리는 조선 사람의 통치를 받았지 중 머리를 한 관리로부터 통치를 받은 적이 없다"고 했고, 사또는 서울로 돌아갔다. 춘천에서는 단발령을 집행하려는 관찰사를 주민들이 들고 일어나 죽였다.
어떤 아버지는 두 아들이 상투를 잘리자 자살했다.
서울에 왔다가 상투를 잘린 농부는 고향으로 돌아가지 못했다.
그 후 **왕이 러시아 공사관으로 파천 했고, 단발령 철회를 알리는 칙령이 반포되자 폭도가 된 민중들은 단발령의 원흉이라고 보이는 총리대신과 농상공부 대신을 죽였고, 사체를 모독하고 토막내는 야만성을 보였다. 그리고 상투는 승리를 거두었다.**
일본의 간섭이 사라지자, 왕은 절대군주로 군림했다.
그는 공금을 사사롭게 유용했고, 과거의 폐습으로 복귀했다.
그의 말이 곧 법이었으며, 그의 뜻은 절대적이었다.
자의와 타의에 의해서 조선에서의 일본의 모습은 사라졌다.

일본 대신에 러시아가 등장했지만, 그러한 변화로 인해 조선이 어떻게 유리하게 되었는지는 분명하지 않다. [비숍]

●구한말 의병의 진실, 그리고 한국의 비뚤어진 철학

한국사 교과서가 열심히 띄우는 위대하신 의병 독립투사들은 뭘로 먹고 살았을까? 의병을 가장 높게 평가해 준 인물이 매켄지인데, **매켄지는 부호들**(양반 기득권층)**이 돈으로 용병을 모집했다고 기록하고 있고, 실록은 의병들이 백성들을 약탈했다고 기록하고 있다.**

*요즘...의병이라는 것들이 도처에 모여 세력이 맹렬하여졌다. 저것들이 들고 나선 것이 무슨 의리이겠는가? 그 동태와 행동은 비적 무리에 불과하니...군사들을 파견하여 쳐 없애버려야 할 것이다. 만일...그들을 내버려둔...관찰사나 수령은 잡아다 정죄하게 하라." 하였다. [고종 42년(1905) 10월 18일]

*5월 2일에 의병이라고 하는 총을 멘 39명이...머리를 깎은 사람 1인을 쏘아 죽였고 7일에는 일진회원 8인을 잡아 쏘아죽였는데 그 정경이 극히 참혹하였습니다..."구만서라는 사람이 도당 45명을 거느리고 총과 칼을 가지고...일진회를 소멸한다면서...사람을 살해하고 재물을 약탈하면서 점점 기세가 성해지니 진압을 늦출 수 없으니...하니, 윤허하였다. [고종42(1905)-6-23]

*곤궁에 빠진 백성들이 전혀 살아나갈 방도가 없는데도 의병이라면서 갖가지로 위협하고 약탈을 합니다. [고종43(1906) 9-24]

*서울에서는 어디를 가서 어떻게 해야 의병을 만날 수 있는지를 아는 사람이 아무도 없었다...일본군 대좌는 폭도(의병)를 토벌하기 위해 2개 분대가 활동 중이라고 말했다 [매켄지]

매켄지가 찍은 의병 독립투사들

*그(의병장)가 말했다. "무기를 사다 주시오. 돈은 달라는 대로 드릴테니 무기를 구해 주시오"...각지의 부호들은 한두 의병에게 돈을 제공했고, 그 돈으로 모병을 했다. 그는 말했다. "우리는 어차피 죽게 되겠지요. 그러나 일본의 노예로 사느니 자유민으로 죽는 것이 낫습니다"[매켄지] ☞**한국사 교육은 "자유민으로 죽는 것이 낫습니다" 라고 말한 부분만 부풀려 가르치는데, 여기서 알아야 할 게 있다. 자유민은 봉건 지배층이며, 대다수의 인민들에게는 자유가 없었다. 지킬 자유가 있어야 지키지.**

그들이 지키고자 하던 자유는 대다수의 백성들을 노예로 부리며 굶겨 죽이는 봉건 기득권을 이어갈 자유, 인민들의 자유를 박탈할 자유였다.

*의병들은 일본이 만든 철도·숙소·관청을 파괴할 것을 선포했다...의병들은 전신주를 파괴하고 경부선의 한 역을 폭파했다[매켄지의 대한제국의 비극]

*그 청년이 이랬다. "의병들은 저를 죽일겁니다. 상투를 잘랐으니까요"[매켄지] ☞구한말 의병은 대부분 상투·봉건왕조·기득권 수호세력이고, 단발한 사람들을 많이 죽였다. **의병에게는 상투를 지킬 권리가 있지만, 상투를 자른 사람들을 죽일 권리는 없음을 알았어야 했고, 철도와 관청과 전신주도 한국인에게 꼭 필요한 것임을 알았어야 했다.**

⊙일본과 친일파가 만든 한국 최초의 헌법 ☞<홍범14조>-1895.1.7

제1 청국에 의존하는 생각을 끊고 자주독립의 기초를 세운다.

제2 왕실전범(王室典範)을 작성하여 대통의 계승과 종실(宗室)·척신(戚臣)의 구별을 밝힌다.

제3 국왕이 정전에 나아가 정사를 친히 각 대신에게 물어 처리하되, 왕후·비빈·종실 및 척신이 관여함을 용납치 아니한다.

제4 왕실 사무와 국정 사무를 분리하여 서로 혼동하지 않는다.

제5 의정부와 각 아문(衙門)의 직무 권한의 한계를 명백히 규정한다.

제6 **부세**(賦稅, 세금 부과)**는 모두 법령으로 정하고 명목을 더하여 거두지 못한다.**

제7 조세 부과와 징수 및 경비 지출은 모두 탁지아문(度支衙門)에서 관장한다.

제8 왕실은 솔선하여 경비를 절약해서 각 아문과 지방관의 모범이 되게 한다.

제9 왕실과 각 관부(官府)의 경비는 1년 예산을 세워 재정의 기초를 확립한다.

제10 지방관 제도를 속히 개정하여 지방관의 직권을 한정한다.

제11 널리 자질이 있는 젊은이를 외국에 파견하여 학술과 기예(技藝)를 익히게 한다.

제12 장교(將校)를 교육하고 징병제도를 정하여 군제(軍制)의 기초를 확립한다.

제13 **민·형법을 정하여 함부로 가두거나 벌하지 말며, 인민의 생명과 재산을 보호한다.**

제14 **사람을 쓰는 데 문벌**(門閥)**을 가리지 않고 널리 인재를 등용한다.**

☞**요약: 권력자나 관리가 국민을 함부로 죽이거나 가두거나 재산을 빼앗지 말고, 법과 원칙 기반의 공정한 사회를 만든다.**

국민들의 고충 해결이 시작되는 계기였지만, 고종 황제께옵서 이 법의 문제점을 파악하시옵고, 크게 보완하시어 다음과 같이 바꾸신다.

⦿고종이 바꾼 대한제국의 헌법 ☞<대한국국제(大韓國國制)>-1899.8.14

제1조. 대한국은 세계 만국에 공인되온 바 자주 독립하온 제국이니라.

제2조. **대한제국의 정치는...항만세**(恒萬歲) **불변하오실 전제 정치이니라.**

제3조. **대한국 대황제께옵서는 무한한 군권을 향유하옵시느니...**

제4조. **신민이 대황제의 향유하시는 군권을 침손할 행위가 있으면 그 사전 사후를 막론하고 신민의 도리를 잃어버린 자로 인정할지니라.**

제5조. 대한국 대황제께옵서는 국내 육해군을 통솔하옵셔서 편제(編制)를 정하옵시고 계엄·해엄을 명령하옵시니라.

제6조. 대한국 대황제께옵서는 법률을 제정하셔서 그 반포와 집행을 명령하시고...대사·특사·감형·복권을 명하옵시느니...

제7조. 대한국 대황제께옵서는 행정 각 부부(府部)의 관제와 문무관의 봉급을 제정 혹은 개정하옵시고 행정상 필요한 칙령을 발하옵시느니...

제8조. 대황제께옵서는 문무관의 출척(黜陟)·임면을 행하옵시고 작위·훈장 및 기타 영전(榮典)을 수여 혹은 체탈(遞奪)하옵시느니...

제9조. 대황제께옵서는 각 국가에 사신을 파송 주찰(駐紮)케 하옵시고...

☞**요약: 국민들은 모두 꿇어. 다들 머리 박아. 내가 이 나라의 주인이야. 내 맘대로 할거야. 개기는 놈은....알지?**

☞국가의 모든 권리를 전제 군주가 가지는 무한 군권의 나라....
그것이 조선과 북한의 공통점인데, 미래의 북한과 똑같이 바꾼 탓에, 6년 뒤 일본이 고종으로부터 외교 권리를 박탈하는 조약을 강요할 때 국민 누구도 그에 간섭하거나 비준할 여지가 없었다. 권리가 없으니까.

서양의 역사는 '자유를 위한 투쟁사'라고 요약할 수 있다.
봉건 권력으로부터 국민의 자유를 찾아가는 과정으로서의 역사이니 서양사는 국민 중심의 역사다. 그러나 한국사 속에서 국민은 아무것도 아니다.

한국사 교과서는 국민의 자유 따위는 관심 없고, 봉건지배층의 본질을 속이며, 조선이 어떤 나라였는지를 철저히 감춘다.

봉건 권력의 본질을 감추는 정도도 아니고, 봉건 지배층 중심주의다. 봉건 권력이 지킬 대상인지 싸울 대상인지도 모르도록 세뇌 당했으니, 진성바보가 된 국민들은, 국민을 노예로 부리며 굶겨 죽이는 눈 앞의 봉건 권력을 보면서도 싸워야한다는 사실조차 모르는 것이다.

한국사 교과서 사기꾼들이 꼭 알아야 하는 사실 하나가 있다. 국사는 진실을 기반으로 해야 한다는 것이다. 소설 국사를 교육 시켰을 때, 국민들은 자신의 과거가 무엇인지, 누가 우군이고 누가 적군인지, 과거로부터 배울 점은 무엇이고 반성할 점은 무엇인지, 미래의 갈 길은 무엇인지를 분별 못하는 바보가 되고 만다.

국민의 힘으로 한국사 교과서라는 악서를 폐기 시키지는 못하더라도, 한국사 교과서의 세뇌에서 벗어나는 첫걸음은 우리 국민들이 지금까지 배워온 '봉건지배층 중심주의' 사관에서 벗어나 '국민 중심주의'로 사고하는 것이다. 국민 관점으로, 국민의 자유와 인권과 행복이라는 기준으로 무엇이 길인지를 분별할 줄 아는 것, 그것이 역사·정치 사기꾼들의 농간에서 벗어나 우리 국민의 미래를 희생 당하지 않는 첫걸음이다.

<이 단원에 참고한 외국인 저서 40여 종>

오스트리아 여행가 헤세 바르텍(Hesse-Wartegg)조선 1894년 여름 / 샤를르 달레, 한국 천주교회사 / 선교사 다블뤼의 서신 / 아널드 새비지 랜도어,고요한 아침의나라 조선 / 영국 이사벨라 버드 비숍, 조선과 그 이웃나라들, 1897 / 제이콥 로버트 무스의 '1900 조선에 살다' / 조지 클레이턴 포크, 일기 1884.11.13.~14 / 조선의 망국을 기록하다-청나라의 랑치차오 / 하멜(조선왕국기) / 헐버트,대한제국멸망사,1906 / 러시아 장교 카르네프의 내가 본 조선인 / 콜랭 드 플랑시,1890년 3월14 / 스웨덴 기자 아손 그렙스트 / 엘라스 와그너,조선의 아동생활 / 미국 선교사 아펜젤러 / 퍼시벌 로웰 / 제임스게일,전환기의 조선 / 힐리에 주한 영국 총영사 / 조선 주한 영국 총영사 / 빌타르 드 라퀴에리 1898 / 윌리엄 길모어 / 조선잡기, 혼마 규스케 / 조지 길보어의 '서울풍물지' / 미국인 선교사겸 의사 '셔우드 홀'의 보고서 / '알렌의 일기' 1887년 12월 / 언더우드 부인 / 대한 제국을 사랑한 독일인 의사 분쉬 / 미국 특파원 로버트 던 1904 / 윌리엄 그리피스,'밖과 안에서 본 코리아' / 대한제국의비극 F.A매킨지 / 기업가 어니스트 해치 / 러일전쟁의 미국인 종군기자 잭 런던 / 미국인 조선 외교 고문 드함·스티븐스 / 시어도어 루스벨트의 친구인 조지 케넌이 '아웃룩(Outlook)' 잡지(1905년 10월 7일자)에 기고한 글 / 윌라드 스트레이트, AP통신 특파원 / 이슬람인이 본 1909의 한국-오스만제국 압돌 라쉬드 이브라힘 / 한 일본인 대위 / 시어도어 루즈벨트 대통령 / 백두산으로 가는 길(영국 군인들) / 비극의 조선, 아송 그레브스타 등...

제3장 국민을 손쉽게 속여 넘기는 역사사기 타짜들의 기초 술수

08 국민을 손쉽게 속여넘기는 역사사기 타짜들의 기초 술수…192
09 폭군 세종대왕, 세종에 비하면 김일성·김정일은 천사다…202
10 가짜영웅 이순신과 한국사 교과서의 '임진왜란 조작 사기극'…241
11 역사 조작의 나라 한국의 '명성황후 사기극' ……274
12 후진국형 지배 술수 민족주의 사기극…………299

전하, 전라도의 한 미천한 백성이
불충한 발언을 했사옵니다.
어떻게 처분 할까요?

중국 황제게
처녀들을 바치는 것은
조금만 미루면 어떨지....
백성들이 요즘
너무 힘든데...

나 세종.
내 대답이 궁금해?
그럼 좀더 읽어 봐야징...

08. 국민을 손쉽게 속여 넘기는 역사사기 타짜들의 기초 술수

한국인들은 역사는 승자가 쓴다는 사실은 알면서도 자신들의 국사도 승자 맘대로 쓴거라는 사실은 모르는데, 덧셈 뺄셈도 모르면서 가르쳐주는 미적분의 정답만 외우면, 이용 당하기에 알맞다.
우선 덧셈 뺄셈부터 알고 넘어가자.

⦿국사 교과서가 감추는 국가·민족과 봉건왕조의 비밀
국가가 없는 한 마을에서 어떤 사람들이
당신의 집안을 정복해서 지배한다고 치자.
만약 그들이 장기 지배했다면 그 지배권은 정당한가?
그 지배 범위가 넓어져서 대규모가 되면 정당해지는가?
당신의 자유의지적 동의가 있기 전에는 결코 정당하지 않다.
그 지배자는 조폭 두목일 뿐이며,
봉건 왕이 바로 그와 같은 정복자다.
한국인들은 '봉건왕조 숭배주의' 국사만 세뇌 당하니, 하늘 신의 손자가 내려와서 '홍익인간의 이념으로 나라를 건국하노라'하고 선포하니까 백성들이 몰려들어 '임금님' 하고 받들면서 '민족 국가'가 시작 되었다는 망상까지 한다.
그래서 봉건 왕조와 현재의 나라를 구분도 잘 못하는데, 한국인만 모르는 국가·민족과 봉건왕조의 형성 원리부터 알아보자.
많은 사람들이 사는 넓은 지역에 국가 같은 집단이 없으면,
'무법천지'가 되어 각 지역을 지배하는 무장 조폭 두목들이 생기는데, 그 두목들끼리 지배권 쟁탈 패싸움을 하는 속에서 범접

하지 못할 강력한 지배권이 생기면 그 두목을 '왕'이라 부르고 그 지배 영역을 '국가'라고 부른다.

봉건 왕조는 정복자가 반항하는 자는 다 죽이고 복종하는 자들만 살려서 지배하는 시스템이며, 봉건 왕과 조폭 두목은 본질적으로 똑같다. 조선조가 수만 명의 고려 왕씨를 모두 죽인 일, 북한 왕조가 권력을 위해 수십만 명을 죽인 게 그 사례다.

일단 정복자가 되면 신분제 사회를 만들어 지배층이 되고, 피지배층을 지배층의 향락을 위한 도구로 쓴다.

그러나 물리적 억압 만으로는 권력이 오래가기 힘드니, 이념·사상·신화 등을 만들어 피지배층을 위해주는 척 세뇌 시켜서 복종하게 만드는데, 대표적인 지배목적형 사기극이 '유교', '주체사상' 등의 사상사기극이며, 권력을 쟁탈할 때 쓰는 이념사상 사기극이 바로 마르크스·레닌주의 사기극이다.(모두 뒤에서 설명함)

그런 과정에서 지배 권력이 장기 지속되면 그 지배층과 피지배층을 묶어서 부르는 호칭이 바로 '민족'이다.

예컨대 북한이 수백 년간 지속된다면 '김일성민족'이 되는 것이다.

그렇게 흘러가는 과정에서 인민이 주인이 된 나라만이 '우리나라'이며, 그 왕조가 국가 발전에 크게 기여했다면 국민들이 챙겨주게 된다. 만약 그 왕조가 없었다면 무법천지나 아프리카가 될 수도 있고, 그들이 인민을 위해 긍정적인 역할을 많이 해 주었다면 '민권시대'가 되었어도 '사회계약'이 인정하는 '입헌군주'가 되는 것이다.

봉건 왕은 그 공과에 따라 영웅이나 원흉이 되는데, 인권 말살의 조폭두목 지배 영역에 불과한 북한이나 조선의 왕은 영웅과는 전혀 거리가 멀다.

우리는 '민족사'라는 것을 만들어 고조선·고구려도 민족사라고 갖다 붙이는데, 민족이란 19세기 말에 일본이 Nation을 번역한 단어일 뿐, 조선 말까지도 민족 개념을 표현할 단어조차 없었다. 노예와 주인 간에 어떻게 '민족공동체' 의식이 생기며, 어떻게 '민족국가'가 생길 수 있는가? 한국사는 대한민국이 생겨난 이후의 역사이며, 그 이전의 역사를 어느 정도 포함할 수는 있겠지만, 민족사라는 것은 원래 있지도 않다. 우리는 '우리나라'라고 부를 수 있는 나라, 국민이 주인이 된 나라가 있어본 적 없으니, 정복자의 지배 시대를 '찬란한 민족사'라고 포장한 가짜 민족사를 만들어 미화시켜서 국민 바보만들기 세뇌교육을 하는 것이다.

⦿한국사 교과서 타짜들의 국민 바보만들기 기초 술수

국사 조작은 현재의 나라를 기준으로, 현 국토 근방에 있었던 오래전의 정복자(=왕조)들 중 승자들끼리 이어 붙여 '국사'를 만들고, 그 왕조들이 마치 현재의 나라에 이르는 필연적인 과정인 것처럼 만들면서 시작한다.

100여 년 전에 우리는 일본이 아닌 중국·소련·미국 등과 합병 되었을 수도 있고, 일본으로부터 독립하지 않고 오늘에 이르렀을 수도 있다. **그렇게 오늘에 이르렀다면, 우리는 현재의 나라를 '우리나라'라 여기면서 현 지배층을 기준으로 한 또 다른 국사를 교육 받고,**

그것을 '국사'라 인식하면서 살게 된다. 어쩌면 '유럽 역사'나 '중국역사'를 '국사'라 여기며 살고 있었을 수도 있다.

우리는 수많은 침략들을 극복하며 민족 정기를 이어 온 것처럼 배우지만, 그건 싸악~다 거짓말이고, 국사란 현재의 나라를 기준으로 과거의 승자들을 거꾸로 이어 붙인 것이다.(아주 중요함)

만약 당신의 조상이 아주 나쁜 사람이라고 쳐도, 그 조상이 없었다면 당신이 없다는 논리가 성립할 수도 있지만, 국가는 다르다.

못된 왕조, 못된 지배층이 없었다면 우리는 더 크고 좋은 나라 국민일 수도 있다. **정복자의 노예 시절을 국사라고 갖다 붙일 수는 있지만, 한국은 급조된 신생독립국이라 보는 게 더 적절하고, 한국사는 있어 온 것이 아니라 이것저것 갖다 붙여 만든 것이다. 국사는 승자가 갖다 붙이기 나름이다.**

과거 함경도 여진족을 정벌하여 우리 영토로 만든 적이 있는데, 명백한 침략이지만 우리는 자기가 침략한 것은 진출·개척이라 부른다.

또 그 곳에 살던 여진족들도 우리 국민이 되었는데, 그들 중 자기 조상들이 침략 당했다고 믿는 사람은 없다.

제주도(탐라국) 침략도 마찬가지다.

한반도 세력에게 침략 당했다고 믿는 제주인 함경인은 없다.

만약 그 때 합병하지 못했다면 그 곳의 여진족과 제주인들은 그 침략을 임진조란·병자조란 등으로 부르면서 한국을 과거의 침략자로 여기고 있을 것이다.

함경도와 제주를 침략한 사실은 하나지만, 그 땅을 우리 땅으로 합병(=통일)**하면 그 곳에 살던 사람들은 그 침략을 '민족통일사'**

라 인식하고, 그 땅을 합병하지 못했다면 그들은 한국을 침략국으로 인식하게 된다. **발생한 일은 하나지만 누가 승자냐에 따라 정반대로 교육되는 것이다.**

만약 베트남전에서 자유베트남이 이겼다면 베트남 국민들은 한국을 은인이라 여겼을 것이지만, 그 반대였던 탓에 공산화 후 대학살과 긴긴 악몽의 시절을 겪었음에도, 한국을 과거의 원수로 여기도록 교육 당한다. 또 프랑스로부터 독립하지 않고 오늘에 이르렀다면 '강대국 프랑스 국민'임을 다행이라 여겼을 수 있지만, 국사 교육에 의해, 독립하지 않았다면 자신들의 삶이 더 나을 수도 있었음을 인식 못하도록 세뇌 당한다.

독립 이전의 나라를 악당화 시키는 것은 국사의 기본이다.

만약 국민들이 독립 전엔 살기 좋았어 라고 여기거나 서로 뜻이 맞아서 합병한거야 라고 여기면 아무도 새 지배층이 된 독립투사를 존경해 주지 않기 때문이다.

독립한 나라의 국민들은 '위대한 독립'이라 믿게 되고, 합병된 나라의 국민들도 '위대한 통일(=합병)'이라 믿게 되며, 반대 쪽은 무조건 악당이 된다.

독립해서 굶어 죽는 인권 말살 생지옥이 되었어도 동일하다.

그래서 '괜히 독립했다가 망했다'는 국민은 어디에도 없는 것이다.

요컨대 독립(=분단)된 나라는 독립파가 영웅이고,

합병(=통일)된 나라는 합병파가 영웅이며,

각각의 패자는 이유불문하고 무조건 악당이 된다.

⊙ 한국인만 모르는 국사의 알파벳

'영웅이나 위인은 어떤 사람일까?'

만약 당신이 그 정답을 '위대한 인물' 또는 '사회에 큰 공헌을 한 인물'이라 답변한다면, 당신은 아직도 말귀를 이해 못한 사람이다.

영웅과 위인은 승자에게 도움 되는 사람 중에서 선별된다.

사회에 아무리 큰 공헌을 한 위대한 인물이어도 지배층에 도움 되지 않거나 방해가 된다면 그는 매국노나 악당으로 낙인 찍힌다.

그가 위대한지 여부는 중요하지 않다. 승자에게 필요하다면 '살인마'라도 교과서와 미디어로 영웅화 되고, 패자는 악당화 되는 것이다.

만약 삼국시대가 오늘에 이르렀다면, 통일을 시도한 사람은 악당이 되고, 각국의 독립 투사들이 영웅이 되며, 한국·일본·중국이 통일 되어서 오늘에 이르렀다면, 누가 통일했건 우리는 그 나라를 '내 나라 내 조국'이라 여기게 된다.

게다가 통일(=합병)의 주역을 영웅으로 여기면서 독립을 시도한 사람은 악당이나 멍청한 자로 여기게 된다.

우리 국민들은 이순신을 '나라 구한 성웅'이라 교육 받지만, 그 또한 봉건 지배층 중심주의의 거짓말이다.

지배층 관점에서는 국민생지옥 나라라도 지킨 게 영웅이지만, 국민 관점에서는 국민의 절반이 노예인 굶어 죽는 노예제 나라는 무너뜨려야 영웅인데, 생지옥을 지켜내면 영웅인가?

이순신을 영웅으로 여기는 사람은 역사를 이해하지 못한 사람이다.

만약 임진왜란에서 풍신수길이 이겼다면 우리는 그를 '노예해방의 영웅'이자 '민족 통일의 영웅'으로 인식했을 것이고,

'이순신이 이겼다면 우리는 계속 노예로 굶어 죽었을 거야' 라면서, 이순신을 '국민의 절반을 노예로 부리며 수천만 명을 굶겨 죽인 노예제 기득권을 이어가려는 수구 세력의 잔당' 정도로 여기고 있었을 것이다.

우리는 한일통일국 또는 한일중 통일국 등의 나라에 태어나 살게 될 뿐이고, 삼국통일을 '민족통일사'라 부르듯이 조·일 민족통일이라 부르며 우리의 '민족통일사'로 인식하게 된다.

병자호란의 경우도 동일하다.

누가 이기건 승자의 역사가 우리 역사가 되며, 이유 불문하고 승자는 영웅, 패자는 악당이 된다.

풍신수길이 통일했다면 풍신수길의 왕조가, 청태종이 통일했다면 청태종의 왕조가 우리 역사가 되며, 그렇게 우리의 '민족 통일사'가 형성 되었다고 교육되는 것이다.

만약 고려의 후손들이 일본과 함께 조선 왕조를 몰아내고 일본과 합병해서 오늘에 이르렀다면, 우리는 조선 시대를 강점기라 인식하게 된다.

만약 임란 때 조선이 망했다면 6천만이 굶어죽지 않을 수도 있고, 중국· 북한이 공산화로 인해 7000만 명이 죽임 당하지 않고, 우리가 '아시아의 미국' 같은 강대국 국민으로 태어났을 수도 있지만, 그런 이치를 깨닫지 못하고 쪼그맣고 불안한 나라의 국민으로 태어나게 만든 세력만 아주 열심히 존경하는 '승자 존경주의자'로 세뇌 시키는게 국사교과서다.

과거 고려가 몽골군과 함께 일본을 침략하여 일본 국민들을 학살했던 '여몽연합군'의 일본침략은 복수전 성격의 왜구 침략을 불렀다.

하지만 **한국사 교과서는** (고려 충렬왕이 주도한) **자기들의 선제 침략은 빼고, 왜구와 임진왜란만 가르치며, 그 침략마저도 일본을 정복한 조폭 두목의 짓이라는 본질을 알려주지 않고, 일본이 침략했다고만 가르친다.**

그러니 국민들은 자기 조상의 선제 침략은 자신들과 무관하다고 믿으면서, '일본이 우리를 침략해서 학살 했었다'고만 심플하게 믿는다. 마치 현재의 일본 국민들이 침략한 것처럼 말이다.

또 6.25 때 전라남도 지역에서만 민간인 7만 명이 학살 당했지만, 자국민 수백만이 죽임 당한 사건은 가르쳐주지 않고, 피해 주장 인원이 총 238명에 불과한 80년 전 위안부와 100년 전의 3.1운동 때 29명 죽은 제암리사건, 총 550~640명 죽은 3.1운동만(일본인 사상자 114명은 빼고) 수천 배 부풀려서 가르친다.

그러니 국민들은 80년 전의 238명 피해 주장 사건에는 관심이 많지만 70년 전에 자국민 수백만 명이 죽임 당한 사건에는 관심 없고, 일 평균 40명씩 죽이는 현재진행형 만행에도 관심이 없다.

국사 권력만 장악하면 국민을 바보 만드는 것은 어려운 일이 아니다.

나라 빼앗겼느니, 되찾았느니 하는 교육도 모두 거짓말이다.

봉건지배층이 권력을 잃은 것은 그 노예들에게는 해방인데, '민족'이라는 상상속의 공동체를 만들어 주입시켜서,

나라 빼앗겼다고 사기 치는 것이다. 세상에 나라 없는 인간은 없고, 어느 그룹으로 뭉쳐 사느냐의 차이만 있다.

국사란 승자를 영웅 만들고 패자를 악당 만드는 대국민 세뇌의 수단이며, '한국사'라는 과목 자체가 '현재 지배층 존경주의', '현재국가 중심주의', '승자 존경주의' 라는 한계의 사기 과목이고, 우리 국민들의 99.99%는 한국사 사기 교과서에 의해 강력하게 세뇌 당해서 거의 바보가 된 상태다.

인간은 한 번 세뇌 당하면 빠져나오기가 아주 어려운 동물이다.

◉ 통일 영웅과 침략 악당, 그리고 진정한 국가의 주인

신라의 백제침공, 백제의 제주침공, 임진왜란, 세종대왕의 4군 6진 개척, 광개토대왕의 요동진출, 일본의 대륙침략, 6.25 전쟁의 차이점이 뭘까?

우리는 '침략'이니 '진출'이니 '민족통일전쟁'이니 구분교육 시키지만, 다 갖다 붙인 소리일 뿐, 똑같이 '지배권 확대'를 위한 침략 전쟁이다.

'침략자'의 칼에 맞으면 죽고 '진출자'의 칼에 맞으면 안죽는 거 아니고, 내 가족은 죽이면 안되고 남의 가족은 죽여도 되는 것도 아니며, 동족의 칼에 맞아도 죽는 것은 같다.

민족통일 전쟁은 다르다는 말도 하는데, 친인척 간에 한집 살림을 거부하면 죽여도 된다는 논리와도 같다.

친인척이 따로 살기를 원할 수도 있는데 칼 들고 죽여서야 되겠는가? 다만 어떤 전쟁이든 침략자가 승자가 되면 국민에게는 그게 국사가 되어 그 침략은 진출이나 통일, 패자가 되면 침략이 되고, 패자는 악당이 된다.

만약 일본의 '나쁜 대륙 침략'이 성공하여 아시아를 통일했다면, 한국인과 중국인은 모두가 자신을 '아시아 통일국 국민'이라 여기게 되고, 친일파니 매국노니 외치는 사람도 자신을 '일본인'이라 여기며, 애국심을 갖고 살게 된다.

침략과 **통일전쟁**은 같은 말이고, **통일 영웅**과 **침략 악당**도 같은 말이다. **매국노**와 **통일 영웅**도 같은 말이다.

언어의 뉘앙스만 다르고, 누가 승자냐에 따라 다르게 불리울 뿐이다.

영웅과 악당은 종이 한 장 차이이며, 세상에서 제일 나쁜 놈은 '전쟁에 진 놈'이고, 세상에서 가장 위대하신 분은 '승리하신 분'이다.

당신의 기억과 분별력은 누군가에게 조종 당하고 있으며, 국민세뇌 교과서에 지배 당하는 국민은 노예일 뿐 국가의 주인이 아니다.

한국인이여, '한국사 사기 교과서'를 폐기시키진 못해도 다 믿지는 말자. 다만 시험 칠 때 만큼은 거짓말 답안을 꼭 써야 하는 것을 잊지 말고....

그들이 원하는 답안을 써주지 않으면 틀린 것으로 채점 돼!

(좋은 대학 못가)

09.폭군 세종대왕, 세종에 비하면 김일성 김정일은 천사다.

한국 최고의 위인에 등극한 인물은 세종대왕과 이순신이다. 그 중 이순신은 박정희가 군사문화를 강조하게 위해 띄웠다는 설과, 일본이 임진왜란 패전 변명을 위해 명장이라 치켜세웠다는 설 등으로 흔들리기도 하지만, 세종대왕은 만고의 성군으로 추앙받고, 지폐부터 도시 이름까지 안나오는 곳이 없는 간판 위인이다.
그러나····세종실록 속으로 들어가 보자.

⊙중국에 처녀 공녀를 가장 열심히 바치던 왕

조선은 중국에 처녀 공녀와 화자(거세소년)를 열심히 바치던 나라이고, 세종은 그 중에서도 중국에 처녀 공녀를 가장 열심히 바친 왕이다.

***황엄**(중국사신,내시)**이 처녀 중에 미색**(美色)**이 없다고 노하여 박유를 잡아 결박하고, "어째서 미색이 없느냐? 왜 이 같은 여자들을 뽑아 올린 것이지?"** 하며 박유를 곤장을 치려 하다가 그만두고, 정승을 앞에 세우고 욕을 보이고... [태종8(1408)-7-2]

***황엄**(중국사신)**이 화자**(거세 소년)**40명과 종이 2만 장을 청구하다**[세종1(1419)-1-19]

***(중국에 보낼) 화자**(거세소년,고자)**30인을 뽑다.**[세종5(1423)-8-19]

***편전에서 처녀 28인을 뽑다**[세종6(1424)-8-4]

***한씨 등이 모두 대행 황제에게 순사**(殉死)**함을 사신이 말하다**[세종6(1424)-10-17]
☞중국 황제가 죽자 처녀 30명을 함께 순사(죽여서 같이 묻음)했다는 내용.

***처녀를 충청·경상·전라·황해·평안도에 5명씩, 나머지 도에**...[세종8(1426)-3-14]

***임금이 진헌할 처녀를 친히 간택하다.**[세종8(1426)-12-9]

*맏딸은 명나라에 뽑혀 들어갔다가 황제가 죽을 때 따라 죽었고…막내딸이 얼굴이 아름답다고 뽑아가게 되었는데…[세종9(1427)-5-1] ☞태종이 보낸 진헌녀가 순장(생매장) 당해 죽자 그 여동생을 다시 진헌녀로 보내는 특이한 성군

*화자를 뽑을 때 숨기는 자를 처녀를 숨기는 법으로써 논죄하게[세종9-3-25]

*중국의 공녀와 관련하여 혼인을 계속 금하게 하다[세종9(1427)-7-21]

*환관을 각도에 보내어 나이 어린 화자(고자)를 뽑게 하다[세종10(1428)-7-13]

*강상부 등 사신이 중국 내관과 사적인 대화를 한 죄로 처벌받다[세종16-6-15]

☞조선인들은 북한처럼 외국인과의 사적 대화만으로도 처벌받았다.

*윤수미가 계하기를, "지금 진헌하는 것은 중국을 섬기는 지성으로는 마땅히 해야 될 것이오나, 금년의 가뭄이 심하여 백성들의 생계가 어려우니"…하니 임금이 말하기를…

"백성에게 폐해를 끼치는 것만 생각하고 진헌하는 일을 그만둘 수 있겠는가…전년에도 진헌을 못한데다 지금 또 진헌을 못한다면 이는 될 수 없는 일이다."[세종9(1427)-7-28]

세종:"중국 황제께 처녀를 바치는게 중요하지 백성이 중요하냐? 작년에도 못바쳤다, 어서 잡아다 바쳐라. 중국 황제만 잘 모시면 돼"

◉굶어죽은 백성들의 시체가 널려있던 성군시대

굶어죽은 시체들이 널려 있던 모습들이 전성 시대라고 없었을까? 세종 시대가 전성기인 것은 맞지만 그것은 잘 살았던 고려의 여운이 남아 있어서 조선 중·후기보다 나은 것일 뿐, 오히려 대량 굶어죽음이 시작된 시대다.

*여러 해 흉년이 들어서 죽은 사람이 서로 깔리게 되매, 사람끼리 서로 잡아먹는 일이 괴이할 것이 없는 형편인데,[세종30(1448)-1-20]

*해주는 흉년이 들어 사람들의 사망율이 대개 5분의 1이나 되온즉, [세종 30년(1448)1월16] ☞백성들이 많이 굶어 죽으면 관리들이 곤장 맞거나 문책 당하므로, 축소 보고가 많았고, 실록은 왕에게 보고된 한정된 내용만 나온다.

*한 도에서만도 사망한 자가 거의 4천 명이나 되니[세종29(1447)-6-24]

*변방 백성들이 도롱이를 입어 알몸을 가리우고, 흙을 먹어[세종29(1447)4-20]

*백성들이 서로 베고 죽어서 썩는 냄새가 길에 가득하여…[세종28(1446)-6-8]

*도회소를 만들고 주린 백성을 진열시켜 친히 돌아다니며 먹였으나, 이튿날이면 죽는 자가 반이 넘었다…핵실한 것이 1천 6백이니, 나타나지 않은 것이 몇 천이 되는지 알수 없었는데 수령들이 부동(敷同)하여 숨기어 임금이 마침내 알지 못하였다[세종25(1443)-12-3] ☞수령들이 숨겼어도 이정도다

*함길도의 사망자가 1,752 인이라 하니, 1/10이 사망한 것인데, 빠진 홋수 안에 사망한 자가 몇 천 몇 만이 되는지 알수 없다.[세종25(1443)-11-19]

*함길도의 굶어 죽은 자가 신의 눈으로 본 수만도 4백에 이르옵고, 살아 있는 자도 무력하여 부자·형제라도 거두어 장사 지내지 못하여.[세종25(1443)-9-22]

☞한 사람이 확인한 아사자만 400명이라면, 전국적으로는?

*어린 아이를 먹이지 못하여 버리거나 나무에 매어 놓고 가는 경우가 많다고 합니다. 이번에 발견된 아이만 32명이라 하옵니다.[세종19(1437)-1-13]

*회령과 경원 두 고을에서 사망한 수는 3천 2백여 명이니.[세종18(1436)-5-16]

*계묘년에는 사람이 많이 굶어 죽었으나, 지금은…[세종17(1435)-8-9]

세종은 고기가 없으면 밥을 안먹었고, 각종 성인병에 시달렸다.
백성은 굶어 죽고, 왕은 영양 과잉 비만으로 고생하고…딱 북한의…(생략)

⊙또 하나의 전성기 영조대왕 시대의 실상

끝없이 굶어죽던 아사(餓死)의 나라 조선을 다 볼 순 없으니 조선의 또 하나의 전성기만 보자.

또 한명의 대왕 시대이자 또 하나의 '전성기' 영조대왕 시대도 북한 보다는 훨씬 많이 굶어죽고, 얼어죽고, 여역으로 죽었다.

*굶어 죽는 사람이…국가가 보존되느냐 멸망하느냐의 계기점 입니다[영조7(1731)-10-27]

*기근이 들어 살아 있는 자는 떠돌아다니고 죽은 자는 구렁을 메우니, 굶어 죽은 시체가 길에 깔려 있으나 썩은 살을 덮어 주지 못하였다.[영조8(1732)-3-5]

*'행인들 태반이 귀신의 몰골이다. 도로에는 굶어 죽은 시체를 묶어놓은 것이 마치 난마와 같이 널려있다.'[승총명록·영조9년(1733)봄, 경남 구상덕의 37년간의 생활일기 중]

*경상도에서 진휼 현장에 나아간 기민(飢民)이 157,043인, 사망이 4,207인이었고 떠도는 거지가 10,904인이었다.[영조실록, 영조 9년(1733) 5월 11]

*삼남(三南)의 재읍 가운데 굶어 죽는 백성이 많았으므로[영조10(1734)년 2-7]

*공홍도 안에 유민 7천5백80여 인이 사망하다.[영조9년(1733) 5월5일]

*전라감사 조현명의 보고에 의하면, 기근 피해로 전라도 고흥의 4만명 중 2만명이 죽었고, 닭과 개는 모두 멸종 되었다고 한다.[영조 9년(1733)-10-11]

☞전라도에서 많이 굶어 죽었다는 사실은 타 지역이 어느 정도였는지를 가늠케 한다. 농업시대의 전라도는 부촌이었기 때문이다.
산업화 시대는 미국 일본과 무역해서 먹고 사는 구조였기 때문에 미국 일본과 가까운 영남 쪽에 공업단지 등을 만들면서 곡창지인 전라도가 상대적으로 낙후된 것이지만,
농업시대의 호남은 평야가 많은 가장 잘사는 지역이었다.
그런 전라도 고흥 인구 중 50%가 굶어 죽었다는 것은, 타 지방도 이미 생지옥 상태임을 뜻한다.

*관동에 큰 흉년이 들어 굶어 죽는 백성이 많았는데[영조16(1740)-12-26]
*기근과 흉년과 여역(전염병)이 해를 이어 사망자를 걸핏하면 억(億)으로 계산하고, 해골이 들녘에 널려 있어 통곡 소리가 가득하니[영조18(1742)-9-28]
*사망한 사람이 몇 십만 명인지 알 수 없을 정도이며...[영조18(1742)-10-13]
*신천에 굶주린 백성들이 서로 사람을 죽여...잡아먹었으니.[영조19(1743)-11-23]
*전쟁의 참혹함도 이보다 더할 수는 없습니다.[영조20(1744)-3-16]
*여름부터 겨울까지 사망자가 거의 50~60만이나 되어...[영조25(1749)-12-4]
☞백성이 굶어 죽으면 관리가 문책 받았지만 여역으로 죽으면 문책이 없었으므로, 조선후기 여역 사망자의 상당수가 굶어 죽었을 가능성이 크다.
*사망한 백성이 수십만 명에 이르러 들판에 드러난 해골이 뒹굴고 있

으며, 여염 마을에 울음소리가 끊이지 않고 있으니...[영조26(1750)-10-23]

*사망이 잇따릅니다. 재정은 바닥났고 백성들의 원망이 떼지어 일어납니다. 이는 대개 망하려는 징조이며 비색한 운수입니다.[영조27(1751)-윤5-18]

*기근이 겹쳐 이르러 사망한 사람이 거의 반이나 되니,[영조28(1752)-2-19]

*도성 문 밖…굶어 죽은 주검이 이러함은…[영조31(1755)-12-28]

*도성에 파리한 백성과 굶어 죽은 시체가 길에 널려 있으니…인호(人戶)는 이산(離散)하여 마을은 쓸쓸하고 강도의 겁탈이 횡행하여…[영조32(1756)-2-12]

*신이 고향으로 돌아가던 길에…남편이 그의 아내에게 말하기를, '우리 식구가 끝내 살아갈 길이 없고 굶주림과 추위만 절박하니, 차라리…자녀의 목을 매고 잇달아 그의 처의 목을 매고, 마지막으로 자신의 목을 매어 4구의 시체가 나무에 달려….

길에는 굶주려 죽은 자가 서로 잇달았고…노인을 부축하고 어린애를 끌면서 울부짖으며 추위에 얼어서 죽으려는 모습은 차마…고향에 이르러 보니 열 집 가운데 아홉 집이 비었고, 온 마을이 전부 빈 곳도 여기 저기 있었으니[영조33(1757)-1-19]

*호남의 굶어죽은 사람들에게 휼전을 시행하라 명하다.[영조39(1763)-4-23]

*제주의 굶주려 죽은 백성이 6천여 명에 이르렀습니다.[영조41(1765)-12-16]

*전국에 사망이 연달았는데, 영남과 영동 및 관북이 더욱 심하여 민호(民戶)가 10에 7, 8이 텅 비었다고 하였다.[영조46(1770)-1-15]

⦿ 굶어 죽음의 시대를 주도한 세종대왕

1420년 일본에 간 통신사 송희경은 일본에서 벼의 3모작을 하는 모습과, 저수지와 수차와 관개시설들을 보았다.(당시 일본은 농업

생산성 향상과 함께 시장경제가 발달하던 시대이고, 한반도는 굶어 죽음의 초입 시대다.)

그리고 그 후의 실록에는 통신사 박서생의 중대 보고가 나온다.

1. 일본에서 수차(水車)를 도입해서 농업을 발전시키소서.

일본 농민이 수차(水車)를 설비하여 물을 퍼 돌려 전답에 대고 있기에…이 모형에 따라 제작하여 관개의 편리에 돕도록 하소서
[세종11년(1429) 12월 3일]

☞그로부터 470년 후 1894년 혼마 규스케의 '조선잡기'를 보자. '조선의 산악은 대부분 민둥산으로…조금만 가물어도 수원이 마른다…**우리나라**(일본)**는 높은 땅의 수전에 관개하는데 수차를 이용하므로 편리하게 가뭄을 날 수 있지만, 조선에는 수차가 없어 물통으로 물을 퍼 올리기 때문에…요컨데 조선은 수차를 발명할 지식이 없다.**[1894년 '조선잡기'의 혼마 규스케]

*봄·여름이 가물어 시내와 우물이 모두 말랐다…충청도는 54읍 중18읍이…경상도는 66읍 중32읍이, 강원도는 26읍 중 8고을이 전연 농업을 잃었다. 심한 곳은 끝내 파종도 못했고…얼고 주린 백성들이 서로 길에 연하였고…백성들이…나무껍질을 벗기고…처자를 보전하지 못하여 처자를 버리고 도망하는 자도 있고, 아이를 길에 버리어 아이가 쫓아가면 나무에 잡아매고 가는 자도 있고…[세종 19년(1437) 2월9일] ☞도면까지 그려서 바쳤는데, 470년 후에도 수차 도입이 안되어 있었다.

2. 일본처럼 돈[錢]을 사용 하고, 여관을 만들게 하소서.

일본은 천리를 가더라도 돈꿰미만 차고 식량을 휴대하지 않으며, 여관을 설치해... ☞실질적 화폐 도입은 조선 말이고, 주막 외에 여관조차 없었다.

*조선은 화폐가 없어 물화 유통이 안되어 부국이 될수 없다.[임란시 경리어사 양호]

*"중국과 일본은 조선보다 부강하다. 화폐의 유통과 무역활동 때문이다. 산지가 많아 농업에 불리한 조선이 대외무역을 도모하지 않고, 좁은 국토에서 생산되는 한정된 물자만 앉아서 갉아먹고 있기 때문에 삼국 중 가장 가난할 수 밖에 없다."[유몽인]

*조선은 은전을 사용할 수 없고, 푸줏간이나 술 가게도 없다.[명나라 경략 송응창]

3.일본처럼 상공업과 기술자를 우대하고 사유재산제를 확대하소서

진귀한 물품을 생산하는 자는 평민이라도 이익 독점을 허용하여 가업을 이어가게 하고 세금을 적절히 받으소서. 일본에서는 모든 진귀한 물품이 생산되는 곳에...

☞자신이 어리석으면 유능한 신하의 말이라도 들었어야지.

일본처럼 사유재산과 기술 특권을 인정해서 사회 발전의 '씨암탉'으로 키우자는 '자본주의혁명'적 중대 제안인데, 조선 말까지도 이행되지 않았다.

4.일본처럼 개인 욕실과 대중목욕탕을 만들게 하소서 [세종11(1429)-12-3]

☞욕실은 물론 대중목욕탕도 500년이 지난 후에야 생겨났다. 일본에 의해...

5.일본처럼 강에 다리를 놓고 통행료를 받아 비용을 충당 하소서.

☞20세기 초 일본의 다리 건설 전까지 우리는 나룻배로 한강을 건넜다.

조선 말의 시장. 조선은 조선 말까지 상점도 사실상 없었고, 진열장 조차 없었다. 최하층 계급의 표시인 상점을 기피하는 경향도 있었다.

6.일본처럼 상점에 진열장을 만들어야 합니다.
☞위 사진처럼 조선 말까지도 물건을 바닥에 진열했고, 진열장은 없었다.

⊙상공업 발전을 가로막은 쇄국군주, 장영실을 때려 죽인 세종대왕

우리는 세종대왕이 장영실을 등용해서 해시계 물시계 등을 만들었다며, 세종이 상공업을 중시한 인물인 줄 알지만 사실이 아니다.

수많은 천민들 중 재주 있는 인물을 편애한 사례 만으로 '상공업 말살 노예제사회'의 본질이 달라지진 않는다.

백성들이 상공업에 종사하거나 무역을 하면 경제적, 정신적으로 성장한 사람들이 권력에 위협이 되므로, 백성들을 땅에만 묶어 놓고 무지하고 가난하게 만들어 노예제 신분제 지배권을 누리던 쇄국주의 사회가 조선이었다.

조선은 못된 지배층이 국민을 얼마나 망칠 수 있는지를 보여주는 사례이며, 세종도 그 일부다.

고려가 외국에 'Korea'로 알려진 것은 교류를 통해 번영했기 때문이다. 그러나 조선시대 내내 중국에 대한 조공 외에 대외 교류를 거의 하지 않았다. 이는 세종도 상공업의 중요성을 몰랐던 '꽉 막힌 군주'였거나, 권력 유지를 위해 상공업 발전과 무역을 차단한 쇄국 군주이기 때문이다.

식리(殖利,이익을 늘림) 하는 사람의 행장을 만들 때 육전(六典)에 의거하도록 하다..."일정한 재산이 없는 무리들이 모두 농업을 힘쓰지 아니하고 모두 공업과 상업을 하여, 말업(末業,상공업)을 따르는 사람은 날로 많아지고...금후로는 본부와 유후사에서 행장을 만들어 주는 것을 육전에 의거하여 시행하도록 하소서." 하니, 그대로 따랐다. [세종17(1435)-9-2]

☞ 조선은 거의 '공산주의 국가'였다. 백성들은 굶어 죽고, 이를 해결할 의지가 없다면, 개인이 애써 모은 재산을 빼앗기지 않을 자유라도 주거나, 상공업만 진흥 시켰어도 굶어죽음은 사라졌을 것인데, 세종대왕은 김정일의 '다운그레이드 버전'이었다.

물론 지배층 관점에서는 성군이다.
참고로 세종은 장영실을 때려 죽인 것으로 보인다.
장영실이 만든 수레가 부러졌다며 가혹한 국문에다 곤장 80대 때린 후 기록이 사라졌는데, 그 나이에 곤장 50대 이상이면 거의 사망이었다. 작은 실수 했다고 때려죽인 것인데, 우리는 세종이 장영실에게 잘 해준 부분까지만 배운다.

독립문과 영은문의 흔적, 그리고 뒤에 보이는 민둥산

◉중국 사신 앞에 선 세종대왕의 모습

중국 사신을 맞이하는 우리의 성군 세종대왕님을 보자.

*중국 사신이 당도하자 임금(세종)은…여러 신하와 더불어 네 번 절하고 악차로 들어가 면복을 입고 나와…네 번 절하고 향을 피우며, 또 네 번 절하고 만세를 부르며 춤추고 발구르며 네 번 절하고.[세종1(1419)-1-19]

실록에는 세종이 중국 사신 앞에서 춤추고 발구르고 절하는 모습들이 나온다. 큰절만 총16번 하는데 다른 이씨 왕도 다 그리 했다.

더 자세한 이야기는 '일성록'에 나온다.

또 한명의 대왕 영조의 중국사신 영접현장…

*상께서…네 번 절을 하시고…꿇어앉으셨다…상께서 부복하였다가 일어서셨다…칙서가 있다고 하자 상께서 꿇어앉으셨

다...상께서 세 번 춤을 추시고 꿇어앉아 세 번 이마를 조아리셨다...찬의가 꿇어앉을 것을 창하자 꿇어앉았다....찬의가 창하자 세 번 춤을 추고 꿇어앉아 세 번 이마를 조아리셨다....그대로 세 번 춤을 추고 꿇어앉아 세 번 이마를 조아리셨다. 찬례가 계청하자 상께서 손을 맞잡아 이마에 얹고서 '만세'라고 하셨다.
찬례가 다시 계청하자, '만세'라고 하셨다.
찬례가 재차 계청하자, '만만세'라고 하셨다.
찬례가 부복하였다가 상체를 일으켜 네 번 절 할 것을 계청하자, 상께서 그대로 하시고...재배례를 행하시고...[영조39(1763)-9-4]

TV 드라마에서는 청국 사신이 조선 왕에게 절하는 것으로 나오지만 실제는 정반대다. 왕이 중국 사신에게 큰절하고 춤 추고 발 구르고…조롱 수준의 예법을 중국에서 장난처럼 만들어 즐겼다. 청나라에 정복 당해서 절하고 조아린 것을 '삼전도의 치욕'이라 말하는데, 그 치욕은 명나라 아닌 다른 놈에게 절하게 된 데 대한 분노였고, 조선은 그런 치욕 쯤 밥먹듯이 당하던 나라다.
조선을 독립국가인 것처럼 배우지만, 조선은 청일전쟁 후 11년을 빼고는 독립국이었던 적이 없다.
조선 왕은 중국의 지방 수령에 불과했고, 조선 지명에 경(京)사를 못 쓴 것도 중국의 지방으로 시작했기 때문이다.
중국에서 독립하지 않았다면 우리는 자신을 '중국의 2등국민'이라 여겼을 공산이 크지만, 독립해서 크게 발전했기 때문에 중국의 졸개 시절을 치욕으로 여기게 된 것일 뿐이다.

독립문 앞에서 3.1절 퍼포먼스를 하는 문재인 대통령

독립문이 일본에서의 독립을 기념하는 문인줄 알기도 하는데, '독립문'은 중국에 조공과 중국 사신에게 절을 그만하게 된 데 대한 자축, 즉 중국으로부터 우리를 독립시켜 준 일본에 대한 감사의 의미가 담긴 구조물이다.

문재인 대통령이 3.1운동 기념 행사도, 대선출마 출정식도 독립문에서 했는데, 독립협회, 독립문 등의 독립이란 단어는 모두 중국으로부터의 독립을 뜻한다. 독립문 건립도 이완용과 반중 친일파가 주도했고, 그 현판도 이완용의 글씨인데, 자신들의 적군 반중친일파가 건립한 독립문에 가서 저러는 것은 좀 이상하다.

욕하질 말던가, 이왕 갔으면 이완용에게 감사의 묵념을 하던가...

또 모두가 검정 한복을 입었는데 그 옷도 친일파와 일제의 잔재다. 조선인의 전통 옷은 흰 옷이고, 검정색 옷은 '반봉건 한일합방 운동'을 한 수십만의 친일파 진보회가 입어 유행시킨 친일파의 상징격인 복장이며, 검정 치마는 일본이 만든 여학생 교복이다.

여학생이라는 단어조차 없고, 온 국민이 누리끼리한 흰 옷만 입었던 나라에, 친일파와 일제의 노력으로 검정 한복과 검정 치마에 흰 저고리 여성 패션을 유행시킨 것이며,

여성에게는 교육 자체가 없던 나라에, 여성에게도 교육을 시키는 '여학생'이라는 단어를 만든 것은 물론,

'진보'라는 단어와, 저 어른과 여아들의 복장 모두가 일제 잔재인데, 일제 잔재를 흠모한다는 것은 혹시…

겉으로만 친일파와 일본을 욕할 뿐, 속으로는 친일파와 일본을 흠모? 아니면……뭘 몰라서?………

하긴 중국에 상납 잘해서 기특하다는 뜻의 '동방예의지국(東方禮儀之國)'을 교과서에 적어서 자랑하는 나라이니…ㅠㅠ

(배경 사진에 공산주의자 여운형을 은근슬쩍 끼워 넣기도 했다. 요즘에는 공산주의자 홍범도를 은근히 띄운다.)

*조선 사람들은 일본이 조선을 위해 하는 뜻을 자세히 모르는 것이다. …일본이 청국과 싸워 이긴 후에 조선이 분명한 독립국이 되었으니 조선 백성이 일본에 대해 감사한 마음이 있을 터이나…[독립신문 1896-4-7]

*후작 이등박문씨는 세계에서 가장 유명한 정치가요 우리 대한 독립에 큰 공이 있는 사람이라…[독립신문 1898-8-20]

*청나라의 간섭을 받아 나라의 체면이…그래서 청나라 추종하던 습관을 끊어 버렸으니…그런데 무뢰배들이 아직도 청나라를 사모하여…[고종 32(1895)-1-5]

*독립 경축일을 정할 것을 명하다…청나라에 공납을 폐지한다.[고종32(1895)-5-10]

*독립 협회에서 영은문 곁에 전 독립문(前獨立門)기공식을…[고종33(1896)-11-21]

일제시대 초기의 서울 (동대문 배오개시장)
(거의 모두가 흰 옷을 입고 있다)

⊙한국의 문화재 유물들 중에 금·은 등의 귀금속이 없는 이유

우리는 금·은 등의 귀금속 유물이 전혀 없는데 국사 교육은 그 이유를 가르쳐주지 않는다. 이익의 '성호사설'에는 이성계 때부터 금과 은을 1만냥씩 조공 했다고 쓰여 있는데, 온 나라의 금·은을 쓸어 모아도 충당을 못하여 황제의 노여움을 산 일이 있다고 한다.
그러니 남아 있는 금·은이 없는 게 당연하다.

*"금과 은을 해마다 공물로 바치는 것도 어려운데...이익만 아는 무리들이 남몰래 국경을 넘어가서 무역을 하니...모두 참수하라."[태조 3년(1394) 6월 1일]
*금과 은은 '국가에서 사대하는 데 쓸 물건일 뿐'[태종15(1415)-4-20]
*중국에 진헌할 금이 모자라 권서국사의 보를 녹여쓰게 하다[세종즉위년 12월14]
*국가에서 쓰는 황금이 거의 다 없어졌으니...[세종3(1421)-1-19]
☞이렇게 탈탈 털어 바치니 중국은 침략할 필요조차 없었다.

*'1년 금 캐기가 10년 공물 준비보다 갑절이나 고되니'[세종6(1425)-8-28]
*폐하께서는 굽어 살피옵소서...수십 년간 금·은은 다 없어지고 저장한 것도 다하였으므로 집집마다 찾아내서

조선의 전통 시장(거의 모두가 흰 옷을 입고 있다)

온 나라 안에 금·은 그릇을 가진 자가 없게 되었으니…
황제의 권애와 도움을 입어 왕작(王爵)을 허락하셨고 나라 이름을 내려 주셨으며…3대에 걸쳐 40여 년 동안이나 은총이…
어찌 감히 있는 것을 없다고…속일 수 있겠습니까. 엎드려 바라건대,…신을 가엾게 여기시어…금·은 조공을 면제하고 토지의 소산물로 대신하게…가엾게 여기심을 내리소서…
작은 정성을 표하나이다. 삼가 황세저포·백세저포 각각 20필, 흑세마포 50필, 잡색마…필을 갖추었습니다…굽어 용납하소서."…황태후에게 올리는 예물은… [세종11(1429)-8-18]

☞**고려는 귀금속 문화재가 많던 나라지만, 조선에 귀금속 문화재가 없는 것은 성계, 방원, 세종 3대가 탈탈 털어서 중국에 상납했기 때문이다.** 고려는 중국의 상납 요구에 반발하여 전쟁을 결심한 것이지만, 조선은 금·은은 물론 말과 소는 씨가 마를 만큼 상납해서 굶주림의 시대를 열었고, 기병대도 없어졌다.
국제 화폐인 금·은이 없어서 무역을 못한 측면도 있다.

⊙소와 말을 죄다 상납해서 중국에게 칭찬 받던 동방예의지국

조선은 심지어 요구하기도 전에 바쳤다.

중국이 조선을 동방예의지국이라 말했던 이유도 "다른 x들과 달리 니들은 잘 바치니 예의 바르구나, 어유 기특해라 너희들이 '동방예의지국'이야." 라고 말하던 데서 비롯된 것이다.

'립 서비스'에는 이유가 있는 법인데, 한국은 그 모욕적인 어원을 모르고, 중국에게 칭찬 들었다며 교과서에 적어서 자랑한다.

★말 1만필을 보내라는 선유와 자문을 가지고 오다 [태조 3년(1394) 4월 4일]

★조선 국왕에게 말하노라. 좋은 말 3천 필과 명약·섬포등 여러 가지 물건을 바치었으니, 예의가 공순하여 짐이 매우 아름답게 여긴다. [태종1년(1401)9월1일]

★진헌마 1만 필을 보낸다는 내용의 자문을 보내다 [태종(1409) 9년 11월 10일]

★북경에서 돌아와 말 5천 필을 진헌하라는 성지를 전하다. [세종 9(1427)-2-19]

★병조 판서가 중국이 요구한 말 1만필을 5천필로 줄이도록 건의하다.

"중국에서 지난해에 말을 1만 필 청구하고 지금 또 1만 필을 청구하니 이는 너무 과합니다. 지난 날에는 사대부 집에 말이 두서너 필 이상 있었으나, 지금은 거의 없으며 또한 이는 2만의 기병(騎兵)을 감소시키는 것입니다. **황제의 요구가 너무 과한데 어찌 그 한정 없는 요구에 응하겠습니까? 우리도 나라 지킬 힘이 있어야 하고 지금 줄이지 않으면 만세의 걱정이 될 것입니다.**" [세종 5년(1423년) 8월 2]

☞털어가는 중국에게 칭찬을 못듣는 왕이 국민에게는 더 좋은 왕이지만, 세종대왕은 요구대로 다 바치고 칭찬 들으셨다. [세종 5년 8월14]

*신하들이 "중국이 요구한 1만 필을 바침이 옳으오나, 힘이 자라지 못하오니, 5천 필을 넘지 아니하면 좋겠습니다." 하니 임금이...자고 이래 '조선은 예의의 나라'라고 일컬어 정성껏 사대하였다...내 뜻은 1만 필로 채우고자 한다. [세종31(1449)-12-22]

국방장관: 이렇게 중국에 다 바치면 우린 망해요. 줄여서 바치죵~
세종통령: 뭔소리야? 주석께서 달라시는데···잔 말 말고 바쳐~
신하: 우리 능력상 말 1만 필은 무리이니, 5천 필만 바치죵~
세종: 우리는 '동방예의지국'이야. 잔 말 말고 요구하신 대로 다 바쳐~
백성: 그건 '동방예의지견'이잖아? 너 때문에 병자호란 졌다고...!

*소 1만 마리를 보낸 데 대한 칙서를 가지고 오다...경우(耕牛,밭 가는 소) 1만 필을 보내어...왕의 충성은 진실로 가상하도다. [태종 4년(1404) 11월 6일]

*소(1만마리)를 바치라는 명 황제의 칙서에 대해...(신하들이)"소는...농사에 가장 긴절한 것이니"...임금이, "대신들이 소는 반수만을 바치고, 그 사유를 주달하자고 말하나....중국 조정에서, '조선의 사대(事大)하는 마음은 정성스러움이 둘도 없다.'고 하였는데, 소를 바치는 일이 어렵기는 하나 국가의 안위가 걸릴 정도는 아니다. 수대로 다 바치는 것이 옳겠다." 하였다. [세종14(1432)-5-28]

*북도는 굶어 죽은 시체가 시로 베고 누웠는데...소가 없어 경작을 폐한 자가 많다고 합니다. [영조 18년(1742) 3월 5일] ☞왜 소가 없었을까?

신하: 소 없으면 농사 못하공, 1만 마리나 바치면 망해용. 절반만 바치죵~
세종: 우리는 중국에게 칭찬받는 사대국가야, 굶어다 바쳐. 나라 안망해
조선백성: 우리는 굶어 죽었는데, 니들 권력만 지키면 망하지 않은거야?

⊙중국이 조선에서 금·은과 말과 소를 죄다 쓸어 간 진짜 이유

고려 말 '요동정벌'을 당한 뻔 한 중국은 '한반도인'의 힘을 알고 있었다. 고려는 30만 광군을 육성하고, 17만 정벌군을 만들어 북벌을 추진하기도 했던 무시 못할 존재였으니까.

고려는 거란의 요나라와도 20~30만 대군을 조직해서 싸웠고 윤관은 17만대군으로 여진족(훗날 청나라)을 공격하여 동북9성을 쌓았으며, 고려말에 홍건적 14만명이 쳐들어 왔을 때에도 20만 대군을 조직해서 평정했다. 수십만 대군을 조직할 수 있다는 것은 사회경제 시스템이 제대로 돌아갔다는 증거이고, 한국이 'Korea'로 알려진 이유도 서양 사람들이 조선은 몰랐어도 '고려'는 알았기 때문이다.

고려는 역동적인 체제를 갖춘 국가였으며, 세계를 제패한 원나라에 마저도 항복한 게 아니었다.

공민왕때 잃어버린 영토를 모두 회복한데다 오히려 더 넓혔고, 우왕 때는 수만 필의 말까지 내놓으라는 등 중국의 조공요구가 거세지자 그걸 들어주느니 싸우겠다고 나서서 5~6만의 군사로 명나라를 치는 요동 정벌을 단행한다. **고려는 맘만 먹으면 20~30만 대군은 동원 가능한 국가였고, 여진족처럼 대륙통일을 노릴 가능성도 있는 세력이었으며, 바로 그 시작 시점이었다.**
현재의 중국인들이 한국어를 쓰는 시대가 될 수도 있었던 것이다.

당시 명나라가 요동에 주둔 시킨 군대는 수천 내지 1~2만명 이내였고, 명나라도 안정된 국가가 아니었으며, 명태조 주원장이 '명사'에서 고려가 대군으로 공격하면 어떻게 막냐면서 수 차례 논의하는 기록이 나온다. 그들은 고려를 정말로 걱정했고, 고려는 이긴다는 판단으로 요동정벌을 단행한 것이며, 태조실록 1권, 총서 83번째 기사에는 이런 말도 나온다.

"요동 군사가 모두 오랑캐 정벌에 갔기 때문에 성에는 한 명의 지휘관이 있을 뿐이니, 대군이 이른다면 싸우지 않고도 항복시킬 수 있습니다."

요동 정벌에 성공하면 대륙 전체가 사정권에 들어오고, 대륙의 주인은 여진족의 청나라가 아닌 우리였을 수도 있다.

그런데 여기서 우리 역사상 네번째의 인간말종 이성계가 위화도 회군으로 고려조를 뒤엎어서 수만 명의 왕씨와 지배층들을 다 죽이고, 사대주의 똥개들의 구멍가게를 연 것이다.

고려 사회의 불합리한 점은 대부분 공민왕의 개혁으로 바로잡힌 후 재개된 **대륙으로의 새로운 웅비 시점이었는데 그 모든 것을 거꾸로 돌려버리고 중국의 발밑으로 기어 들어간 우리 역사 최악의 사건이 위화도 회군이다.**

중국은 알아서 기는 조선왕조에게 마음껏 뜯어냈다. 말을 싹쓸이 해서 조선군을 무력화시키고 금·은과 소까지 쓸어갔다.

백성들이 굶어 죽는 나라는 중국을 위협할 가능성이 없고, 그런 나라를 침공할 필요도 없어진다. 그래서 500년 권력을 지킨 것이다.

조선은 중국 황제의 졸개들이 한반도를 쿠데타로 정복하여 백성의 피를 빨아 중국에 바치면서 권력을 누리던 '그들만의 나라'였고, 조선이 중국에 그렇게도 퍼다 바친 이유는 다음의 두가지로 보인다.

⊙중국에 억만년 충성을 맹세하는 동방예의지견(忠犬) 태조 이성계

*요동을 공격하는…간사한 무리들이 내쫓김을 당한 것이…어찌 신의 힘이겠습니까?…쇄골분신이 되어도 보답하기가…더욱 성상을 섬기는 성심을 다하여 **억만 년이 되어도 항상 조공하고…정성을 바치겠습니다.**[태조1년(1392) 10월25]

*신이 성상의 지극한 은혜를 입사와 오늘의 지위에 이르렀고…'조선 국왕'의 칭호를 내리시는…성은을 입사와…기쁨이 겹쳐 눈물이 흐릅니다…[태조 3년(1394) 6월 7일]

☞두고두고 충성과 조공을 맹세하는 중국의 충견… 얼마나 이쁜 중국의 똥개인가? 이성계, 이방원, 세종이 그렇게 상납한 이유는 "억만년이 되어도 계속 상납 하겠습니다"라고 맹세하던, '상납철학' 때문이 아니었을까?

*고(故) 조선 국왕 이휘에게 시호를 주기를 강헌(康獻)이라 한다[태종8(1408)-9-24]☞康:편안할 강, 獻:바칠 헌 잘 바쳐서 기특하다는 뜻(?) 과연 매국노의 시호다. 한국은 '매국노'를 구분할 줄 모르는데 이런 놈이 매국노다. 6천만을 굶겨죽인 자와 그 굶어 죽음을 그치게 한 자 중 어느 쪽이 진짜 매국노인가?

⊙중국 황제에게 실컷 두둘겨 맞고 돌아온 조선의 사신

*사은사(謝恩使) 이염이 황제에게 매질을 당하여 초죽음이 되어 돌아오다…황제가 그의 꿇어 앉음이 바르지 못하다고 책망하고, 머리를 숙이게 하고 이염을 몽둥이로 쳐서 거의 죽게 되었는데, 약을 마시고 살게 되었다.[태조 2년(1393) 8월 15일]

당시 상황과 유사한 사진(청조 말기)

*이염은...실수한 일이 있어 구타와 매질을 당하여 중국에 웃음거리가 되었으므로 파직하였다.[태조2(1393)-12-27]

☞대통령이 중국에 사절단을 보냈는데, 꿇어 앉은 자세가 바르지 못하다며 몽둥이질 당해서 초죽음 되어 돌아왔다.
그런데 자기 각료만 파직하고 있다.
이런~~$ㅂ#&ㅅ#&ㅅ3ㅐ~~0W&xㄲ#$l&*₩ㅐo%ㅑ%~~~!!!
바로 이거다. 중국의 군기 잡기. 군기를 잡아놔야 잘 바치니까...

*임금이 백관과 함께 중국 대궐을 향해 진위례를 행하다[태조 7년 12월 23]
*내가 이 누각(경복궁경회루)을 지은 것은 중국 사신에게 잔치나 위로하는 장소를 삼으려는 것이오, 내가 놀거나 편안히 하자는 곳이 아니다.[태종12(1412)-5-16] ☞안보이는 곳에서도 충성하는 이유는 두들겨 패서 버릇을 고쳐 놓았기 때문?

09.폭군 세종대왕, 세종에 비하면 김정일은 천사다

⊙중국에 말을 상납해서 세자 책봉 윤허 받고 감격하는 세종대왕

*임금이 길복 차림으로 칙사를 맞이하여 예를 행하였다.[세종 5년(1423) 8월18]

*"세자 책봉을 허가하시니, '신(세종)'은 감격함을 견디지 못하겠습니다."라고 하니, 해수(중국사신,내시)가 말하기를, "전하께서 지성으로 말을 바쳤으므로 특별히 상사(상으로 하사)한 것입니다." 하였다. 임금이 "무거운 은혜를 입으니, 온 나라가 감격하여 기뻐합니다." 하였다.[세종 5년 8월18] ☞조선은 가산을 털어 바치면서 평화를 사던 나라지만, 중국도 맨 입으로 장사 잘 했다.

조선을 독립국인 것처럼 속이는데, 조선은 대명속국(大明屬國) 244년과 대청속국(大淸屬國) 258년, 독립조선 11년, 통감부시대 5년으로 구성된다. 오래된 태극기에도 대청속국이라 적혀 있다.

⊙화냥년, 그 참담한 역사

윤락녀 불륜녀 등을 비하하는 '화냥년'이라는 욕은 청나라의 침략에 포로로 끌려갔다가 돌아온 여성을 칭하는 환향녀(還鄕女)에서 비롯된 말이다. 병자호란 때 중국이 조선 여성 수십만 명을 끌고 가서 농락하다가 3만 명을 돌려보내 주었는데, 조선 곳곳에서 그녀들을 '더럽혀진 년'이라며 배척해버렸다. 그녀들은 추위와 굶주림에 떨면서 수만리를 걸어서 가족을 찾아왔는데, 남편과 가족에게 버림 받은 것이고, 결국 그녀들 중 많은 수가 자살을 택했다.

못난 사내놈들 때문에 끌려간 것인데, 목숨만 살아 돌아와도 감사해야 할 인간들이 그녀들을 두 번 죽인 것이다. **그런 비극도 중국에 금·은과 말과 소를 털어다 바친 세종과 관련이 깊다.**

◉주인을 고발한 노비는 무조건 죽이게 만든 성군

세종은 백성들이 수령을 고소하면 백성을 처벌하는 '부민고소금지법'과 주인을 고발한 노비를 처벌하는 '노비고소금지법[세종3(1421)-12-26]'을 만들었는데, 이로 인해 관리가 아무리 못된 짓을 해도 고소한 백성만 처벌 받았고, 세종대왕은 이 법으로 조선말까지 백성들을 지옥에 빠뜨렸다.

노비: 전하, 제 주인이 제 아내를 겁탈해서 임신 시켰어요. 흑흑

세종: 노비가 감히 주인을 고발하다니, 여봐라, 끌고 가서 목 베어라

*당 태종이 '종이 주인을 고발하는 자는 받아들이지 말고 목 베라.'고 하였으니…수령을 고발한 자는 고발한 것이 사실일지라도…[세종4(1422)-2-3]

백성: 전하 우리 고을 사또가 공금 100억을 삥땅 쳤사옵니다.

세종: 백성이 감히 관리를 고발 하다니, 끌고 가서 목 베어라!

◉동생이 이복형과 누나를 노예로 팔 수도 있게 만든 세종대왕

홍길동이 호소했던, "아비를 아비라 부르지 못하고"라고 한탄하는 세상을 만든 주범이 세종대왕임을 많은 한국인들은 모른다.
형이 이복동생에게 도련님이라 불러야 했고, 언니가 동생에게 아씨라고 불러야 했다.
조선은 같은 아비의 자식이어도 누구는 노비였고, 누구는 주인이었다.

신하: 전하, 제 본처의 17살 아들과 노비 후처의 20살 딸이 있는데요….

세종: 남동생은 주인, 누나는 노예야, 동생은 누나를 팔거나 노예로 부려.

⊙양반들이 세종대왕을 성군으로 띄운 이유

조선의 양반들은 노비를 수백 명 내지 수천 명씩 거느린 경우가 많았다. 우리에게 흔히 알려진 조선의 인물들 대부분은 노비를 최소 수백 명 이상 거느린 인물들이었고, 요즘의 차관급만 되어도 노비를 수백명 거느렸다.

시인 윤선도도 노비 700여명, 율곡 이이도 노비 수백 명, 신사임당의 친정에도 노비가 162명, 퇴계 이황의 장남은 노비가 360여명, 유성룡은 임란 때 노비들이 뿔뿔이 흩어졌는데도 146명이 남아 있었다.

세종의 아들들도 노비들을 수천~1만 명씩 거느렸다.(당시 인구는 150만명)

☞노비가 많으니 양반 지배층은 담뱃불도 스스로 안켰는데, 양반들은 자신들을 '노비부자'로 만들어 준 왕을 '성군'이라 받드는 것이 당연했다.

한국학 대부로 꼽히는 미국의 제임스 팔레 교수는 "1850년 무렵 미국 남부에 100명 이상 노예를 소유한 사람은 1,800명을 넘지 않았다"면서 그보다 더한 조선을 노예제 사회로 보는 게 맞다고 했다.

국사 교육은 세종이 관청의 여종에게 100일간 출산휴가를 준 점, '임금의 하늘이 바로 백성이니라' 라고 말했다면서, 성군이라고 말한다. 그 말이 진심이라면 수많은 노예들은 왜 만드나?

그래도 출산휴가 준 건 고마운 거라고?

가축이 새끼를 낳는다는 개념이었으니 출산휴가 준 것일 뿐인데, 당신을 노예로 만들어서 출산휴가 주면 당신은 고맙겠는가?

⊙쇄국의 나라 조선이 500년 쇄국을 해야만 했던 진짜 이유

평화를 위해 조폭에게 상납을 하기 시작하면 중도에 그만 둘 수 없다. 자신이 약하기 때문에 상납을 시작 한데다, 상납 하면서 기력이 소진 되므로 상납 중단에 따른 보복을 이겨낼 힘이 사라져서 저항을 못하기 때문이다. **말라 죽을 때까지 상납 해야만 했던, 그게 바로 조중 관계였다.** 한국인 최대의 비극은, 그런 왕조를 무너뜨리는 데 500년 씩이나 걸렸다는 것이다.

비슷한 것을 다시 시작해서 80년째 지속되고 있는 곳도 있고…
조선은 중국에 대한 조공 외에 무역이 거의 없던, 500년 쇄국의 나라다. 서양인들은 처음에 '통상 합시다' 하면서 병인·신미 양요도 일으켰지만, 조선의 사정을 보니 교류할 건덕지가 없는 거지 나라여서 소외 당한 것이다. 한국이 아프리카의 극빈국과 교류하려 애쓰지 않는 것과 같은 이치다.

요즘에는 좋은 전쟁보다 비굴한 평화가 낫다고 떠드는 사기꾼들까지 국민의 지지를 얻고, 비굴하지 않으면 마치 전쟁이라도 나는 것처럼 선동하지만, 진정으로 평화를 원한다면, 비굴해선 안되는 것이다. 비굴하면 조선 꼴 나기에 딱 알맞은 게 세상의 이치다.

조선은 금·은을 중국에 몽땅 털린데다, 은광을 더이상 개발조차 하지 않았다. 어차피 중국에 빼앗길 게 뻔한 이유도 컸지만, 금·은 채굴로 국제화폐를 가진 백성들이 상업에 나서면 지배 권력이 흔들리기 때문이다. 심지어 조선은 세계 최초의 은광 제련법인 회취법(吹鎔鍵製)을 개발한 기술자도 대우해 주지 않았다.

그런 기술자는 요즘 같으면 세계적 재벌이 될 수도 있지만, 조선시대에 그런 사람은 천민이니 그는 일본으로 도망쳤고, 일본에서 세계 최대의 은광을 생산하는 데 기여했다.

요즘으로 치면 첨단 핵심 반도체 개발자를 천민이라고 멸시하므로 그가 일본으로 도망쳐서 일본의 반도체 대박에 결정적인 기여를 한 셈이다. **일본은 은이 있었기 때문에 16~17세기의 대항해 시대를 연 것이고, 세계 은 생산의 30%를 점유한 부국이었는데, 일본은 노예제를 폐지했지만 조선은 못했던 차이가 컸고, 그게 상납 왕조의 한계이기도 했다.**

(필자도 족보상 세종의 후손이나, 족보 대부분은 조작이며, 김,이,박 등의 왕족 성씨 중 대다수는 하층민 출신이니, 필자는 아마 마당쇠나 향단이의 후손일 것이다. 만약 진짜로 그의 후손이라면, 필자의 부끄러운 혈통을 저주하며, 이조 일당에게 피해 당한 분들께 사죄 드리고 싶다.)

⊙노예제 사회를 만든 사대부의 성군, 천민의 폭군 세종대왕

실록에는 세종이 노비와 땅을 하사하는 장면이 많이 나오는데, 노비는 재산일 뿐 인간이 아니었다.

양인과 천인이 혼인할 경우 자식들이 어미의 신분을 따르는 것을 종모법, 아비의 신분을 따르는 것을 종부법이라 했는데, 태종이 황희의 건의를 받아들여, 종부법으로 바꾸었다.

이에 여종을 소유한 양반 사대부들은 불만을 가졌어도 태종의 위세에 눌려 반발을 못하다가 훗날 물렁한 세종을 움직여서 노비종모법으로 바꾼 것이다. **조선은 노비를 셀 때도 가축처럼 몇 두라고 했고, 주인이 계집종을 강간해서 뱃속 태아까지 팔아먹던 나라다. 이런 만행들을 세종이 부추긴 것이다.**

성군 세종과 명재상 맹사성의 대화를 보면, 세종은 "천한 계집종이 낳은 자식은 그 아비를 알 수 없다"면서, "어찌 종이 양녀에게 장가 들게 할 수 있겠는가. 양민과 천민이 서로 관계하는 것을 일절 금단 시키고, 이를 어기는 자는 처벌하며,

그 자녀는 다 공노비로(자기 왕가의 재산으로) 만드는 게 옳다."라고 했고, 맹사성은 그 자녀는 주인(자기들 사대부)에게 돌려주게 하자고 했다.

이들의 논의는 노비들의 고통에는 전혀 관심이 없었다.

*원래 노비는 죗값을 치루는 자들을 말한다. 그러나 우리 나라는 죄가 없는데도 자자손손 노비로 살아간다.[실학자 유형원의 반계수록]

신하: 노비+양민의 자식은 노비로 만들어 주인이(제가) 가지게 하죠?

세종: 아니지, 노비로 만들어서 당연히 관청이(내가) 가져야지.

어쨌든 노비가 많아져야 우리 지배층이 좋은 거야. 안그래?

신하: 물론이죠. 역시 전하 짱! 위대한 수령 세종대왕 동지 만세...!!!

◉안타까운 그 이름, 아… 고려…!

신라는 골품제 때문에 재능이 뛰어나도 능력을 펼 기회를 가질 수 없었던 나라였고, 결국 국권을 고려에 넘겼다.

그 후 고려는 백성들의 자유를 확대 시켰다. 노비안검법으로 노비를 구제하여 노비의 수를 인구의 5% 내외로 줄였고, 노비도 조금만 노력하면 해방될 수 있었다. 고려는 노비의 인격을 인정하여 백성들의 자유와 인권은 세계 최고 수준이었다.

이 때문에 고려는 노비 출신이 권력자에 오르기도 했고, 과학기술 문명은 그 누구와도 견줄 수준이었다. 서양인들이 조선은 몰랐지만

고려(Korea)는 안 것도 활발한 대외 교류 때문이었다.

우리 전통 사회는 여성의 인권이 동등시 되는 모계 사회였다. '장가 든다'는 말도 장인의 집인 처갓집에 들어간다는 데서 유래된 말이다. 남성이 처갓집에 들어가 살면 여성 차별은 있을 수 없다.

남녀평등사회 고려는 1부1처제였고, 남녀가 모두 족보에 기재 되고 유산도 남녀가 동등하게 상속 받았다. 남아선호사상이 없고 아들이 없어도 대가 끊긴다는 의식이 없었다.

여성도 자유 연애와 이혼과 재혼을 할 수 있었고, 이혼녀가 왕비가 되기도 했으며, 왕이 행차하는 길에 여성 시위대가 그 옆의 수행대신을 보면서 "첩 제도를 부활하자고 한 작자가 저기 지나간다"라고 외치기도 했다. 집회나 시위를 할 수 있다는 것은 엄청난 것이다. **조선이나 북한은 시위했다간 바로 죽여 버리므로 민주화운동이 없다. 남한에는 민주화 운동이 있어도 북한에는 없는 이유가, 남한은 시위자를 죽이지 않고, 북한은 죽인다는 차이인데, 고려는 북한보다 훨씬 나은 시대였다는 것이다.**

조선 건국의 정당화를 위해 고려를 왜구들이 들끓던 혼란과 부패 시대 라고 역사서에 적었겠지만, 고려사나 고려사절요는 승자가 멋대로 고친 역사일 뿐이다. 우리 교과서가 감추는 침략, 즉 원나라와 함께 일본을 침략해서 많은 양민들을 죽인 데 대한 복수전 성격의 왜구 침략들이 있었지만, 요동정벌 시점에는 그러지 않았다.

남쪽이 안정되지 않은 시대였다면, 요동 정벌군을 파병 할 수가 없다. 왜구나 민란이 없었기 때문에 대외로 눈 돌릴 수 있었던 것이다.

*전라도와 경상도에 도적이 활개치고 있음을 아뢰다. 전조 말기에도 우리나라 사람으로서 왜구라 일컫고 도둑질을 한 자가 많았으니,[예종 1(1469)-10-23]
*화척(백정)의 무리는 고려 때 거란이 침략하니 앞장서서 길을 안내했고, 왜구로 위장하여 노략질을 했습니다.[세조2(1456)-3-28]

당시 제국인 몽골은 고려에 노예폐지를 지속적으로 권유했다. 그들은 동족끼리 신분으로 나눠 차별하는 제도를 이해할 수 없었기 때문이다. 그러나 이런 움직임은 기득권 수구파의 조직적 반발을 부르게 된다. 수구파는 노비해방을 내정간섭으로 몰아 명과 손잡고 몽골을 축출했고, 고려조를 뒤엎어 최소 수만 명의 왕씨들을 모두 죽인 후, 중국에 상납하는 상납 시대로 추락한다. **여진족**(거의확실) **이성계는 그냥 왕권만 빼앗으면 될 것을, 명나라 속국으로 자청해 들어가서, 신분제 노예제 사회를 만들고, 자국민 수백만 명을 노예로 삼아 결국 국민 6천만 명을 굶겨 죽였다.**
한반도가 중국 황제의 졸개에게 정복 당한 후 우리 역사는 사실상 끝나고, 백성의 삶과 자유와 인권이 박살난 인권말살과 굶어 죽음의 500년 생지옥인 '이조암흑기'가 도래한다.
고려가 망하지 않았다면, 한반도와 아시아의 정치지형은 어찌 되었을까? **그랬어도 6천만 명이 굶어 죽는 이조암흑기 노예제 생지옥이 되었을까?** 한반도 북부가 지금 같은 김조강점기의 암흑시대가 되었을까?
그런 김일성 김정일을 추종하는 김일성주사파 진보진영이 존재했을까? "왜 그리 무력하게 당했습니까? 왜 그 놈들을 믿었습니까?" 안타깝게 사라져버린 그 이름, 아 고려....!!!

⦿미신을 믿고 사람을 잔인하게 찢어죽인 세종대왕

*'아내가 '저주 인형'을 만들어 저주했기 때문에 남편이 죽은 것이니 능지처사에...' [세종6(1424)-9-21]

☞핵실 끝에 자백 했다고 나오지만 '인형 주술'로 살인은 불가능하다. 고문에 의한 자백과, 억울한 죽음일 것이다.

*강상인·박습·심청·이관은 모반 대역에 해당되므로, 주모자와 종범자 모두 능지 처사하게...(오케이 그리 혀!) [세종 즉위년 11월 25일]

☞조선은 반대파를 모조리 죽이고 나서야 '성군'에 오를 수 있는 나라였고 특히 모반죄는 3족을 멸해서 혈족의 씨를 말렸다. 정일이 정은이도 저런 짓까지는 하지 않았다. 세종에 비하면 걔들은 천사다.

⦿왕에게 충언을 한 신하를 때려 죽이다.

*임금의 잦은 사냥을 비판한 장월하의 능지처참을 청하다...'음려흥왕이 사냥을 좋아하여...세상에 오래 계시지 못하였는데, 주상은 왜 사냥을 좋아하여 출입이 잦으신가.' 하였으니...상왕이, "월하는 장 일백에, 그의 처자는 제주의 관노비로 몰입시키고, 득춘 등은 전라도의 각 관청의 관노로 분배하라." 하였다 [세종1(1419)-12-25] ☞형장 1백은 사실상 때려죽이는 형벌이었다.

신하: 전하, 사냥을 너무 많이 하시면 좋지 않습니다.

임금: 감히 참견을 해? 여봐라 이놈 때려 죽이고 가족은 노비로 만들라.

⦿성병으로 사망한 호색 성군

세종은 첩이 5명이고, 6명의 부인들에게서 아들만 18명이다(딸과 조기 사망자 빼고) 그 외에도 엔조이에 썼던 여성 수는 짐작 불가다.

세종은 반반한 여성이면 아무나 노리개 삼았는데, 자기 아내의 몸종

북한에서 김정은 돼지x끼 라고 욕하면 총살 당하지만,
세종은 찢어 죽였다. 세종에 비하면 정은이는 귀염둥이다.

까지 건드렸고, 결국 임질에 걸려 사망했다. 세종 때 성병으로 죽은 궁녀가 100명을 넘는다는 믿기 힘든 야사도 있다. 세종대왕을 성군이라고 하는데, 혹시 성군(性君)을 뜻하는 말이 와전된 것은 아닐까?

◉불충한 말을 한 백성(염전노동자)을 잔인하게 찢어 죽인 세종대왕

조선은 '불충한 말'을 했다는 이유로 사람을 잔인하게 찢어죽이는 나라였고, 세종대왕은 산 사람의 살을 수천번 도려내면서 죽이는 '능지처사'형을 60차례나 지시한 왕이다. 지구 역사상 가장 잔인한 형벌제의 나라가 중국인데, 조선은 '중국 따라쟁이 나라'여서, 형벌이 잔인할 수 밖에 없었다.

*불충한 말을 한 전라도 나주의 염한 김인발을 '능지처참'시키다...전라도 염한(鹽干.소금 굽는 사람) 김인발이 지껄인 말은 불충에 관한 것이니...[세종1년 11월2일]

⊙대학살과 무능학살

공산주의 진보 이념은 악당을 만들어 증오심을 부추겨야만 유지되는 '증오의 종교'다. 때문에 그들은 결정적 기회가 오면 살인기계가 되어 가진자·지주·공직자·경찰·정치인이라는 등의 구실로 싸~악 죽이는 대학살을 하므로, **공산화 된 나라들은 모두 인구의 10~30%씩 죽임 당했는데, 공산주의의 대학살은 조선의 무능학살에 비하면 장난일 뿐이다.** 학살 챔피언은 공산주의 진보세력이지만 사람 죽인 비율로는 공산주의는 준우승이고 조선왕조가 월드챔피언이며, 그리 만든 첫째 원흉이 세종이다.

⊙백성들을 동원하여 사냥 몰이꾼을 시키고서 밥조차 안주던 성군

*...북쪽 산에서 사냥하였다. 충주도 및 원주도 몰이꾼 9천여 명이 어가를 따라온 군졸과 함께 산에 올라 몰이하는데.[세종1(1419)-11-6]
☞몰이꾼으로 부역한 9천명의 백성들은 5~10일치 양식을 지참해야 했다. '특이한 성군'의 태평성대다. 세종대왕 존경하는 사람들은 세종이 자기들을 강제 동원해서 사냥 몰이꾼으로 일주일간 부역 시키면서 밥조차 안준다면 세종대왕을 여전히 성군이라 부를까? 그리고 보면 김일성주체사상파 진보 진영도 나름 혜안이 있다. 주사파의 우상 김일성 김정일은 적어도 세종보다는 훨씬 성군이니까.

조선백성: 세종아, 우리는 너의 피정복 노예니까 우리를 니 사냥의 몰이꾼으로 강제 동원한 것까진 이해할게. 품삯을 안주는 것도 좋다 이거야. 하지만 사냥 때문에 우리를 동원 했으면 밥 정도는 먹여줘야 하지 않겠니? 너 인생 그따위로 살고서 어떻게 성군 자리까지 올랐니? 고스톱 쳐서 땄니?

⊙중국에 바칠 처녀가 맘에 안들다며 그 아비를 유배 보내다

★내사(중국사신,내시) 황엄 등이 경복궁에서 처녀를 선발하였다. 황엄(중국사신, 내시)이 **처녀 중에 미색(美色)이 없다고 노하여 박유를 잡아 결박하고** 수죄하기를, 어째서 미색이 없느냐? 네가 감히 사의(私意)를 가지고 이런 여자들을 뽑아 올린 것이지?" 하며, 곤장을 치려다가 그만두고, 교의에 걸터앉아 정승(요즘의 총리)을 앞에 세우고 욕을 보이고 태평관으로 돌아갔다.

(처녀들이 변변치 못하여)황엄 등이 매우 노하였다.

헌사에서 딸을 잘못 가르친 죄를 탄핵하여 조견은 개령에, 이운로는 음죽에 부처(付處)하고, 김천석은 정직(停職)시켰다. [태종8(1408)-7-2] ☞부처(付處): 귀양,유배와 같은 말.

⊙가족을 고문해서 허위자백을 받은 후 사람을 찢어죽이다.

임군례라는 사람이 부정한 짓을 했다는 말이 상왕에게 들어가서 상왕이 그를 강등 시켰다.

그런데 군례가 "자기가 참소(이간질) 당한거다"라며 억울함을 호소하는 글을 상왕에게 올렸다.

그런데 상왕이 이에 자존심이 상했던지,

"네가 속았다는 소리야?" 라면서 그와 그의 가족을 국문(고문)하여 허위 자백을 받아냈다.

가족들은 "나는 고문을 이기지 못한다 모두 인정한다"라는 허위 자백을 했고, 결국 저자거리에서 임군례를 찢어 죽이고 그 시신 조각들을 조리 돌렸고, 그 처자는 노비로 삼았다. [세종 3년(1421) 2월 18]

⊙탐관오리 황희의 부패고발자를 고문하여 허위 자백 받아낸 성군

조선은 관직=부(富) 였던 나라이자 부패왕국일 뿐, 선비에게 씌워진 청빈 이미지는 다 거짓이다. 그나마 그 중에 제일 나은 사람을 띄운 게 청빈의 대명사인 황희인데, 그도 똑같은 탐관오리였다. 황희가 물려받은 노비는 3명에 불과했지만 엄청난 부정축재를 했고, 그의 아들을 30만평 대지주에 노비를 7백명 거느린 부자로 만들었다. **또 그는 '유부녀 간통범'이었다.**

황희는...대사헌이 되어서 설우의 금을 받았으므로, 당시의 사람들이 '황금대사헌'이라고 하였다. 또 난신 박포의 아내가 자기의 종과 간통하는 것을 우두머리 종이 알게 되니, 박포의 아내가 그 우두머리 종을 죽여 연못 속에 집어넣었는데 여러 날 만에 시체가 나오고...
박포의 아내는 황희의 집 마당 북쪽 토굴 속에 숨어 여러 해 동안 살았는데, 황희가 이때 간통하였으며...황희가 정권을 잡은 여러 해 동안에 매관매직하고 형옥(刑獄)을 팔아 뇌물을 받았으나, 그가...언사가 온화하고 단아하며 사리에 어긋남이 없었기 때문에 임금에게 무겁게 보인 것이었다.
그러나 그의 심술(心術)은 바르지 아니하니, 자기에게 거스리는 자가 있으면 몰래 중상하였다.박용의 아내가 (황희에게)뇌물을 주었다는 일은 본래 허언이 아니다...의금부가 임금의 뜻을 받들어 추국한 것이고, 대원(臺員)들이 거짓 복죄한 것이다. 임금이...알고 있었으므로 대원들을 죄주지 않고, 좌천시키거나 고쳐 임명하였다.
만약 정말로 박천기가 공술하지도 아니한 말을 강제로 헌부에서 초사를 받았다면 대원의 죄가 이와 같은 것에만 그쳤을 뿐이겠는가.[세종10(1428)-6-25]

☞세종이 뇌물 받은 황희를 봐주려고 고발자를 고문하여 허위자백을 받았다는 소리다. **조선은 청빈의 대명사라는 황희 조차도 탐관오리였던 나라이고, 얼마든지 고문으로 허위 자백을 받을 수 있는 나라였다.**

⊙조선판 세습 위안부의 창시자 세종대왕

일본군 위안부를 자칭하는 '자칭 위안부'들은 13살 때 끌려갔다는 증언까지 많이 하는데, '소녀 위안부'는 그들의 주장 속에서만 존재할 뿐이며, 좌파 진영이 주도하는 조직적인 대국민사기, 한·일 이간질의 최대 수혜자인, 중국·북한의 배후가 의심되는 대국민사기극,

위안부사기극을 언급하기 전에, 몇가지 팩트부터 언급하겠다.

현재까지 드러난 당시의 수많은 위안부 관련 자료들 중에,

첫째, 소녀 위안부가 있었다는 증거는 전혀 발견된 적 없다.

둘째, 모든 위안부 중 강제 세습되는 위안부는 더더욱 없다.

셋째, 일본군 위안부의 전부 또는 거의 모두는 돈을 많이 받았고, 집 여러 채 값을 벌었다는 위안부도 있다.

넷째, 그들은 (선금 관련)계약기간 동안만 탈퇴에 제한이 있었을 뿐, 계약 만기시 언제든 관둘 수 있었고, 계약만료 후에도 계약 연장을 하는 사례가 많았다. 또 일본군을 죽이고서도 무죄 판결 받기도 했다.(위안부사기극은 뒤에서)

그러나 조선 500년간 이어진 조선의 위안부 '관기'는

탈퇴의 자유는 커녕 세습되는 '진짜 성노예' 였으며,

조선은 성노예였던 '관기 성폭행'이 합법인 나라였다.

세습 노예와 위안부는 천지 차이인데 그 세습 성노예를 만든, 진짜 성노예를 만든 사람이 바로 세종이다.

그런데 한국인들은 작은 성노예제 만든 사람들은 입에 거품 물고 욕하고 자기 조상들을 '진짜 성노예'로 만든 주범은 열렬히 존경한다.

⊙세종대왕과 그 며느리들, 세종의 며느리는 레즈비언이었나?

세자가 시녀에게만 관심을 보이면서, 세자빈이 독수공방 신세가 되자, 세종이 세자빈을 내쫓았는데, 그 이유는, 세자를 미혹하려고 압승술이라는 미신을 썼기 때문이라 한다.

자기 남편을 유혹한 며느리를 쫓아내는 게 성군?

세종은 세자빈을 다시 뽑았는데, 세자의 마음은 이미 다른 후궁인 희빈 권씨에게로 넘어가 있었고, 새 세자빈 봉씨도 독수공방 신세가 되었다. 세종이 봉씨도 쫓아낸 이유는 레즈비언에다, 아들도 없기 때문이라 한다. 실록만 보면 세자빈은 동성애자가 맞지만, 아들이 없다며 쫓아내기에는 명분이 부족하니 동성애를 갖다 붙였을 가능성도 크다.

실록 속의 세종은, '세자빈이 자기 먹을 음식을 덜어 부모에게 보내려다가 발각된 일'까지 거론하며 비난한다.

조선백성: 부모 생각에 궁궐의 맛있는 음식이 안넘어가서 그랬을 텐데, 그거 하나 이해 못해서 며느리를 욕하니?

"내가 먼저 보내줄걸 그랬구나" 하며 음식 좀 싸 보내면 큰일 나?

쫓겨난 세자빈 봉씨는 결국 목 매어 죽었다. 철창 속 궁녀들을 불쌍히 여기는건 고사하고 비슷한 처지의 며느리 하나 불쌍히 여길 줄 모르는게 성군? 그의 아들 수양은 자기 첩 박씨를 죽였고,

세종은 영웅대군의 부인 송씨를 쫓아내고 정씨를 앉혔는데,

영웅이 송씨를 다시 불러들이니 정씨를 쫓아낸다.

세종에게 있어 며느리는 물건일 뿐이다. 지가 왕이니까...

혹시 우리가 양아치만도 못한 자를 위인이라 떠받드는 것은 아닐까?

⊙ 정치적 목적으로 띄워진 가짜 성군 세종대왕

나쁜 점은 빼고 좋은 점만 부풀리면 얼마든지 성군 만들고, 반대로 하면 누구라도 악당 만들 수 있다. '여진족' 조폭 두목이(아가바토르 이성계, 우르스부카 이자춘, 퉁두란 등은 고려말 여진족을 이끌고 귀화한 여진족이라는 설이 강하다.)

한반도를 쿠데타로 정복하여 '한반도인'의 피를 빨아 중국에 상납하며 누리던 '그들만의 나라'…

인권암흑시대인 김조강점기에 위인이 있을 수 없는 것처럼, 김조보다 훨씬 생지옥인 '이조암흑기'에는 위대한 인물이 있을수 없다.

굶어죽는 노예 시대의 기득권 지배층을 위인으로 띄우고, 굶어죽는 노예에서 해방시킨 사람들은 악당으로 만드는 게 한국사 교과서이며, 봉건 지배층 미화를 통한 정치적 사익을 위해 부풀린 인물이 세종이다.

서양인들은 '신 앞에 만민은 평등하다'는 사상과 함께 봉건 왕을 축출 하면서 민권을 찾았지만, 많은 한국인들은 너무 오랫동안 누군가를 섬기게 하는 세뇌교육 탓에 아직도 신민의식(臣民意識) 속을 헤매고 있고, 자기 위에 섬겨야 할 왕이 있는줄 안다.

그러나 인간은 평등하며 우리는 신민이 아니라 '자유인'이다. 세종은 우리와 똑같은 인간이거나 우리보다 낮은 수준의 인간이다.

⊙공짜로 얻어진 자유, 자유의 소중함을 모르는 사람들

서양인들이 자유를 쟁취한 것은 국민이 주체가 되어 봉건 왕과 싸우면서 얻은 결과였다. 그러나 한국사 속에 국민 따위는 없고, **서양이라면 진작 처형했을 봉건왕을 우리는 광화문에 모신다.**
한국인들은 자유를 위해 싸워 본 적 없는데도 이웃에 의해 '노예해방'도 거져 얻고, 굶어 죽음에서의 해방도 거져 얻었으며, 남들이 만들어준 '자유민주주의 국가'에 몸만 입주했다.
노력 없이 물려받은 재산은 지키기 힘들듯이, 공짜로 얻었으니 그게 귀한 줄을 모른다.
그러니, '자유'를 선물해준 세력을 외세라 배척하고, 자유를 말살하는 세력을 '우리'라고 여기는 진(성바)**보들로 넘치며, 자유라는 단어를 헌법에서 지우려는 자들까지 진보 간판을 걸고 활개친다.**

한국사 교육은 국민에게 자유의 소중함조차 가르쳐주지 않는다.
사기꾼들이 활개치는 것은 사기 당하는 사람들이 많기 때문이며, 훗날 한국인의 의식이 중진국까지만 발전 하더라도, 봉건 정복자의 본질을 깨달아, 외세에 업혀서 북한을 정복한 봉건 조폭 두목을
'위수김동'('위대한 수령 김일성 동지'를 칭하는 진보진영의 용어)
'친지김동'('친애하는 지도자 김정일 동지'를 칭하는 진보진영의 용어)
이라 부르던 '김일성 주체사상파 진보진영'도 정신 차릴 것이고, 세종대왕상도 결국에는 사라질 것이다.
그리고 누가 우군이고 누가 적군인지도 분별할 줄 알게 될 것이다.
공산화 되어 대학살 당하지 않는다는 희망적인 가정하에…

10.가짜성웅 이순신과 한국사 교과서의 임진왜란 날조 사기극

◉거짓말을 빼고 나면 거의 겉표지 밖에 안 남는 한국사 교과서

대대적으로 조작된 사기 교과서와 사기 드라마 등으로 반일 목적의 거짓말을 수십 년간 세뇌 당한 한국인들의 '세뇌'를 푸는 것은 어려운 문제다.

옆집 사람을 '내 부모 죽인 살인강도'라고 배워서 지독히 미워하고 있는데, 관련 거짓들을 하나씩 설명해 봤자 이미 주입된 많은 거짓들로 인해 믿고 싶은 게 정해져 있는 것과 비슷하다.

가령 "수탈설은 거짓"이라고 말하면 '대학살 했던 놈들인데' 식으로 인식하고, "학살은 거짓"이라고 말하면 "왜 나라를 빼앗았던 놈들의 편에 서느냐? 친일파냐?"로 이어진다.

한국사 교과서 조작을 통한 '반일 세뇌교육'은 오래된 역사까지 거슬러서 철저하게 자행 되는데, 그 시작이 바로 임진왜란 날조 사기극이다.

한국사 교과서는, '우리 민족은 외침을 당하면 의병을 일으키고 뭉쳐서 외침을 극복했다.' 라고 가르치면서, 그 대표적 사례로 임진왜란을 든다.

또 김일성주사파 진보 진영이 추종하는 '김일성주체사상'은 '역사는 자주권 수호를 위한 투쟁사'라고 가르치는데, 그 대표적인 사례도 임진왜란이다.

그러나 한국사 교과서에서 거짓말을 빼면 거의 겉표지만 남을 것이다.

⊙ 굶어 죽은 시체들이 널려 있던 나라 조선

한국사 교과서가 주입시키는 '민족중심주의', '봉건지배층중심주의' 말고 당신이 주인이 되는 '당신(국민)중심주의' 관점에서 보자.

조선은 국민의 절반이 노예였고, 일본은 노예제 사회가 아니었는데, 굶어 죽은 시체들이 널려 있던 노예제의 극최빈국에 왜군이 쳐들어와서 방을 써 붙였다. "우리는 당신들을 해치려는 게 아니라, 당신들 왕의 압제가 너무 심해서 온 것이다."

라면서 굶어 죽던 백성들에게 쌀을 나누어 주었다. 이 때 당신이 조선의 노예라면 조선 왕조와 일본 중 어느 편에 서겠는가?

*금년의 기근은 근고에 없었던 것으로 떠돌다가 구렁에 쓰러져 뒹구는 참상을 차마 말할 수 없습니다. [실록,선조3(1570)-4-24]

*민생이 극도로 곤궁하여 굶어죽은 시체가 들에 가득하니 [선조12(1579)-5-22]

*추수철인데도 굶주려 죽는 백성이 많으니. [선조19(1586)-10-2]

*굶어 죽은 사람이 널려 있지만 진구할 길이 없습니다 [선조26(1593)-1-11]

*관군이나 의병이나 굶주려 쓰러져 죽는 자가 태반이고 [선조26(1593)-3-11]

*곳곳마다 백골이 쌓여 있었고, 굶주린 백성들은 땅에 줄비하게 누워 있거나, 서로 잡아 먹는 모습은 너무도 참혹하였습니다. [선조26(1593)-6-24]

*통곡 하는 여인과 아이들을 보았다. "남편이 구걸해서 연명 했었는데, 모두가 굶주려 빌어먹을 곳조차 없으니, 남편이 버리고 갔고, 결국 이렇게 굶어 죽을 수 밖에 없구나 하면서 울고 있다"고 했다. [1593년 7월15, 오희문의 쇄미록]

*굶어 죽은 사람이 길에 가득하고 시체가 하천을 막고 있으며 살아 있는 자도 모두 도깨비입니다....울부짖으며 죽여 달라고 하는가 하면,

목매어 죽기도 하고, 말 앞에 뛰어들어 죽기도 합니다.[선조26(1593)-9-17]

*굶주려 죽은 시체가 길에 가득하고...[선조26(1593)-윤11-28]

*근일 서울의 각 진제장에서 사망하는 사람이 그 숫자를 헤아릴 수 없을 정도인데....날마다 끊임없이 도로에다 끌어내어 놓는데 그 시체를 모두 다른 굶주린 백성들이 베어내어 가지고 갑니다.[선조26(1593)-12-9]

*굶어 죽은 시체가 들판에 가득하여 아무리 파 묻어도 [선조26(1593)-12-24]

*경성에...굶어 죽은 시체가 길에 가득 차고, 곧 죽을 사람들의 헝클어진 머리와 귀신 같은 몰골은 참혹하여 차마 볼 수 없습니다... 시체는 쌓여 언덕을 이루며 나날이 심해지는데....[선조27(1594)-3-18]

*굶어죽은 시체가 즐비하니 살아남을 백성이 없게될 판입니다[선조27(1594)-3-25]

*근래에는 걸인이 드물다. 모두 말하기를 몇 개월 안에 다 굶어 죽었기 때문에 구걸하는 자를 드물게 본다고 한다. 먼 곳은 보지 못했지만, 이 고을 근처에는 길가에 굶어죽은 자가 즐비하니 헛된 말은 아니다.[1594년 4월3일 쇄미록]

*지방을 살펴보았더니, 전답은 모두 묵어 허허 벌판이고 굶어 죽은 시체들이 잔뜩 쌓여 있어 차마 볼 수가 없었다.[선조27(1594)-4-17]

*제주는 인민의 태반이 사망하여 궐호(闕戶)가 2/3나 됩니다.[선조33(1600)-12-3]

*양서(兩西)의 도로에는 굶어 죽은 시체가 즐비합니다.[선조34(1601)-12-12]

*굶주려 죽은 시체가 여기 저기 뒹굴고 있는데...[선조35(1602)-5-9]

⦿굶어 죽다 못해 사람의 시신까지 뜯어 먹던 나라

조선은 인류학자들이 연구해 볼 만한 나라다. 고대 무덤에 '생매장' 당한 사람들의 굶어 죽기 전의 행태를 통해, 극한 상황에 처한 인간의 극악한 본성을 연구하기도 하는데, 조선은 그보다 더 훌륭한 '연구대상'의 나라다.

*최흥원이 아뢰기를, "굶주린 백성들이 요즘 들어 더욱 많이 죽고 있는데 그 시체의 살점을 모두 베어 먹어버리므로 단지 백골만 남아 성밖에 쌓인 것이 성과 높이가 같습니다." [선조27(1594)-3-20]

*유성룡이 아뢰기를, "비단 죽은 사람의 살점만 먹을 뿐 아니라 살아 있는 사람도 서로 잡아 먹는데 포도군이 적어서 제대로 금지하지를 못합니다."

*이덕형이 아뢰기를, "부자 형제도 서로 잡아먹고 있으며 백성은 서로 뭉쳐 도적이 되어 사람을 잡아먹고 있습니다." [선조27(1594)-3-20]

*기근이 극도에 이르러 사람의 고기를 먹으면서도 전혀 괴이하게 여기지 않습니다. 길가에 쓰러져 있는 굶어 죽은 시체에 완전히 붙어 있는 살점이 없을 뿐만이 아니라, 산 사람을 도살하여 내장과 골수까지 먹고 있다고 합니다. 보고 듣기에 너무도 참혹합니다. [선조27(1594)-1-17]

*군사가 많이 굶어 죽었다고 하니…중국 군사를 접대하느라 관고가 탕진되었고…대부분 파리하고 병들어 행색이 흙빛 같아 십리만 행군해도 쓰러지는 자가 10명 중 7~8명이며, 남아 있는 군병도 모두 유피나 송피가루로 전량을 삼고 [선조27(1594)3-10]

*경상도의 군량이 결핍된 지 오래되어 하루에 먹는 양이 죽 한 홉에 불과하니…**사람들은 서로 잡아 먹으며, 죽은 시체가 들을 덮었으니** [선조26(1593)-6-24]

⊙ 겨울만 되면 끝없이 얼어죽던 나라

우리는 '사계절이 뚜렷한 나라'라는 것을 장점으로 여기기도 하지만, 과거의 한반도는 그 '장점' 때문에 겨울만 되면 끝 없이 얼어 죽던 버림 받은 땅이었다.

중국이 조선을 병합하지 않은 것은 쓸모가 없어서 안한 것일 뿐이다.

＊전졸들이 거의 얼어 죽고 굶어 죽을 상황에 놓여 있습니다. 사망한 자가 잇따르고 있으며, 살아남은 자도 귀신의 몰골입니다. 창칼에 죽지 않고 살아 남은 목숨들은 동사(凍死)를 면치 못하는데.[선조25(1592)-12-1]

＊서울 안밖의 시체 매장에 대해 전교하다. 지금 얼어 죽은 시체가 노천에 뒹굴고 있는데도 거두어 묻어주는 사람이 없으니….하지만 중들을 모집한다면 시체와 해골을 모두 묻어줄 수 있게 될 것이다.[선조26(1593)-10-2]

＊경성에 쌓여 있는 시체를 처리할 방법을 건의하다…."추위가 닥친 이래 굶주려 얼어 죽은 사망자가 수를 헤아릴 수 없습니다. 이 시체들을 도처에 쌓아 놓아 곳곳에 언덕을 이루고 있으며…날씨가 풀려 해동이 되면 악취가 성에 가득하게 되어….모두 굶주림에 시달리는 백성들이니 쌓인 시체를 운반하는 것을 고통스러워할 것이 틀림없습니다. 호조에서 속미 5~6석을 내어 먹이고서 시체를 실어내게 한다면 힘을 다할 것입니다" 하니, 상이 따랐다.[선조26(1593)-12-11]

＊함경도 지역에는 무명이 없어 옷을 지을 수 없습니다. 가난한 자는 옷이 없어 아이를 버리기까지 하는데 이는 관행이자 악습이 되었습니다. 상인이 가진 의복은 집집마다 두루 미치지 못하여, 개의 가죽을 취하여 옷을 지으나 여인의 몸에까지 미칠 수 없습니다.[비변사등록15책, 효종3(1652)-1-12]

☞우리는 따뜻한 옷과 신발,전기,수도,보일러는 기본이고, TV와 운동을 즐기는 것 쯤 당연한 줄 알지만, 조선 말까지도 목숨을 이어가는 것 이상은 사치였다.

밥만 먹여주면 열심히 일하던 사회가 조선이다. 요즘은 밥 먹여준다고 시체 날라주지 않지만, 그 때는 그거면 충분했던 것이다.

⦿조선 백성들의 진짜 적은 누구였을까?

☞침략은 악이다? 그건 '지배층 행복 중심주의'인 민족주의 관점이다. 생지옥을 무너뜨린 자는 적인가 은인인가? 국민의 절반이 노예인데다, 대다수가 굶어 죽을 날만 기다리던 99%의 조선 백성들에게는 아무나 침략해서 지배해 주면 그 침략자는 오히려 생명의 은인이자 구세주다. 한국사 교과서는 조선이 어떤 나라였는지를 알려주지 않고 일본이 우리를 침략했다고만 가르치므로, 대다수의 조선 백성들이 왜군과 함께 조선 지배층 및 중국과 싸우다가 패했음을 아는 한국인은 거의 없다.

★"왜군의 절반이 우리 백성이라는데, 그게 사실이냐?"[선조실록1592-5-4]

선조가 이렇게 물은 것은 그가 들은 정보가 있기 때문이다.

선조는 "죽더라도 천자폐하 앞에서 죽고 싶다"면서, 강 건너 중국으로 도망치려다 중국 측의 의심 때문에 강을 넘는 데 실패한 후, 이순신과 명나라 구원병 때문에 구사일생으로 권력을 지켰는데,

중국으로 도망치려 한 첫째 이유는,

백성들 대부분이 적으로 변했기 때문이다.

'한국사 교과서'는 '우리 민족'이 뭉쳐서 왜군과 싸웠다고 속이

지만, 백성들의 적은 일본이 아닌 봉건 지배층과 중국이라는 게 진실이다. 조선은 지방에서 서울까지 맨 몸으로 걸어도 보름 이상 걸리며, 왜군은 군수품까지 끌며 전투 했는데도, 서울 점령에 20일 밖에 걸리지 않았다. 이런 사실에서도 백성들이 누구 편에 섰는지를 짐작할 수 있지만, 봉건 지배층 중심주의의 한국사 교과서에서 국민은 철저히 무시된다.

우리는 조선 백성들이 의병을 일으켜서 침략군과 싸웠다고 배웠지만, 그것은 거짓말이고, 인구의 절반이 넘는 천민들과 피지배 백성 대다수는 일본과 함께 '자유'를 찾기 위해, '노예해방전쟁'을 하다가 패전했다는 것이 진실이다.

백성들은 왕궁과 고관들의 집을 불태웠고, 왕자 2명과 신하들을 생포해서 왜군에게 바쳤다.

⊙한 맺힌 조선 백성들, 드디어 노예 해방의 기회를 얻다.

한국사 교육은 임란시 백성들이 궁궐을 불태운 이유를, 임금이 백성을 버렸기 때문인 것처럼 왜곡하거나 왜군이 불태운 것처럼 교육 시킨다. 그러나 국민의 절반 이상이 노예인 나라, 1%의 정복자와 99%의 피정복 계급으로 구성된 한 맺힌 조선의 백성들은 왜군과 함께 '이 땅의 정복자'인 조선왕조·양반지배층·중국에 맞서 싸웠다는 게 진실이다.

*거가가 떠나자 난민이 크게 일어나 먼저 장례원과 형조를 불태웠으니 이는 두 곳의 관서에 '노비'의 문적이 있기 때문이었다. 그리고는 마침내 궁성의 창고를 크게 노략하고 불을 질러 흔적

을 없앴다. 경복궁·창덕궁·창경궁의 세 궁궐이 일시에 모두 타 버렸고...임해군의 집과 병조 판서 홍여순의 집도 불에 탔는데... 많은 재물을 모았다고 소문이 났기 때문이었다. 유도대장이 몇 사람을 참수하여 군중을 경계시켰으나 백성들이 떼로 일어나서 막을 수가 없었다.[선조수정실록25(1592)-4-14]

★(백성들이)내탕고에 들어가 금백을 약탈했고, 경복궁·창덕궁·창경궁도 남는 것이 없다. 적이 이르기 전에 백성들이 태운 것이다[류성룡 임진록]

⊙ 백성들이 왕과 싸우고, 왕이 도망간 곳을 적어 놓다.

★난을 일으킨 몇몇 백성을 참수하니, 난민이 그제야 진정되어 [선조 25년(1592) 6월1]

★세자를 따르는 사람도 거의 없었다. 문관·무관이 17인, 환관 수십 인과 어의 허준, 액정원 4~5인, 사복원 3인이 끝까지 남아 있었다.[선조 25년(1592) 6월1]

★누군가가 숙천부의 관아 기둥에 '대가가 강계로 가지 않고 의주로 갔다.'는 내용의 글을 써놓았는데, 난민이 한 짓일 것이다.[선조25(1592)-6-28]

⊙ 왜군을 해방군으로 맞아들인 민심, 초유사 김성일의 보고

★왜적은 대부대가 서울로 떠난 뒤 잔여 왜적이 1백여명, 혹은 50~60명씩 곳곳에 둔취하고 있습니다.

성주성을 점거하는 적은 40~50명 뿐인데도 우리 병사가 그 소굴을 엿보지 못하며 왜적이 목사·판관이라고 자칭하고 곡식을 나누어 주니 백성들이 모두 복종하고 있습니다.[선조25(1592)-6-28]

★(경상)우수영은...적군 수십 명 이외에는 군졸은 한 명도 없습

니다…고성이 비록 함락되었지만 왜적이 돌아갔고 군량도 있으니…수사가 지난 19일 성으로 들어가 지킬 계획으로 고성현 지경에 배를 대자 전날의 **왜적 1백여 명이 배반한 백성들을 거느리고 재차 와서 성을 점거하였으므로 결국 들어가지 못하였습니다.**

*진해에 적이 들어온 뒤에는 배반한 백성들이 사방에서 일어나 현령을 죽이려고 하였습니다. 현령이 복병을 배치해 놓고 도망한 체하니 배반한 백성들이 다투어 성안으로 들어가 관고의 물건들을 훔쳐내자 복병이 50여 명을 사로잡아 참수하였습니다. 이로 인하여 백성들이 더욱 원망하여 배반하므로 현령이 도망하였습니다.

*왜적 1백여 명이 또 고성을 침범하였다는 소식을 듣고….회군하여 공격하였는데, **적이 배반한 백성들을 거느리고 현성에 웅거하여 철환을 많이 쏘고 또 배반한 백성들을 시켜 활을 마구 쏘도록 하니 관군이 접근할 수 없었습니다.**[선조25(1592)-6-28]

*백성들의 원망이 가득한데도 호소할 길마저 없어 마음이 이산된지 오래입니다. 왜국은 정수나 요역이 없다는 말을 듣고 이미 그들을 좋아하는데, 왜적이 명을 내려 회유하니, 백성들은 항복하면 살고 싸우면 죽는 것으로 여깁니다. **연해의 백성들이 모두 머리를 깎고 의복도 바꾸어 입고 왜적을 따라 곳곳에서 도적질하는데, 왜적은 몇명 안되고 절반이 배반한 백성들이니 매우 한심합니다.**[선조25(1592)-7-29]

☞자기들 관군을 공격한 행위를 도적질이라 표현 했을 가능성도 있다.

*듣건대 왜적은 곡식을 나누어주며 민심을 수습했다고 한다. 백성들이 다투어 곡식을 받고 엎드려 목숨을 구걸하며 말하기를 "새 주인이 나를 살렸다"고 했다.

길에서 하는 말이라 사실이라고 할 수는 없으나, 듣고 보니 간담이 서늘해 수저를 내려놓고 밥 먹을 생각이 사라졌다.[오희문의 쇄미록]

⦿임진왜란, 전라도의 민심 이반

*흉적이 진주를 함락한 뒤로 전라도 연해에 사는 백성들이 적이 전라도 지경에 이르기도 전에....관사를 태우기도 하고 혹은 창고의 곡식을 노략질하기도 하는데, 도처가 다 그러합니다.[선조26(1593)-7-15 원균의 장계]

*순천 사는 사족(선비,양반) 박사유는 처음부터 왜적에게 붙어 자기 딸을 소서행장(小西行長)에게 시집보냈는데[선조31(1598)-2-10]

*호남의 모두가 도적이 되었기 때문에, 토적을 토벌했는데도 고부가 다시 포위되었습니다. 관군이 토벌했으나 번번이 패퇴했습니다.[선조33(1600)-1-29]

⦿임진왜란, 경상도의 민심이반

*상이 이르기를, "경상도 사람들이 다 배반 하였다는데 그게 사실인가?"...김해에는 성에 남아 있는 적이 많지 않은데 우리 나라 사람으로 왜적 모습을 한 자가 매우 많습니다.[선조26(1593)-2-9]

*상이 이르기를, "나의 실국(失國)은 다른 죄가 아니라 명나라에 충절을 다하느라고 미친 왜적에게 노여움을 산 것이다."[선조25(1592)-5-3]

⊙왕자 두명과 신하들을 생포해서 왜군에게 바친 조선 백성들

*백성들은 왕자가 향하는 곳을 일일이 써 붙여 걸어놓는가 하면 토병(土兵)들도 반란을 일으켜 주장(主將)을 살해하는 등...매우 한심합니다[선조25-9-15]

*회령 사람들이 반란을 일으켜 두 왕자(임해군,순화군)와 재신을 잡아 적에게 항복하였다. 이로써 함경남·북도가 적에게 함락되었다.[선조25(1592)-7-1]

*신하들이 보도로 따르니 너도 뒤에 따라 오거라.[선조26(1593)-2-18]
☞선조가 왕자 정원군에게 한 말인데, '백성들이 왕자를 잡아 왜적에 바친 것을 의식해서 (왕도)행동을 삼가지 않을 수 없었다'고 실록은 기록한다.

*오랑캐가 침범하자 고을들 모두 바람에 쏠리듯 무너져 그들의 향도가 되었는가 하면 어느 한 사람 적을 막는 자가 없었습니다. 적이 오기도 전에 투항할 뜻을 가지는가 하면 거리의 떠도는 말은 차마 들을 수 없는 말이 있더니...[선조25(1592)-5-10] ☞지배층 욕하는 소리들일 것이다.

⊙왜군의 침략에 피난조차 가지 않고 태연한 백성들

한국인들 대다수는 당시 백성들이 흉악한 왜군을 피해 피난 갔을 거라 생각 하지만 서울은 평상시와 다름없었다.

*"도망간 고급 관료들을 빼고는 대부분의 관청 관리들도 왜군에 귀순했고, 딸이나 손녀를 왜군에게 시집 보내기도 했다. 이들이 무사한 것을 보고 피난을 갔던 사족들도 대부분 다시 성안으로 들어갔다. **왕이 도망간 도성은 조선 백성들의 해방구였다. 시장은 평소처럼 열렸고 물자도 정상 교역됐다. 백성들은 왜군과 술판을 벌였고 서로 왕래하면서 도박을 벌였다.**"[이기의 '송와잡설']

*"인심이 원망하고 배반하여 왜(倭)와 한마음이 된 탓입니다. 듣기로는 '우리는 너희들을 죽이지 않는다. 너희 임금이 너희들을 학대하므로 이렇게 온 것이다.'라고 하였고, 백성들도 '왜인도 사람인데 우리들이 하필 집을 버리고 피할 필요가 있겠는가' 하였다고 합니다."[선조 25년(1592) 5월 3일]

*"서울의 시장 사람들은 태연하게 옮기지 않고 있다고 합니다." 상이 이르기를, "시장 사람들의 배반은 작은 일이 아니다....한 두 간인(奸人)이 한 짓이지, 어찌 모두 그랬겠는가?"[선조25(1592)-5-3]

⊙고관들을 살해하고, 의병봉기 계획을 왜군에 고발한 조선 백성들

*함경남·북도의 토병과 호수가 모두 관리를 붙잡고 배반하며 항복하였으므로 왜인들은 칼에 피 한 방울 묻히지 않고 점령하게 되었다.[선조25- 7-1]

*한인록과 문덕교의 아비가 의병을 일으키려 하자 대유가 적에게 고발하여 모두 살해 당하게 하였습니다. 가슴 아픈 일입니다.[선조25(1592)-9-5]

*"갑산의 토민(土民)이 혜산 첨사와 우후를 살해하였다 합니다." 하니, 상이 이르기를, "그렇다면 갑산은 왜적에게 함락된 것이 아니라 우리 백성들에게 함락된 것이다[선조25(1592)-9-5]

*생원 진대유는 두 딸을 왜추(倭酋)와 통사에게 아내로 주어[선조25(1592)-11-19]

*한극함이 적에게 아첨하여 두 딸을 주기까지 하였으니[선조26(1593)-5-15]

⊙음식을 마련하여 왜적을 맞이하던 조선 백성들

*고니시 유키나가(小西行長)는 병사들에게 조선인에게 절대 해를 끼치지 말 것을 엄격하게 지시했다. 그곳에 사는 1000명이 넘는

사람들이 시원한 물과 밥과 제철 음식을 가지고 성문으로 나와 일본 병사들을 초대했다. **수많은 무장 군인들 사이에서 어떠한 공포도 느끼지 않고 안전하게 있었던 조선인들은 자발적으로 일본군 병사들에게 손짓 하면서 더 필요한 것이 있느냐고 물으며 먹을 것을 제공했고 일본군들은 감탄했다** [포르투갈 선교사 루이스 프로이스의 '일본사']

*'박진'이 작원에서 패전하여 돌아올 적에....굶주려 수하의 여러 사람들과 더불어 민가로 달려 들어가니, 언양의 선비 세 사람이 막 음식을 성대히 마련하여 왜적을 맞이하려다가 진 등이 온 것을 보고 두려워 어쩔 줄 몰라했다. 진은 손수 그 선비들을 참수하였는데[선조25(1592)-6-28]☞박진은 훗날 중국 장수에게 구타당해 죽는다.

*제가 지나는 곳에서는 전하의 서명이 분명히 들어간 증서를 나눠 주고 있습니다. 조선 영주들은 농민들을 매우 가혹하게 대했기 때문에 이제 전하께서 그들을 인정과 관대함으로서 살피기로 하신 것에 그들은 기쁨을 감추지 못할 것입니다.[고니시가 풍신수길(豊臣秀吉)에게 보낸 편지]

⦿조선의 경제 규모

*비변사가 주둔 비용 문제로 명군 5천 명만 머물도록 청하자고 아뢰디. 비변사가 아뢰기를, "우리 나라의 전성기 때에도...(1년 예산중) 쌀은 14만 석이 되지 않습니다. 중국 군사 2만 명이 1년간 먹는 양식을....계산하면, 필요한 쌀이 12만 석이나 되고....상으로 호궤하는 은86만 냥은 포함되어 있지 않습니다."[선조26(1593)-8-10]
☞돈 없다며 중국군 2만 명을 5천 명으로 줄여 달라고 사정하고 있다.

◉중국군의 극심한 횡포

*중국군의 극심한 횡포를 보고하다. "중국 군사가 두려워하거나 거리낌이 없이 행패를 부리며 작란하는 작태가 날이 갈수록 더욱 심합니다.

말을 소유하고 있는 자에게도 쇄마를 요구하면서 여러 가지로 겁을 줍니다. 수령 이하 사람들은 목을 매어 끌고 다니기까지 하는데 주포를 바치지 않으면 그들의 노여움을 풀 수가 없으며 군량도 외람되이 받아다가 매매의 비용으로 쓰고….**조금만 그들을 거역하면 몽둥이와 돌멩이로 무수히 난타 당하는데, 맞아 죽은 사람이 매우 많습니다.** 그 밖에 상처를 입고 신음하는 형상은 하도 비참하여 차마 볼 수가 없었습니다."[선조26(1593)-9-6]

***중국 군사들이 마을에 출입하면서 재산을 약탈하고 부녀자를 겁탈하였으며, 소녀까지도 강간 하였습니다.**[선조31(1598)-8-1]

***박진**(朴晋,경상좌도 절도사)**의 사망은 중국 장수에게 구타를 당해서입니다. 죽은 뒤에 보니, 가슴뼈가 부러져 있었다 합니다.**[선조30(1597)-5-29]

*진린의 군사가 고을 수령을 함부로 때리고 욕하며, 찰방 이상 규의 목을 새끼줄로 매어 끌고 다니며 피투성이로 만드는 모습을 본 나는 통역관에게 그를 풀어주도록 했다. 그러나 그들은 말을 듣지 않았다. [유성룡의 징비록]

*중국인들은 거리낌 없이 인육(人肉)을 먹었다. 반란을 일으킨 이몽학·송유진은 신체가 5등분 되어 전국에 돌려졌고, 중국 장수가(이여송 추정-필자) 그 인육을 구운 뒤 한 그릇을 싹 비웠다. 그러면서 "중국인은 이것을 먹기를 꺼리지 않는다"며 그를 대

접하던 이충원에게도 먹기를 권했다. 이충원은 어쩔 수 없이 인육 한 점을 먹었다.[유몽인의 어우야담]

☞이몽학과 송유진의 난은 봉건왕조 타도를 기치로 봉기한 백성들의 거사였지만 결국 패배하고 모두 능지처참 당했다. 이몽학의 죽음을 아쉬워하는 민심이 '이몽학 설화'를 만들었고, 그는 영웅으로 그려진다. **봉건왕조 수호 의병과 타도 목적의 세력 중 누가 민중의 우군이었을까?**

⊙왜군과 함께 중국군에 맞서 싸운 조선 백성들

*양 총병이 **"그대 나라가 왜노는 철환과 장검만 쓴다 하였다. 그런데 중국 군사 중에 화살을 맞아 죽은 자가 매우 많은데, 왜 속였는가?"** 하였습니다. 신은 "중국 군사가 화살에 맞은 것은 까닭을 모르겠다. 아마 사로잡힌 우리나라 사람이 발사한 것일 것이다." 하였더니 [선조25(1592)-12-20]

*낙상지는 성에서 던지는 돌에 부상을 당하였고...참장(參將) 이방춘도 왼쪽 목에 화전(불화살)을 맞아 독기가 쌓여 온 몸에 종기가 나서...[선조26(1593)-1-24] ☞활과 돌은 조선인의 것이며, 침략 전 피지배층과 교감이 있었을 공산이 크다. 일본은 백성들의 굶어죽음을 알았을테니 쌀을 나눠 준 것이고, "왜군은 얼레빗 중국군은 참빗"(왜군은 조금 빼앗고 중국군은 다 빼앗는다)이라는 말이 있듯이, 백성들을 이 잡듯이 털어간 것은 중국군이며, 왜군도 보급선이 이순신에게 격침당해서 자기들도 굶게 되니 백성들을 약탈하기도 했을 것이다.

한국사 사기 교육은 왜군이 우리 백성들 100만~200만 명 죽였다고 가르치지만, 저항세력 외에 애먼 백성들을 학살할 이유가 없고, 실록은 자기들이 쓰는 것이니 "왜군이 마구 죽였다"라고 부풀릴 공산이 큰데도 학살 주장은 찾기 힘들다.

백성들 대부분은 왜군과 함께 조선 왕조·중국에 맞서 싸운 것이다. 글을 몰라 기록으로 남기지 못했을 뿐이다.

민중의 진짜 우군은 한국사 교과서가 악당이라고 교육 시키는 세력일 수도 있다. 민중의 적은 승자에 의해 영웅화 되는 것이고...

◉왜군이 붙여 놓은 방(榜)

*적의 방을 보니 '백성들은 남자는 보리를 거두고 여인은 길쌈을 하면서 각기 가업을 돌보라. 법을 범하면 극형에 처하겠다.-천정 2년 시중 평의지'라고 서명했다 합니다. 또 '우리는 너희 나라를 미워하는 것이 아니라 중국을 치려고 하는데 너희 나라가 말을 듣지 않기 때문에 치는 것이다.' 하였다 합니다." [선조25(1592년)-5-10]

◉왜군이 조선인들을 다스리는 모습

*우리 나라 사람으로서 투항한 자들을 왜적이 분류하여 둔락(屯落)을 만들고 투항한 자를 둔장(屯長)으로 삼아 기올(其兀)이라고 명명하는데, 이것은 우리 나라의 권농관(勸農官)과 같은 것으로서 각 둔락에 잡혀 와 있는 백성들을 주관하게 한다고 합니다.

하나의 둔락에 왜적 수십 명을 섞어 두었는데, 기올이 올 적 마다 왜장이 대우를 극진히 하고 음식을 장만하여 대접하는가 하면, 출입할 때에는 적마 미립(赤馬尾笠)을 쓰고 두 마리의 말이 끄는 수레를 타기 때문에 의젓한 관원의 모양이고, **비록 왜인이라 하**

더라도 그 둔락 내에 있는 자는 모두 기울로 하여금 다스리게 하므로 왜인도 두려워한다고 합니다.[선조27(1594)-1-26]

☞조선 왕조가 통치하는 지역의 굶어 죽는 참혹한 모습들은 임진왜란 전후 장기간에 걸쳐 나오는데, 왜군이 통치하는 지역과 관련한 보고의 어디에도 굶어 죽는 모습은 없고, 대체적으로 평온한 모습으로 보고 된다. 만약 왜군 통치 지역의 백성들도 굶어 죽고 있다면, 당연히 기록 했을 것이나 그게 없다는 사실은 왜군이 자기들 통치 지역에서 만큼은 조선 백성들의 굶어 죽음을 극복시켜 주고 있었음을 뜻한다. 이 점도 조선 백성들이 조선 왕조와 왜군 중 어느 편에 섰을지를 추정케 한다.

*피난 갔던 백성들이 돌아와서 마을과 시장이 꽉 차고 적과 서로 섞여서 장사했다. 적이 백성들에게 신분증을 휴대하게 하고 성문 출입을 금하지 않았다.[류성룡 임진록]

⦿의병의 진실, 그리고 조선 왕조의 진짜 주적은...

*평양이 함락될 당시 성 위에는 이미 한사람도 없었습니다...백성들이 난을 일으켜 관리들이 모두 흩어졌습니다.[선조25(1592)-6-26]
*공격하여 섬멸하는 사람은 없고, 백성들은 적에게 빌붙으니...김진수·김만수·황하수 등 세 사람을 의병장으로 정하라. 또...적에게 빌붙은 사람이라도...죄를 논하지 말 것이며, 혹 적을 체포하는 사람은...[선조25(1592)-7-29]
*(의병을 모집해도)아랫 것들은 오히려 왜군을 환영해서 걱정이다.[쇄미록]
*권율의 장계를 보니 '의병은 이미 활용할 수 없고 양호(兩湖)도

계속해서 원조하지 못한다.'고 하였다. [선조26(1593)-1-5]

*격문을 보내 의병을 규합하였으나 응모하는 사람이 전혀 없고. [선조26(1593)-8-2]

*"중국 군사에 대한 지대(支待)가 어쩔 수 없음을 백성들이 알더라도 변란이 없을 거라 말할 수 없다. **중국 장수가 들어간 뒤에 대중을 모아 거사하는 무리가 있다면 방어할 수 있겠는가? 백성의 원망이 극에 이르렀으니...나라 밖 적이 무서운 게 아니라 안에서 일어날 화가 염려된다.**" [선조32(1599)-2-2 선조]

*선조-신하들과의 논의. [선조33(1600)-1-29]

선조(이연):서적(여진) 뿐만 아니라, 경내(境內)의 도적도 우려하지 않을 수 없다.

이항복: 중국군이 철수하면 수백 명의 토적도 주군(州郡)에서 체포할 수 없습니다. **소신이 갑오년에 호남에 갔었는데...한 걸음만 잘못되었어도 큰 변을 당할 뻔하였습니다...사람마다 도적이 되었기 때문에...토적을 토벌했는데도 고부가 다시 포위되었습니다.** 관군이 토벌하였으나 번번이 패퇴했었습니다.

선조:중국군이 철수하면 경성 40리 치첩 또한 지킬 수 없을 것이다.

이산해: 중국군이 철수하면 토적이 우려 됩니다. 이들이 만연되면 도모하기가 어려우니 계책을 써서 제거하도록 감사에게 은밀히 해서 하소서.

선조: 다른 도에도 있는가?

이항복: **전라도가 제일 걱정됩니다.**

☞좌파 학자들의 강연을 보면, "왜놈들이 가는 곳마다 조선 백성들

을 다 죽였다"는 거짓말과 함께, 우리민족, 특히

전라도 민중이 의병을 일으켜서 나라를 구했다고 떠들지만, 조선 조정은 전라도 주민들을 더 걱정하고 있다.

당신이라면 당신을 노예로 부리며 굶겨 죽이는 지배층을 돕겠는가? 선조26년(1593)1월 왕에게 보고된 각 도의 병사들은 총 172,400명이며, 그 중 의병은 전체의 7.9%인 13,900명이며, 경상 6,000명, 충청 5,000명, 경기 2,600명, 평안 300명이고, 전라,강원,함경도는 의병이 보고되지 않고 있다.

*전라도의 의병은 혹자는 70여명을 혹자는 20~30명을 거느리고 각 고을에 흩어져 있는데, 이름만 있을 뿐 실적이 없습니다.[선조31(1598)-1-21]
*곽재우는...집안이 부유하였는데...불손한 말을 많이 하니...'미친 도적'이라고들 합니다. 그러나...이런 사람을 잘 쓰면 도움이 있을 것이기에...**재우는 그 아비가 북경에 갔을 때에 황제가 하사한 붉은 비단 철릭을 입고서**.[선조25(1592)-6-28]

☞'홍의장군'으로 유명한 대표적인 의병장 곽재우는, 기득권 양반이기 때문에, 중국 황제가 준 '붉은 옷'을 입고, 기득권 수호와 중국 중심의 성리학적 질서 유지를 위해 싸운 것이다.

의병장 모두가 양반 지배층인 것은 그 때문인데, 한국사교과서는 국민 따위는 관심 없고, 오로지 봉건지배층 편이다.

*이순신이 조정을 기망한 것은 임금을 무시한 죄이고, 적을 놓아주어 치지 않은 것은 나라를 저버린 죄이며, 심지어 남의 공을 가로채 남을 모함까지 하며 방자하니 죽여야 마땅하다.[선조30(1597)-3-13]

☞반란과 의병을 구분하긴 힘들다. 의병도 세력이 커지면 왕권을 노릴 수 있고, 도적떼 두목도 규모가 커지면 왕이 되는 것이다. 선조가 일각의 보고만 듣고서 의병장 김덕령과 이산겸 등을 죽인 것도 그 때문이다.

그 당시는 '우리나라'니 '우리민족'이니 하는 공동체 의식이 있던 시대가 아니며, 대다수가 노예였던 백성들이다.

그런 사람들이 민족 국가를 지키기 위해 의병 항쟁을 했다는 한국사 교과서의 거짓말은 애들 수준의 코미디다.

백성들은 굶주리다 못해 지배층을 무너뜨리기 위한 봉기를 하는 게 상식이지, 누구 좋으라고 그 따위 나라를 지키는가?

자기를 노예로 부리며 굶겨 죽이는 노예 지배층을 위해주려고?

*일부 궁핍한 조선인들은 일본인처럼 삭발하고 일본인인 양 가장해 같은 국민을 위협하고 약탈했다[포르투갈 선교사 루이스 프로이스의 '일본사']

⊙ **대다수의 백성들에게는 실패한 노예해방전쟁 이었던 임진왜란**

국민이 살만한 나라라면 나라를 지키려 들겠지만, 인권 말살과 굶어죽음의 노예제 나라, 지배층만의 나라를 지킬 이유가 없다. 만약 북한이 비슷한 상황이 된다면 북한 인민들은 의병 항쟁이 아니라 김정은을 죽이려고 난리가 날 것이다.

임진왜란도 동일했던 것이다.

*이순신(李純信)이 적에 빌붙은 인민들을 효수하였음을 아뢰다. 남해 인민들이 적에게 빌붙어 서로 통하면서 향도 노릇을 하였

습니다. 그중에서도 도장이라 칭하는 정육동과 권농이라 일컫는 정기생은 소서행장이 회군했을 때 인민들을 거느리고 주육(酒肉)으로 맞이하여 절을 하였습니다."[선조31(1598)-12-22]

*전라 우수사 이시언이 치계하기를,"해남·강진·장흥·보성·무안 등의 고을은 인민이 거의 다 적에게 붙어 사족(양반지배층)의 피난처를 일일이 가르쳐 주어, 거의 다 살육되었습니다.

해남의 노직 향리 송원봉과 가속 서리 김신웅 등은 혹은 좌수라느니 별감이라느니 하면서…사람들을 살육하였으며…

사노(寺奴) 심운기는 이방…사노 다물사리·줏돌이 등은 도장(都將), 사노 윤해는 각처의 정탐, 사노 언경은 응자 착납으로 각각 차정하여…성의와 힘을 다하여 왜노에게 아양을 떨고…

흉악한 짓을 다 하였다고 합니다.

때문에…송원봉과 인세·윤해와 언경은 부대시참으로 효시해 백성들에게 국법이 있음을 알도록 하고"[선조30(1597)-1-1]

☞왜군과 함께 지배층과 싸웠던 '민중들의 노예해방전쟁'이 끝나갈 무렵, 선조에게 전해진 장계로서, '저항했던 백성들에게 복수 하겠다'는 소리다. 왜군과 함께 조선 왕조와 중국군에 맞서 싸웠던 조선의 많은 백성들 중 상당수가 왜군과 함께 일본으로 도피 했고, 왜군과 함께 건너갔던 조선인들 중 상당수는 왜군에 편입되어 훗날 정유재란의 재침략 군대와 함께 오기도 했다.

정유재란 때 왜군과 함께 온 조선인들은 자신들을 '침략군'이라 여겼을까, '노예해방군'이라 여겼을까?

광화문 광장에 서 있는 이순신 동상

왜군과 함께 일본으로 건너갔던 10만 명 중 대다수는 종전 후 쇄환사를 보냈을 때도 돌아오지 않았고, 돌아온 사람은 6323명에 불과했다. 인간의 도리는 생존이 보장 될 때 가능하다. 백성의 피를 빨아 굶어 죽는 세상을 만들고, 무지와 가난을 조장하면서 인의예지를 외치고 가치와 도리를 읊조리는 것은 기득권 수호 술수에 불과한 위선이다. **죽음의 위협 앞에 자식을 내버리고 사람을 잡아먹는 인간 이하의 백성들을 만든 것은 지배층이고, 이 땅의 민중들은 왜군과 함께 그 지배층에 맞서 싸운 것인데, 한국사 교과서는 이런 진실을 철저히 조작하며, 민중의 원수들이 승리한 것을 열렬히 기뻐하는 바보 국민으로 만든다.**

패주하는 왜선에는 조선인과 왜군이 약 절반씩 채워졌었는데, 도피하던 노예들 중 상당수는 이순신의 공격에 왜군과 함께 희생 당했다. **'봉건지배층 중심주의'의 한국사 교과서에 의하면 우리나라**(봉건왕조)**가 중국과 함께 반역자 백성들과 왜군을 물리친 전쟁이지만, 백성들의 관점에서는 자유와 인권을 찾기 위한 처절한 투쟁이었고, 인간해방 목적의 '생존투쟁'이었고, '실패한 노예해방 전쟁'이었다.**

민중들은 '지배자 행복' 중심의 '민족'따위에는 관심 없었고, '인민 행복' 중심의 '자유와 인권'을 위한 노예해방 전쟁에서 패전한 것이다.

임진왜란은 [조선 백성+일본 vs 조선 지배층+중국] 구도의 전쟁이었다. 백성들이 중국과 중국의 졸개였던 조선 지배층을 당해내지 못한 것이다.

한국사 속에는 봉건 지배층만 있을 뿐 국민 따위는 없다. 국민이 패배했기 때문이다.

만약 조선 민중들이 이순신과 중국의 방해를 극복하고 봉건왕조를 무너뜨렸다면, 노예 해방과 국민주인의 세상이 빨리 왔을 것이지만, 거대 전쟁에서 패했기 때문에 국민이 주인인 세상은 500년 넘도록 영영 오지 않았던 것이다.

한국사 교과서는 이순신 장군이 나라를 지켰다고 사기치는데, 이순신은 박정희가 정치적 목적으로 띄운 인물이며, 그는 지배층 관점에서만 구국의 성웅일 뿐, 노예제 사회의 고통으로부터 자유와 인권을 갈구하던 대다수의 인민들에게는 굶어 죽음과 노예제의 생지옥을 연장시킨 노예해방의 방해꾼이었다.

역사는 이렇게 관점에 따라 완전히 달라지는 것이다.

이순신은 성웅이 아니다. 민중들이 그런 나라를 지키겠다고 싸울 이유가 무엇이며, 노예제 생지옥을 수백년 연장시킨 이순신이 어찌 구국의 성웅일 수 있는가? **도대체 민족과 봉건 권력이 뭐길래 인간의 자유와 인권과 생존보다 중요하단 말인가?**

그런 바보 국민을 만드는 민족주의 세뇌 교육이 과연 옳은가?

봉건 왕조가 망하면 새로운 나라가 생긴다.

마땅히 무너뜨렸어야 할 나라를 지켜버렸기 때문에 6천만 명의 민중들이 굶어 죽은 것이다.

진짜 영웅들이 패배했기 때문에 사이비 영웅이 생겨난 것이다.

국가의 주인은 민족도 지배층도 아닌 국민이며,

한국사 중에서 가장 불행한 사건은,

중국 황제의 졸개에게 강점 당한 조선의 건국이고,

두번째로 불행한 사건이 바로 '임진노예해방전쟁'의 패배다.

혹시 죽임 당한 '다물살이'와 '줏돌이'가 우리 조상은 아니었을까? 우리는 우리 조상을 노예로 부렸던 자들의 편에 서서 우리의 진짜 조상들과 그들의 우군을 욕하는 것은 아닐까?

아무리 국민의 원수여도 그들이 장기 지배하게 되면 국민들은 그들을 숭배하며 살게 된다.

의식 있는 사람들은 죽임 당하고 국민은 바보로 길러지기 때문이다. 조선 말에는 심지어 난을 일으킨 백성들조차 충군애국(忠君愛國)을 외칠 정도로 백성들은 바보가 되어 있었다.

⊙국민들이 진실을 알고 교훈을 얻어버리면 절대 안되는 나라

백성들이 패배한 이유는 지배층의 농간에 속아 분열되었기 때문이다. 선조가 〈중국군과 함께 일본을 정벌할 것이니 백성들은 경거망동 말라. 왜군의 수급을 베어 오면, 면천과 벼슬도 줄 것이고, 왜군의 편에 서면 죽음을 면치 못할 것이다〉라는 취지의 회유와 협박에 속 거나 굴복한 백성들에 의해 '노예해방전쟁' 전열이 무너지고 분열

되었다. 그 회유에 속은 많은 백성들이 의병에 합류했고, 그 동안 사이좋게 잘 지내다가 갑자기 돌변한 백성들에게 죽임당한 왜군들도 무슨 영문인지 모르고 죽었을 것이다.

그리고 자신들을 죽이려는 백성들을 역시 죽였을 것이다.

*왜적을 참한 자는 급제로 인정하는 일을 논의하라고 전교하다.[선조25-12-15]
*왜적에 부역한 백성에게 면사첩(免死帖)을 주는 일을 논하다.[선조26(1593)-1-23]
*왜적에게 부역한 백성들의 귀순을 효유하는 방안을…완악한 백성들이 복종할 리 없을 듯하다. 그러나…왜적을 베어가지고 오면…[선조26(1593)-2-8]

당시 왜군은 적군을 죽이면 코를 베어서 그 증거로 남겼고, 조선인들은 적의 목을 베어 수급(머리)을 보관했는데, 결국 둘 다 괜한 짓으로 끝났다. 풍신수길은 죽고, 조선 지배층은 전쟁에 승전하자 지난 약속을 헌신짝처럼 버렸기 때문이다. 조선 민중들이 노예 지배층을 축출할 마지막 기회를 분열로 인해 날려버리고 예전처럼 굶어 죽는 노예제 생지옥으로 회귀한 것, 이것이 조선 민중의 뼈에 사무친 한이었다.

백성들의 그 한 때문에, 병자호란 때에는 백성들 중 누구도 의병을 일으키지 않는다. 백성들은 일본 대신 중국이라도 지배해주길 원했던 것이다. 중국군의 침략을 방관했다는 게 증거다. 민중의 적은 일본도 중국도 아닌 조선 지배층이었던 것이다.

이렇게 진실을 알아야, 사실 기반의 교훈을 얻을 수 있는데, '김일성 주사파 진보진영' 즉 '종북·친중파'가 장악한 학계·교육계·정치계의 '국사거짓말 교육'은 국민이 교훈을 얻을 기회를 원천 제거해 버린다.

⊙침략과 주권침탈은 무조건 악일까?

한국사 교육은 '침략은 나쁜 것이고 주권 침탈은 악행'이라고 가르칠 뿐, 침략과 주권 침탈에도 양면성이 있음을 가르쳐주지 않는다. **국가가 없는 한 마을의 어떤 가장이나 촌장이 거대한 울타리 속에서 자기 가족을 굶기고 잔인하게 죽이고 가혹행위를 한다고 쳐보자. 여기서 인근의 어느 유력자가 그 집 문을 부수고 쳐들어갔다면, 침략은 맞지만, 그 가족들이 반겼다면 그 침략자는 오히려 구원자가 된다.** 국가 간의 문제도 이와 같다. 국민에게 있어서는 주권보다 인권이 더 우선이며, 이는 불변의 국제법적 원리다. **그러나 한국사 교과서는 국민의 인권보다 지배자의 주권이 우선이다. 국민보다 지배자를 상위에 놓는 한국사 교과서의 기본 철학부터가 틀렸다는 것이다.** 그 비뚤어진 철학의 교육 때문에 오늘의 국민 분열이 있는 것이다.

⊙임진왜란, 일본의 최대 실착

일본이 조선을 침략하기 전에 조선의 사정을 염탐했을 것이고, 조선의 굶어죽는 노예제 참상들을 알았을 것이다. 때문에 조선 인민들에 대한 연민과 책임감도 느꼈을 수 있다.

그러나 일본은 명분을 잘못 내걸었다. **만약 일본의 '임진왜란'의 명분이 '정명가도'**(征明假道,중국 정벌의 길을 비켜달라)**가 아니라 '인민해방' 이었다면, 적어도 조선인 거의 모두의 지지를 얻어 조선 만큼은 통일했을 공산이 크고, 조선을 통일한 후에 조선인과 손잡고 중국을 통일하여, 아시아 통일까지 달성 했을지도 모른다.**

그리 되었다면 우리는 통일아시아의 국민으로 태어나 살게 될 뿐이다.
**멀쩡히 잘 사는 사람들을 침략해서 학살하고 빼앗는 공산주의 진보세력식 '인민해방' 말고, 당시는 진짜 인민해방이 필요한 때였으며, 명분만 좋았다면 일본은 승리했거나,
설령 패했더라도 침략의 정당성을 말할 수 있었을 것이다.
"전쟁은 패했지만 방향은 옳았어" 라고...**
그러나 중국 정벌을 내세웠기 때문에 중국의 개입은 필연이 된 것이다.
당시의 중국은 조선 전쟁에 참전할 여력이 없었는데,
필승의 구도를 위해 '니들은 안칠게 걱정 마' 라는 모션을 취하지 않은 게 패착이라는 것이다.

6.25 전쟁을 보자. 전쟁의 본질은 지배권 확대를 위한 사람 죽이는 침략전쟁일 뿐이지만, 구호를 '민족해방전쟁'이라 내걸었다.
구호만 그럴듯 하면 현혹 당하는 그룹이 생긴다.
심지어 지금까지도 남한 내부에 6.25 민족통일 전쟁이 미국 때문에 실패했다고 믿고, 김일성의 실패를 아쉬워 하는 종북 수구 진영이 득세하는데 단지 구호 하나 때문이다.

임진왜란은 명분이 틀렸기 때문에 실패했고, 두고두고 나쁜 전쟁이 되어버렸다. 일본의 최대 실착은 '캐치프레이즈'를 잘못 내걸었다는 것이며, 노예로 굶어 죽던 조선 민중에게는 생지옥을 벗어날 마지막 기회였는데도, 민중이 분열되어 자신들이 살아날 마지막 기회를 날려버렸다.

⊙국민 바보 만들기 목적의 한국사 교과서

'한반도의 정복자' 조선왕조는 그 후 300년 넘게 민중들을 짓밟았고, 그 후 100년이 더 지났건만, 낡은 사대부정신 하에 책상에 앉아야만 좋은 것인 줄 알고 이공계를 천시하는 사농공상의 인습, 미신숭배, 인간숭배(지역맹주,김씨왕조), 유교망령, 지역감정, 악당을 만들어서 정당성을 조작하는 낡은 민족성, 봉건 지배층을 숭배하는 무개념 등등이 곳곳에 잔재로 남아 있고, 학계와 교육계를 장악한 역사·정치사기꾼들의 역사 날조 교육 아래, 대다수의 국민들은 누가 적인지를 분별할 능력마저 상실해 버렸다.

'진보진영' 주류 세력인 NL계열의 '김일성 주사파' 운동권 세력은 '역사는 자주권 수호를 위한 투쟁사'라고 사상교육 받았겠지만, 그것은 임진왜란 조작극 기반의 거짓말이다.

'자주권'이니 '민족자주'니 하는 소리는 '지배자 행복 중심주의'인 민족주의의 말장난일 뿐, 민중들은 어느 민족이 지배자인지에는 관심 없었고, 인민이 행복한 세상이냐 아니냐가 중요했다. 우리민족 지배층이냐 아니냐보다 좋은 나라냐 나쁜 나라냐, 못된 지배층이냐 아니냐가 더 중요했던 것이다.

조선 백성들이 일본의 편에 서서 조선 왕조와 싸운 이유가 무엇일까? 일본의 편에 섰던 대다수의 조선 백성들은 국가와 민족의 반역자인가? 백성들은 중국 황제의 졸개에게 정복당한 노예일 뿐이었고, 그들에게 있어 중국의 졸개 조선 왕조는 정복자·압제자에 불과했던 것이다. 그들은 인민을 노예로 부리는 나쁜 나라는 무너뜨려야 함을 알고 있었고, 일본과 함께 이루려던 '노예해방전쟁'이야말로 '자주적 선택'인 것이다.

인간 삶의 목적은 행복이고, 이를 위한 기본 조건이 '자유와 인권'이며, **자유와 인권을 말살하여 국민을 노예로 지배하는 흉적은 외세가 아니라 내부의 봉건 정복자 세력임을, 좌파는 지금도 깨닫지 못**하지만 당시의 똑똑한 조선 백성들은 알았던 것이다.

충무공 이순신 상
동아대학교 박물관 소장

이순신의 수군을 제외하면 이겨본 전투가 없는 이유가 무엇일까?
수군은 조총보다 유효사거리가 긴 화포가 있었기 때문에 조총 사거리 밖에서 화포만 쏘면 쉽게 이겼고, 한 배를 탄 이상 모든 병사들은 싸울 수 밖에 없었지만, 육상의 병사들은 싸울 이유가 없었던 것이다. 누구 좋으라고 그 따위 나라를 지키는가?

왜군과 함께 일본으로 건너간 10만 백성 대부분이 본국 송환을 거부하고 일본인으로 남은 이유도, 이미 16세기에 노예제가 사라진 일본에서 자유와 인권을 보장받는 삶을 사는 것이 훨씬 더 나았기 때문이다. 우리는 임진왜란의 승전을 나라 지킨 것이라 교육 받지만, 그것은 봉건 지배층 중심주의의 사기 역사다.

⊙ 토착왜구 코미디극과 바보들의 합창

좌파 진영이 흔히 쓰는 단어 중에 '토착왜구'라는 신조어가 있다. 북한에서 만든 이 말은 좌파 진영에서 우파를 비난할 때 흔히 쓰고 있으며, 이런 단어는 좌파의 무식함을 드러내는 단어 중 하나다.

왜냐하면 왜구는 고려의 일본 침략과 양민 학살로 인해 생겨난 복수전 성격의 그룹이며, 여몽연합군의 침략 후 수십년 간 들끓던 세력이다. 우리 입장에서는 침략자라 볼 수도 있지만 그들로서는 침략과 학살에 대한 응징과 보복 성격의 세력으로서 나름 정의감을 가진 세력이다.

만약 우리가 타국에게 그런 일을 당했을 때 우리 국민들 중 일부가 복수전 성격의 무장 봉기를 했다면 그들을 비난할 수 있는가?

한국사 교과서는 임진왜란만 진실을 조작해서 가르칠 뿐, 그 이전에 선제 침략했던 고려의 일본 침략에 대해서는 알려 주지 않는다.

내가 먼저 때린 것은 빼고 맞은 것만 왜곡해서 가르치는 것이다.

한국사 교과서가 대부분 이런 식이다.

때문에 우리 국민들은 일본이 먼저 침략한 것인 줄로만 아는데, 왜구라는 존재가 바로 고려의 침략으로 인해 생겨난 세력이며, 토착 왜구를 운운한다는 것은, 우리의 선제 침략을 오히려 드러내는 행위다.

토착왜구를 운운하는 바보들은 100%가 좌파일 것이다.

그 단어를 만든 것은 왜구는 악당 ☞ 일본은 악당 ☞ 우파는 친일파 ☞ 우파는 악당 이라는 등식을 만들 목적이지만, 좌파는 그런 단어를 사용 함으로 인해 무식함을 자랑하고 다니는 꼴이 되었다.

⊙침략전쟁이 일어나는 이유와, 침략전쟁을 없애는 방법

침략전쟁은 봉건 왕조나 공산주의 등의 독재 사회에서만 발생한다. 극소수의 독재자가 주인인 나라, 전쟁 승리의 과실만 누리는 독재자가 결정권을 가지는 나라는 침략전쟁이 일어나기 쉽지만, **자유민주주의 사회에서는 침략전쟁이 일어날 수 없는 것이다.**
특히 자유민주주의는 공산주의와 달리 악당을 만들어서 빼앗자는 마인드가 아니므로 더더욱 침략 전쟁은 있을 수 없다.

임진왜란의 본질은,

일본을 정복한 조폭 두목이, 조선을 지배하는 조폭 두목의 지배권을 빼앗으려 일으킨, 조폭 두목 간의 지배권 패싸움이다.

조폭 두목의 말 한마디면 전쟁이 일어나는 시스템이다, 특히 상대 두목이 피지배층을 너무 못살게 구는 상태이므로,

'**내가 들어가기만 하면, 상대 두목에게 시달리던 사람들이 죄다 나에게 붙겠지**' 라는 기대가 있었기 때문에 벌어진 일이다.

조선을 염탐한 첩자가 그리 보고했을 것이다.

침략 전쟁은 조폭두목 멋대로 하는 시스템 때문에 생긴다.

그런데 피지배층 입장에서는 어느 민족 조폭 두목이냐가 중요한 게 아니고, 어느 놈이 더 나쁜 놈이냐가 중요한 것이다.

피지배층 입장에서는 자신의 이익 관점에서 '최악만큼은 피하자'라고 여길 수 밖에 없고, 자신에게 조금이라도 더 나은 조폭 두목의 편에 서서 더 나쁜 놈과 싸울 수 밖에 없다.

하지만 우리의 교육은 이런 기본적인 전쟁 발발의 메카니즘 등, 국민이 꼭 알아야 하는 본질적인 내용은 숨기고, 임진왜란을 마치 현

재의 일본 국민들이 우리 나라를 침략한 것처럼 인식 시키는 국사 사기 교육을 자행하니, 국민들은 이를 믿을 수 밖에 없다.
교과서에 적어서 대 놓고 사기치는데 안넘어갈 장사 있을까?

임진왜란시 대다수의 백성들 입장에서는 조선 조폭 두목이건 일본 조폭 두목이건 어차피 조폭 두목들일 뿐이므로, 사악함이 입증된 기존 조폭 두목 보다는 새로운 두목으로의 교체를 원했기 때문에 왜군과 함께 조선 왕조와 싸운 것이다.
그리고 훗날 병자호란 때 아무도 의병을 일으키지 않은 이유도 중국 조폭이라도 지배하면 지금보다는 나을 거라는 기대 때문이었다.
하지만, **우리는 기존 조폭 권력을 '우리민족'이라 갖다 붙여서, 우리 민족이 나라를 지킨 거다. 라는 거짓말 세뇌교육을 한다.**
그런 사기교육에 의해,
한국인들은 침략 전쟁을 없애는 방법이 무엇인지조차 모르고,
'우리를 침략했던 일본은 악당' 식으로만 단세포적으로 인식하며,
누가 적인지조차 분별할 줄 모르는 바보로 사육 당한 것이다.

⊙우리는 무엇을 바라보고 무엇을 지향해야 하는가?

국가라는 조직은 국민으로 하여금 무조건 자기 나라를 위해 싸워야 한다고 교육 시켜야 할 필요가 있고, 국민이 딴생각 못하게 통제할 필요도 없는 것은 아니다.
때문에 '우리 나라는 좋은 나라, 우리 민족은 위대한 민족이야' 라는 주입 교육을 해야 할 필요성도 없는 것은 아니다.
'우리의 역사는 찬란해' 라고 믿는 게 정신 건강에 나을 수도 있고,

'그런 찬란한 민족인데 침략을 당해서 우리 민족이 뭉쳐서 나라를 지켰어' 라는 거짓말 교육도 필요한 면이 있겠지만,

그런 교육이 악용 당해서 우리 국민의 미래를 파괴하고 있다면, 가짜 국사를 버리고 진실된 국사를 알아야 하는 것이다.

국사나 민족사가 아닌 '인간사(人間史)'의 관점에서 세상을 볼 수 있게 되면, 인간이 행복한 사회냐 아니냐가 중요함을 깨닫게 되고, 국가도 민족도 인간 행복을 위한 수단일 뿐이라는 인식에 이르게 될 것이다.

'민족'보다 인간의 자유와 인권이 보장되는 세상이 중요하며, 이를 위해 **국가는 붙일 수도, 쪼갤 수도, 버릴 수도 있는 수단일 뿐이다.** 그러나 우리의 교육이 이를 가르쳐주지 않으니, 국민들은 '자유'의 소중함을 모르고, '자유'보다 '민족'이 더 중요하다는 착각까지 한다. 그러니 국민을 노예로 부리며 굶겨 죽이는 봉건 권력을 보면서도 '북한의 인민해방'조차 외치지 못하는 바보 나라가 된 것이며, 인민이 생지옥이 된것을 '민족해방'이라 믿는 무리들까지 많은 것이다.

한국사는 국사가 아니라 군사(君史)이고,

'봉건지배층 중심주의' 역사이며,

'임진왜란 날조극'은 한국사 교과서의 거짓말 중 1%에 불과하다.

이제라도 가짜 국사를 버리고,

'인간사(人間史)'를 기준으로 세상을 보자.

그것이 어둠의 세력에게

우리의 미래를 희생당하지 않는 첫걸음이다.

11. 역사 조작의 나라 한국의 명성황후 사기극

드라마 영화 뮤지컬 등에서 "화려한 외교술과 뛰어난 지략을 가진 위대한 철의 여인"으로 그려지고, "내가 이 나라의 국모다"라고 호통 치며 일본 낭인에게 죽는 것으로 나오는 명성황후(민비) 이야기는 어디까지가 진실일까?

⊙명성황후에 대한 외국인과 유명인들의 기록

*대원군이 10년 동안 쌓아놓은 국부를 민비가 1년만에 탕진했다.[매천야록]

*사치는 부릴대로 부리고, 주변의 관직은 자기네 일족에게 나눠주고, 고종의 시야를 차단해서 민생을 살필 생각조차 않는다.[헤세 바르텍]

*민비는 질투심에 고종이 관계한 여자들을 많이 죽였다.[조선왕국의 운명: 독립인가, 러시아 또는 일본인가, 빌타르 드 라퀘에리 1898]

*한국은(민비는) 귀신을 위해 매년 250만 달러를 허비한다.[영국의 지리학자 이사벨라 버드 비숍]☞1896년 한국의 수출액이 473만 달러, 수입액은 654만 달러 때의 일이니, 총 수출액의 절반액을 귀신에게 바친다는 얘기다.

*"그 영리하고 이기적인 여인이 미신 섬기는 것의 반만큼이라도 백성을 섬겼더라면 그녀의 왕실은 안전했을 것"[윤치호]

*민비의 척족인 민형식 개인이 치부한 금액만 70만냥, 국가 예산의 7분의 1이다, 그들의 부정부패는 이루 말할 수 없었다.[KBS1 역사저널 그날]☞1895년 국가 세입이 480만냥인데 그 중의 14.3%다.

*대원군 시절 당백전과 경복궁 중건 등으로 백성들의 원성이 컸었다. 그런데 민비가 권력을 잡자 백성들이 처음에는 기뻐하다가 결국 대원군을 크게 그리워했다. 왜냐하면 대원군이 덕이 있어서가 아니라,

민비 척족의 수탈이 그와 비교도 안될 만큼 컸기 때문이다.[매천야록]

*백성들이 우리나라 왕비가 왜놈에게 죽었으니 슬퍼해야 하는 건지 못된 왕비가 죽었으니 좋아해야 하는 건지 혼란스러워 한다[황현의 '매천야록']

*명성황후는 내 결혼식에 축의금으로 무려 100만 냥을 보내줬다.(1889년) 당시 웬만한 부호의 유동자산이 3천냥 정도였다는 사실로 볼 때 이 액수는 엄청난 것이었다. 나는 아라비안나이트의 주인공이 된 기분을 느꼈다.[릴리아스 언더우드, 조선견문록]

☞정부 세입의 20%를 외국인 의사에게 바친 것이다.

*프랑스의 마리 앙투아네트는 국가예산의 3%를 탕진했다. 그러나 민비는 그보다도 훨씬 못된, 세계 역사상 가장 나쁜 왕비다.[개화파 신각자 유길준]

◉국모라고 추앙 받는 명성황후의 진실

진보 간판의 좌파가 '국모'라고 떠받드는 민비, 그런데 민비는 대부분의 민란을 유발시킨 '온 백성의 적'이었다.

1874년 대원군을 축출한 민비는 대부분의 벼슬자리를 260명의 민씨 척족으로 채웠고, 매관매직, 즉 관직을 팔아 돈을 챙겼는데 벼슬을 산 탐관오리들로 인한 수탈은 극에 달했다. 그래서

"이렇게 굶어 죽을 바에는 싸우다 죽겠다"며 들고 일어난 것이 조선말의 '임오군란', '동학농민봉기' 등 수많은 민란들이었다.

민비가 권력을 잡은지 9년 만에 국고는 거덜나 있었다. 관리들은 대부분 5년 이상 봉급을 못받았고, 구식군대 병졸들은 절반 이상 정리해고 했는데도 13개월이나 급료를 받지 못했다.

공무원이자 직업군인이었던 군졸들과 가족들이 많이 굶어 죽었고, 그래서 난을 일으킨 것이다. 임오군란 병력은 불과 1~2천 명 안팎인데, 그들에게 줄 쌀조차 없어서 난을 자초한 것이다.

다른 사람도 아닌 공무원들을 그리 굶긴 것이다.

민비는 두살배기 아들을 세자로 만들기 위해 청나라에 엄청난 뇌물을 바쳐 세자 책봉을 받았고, 무당을 궁으로 데려와 온갖 굿판을 벌였다. 자칭 관우의 딸이라는 무당에게 빠져 왕자 급 작위인 '진령군'에 봉할 정도였고 그녀에게 내린 금은보화가 무수하였다.

진령군의 말 한마디에 의해 관료들이 임명되기도 하고 쫓겨나기도 했다.

민비는 전국에서 푸닥거리를 벌여서 금강산 1만2천봉의 봉우리마다 돈 1천냥과 쌀 한섬, 베 한필씩을 바치고 궁중에 무당들을 끌어들여 굿판과 치성이 그칠 날이 없었다.

이유인이라는 점쟁이는 점 한번 치고 비단 1백필과 돈 1만냥(국가예산의0.2%)을 받았다. 명례궁(덕수궁)지출표를 보면, 수입의 94%를 무당과 제사에 다 써버렸다. 쉽게 말해서 월 100만원 버는 가장이 94만원을 무당에게 쓰고, 애들은 굶겼다는 것이다.

고종-민비 부부에게 벼슬을 산 관리들이 백성을 수탈하는 악순환이 계속 되니, 고종 부부가 백성을 수탈해서 무당에게 바치는 꼴이었다.

민비는 관직 남용으로, 임오군란 피신 때 교자를 맨 사람들을 전라병사와 낙안군수에 임명했고, 자신의 감기를 치료해 준 사람을 영평군수에 임명했다. 또 자신의 대하증을 완화시켜 준 최석두를 고산군수에 이어 남원부사에 임명했다가 이후 대하증이

명성황후 생가 유적지 (우측은 관리사무소,좌측은 주차장)

도로 심해지자 그를 처형 시켰다.

그녀는 숫자 개념이 없어서 각종 이권을 헐값에 팔았다.

일례로 아시아 최대의 운산 금광을 연25,000달러만 받고 팔았는데, 미국은 이로써 세계 최대 금광 생산국이 되어 1939년까지 1500만 달러 이상의 순익을 남겼다. 그 돈은 우리 나라를 일약 부유하게 만들 만한 액수였는데, 민비 암살로 계약이 잠정취소 되었다가 아관파천 중인 1896년 4월에 고종이 승인했다.

민비는 갑신정변 때 부상 당한 민영익을 치료한 알렌에게도 국가 예산의 2%인 10만냥을 지급했다. 그리 펑펑 쓰면서 백성들을 굶긴 것이다.

⊙외세를 끌어들여 자국민을 학살한 '자국민학살녀'

1882년 임오군란은 성난 민심과 군병들이 민비와 민비 일파를 제거하기 위해 일어난 봉기다.

군민들은 민비 일파 일부를 죽이고, 민씨들의 집을 불질렀으며, 민비는 성난 군민들에 의해 바닥에 내동댕이 쳐졌으나 구사일생으로 살아 도망쳐서 여주로 가서 은신했다. 흥선대원군은 봉기한 군졸들의 추대로 재집권했고, 민비는 중국에 지원군을 요청했다.

중국 군대는 임오군란을 일으킨 사람들이 가장 많이 사는 곳이 왕

좌측은 체포되어 끌려 가는 동학 지도자 전봉준, 우측은 김개남

십리라며, 왕십리 사람들 대부분을 몰살해 버렸다고 매천야록은 기록한다. 중국군에 의한 우리 국민 학살도 결국 민비의 짓이다.

중국이 대원군을 압송 하면서 민비는 권력에 복귀했고, 민비는 그 후에도 중국과 일본을 끌어들여 동학농민군 수만 명을 죽였다.

갑신정변 직후인 1885년 중일 양국은 군대 철수를 합의한 후 철군을 진행중이었다.

그런데 민비가 러시아를 끌어들이니 두 나라가 긴장 했다. 그래서 견제를 위해 대원군을 귀국시키고 원세개를 파견하게 되었고, 잔혹한 학정으로 인해 동학농민군이 1894년에 봉기했다. 이에 민비와 그 척족들이 중국에 원군을 요청한다. 중국과 일본은 군대를 보냈다.

〈민비가 조선 백성들을 죽여 달라고 중국에 보낸 편지〉

"...만일 흉구들(동학농민군)이 오랫동안 지속된다면 중국 정부에 우려를 끼치는 일이 더 많아질 것입니다. 지난 임오년과 갑신년 두 차례의 내란 때도 모두 중국의 병사들에 의지해서 진정시킬 수 있었습니다....속히 와서 저희 군대 대신 동비를 초멸하였으면 합니다."[중동전기본말, 채이강, 상해 광학회 1897]

⟨상해 임시정부 대통령 박은식의 기록⟩

민황후는 동학농민혁명군의 봉기가 일어나자 외국 군대의 파병을 요청했으며 중국과 일본 군대가 조선에 파병 되었다…그들은 닥치는대로 학살하여…35만 가량의 농민혁명군이 학살 당하였다. ☞약 10배 과장이긴 하지만, 민비가 최소 수만 명의 자국민을 죽인 것이다. 민비는 중국이 강하다고 생각했을 때는 중국에 붙었지만, 청일 전쟁에 일본이 승리하자 일본의 비위를 맞추고, 3국 간섭으로 인해 일본이 굴복하자 친러파로 돌변한다.

민비가 일본을 배척하고 러시아에 붙으려고 한 이유는 단순했다.

일본은 조선에 온갖 종류의 개혁들을 압박하던 골치 아픈 시어머니여서, 왕실과 내각을 분리해 모든 국사는 내각에서 처리하고 재가만 받도록 제약했고, 개혁이 되면 매관매직으로 부정한 돈을 뜯어낼 수 없었다. 즉, 제 주머니 때문에 개혁을 방해한 것이다. **일본이 지속적으로 추진한 개혁은 자국에서 실험하여 성공한 모델이었고, 일본이 싫더라도 그 정책 만큼은 옳았음에도 불구하고, 그녀는 국익보다 사익을 택했다.**

3국 간섭 후 러시아가 조선을 삼키려는 야욕이 있음은 누구나 알 수 있다. 러시아는 팽창정책에 의해 시베리아 횡단철도를 건설하고, 그 끝단에 조선의 부동항을 필요로 했는데, 그들은 그 목적을 위해 민비와 민비 척족의 비위만 맞추었다.

그래서 반개혁 '친중친러수구파'가 된 것이다.

이 외에도 민비가 임오군란으로 쫓겨났을 때, 피난 가는 새색시로 위장했던 그녀 앞에서 한 노파가 "민씨인지 여우인지 그년 때문에 고생이 많구려"라고 위로(?)의 말을 건넸고 다시 권력을 잡은 민비는 그 노파를 찾아내라고 했으나 여의치 않아 그 마을 전체를 몰살해 버렸다고 황현은 기록하고 있다. 그녀는 **총명이 넘쳤지만** 그 **총기의 목적은 오직 자신의 권력**이었고, 그녀는 높은 자리에는 높은 책임이 따른다는 사실을 모르는 여자였다.

◉한국인이 모르는, 민비살해 사건의 진실

한국인들은 '민비'를 누가 죽였는지조차 모르는데 사료를 보자.

*을미년의 큰 사변....김홍집, 조희연, 유길준 등의 무리는 이웃 나라 군병들과 결탁하여....국모를 시해하더니 결국에는 협박하여 임금의 머리를 깎았으니....누군들 그 살을 먹고 그 가죽을 깔고 자고 싶지 않겠습니까.[승정원일기 1898년2월27 신석운의 상소]

*대원군은 겉으로는 근엄해 보였지만, 나쁜 전력이 있는 인물로서, 지난 1895년 민비의 죽음에 적잖은 역할을 하였던 인물임은 의심의 여지가 없고, 일본도 파렴치한 왕비 시해를 저지르고도 발뺌하고 있다.[러시아 장교의 저술서 '내가 본 조선,조선인'중]

*김성근이 을미년 변란의 역적들을 처벌할 것을 청하다[고종37(1900)-6-5]

*조병식이 을미년 변란의 역적들을 처벌할 것을 청하다[고종37(1900)-6-18]

*미우라의 요원은 무사들에게 평복을 입게 하고 칼을 차고 대원군 진영의 공모자와 동행하도록 했다. 10월8일 오전 3시 그들은 대원군의 가마를 호위하여 용산을 떠났다...동이 트자 대원군은 다음 두가지 항목을 발표했다.

폐허가 된 동소문(일제시대 초기) 참수시킨 수급들은 서소문과, 동소문에 자주 내걸렸다.

첫째, 궁궐에서의 간악한 무리들의 출현으로 백성들의 마음은 흐트러져 있다. 따라서 국태공이 다시 권좌에 복귀하여 변화를 추구하고, 간악한 무리들을 축출하고 이전의 법을 회복하여 왕실의 권위를 수호할 것이다.

둘째, 나는 지금 간악한 무리를 내쫓고 나라의 이익과 안전을 구하며 평화를 찾고 왕실의 권위를 돕기 위해 궁궐에 들어왔다. [비숍, 조선과 그 이웃나라들]

*조령을 내리기를, "지난 8월 20일 사변....역적의 우두머리는 처단되었다. 도망친 죄인 유길준,조희연,장박,권영진,이두황,우범선,이범래,이진호 등은 기일을 정해 놓고 잡아오며 [실록,고종33년(1896) 2월11]

*왕후 살해 음모에 관계한....역괴의 우두머리 중 조희연, 권영진, 이두황,

우범선,이범래,이진호 등은 모두....참수를 명하였더니[고종33년(1896)2월15]

*민비 암살은 성공 했지만 대원군이 민비 암살 문제를 일본 공사와 협의하고 일본측에 약간의 도움을 요청한 것은 실수였다. 그러나 그 외에는 달리 방법이 없었다...민비가 러시아 공사와 비밀 접촉하고, 1894년 가을 개화당 모두를 살해하려는 계획을 꾸미다가 대원군의 첩보망에 발각 되었고, 대원군은 일본공사 오카모토와 협의 끝에 일본인들로부터 약간의 도움을 얻어 그녀를 죽이기로 결정하였다.[민비 암살 직후 유길준이 미국인 은사 모스에게 보낸 편지]

***대원군과 신임 일본 공사는 손을 잡았다.** 일본 측의 설명에 의하면 대원군이 미우라에게 접근했다고 하지만 아마도 스기무라가 그 중간 다리를 놓았을 것 같다. **대원군은 실권을 회복하고 싶었고 일본 공사는 기울어가는 일본의 영향력을 회복하고 싶었다.** 이들은 몇차례의 모임을 가졌으며, 모든 일은 사업적인 형식으로 이루어졌다. 10월 3일 미우라,스기무라,그리고 일본인 고문인 오카모도 류노스케가 공사관에 모여 그들의 계획을 숙의했고 상호 요구 조건이 문서로 초안이 작성 되었다.

대원군과 그의 아들 이재면과 손자 이준용이 이에 동의하고 문서를 만들어주었다. 이번의 음모를 은폐하고 이번의 방문에서 일어날지도 모르는 의혹을 없애기 위해 오카모도는 귀국 중이며, 작별을 고하기 위해 대원군을 방문한 적이 있다고 발표 되었다.

사태는 근왕파의 행동으로 급속히 진행 되었다.

10월8일 새벽 3시경 대원군은 오카모도가 이끄는 일군의 일본

인과 함께 공덕동 집에서 출발했다....왕비가 죽고, 대원군은 대궐로 들어가서 정권을 잡았다. 대원군은 민비파로 알려진 모든 관리들을 체포한다는 영을 내렸다.

그런데 이번의 일에 아무 관련이 없는 3명의 조선인은 대원군에게 체포되어 즉시 처형 되었다.

이들은 10월 8일의 범행에 대원군이 관련이 없음을 보여주기 위해 애꿎게 처형된 것이다.[대한제국의 비극,매켄지]

☞윤치호는 그의 일기에서 민비를 암살한 일본 낭인들의 지휘자 중 한사람으로 유길준을 지목했고, 유길준은

"대원군과 이준용이 일본 영사관을 수시로 드나들었다"고 했다.

프랑스 공사관도 암살의 배후로 대원군을 지목했고, 사학자이자 임시정부 2대 대통령인 박은식도 흥선대원군을 명성황후 암살의 배후로 지목했다. 박은식은 춘추전국시대에 '조돈'이 왕을 암살한 것을 비유하여 '감정이 사람의 양심을 가린다'며 대원군을 비판하였다.

이 몇가지 사료만 보아도 민비를 누가 죽였는지는 쉽게 알 수 있다. **민비 제거의 주체가 대원군+일본의 합작임은 명백하며, 누가 먼저 제안했느냐가 문제인데, 일본이 먼저 대원군에게 "당신 며느리를 죽입시다"라고 했겠는가, 대원군이 먼저 "내 며느리를 죽여주시고" 했겠는가? 민비 제거의 주체는 대원군과 개화파이고, 자력 만으로는 어려우니 일본 측의 도움을 얻어냈다는 것이 진실이다.** 다시 실록을 보자.

<묘시에 왕후가 곤녕합에서 붕서하다>

묘시에 왕후가 곤녕합에서 붕서하였다. <이보다 앞서 훈련대 병졸과 순검이 서로 충돌하여 양편에 다 사상자가 있었다. 19일 군부 대신 안경수가 훈련대를 해산하자는 의사를 밀지로 일본 공사 미우라 고로에게 가서 알렸으며, 훈련대 2대대장 우범선도 같은 날 일본 공사를 가서 만나보고 알렸다. 이날 날이 샐 무렵에 전협판 이주회가 일본 사람 오카모토 류노스케와 함께 공덕리에 가서 대원군을 호위해서 대궐로 들어오는데 훈련대 병사들이 대궐문으로 마구 달려들고 일본 병사도 따라 들어와 갑자기 변이 터졌다…이때 피살된 사실을 후에야 비로소 알았기 때문에 즉시 반포하지 못하였다.>[고종 32년(1895) 8월 20]

<왕후 민씨를 서인으로 강등시키다>

조령을 내리기를, 짐이 보위에 오른 지 32년에 정사와 교화가 널리 펴지지 못하고 있는 중에 **왕후 민씨가 자기의 가까운 무리들을 끌어들여 짐의 주위에 배치하고 짐의 총명을 가리며 백성을 착취하고 짐의 정령을 어지럽히며 벼슬을 팔아 탐욕과 포악이 지방에 퍼지니…**짐이 그 죄악이 극대함을 알면서도 처벌하지 못한 것은 짐이 밝지 못하기 때문이기는 하나 역시 그 패거리를 꺼려하기 때문이기도 하였다…

그러나 **민씨는 오래된 악을 고치지 않고 그 패거리와 보잘것없는 무리를 끌어들여 짐의 동정을 살피고 국무 대신을 만나는 것을 방해하며** 또한 짐의 나라의 군사를 해산한다고 짐의 명령을 위조하여 변란을 격발시켰고, 사변이 터지자 짐을 떠나고...찾아도 나타나지 않았다. 이것은 왕후의 작위와 덕에 타당하지 않을 뿐만 아니라 그 죄악이 가득차 선왕들의 종묘를 받들 수 없는 것이다. 짐이 할 수 없이...왕후 민씨를 폐하여 서인으로 삼는다. 하였다.[고종32(1895)-8-22]

<황태자가 상소문을 올리다>

"신은 나이가 어리고 배운 것이 없는 몸으로...늘 송구스러운데 어제 내린 칙지를 받고 놀랍고 두려워...감히 피눈물을 흘리며 하소연하는 바입니다. **엎드려 바라건대 하늘 땅 같은 부모는...**" 하니, 비답하기를, 너의 정리를 내가 어찌 모르겠는가? 응당 처분을 하겠다. 하였다.[고종32(1895)-8-23]

<폐서인 민씨에게 빈의 칭호를 특사하다>

조령을 내리기를, "짐은 왕태자의 정성과 효성, 정리를 고려하여 폐서인 민씨에게 빈(嬪)의 칭호를 특사하노라." 하였다.[고종32(1895)-8-23]

◉민비 제거 계획의 진행 과정

민비가 중국군을 끌어들여 백성들을 죽이고 대원군을 중국으로 압송 시킨 때부터 대원군과 민비는 루비콘 강을 건넌 상태였다. 1894년 6월 22일부터 민비 폐서의 취지를 적은 문건이 흥선대원군에 의해 일본 공사 오토리에게 전달되었고, 이준용도 6월 22일부터 24일까지 일본 오토리 공사를 설득하기 위해 일본공사관을 최소 두 차례 이상 방문하였으나 설득에 실패했다.

그 후 1894년 가을, 민비가 개화당을 제거하려는 음모를 꾸민 것이 대원군의 정보망에 발각되었고, 흥선대원군은 일본공사에게 도움을 청하여, 약간의 도움을 주겠다는 언약을 받았다.

1895년(고종 32년) 7월 민비를 암살할 계획이 박영효에 의해 꾸며진다. 박영효는 왕후로 인해 개혁이 실패하는 화근을 없애야 된다고 여겨, 1895년 7월로 날짜를 정하고 일본에 병력을 요청하였다가 실패 하였는데, 민비 암살 모의는 유길준에 의해 대원군과 이준용에 의해 다시 꾸며지고 있었다.

8월 16일 대원군은 민비 제거와 관련된 맹세에 자필로 서명했다. 그 내용은 민비가 죽은 뒤 대원군이 국왕을 보필해 궁중을 감독하되 내각에 정사를 맡겨 일체 간섭하지 않는다는 것이었다.

일본 낭인들은 조선군 1대대장 우범선, 2대대장 이두황, 3대대장 이진호 등과, 전 군부협판 이주회, 국왕 친위대 부위 윤석우, 문신 구연수 등과 협력했고, 이들이 이끄는 조선인 수비대 병력의 길안내를 받으며 반나절도 안돼 인천으로부터 도성에 잠입했다.

8월 20일(양력 10월 8일)에 대원군이 은거했던 공덕리의 별장에, 낭인과 일본 군인과, 조선인 혁명세력 300명 가량이 모였고, 대원군은 경복궁으로 가서 민비가 죽어 마땅하다는 취지의 고유문을 발표하고 내일 서울 시내에 게시하라고 지시했다.

*날이 밝자 대원군은 훈련대를 거느리고 들어가며 '군주의 측근을 깨끗이 한다'는 명분을 내걸었다...일본 공사도 한 부대를 거느리고 뒤 따랐다[량치차오]

<대원군의 격문>

"최근 민비를 중심으로 한 소인배들이 어진 사람을 배척하고 간사한 무리를 기용하여 유신의 대업을 중도에 폐지함으로 인해 5백년 종사가 위기에 처하게 되었으니, 나는 종친으로서 이를 좌시할 수가 없다. 그러므로 이번에 입궐하여 대군주를 보위하고 사악한 무리들을 쫓아내 유신의 대업을 이루고 5백년 종사를 지키려하니 너희 백성들은 안심하고 생업을 지킬 것이며, 경거망동하지 말라. 만일 백성과 군사 가운데 나의 길을 막는 자가 있다면 큰 죄를 짓는 것이니 후회하는 일 없도록 하라"

일본 낭인들과 조선인들로 구성된 '조일연합 세력'은 홍계훈과 경비 대원들을 전투 끝에 사살 했는데, 홍계훈은 동학 진압의 '초토사'였다. 민비는 궁녀복으로 갈아입고 옥호루로 은신하여 방 구석에 숨었다가 낭인 오카모토 류노스케에게 죽었고, 대원군은 다시 정권을 장악한다.

*조선 정부의 일은 대원군이 일체 책임을 지기로 했다.
대원군과 평소 교류가 있는 일본인이 대원군의 요청에 응해서 수행한 것으로 한다.[주조선공사 미우라 고로(三浦梧樓)가 주조선 영사 우치다 사다츠치(內田定槌)에게 보낸 사후 대책 지시서 1895.10]

☞ '민비 숭배족' 좌파는 이 대목만 가지고 '일본이 자기들이 한 짓을 대원군에게 뒤집어 씌우기로 한 것'처럼 갖다 붙이는데, 앞뒤 맥락을 보면 대원군을 도왔던 점을 감추고 싶었던 것이다. 개화파를 죽이려 한다는 증거를 제시하니 대원군을 도왔던 것이다.

"내가 조선의 국모다" 이랬다고?

임오군란 때도 궁녀로 변장해서 하인에게 업혀 도망쳤고, 매천야록에도 '목숨만 살려 달라고 빌었으나'라고 적혀 있다. 민비와 대원군은 원한 관계여서, 매켄지는 '대한제국의 비극'에서 임오군란도 대원군이 민비를 죽이려고 배후 조종한 사건이라 밝히고 있다.

*대원군의 심복들이 이끄는 폭도들은 각료들의 집을 습격하여...그들이 바라는 것은 민비의 시체였다[매켄지, 대한제국의 비극]

⊙한국사 사기 교과서의 국사 사기극을 바로 알자.

외세를 끌어들여 자국민 수만 명을 죽인 민비, 가렴주구의 원흉 민비는 온 백성의 공공의 적이었고, 민비 제거는 수많은 백성들의 원혼을 조금이나마 달래게 된 사건이다. 이는 '구태청산'의 시작이었고, 한국의 발전은 '민비 수구세력 척결' 이후에 시작 되었다.

만약 혁명이 실패 했다면 조선이 친청·친러파에게 장악 당해서, 러시아의 남진을 막기 어려웠을 것이고, 훗날 조선의 공산화와 수백만 대학살의 '공산화 생지옥'을 피하기 어려웠을 것이다. '조일연합세력'의 게릴라전을 통한 '수구파의 거두' 제거는 개화파가 할 수 있는 '최선의 무혈혁명'이었던 것이다.

이런 극악한 자국민 학살 악녀는 국민들의 손으로 처형 시켰어야 했지만, 거짓말 교과서와 드라마로 역사를 배운 사람들은, 일본인에게 죽었다는 이유만으로 민비가 제 어미라도 되는 양, 국모를 죽였다며 원통해 한다. 국민을 바보로 만드는 종북·친중·좌파 문화권력의 힘은 참으로 대단하다.

⊙일본이 무슨 권리로 남의나라 국모를 죽이냐고?

한국에는 민비를 '국모'라고 부르는 진보 간판의 어리석은 좌파가 많다. "민비가 그렇게 나쁜 여자라 해도, 일본이 무슨 권리로 남의 나라 국모를 죽이나?" 라고 말하는데, 좌파의 수준이 봉건왕조 숭배족인 것이다. 봉건 왕조는 국모도 국부도 아닌, 무력 정복한 조폭 두목일 뿐이다.

게다가 자기 자식을 죽이려고 암살단을 불러들이는 게 국모?
국모가 자국민을 함부로 죽이고 가렴주구에 인권말살을 한다면, 외국의 도움을 얻어서 그를 제거하면 안되나?
외국이 나서서 죽이면 안되나? 국민을 정복해서 노예로 부리는 자의 본질을 좌파여 왜 깨닫지 못하는가? '민비 숭배족' 좌파여, 봉건 지배층 중심주의의 낡은 사고에서 깨어나라.

⊙감추어진 진실, 민비를 죽인 진짜 배후와 그 이유

이제 상식적인 의심을 해 볼 필요가 있다. 민비 살해의 주모자가 대원군임은 명백하다. 그런데 며느리를 죽이면서 자기 아들과 전혀 교감이 없었겠느냐는 부분이 의문인데, 이 부분의 단서가 있다.

①역적을 두둔하는 고종 1 *김운락이 역적을 처벌할 것을 주청하다…그 무리들을 사주하고…도망친 자는 박영효이고, 역적의 우두머리가 되어 왕후를 죽이는 음모를 도모한 자는 김홍집이며, 선두에 서서 흉기를 사용한 자는 우범선과 이두황이고, 군사를 거느리고 외부에서 도운 자는 일본 사람 미우라이며, 어로(御路)를 막고서 적의 칼을 눈짓으로 맞아들인 자는 정병하이*

고, 왕후를 폐위하라는 거짓 조서를 내리도록 한 자는 유길준·조희연·김윤식·권형진·정병하·이범래·전준기·장박 등이며, 왕후를 폐위한다고 선포한 자는 김윤식이고, 왕후를 폐위하고 고유문을 지어 올린 자는 이승오이며, 박선을 내보내어 역적의 우두머리를 부르게 하고 김홍집 등을 엄호한 자는 옥관 허진과 조중응이고, 임최수와 이도철이 의병을 일으키던 날에 폭로하고 선동하며 해치기를 도모한 자는 이진호입니다…**속히…왕비를 죽인 음모에 가담한 사람들에 대해**…죄를 줄 것이며…하니, 비답하기를, "그대들의 말이 충성스러운 정성에서 나온 것이지만 오형과 오례에 대해서는 원래 조정의 법전이 있는 만큼 번거롭게 청할 필요가 없으니, 즉시 물러가라." 하였다.[고종 34(1897)-4-21]

②역적을 두둔하는 고종 2 심의승 등이 역적을 처벌할 것을 청하다. "김홍집·유길준·정병하·조희연 등과 같은 난신적자들은 없었습니다…역적들과 한 하늘을 살고 있으니…미우라는…역도들과 이웃 나라의 왕후를 시해하였으니…무엇이 구애되어 행하지 않는 것입니까?" 하니, 비답하기를, "이미 전에 내린 비답에 말하였고 **마음 속으로 이해되는 점**이 있으니, 다시 번거롭게 아뢰지 말고 즉시 물러가라."하였다.[고종 34(1897)-5-9]

(고종: 야 알았으니까 꺼져. 이런 눈치 없는 것들을 신하라고….)
☞왕이 역적들을 잡아들이려 하지 않고, 심지어 집에 버젓이 있는데도 처벌하지 않고 있다. **'마음속으로 이해되는 점'**이란 말이 대체 뭘까?

③민비 살해 닷새 만에 후궁을 불러들인 고종

*상궁으로 있던 엄씨를 불러들였다. 민후(閔后)가 살아 있을 때 상감은 두려워서 감히 곁눈질도 못하다가 십년 전 우연히 엄상궁과 잠자리를 같이 했다. 민후가 알고 크게 노하여 엄상궁을 죽이려 들자 상감이 간절하게 빌어서 죽음을 면하게 하고 궁 밖으로 내보냈었다. 그러나 **그녀가 입궁하니 참변으로 민후가 돌아가신지 닷새밖에 안된 때라 장안 사람들이 모두 "상감에게 심간(心肝)이 없다" 면서 한스럽게 여겼다.**[황현의 매천야록]

☞ 닷새 만에 다른 여자를 불러들이면 욕먹는걸 몰랐을까?

역사에는 비밀이 많아서 권력자가 음모를 꾸몄어도 다 드러나기는 어렵고, 최악의 경우에도 주변 사람들로 방패를 삼게 바련인데, 각 주체들의 이해관계를 알아야 진실에 근접 할 수 있다.

다음의 5가지 명제를 보자.

①**시아버지를 청나라로 압송시킨 못된 며느리가 아무리 밉더라도, 제 아들이 그녀를 진심으로 사랑하고 있다면 죽이기는 힘들다.**

②자기 아내가 죽자마자 다른 여자를 불러들이면 욕 먹기 알맞은데, 그걸 몰랐을 리 없는 고종이 불과 5일만에 다른 여자를 불러들였다.

③**민비는 질투심에 고종이 관계한 여자들을 많이 죽였다.**[빌타르 드 라쿼에리]

④**세자(순종)는 고자(성불구)다** [매천야록의 황현] ①②③④⑤

⑤당시의 교통 수단과 속도를 고려했을 시, 5일 만에 엄상궁이 왔다는 것은, 민비가 죽자마자 바로 사람을 보냈다는 것이다. 적어도 사람을 보낼 때 고종은 민비의 죽음을 알았다는 것이다.

11.역사 조작의 나라 한국의 명성황후 사기극

매천야록에 보면 세자가 성불구여서 민비가 미녀 궁녀를 세자의 방에 들여보내어 치료 목적의 '치료합방'을 시키고, 밖에서 "잘 되고 있느냐?"라고 물으면 안에서 궁녀가 "잘 아니되고 있사옵니다" 라고 답해서 민비가 가슴을 치는 장면이 나온다.

민비의 4자녀 중 유일하게 살아난 순종이 성불구였는데, 민비가 벼슬자리들을 다 틀어 쥐어서 고종도 꼼짝 못했고, 고종이 관계한 여자들을 민비가 죽이거나 내쫓았다는 것이다.

고종: "야, 민비야, 나 왕이야, 너 말고 다른 후궁도 갖고싶어"

민비: 왕 같은 소리 하고 있네, 야 니 주변 애들을 봐 누구 애들인지.

고종: 내 주변? 후궁은 없고 남자들만... 아이잉~ 나 후궁이 필요하단 말야...!

민비: 너 얼굴마담에서도 짤리고 싶어? 너 내 말 잘 들어야 계속 왕 시켜줄거야. 딴거 필요 없고, 그놈의 후궁 소리만 입에서 꺼내지 않으면 돼.

고종: 지금은 평균수명 24세의 조선 시대야, 30살 넘으면 애도 거의 못낳는 시대잖아. 너는 43살이고, 척이(순종)는 거시기도 안x는데, 그럼 후사는 어떡해?

민비: 그거야 내 알 바 아니징~ 내가 그것까지 신경 써야 돼?

고종: 에이~ 난 왕이고 저기 이쁜 애들 천진데~ 아빠한테 일러 바칠꼬얌~

대원군: 아들아 넌 가만히 있거라. 내가 다 알아서 할란다....

고종: 아빠, 민비를 죽였다며? 죽이기까지 하면 어떡해?

대원군: 야, 걔가 애비를 청나라에 끌려가게 만든 거 보고도 그런 소리가 나와? 너 후궁 들여서 후사도 이을 수 있게 됐는데, 걔 죽은게 아쉬워? 으이그~

고종: 아니 뭐 꼭 아쉽다기 보다는...근데 이게 때리면 어떡해? 나 왕이잖아? ....어, 가만...그러면 나 이젠 후궁 들여도 되는거야?

민비 입장에서는 자기 아들의 보위와 자기 권력만이 중요했지만, 고종과 대원군 입장에서는 민비를 통해 대를 못이으면 다른 여자를 통해서라도 왕통을 이어야 하는데, 민비가 가로막고 있었던 것이다. 대원군이 민비를 제거한 데는 과거의 원한보다는 그 이유가 컸을 것이다. 고종이 민비가 쫓아냈던 후궁(엄비)을 민비 사후 5일 만에 불러들인 데도 사정이 있었을 것이고....

훗날 엄비를 통해 왕세자 이은을 낳았는데, 고종과 대원군에게는 2세 만들기가 가장 중요한 과제였던 것이다.

민비가 개화파를 제거하려다가 대원군의 첩보망에 걸렸다는 것도 일본의 도움을 얻어내기 위한 쇼였을 가능성이 크다.

결국 고종이 민비 살해 음모에 가담하지는 않았더라도 대원군과의 심정적인 교감이 있었을 공산이 크고, 그게 민비를 죽인 역적들을 제대로 처단하지 않고 두루뭉술 넘겨버린 진짜 이유일 것이다.

민비 제거는 대원군과 개화파가 일본의 도움을 얻어서 일으킨 사건이지만, 조심스런 결론을 내린다면, 민비 살해는 왕통보다 자신의 권력을 더 중시했던 민비의 이기심이 빚은 참극이라 볼 수 있다. 민비 제거는 대원군과 개화파가 비밀리에 실행한 '왕을 위한 쿠데타'라는 것이다. **즉 왕통이 끊길까 봐 대원군이 주도한 것이고, 민비만 죽으면 개화파·국민·일본·대원군·고종·훈련대 모두가 해피해지는 구도가 배경이었다.**

◉일본 상인을 죽인 김구

한편 구 양반 출신이던 백범 김구(김창수)가 일본인 상인 쓰치다 조스케(土田讓亮)를 일본 낭인으로 오인하여 죽이는 일이 발생한다.

1896년 2월, 김구가 황해도 치하포의 한 주막에 묵게 되었는데, 김구가 **주막에 묵던 한 일본인을 죽인 후 그가 가진 돈 중 일부를 자신이 타고 갈 나귀를 사는 데 쓰고 나머지는 주막 사람들에게 주었다고 한 사건, 이것이 김구의 치하포 사건이다.**

김구는 이에 대해 그가 일본 낭인이거나 왕비 암살의 가담자라고 자서전에 적었지만, 그와 관련된 여러 보고서와 사건 보도는 한결같이 그를 '계림장업단의 상인'으로 적고 있다.

더구나 당시 재판 조서에 의하면, 김구가 치하포의 여관에서 쓰치다의 행동에 격분했던 것으로 나온다.

"주막이라 해도 아침 식사는 연장자부터 차례가 있는 법인데, 그가 불손하게 먼저 차려 달라고 하여 분개했고, 알아보니 조선인으로 위장한 일본인이라 때려 죽였다"는 내용인데, 조서에도 쓰치다가 일본군 중위라는 기록은 없고, 그의 자서전에만 있다. 앞뒤 정황상, **사소한 시비에서 시작된 살인 강도 사건을 자서전에서 변명하며 미화 시켰을 공산이 크다.**

*나는 그 왜놈을 머리 끝부터 발 끝까지 난도질했다. 피가 샘 솟듯 넘쳐서 마당에 흘렀다. 나는 왜놈의 피를 마시고, 그 피를 얼굴에 발랐다[백범일지] ☞김구는 민비 살해를 목격한 사람이 아니다. 그가 주장한 살인 목적이 사실이라고 쳐도, 아무나 대충 짚어서 끔찍하게 죽이고 돈도 빼앗은 것인데, 그런 인물이 10만원권 지폐 모델로 거론되는 대표적 독립 투사다.

옛 노인들이 여성을 욕할 때 흔히 사용하던 말이 '민후 같은 년'이었다. 민비의 죽음을 원통히 여긴 점은 그가 구 기득권 층이니 이해 되지만, 아무나 대충 죽인 행위가 정당할까?
한국 영부인이 미국인에게 죽었다면 아무 미국인이나 죽이면 되나? 좌파는 왜 그 단순한 분별을 못하는가?
만약 민비 척족의 가렴주구가 계속 이어졌다고 가정하면 필자는 소름이 끼치는데, 진보 간판의 좌파는 왜 봉건 지배층 중심주의 관점으로만 보는가? 국민 따위는 안중에도 없는가?

민비(명성황후)

⊙민비의 진짜 사진은 바로 이것

민비의 진짜 사진은 이것이다. 좌파는 민비의 얼굴을 알면서도 감추려고만 하는데, 표독하게 생겼기 때문이다.

893년 발간된 프랑스 '피가로 일루스트레' 10월호에 실려있는 민비의 사진이며, 민비를 만났던 상세한 이야기와 함께 실려 있다. 대원군이 앉은 자리에 궁녀가 앉아서 사진 찍기는 어렵고 우측 첫째와 둘째 사진도 동일인이며, 우측 아래 사진의 여성은 선교사 언더우드의 부인 호튼의 저서(With Tommy Tompkins 1n Korea,1905)에 소개되어 있듯이 '의상을 갖춘 조선 여인'이다.

민비의 시의를 했던 호튼이니 민비를 알 것이고, 고종의 정치고문 헐버트도 저서 '대한제국멸망사'에서 '궁중 예복을 입은 여인'이라 기술했다.

⊙진보 간판의 좌파가 민비와 봉건 왕조를 띄우는 이유

'좌파'는 마르크스·레닌주의 즉 공산주의 계급투쟁 이론을 사상적 기반으로 하므로, 봉건 왕조를 비호하는 것은 그 이념에 배치된다. 그러나 좌파는 동학은 띄우면서도 외세를 끌어들여 동학군을 죽인 민비는 미화시킨다. 왜 그럴까? 바로 현실의 전쟁 때문이다.

남한 내의 전쟁은 '북한+중국+마르크스주의+김일성주체사상의 진보간판 종북·친중·좌파세력' vs '미국+일본+자유민주주의(자유주의·자본주의) **우파 세력 간의 진영 전쟁이며, 지금은 해양의 진보세력과 대륙 수구세력이 격돌하는 문명 전파 시대다.**

때문에 수구 세력인 진보 간판의 좌파는 우파를 까야만 하고, 미국 일본을 악당화 시키기 위해, 모든 수단을 동원해야 하는 것이다.

만약 민비가 중국인에게 죽었다면 좌파는 민비를 악녀라고 깠을 것이다. 그러나 일본인에게 죽었기 때문에 민비를 '성녀'로 만들어야 진보간판 종북·친중 좌파의 목적에 도움이 된다. **그 목적 때문에 자기들도 싫어하는 봉건 왕조와 민비를 미화시키는 것이다.**

⊙가장 훌륭했던 민비와 조선왕조

조선왕조가 5백년 동안 잘한 일은 딱 두가지가 있다.
첫째는 한글 창제이고, 둘째는 나라를 확실하게 망쳐준 것이다.
심지어 마지막 희망이었던 개화파 선각자들마저 대부분 죽여버렸다.

그런데 해 놓은 일 없이 망치기만 한것, 그게 바로 제일 잘한거다.
엉망진창의 헌 동네는 보수보다는 확 밀고 재개발하는 게 낫지만, 보존할 게 많으면 골치 아파진다. **조선은 현미경 대고 찾아도 건**

명성황후 기념관의 명성황후순국숭모비(한국은 보통 못된 인간일수록 국민들의 존경을 많이 받는다. 그리고 국민을 살린 사람일수록 미움을 많이 받는다.)

질 게 없는 나라지만, 불도저로 싸~악 밀어도 아쉬울 게 없는 확실한 x판 나라를 만들어 주었기 때문에, 나라의 뿌리까지 포맷 시켜서 완전히 새로운 나라로 재개발할 기회가 생긴 것이다.

국민이 노예로 굶어 죽는 암흑의 나라를 스스로 개혁할 능력이 없다면, 외세의 바람을 끌어들인 세력이 진짜 영웅이다.

암흑 세상에는 바람이 불어야 한다. 고여 있어서는 안된다.

그런 면에서 보면 민비는 한국사 최고의 영웅에 가깝다.
좌파여, 좀더 쇼 해야지? 일본인에게 죽었으니 동상도 만들어야지?
뭐라고? 동상은 이미 만들었다고?
아니 '평화의 민비 소녀상'을 넓게 쫙악~ 그거 아직도 고민 중이냐고?
뭐라고? 소녀와 명성황후가 이미지가 안맞아서 곤란하다고?
그거야 적당히 갖다붙여 증언도 만들고, 그걸로 소녀민비 나오는 소설도 좀 쓰게 해서, 드라마,영화 만들면 되지…
뭘 그런 것까지 코치하게 만들어? 니들 그런 거 잘 하잖아?

12.후진국형 지배 술수 민족주의 사기극

후진국일수록 국민에게 '민족'이라는 의식을 세뇌 시키는데, 국민 관점으로 사고하지 못하고 지배층 중심주의 사고만 하는 '바보 국민 만들기 술수'인 '민족주의 사기극'을 모르면 국사와 정치를 이해하기 힘들다.

⊙후진국형 지배 술수 한국의 민족주의 사기극

만약 이 나라가 김정은에게 정복 당해서 당신과 국민들을 노예로 부리고 있고, 당신 가족의 일부와 많은 국민들이 굶어 죽었다고 치자. 그런 상황에서 이 나라가 미국이나 영국과 전쟁이 터진다면 당신은 그 중 누가 지배해 주기를 원하고, 누구의 편에 서서 싸우겠는가?

만약 당신이 지배층의 행복이 우선이라고 믿는다면, 같은 민족 김정은의 편에 서서 싸울 것이고, 국민 행복이 우선이라고 믿는다면, 노예제 나라의 나쁜 지배층을 몰아내기 위해 미국·영국의 편에 설 것이다.

대다수의 후진국 지배층은 피지배층을 묶어 권력을 지키는 수단이 있다. 바로 '우리는 위대한 민족'이라 믿게 하여 국민들이 타 집단에 동화되지 않게 하며 지배하는 술수인데,

아무리 못된 지배층이라도 '우리'라고 묶어 인식하게 만들어서 나쁜 놈을 구분 못하게 만드는 술수가 민족주의다.

'지배층 행복 중심주의'인 민족주의 관점에서는 아무리 못된 나라라도 지키는 게 정의지만, 자유와 인권이라는 '국민 행복

중심주의' 관점에서의 국가는 국민의 행복을 위한 수단일 뿐이며, 국민이 주인인 나라는 지키는 게 정의이고 국민이 노예인 나라라면 무너뜨리는 게 정의다. 국민이 노예인 나라는 우리 나라가 아닌 그들만의 나라이기 때문이다.

그러나 국민이 그리 생각하게 되면 부패 무능한 지배자는 권력을 잃는다. 때문에 부패 무능한 지배자가 권력을 지키기 위해서는, '우리민족', '우리민족끼리' 등의 '지배자 행복 중심주의'로 국민을 세뇌시킬 수밖에 없다.

특히 신규 독립한 나라는 대부분 민족주의로 국민들을 세뇌시킨다. 왜냐하면 준비 안된 무대포 독립 후 굶주리는 나라가 되거나, 수백만 명이 죽고 이산가족 당한 나라도 있는데,

'괜히 독립했다가 신세 망친 나라'의 국민들이 "괜히 독립해서 이산가족 당하고 굶어죽네?" 라고 깨닫거나, '괜히 독립해서 내 가족이 죽었잖아?' 라고 깨달아버리면 독립 영웅된 자들의 권력은 흔들린다. 때문에 국민들이 그런 생각을 하는 것을 막고, 국민들로 하여금 자신들의 삶이 엉망진창이 된 것을 기뻐하는 바보로 만들 때 쓰는 술수도 민족주의(Nationalism) 사기극이다.

어느 나라라고는 말 못하지만, 어떤 희한한 나라에서 국사 교육을 당한 국민들은, 봉건 권력이 자기 조상을 노예로 부리며 굶겨 죽였어도 봉건 권력만 무사하면 나라 망한 게 아니라 여기고, 그런 생지옥에서 해방 시켰어도 봉건 권력을 무너뜨린 것은 망국이라 부른다. 그 나라는 경제적으로는 성장했지만 정신은 아직 미개국 탈출을 못해서, 그 나라에서 국사교육 당한 국민들은

제 조상을 노예로 부리던 봉건 권력이 무너진 것을 "아이고 우리나라 망했네. 국치 당했네" 하며 슬퍼하고 그 노예에서 해방시킨 세력은 청산해야할 친x파라며 욕한다. 지적 수준이 낮은 그 후진국은 민족주의를 '진보'라고 착각하는 바보들로 넘친다.

⊙한국의 민족의식 사기극

서양인이 그린 조선인들의 모습이다. 저들이 과연 "이민족이 침략했다. 싸우자" 라면서 '민족의식'을 가지고 대했을까?

그건 한국사 사기꾼들의 희망일 뿐, 인민은 '누구의 통치가 자신들의 행복에 유리한가'만 본다.

지배층은 권력 때문에 민족을 외치지만 인민은 다르다.

소수의 영국인이 거대 인구의 인도를 장기 지배했던 이유는, 봉건시대보다 훨씬 나은 삶을 주었기 때문이다.

아시아는 대부분 독립한 나라이니 승자인 독립파가 '제국주의와 식민지는 끔찍하고 독립은 위대해' 라고 세뇌교육 할 수 밖에 없지만, 부패 무능한 동족의 노예로 죽어가는 삶보다 식민지의 삶이 낫다고 보는 국민이 많았기 때문에 식민지가 오래 갔던 것이다.

북한은 대한민국과 일제시대를 미제강점기와 일제강점기라 부른다. 진보 간판의 좌파도 보통 그리 여기는데, 이는 '지배자 행복 중심주의'인 '민족주의' 관점이며, '국민 행복 중심주의' 관점에서는, 국민의 자유·인권·행복을 말살하는 북조선과 이씨조선이 '김조강점기'와 '이조강점기'다. '지배자 행복 관점'이냐 '국민 행복 관점'이냐에 따라 정 반대가 된다.

⊙만약 링컨이나 케네디가 한국 대통령이 된다면?

링컨이나 케네디가 한국 대통령이 되면 큰일 나는가?

깨끗하고 유능한 정치를 해 줄 수 있다면 그가 에스키모면 어떻고 피그미족이면 어떤가?

이씨·김씨왕조 보다야 낫지 않은가? 만약 김정은이가 된다면?

국민에게는 어느 민족 지배층이냐 보다도 못된 지배층이냐 아니냐가 더 중요한데, 이 중요한 사실을 깨닫지 못하게 만들어서, 링컨보다 김정일 김정은이가 낫다고 믿는 바보국민 만들기 술수가 민족주의다.

⊙만약 미국,영국이나,유엔군과 김정은이가 전쟁을 한다면?

만약 U·N군과 김정은이가 전쟁을 한다고 치자. 봉건 왕조가 무너지면, 북한 주민들은 빼앗겼던 자유와 인권을 되찾게 될 것이다. 이산가족 상봉을 가로막는 원흉이 사라졌으니, 가족 상봉도 될 것이고, 남한과 합치건, 독립 국가를 만들건, 인권말살의 폭압에서 벗어날 것이다. 만약 과거에 그 일이 있었다면 300만 명이 굶어 죽지

앉았을 수도 있다. 그러나 여기서 '민족주의'가 먹혀들면, 인민들은 자신들의 자유와 인권 말살의 생지옥을 이어가는 싸움을 대신 해주는 바보가 된다. 이것이 바로 사회 지배층이 민족 의식을 세뇌시키는 핵심 이유다.

거문도를 강점한 영국군과 조선인들

그런데, 조선의 영토가 서양의 군대에게 강점 당한 일이 있었다. 바로 영국군이 거문도를 2년간 강점한 사건인데, 거문도 사람들은 그런 강점에 저항했을까?

당시 20대였던 거문도 주민의 증언에 의하면, 영국군은 주민들에게 부역을 동원하면 꼭 그 대가를 치렀다 하고, 여성이 지나갈 땐 영국군이 행군을 멈추고 뒤돌아섰다고 한다. 조선에서 여성은 거의 가축취급 받지만, 영국은 여성을 배려하는 나라다.

조선 백성들은 강제로 재물을 빼앗는 조선 정부와 대가를 주는 영국군 중 어느 쪽을 좋아했을까?

영국군들이 떠나갈 때 주민들이 가지 말라고 붙잡았다고 한다.

그들에게는 여성을 배려하는 사람들과 함께 하니 여성들이 살기 좋았고, 대가를 주면서 일 시키는 사람들과 함께 하니까 살기 좋았을 뿐이다. **우리는 그들이 '민족의식'으로 저항했을 거라 믿도록 교육 당하지만, 인민은 먹고 살 만 하면 조용히 살고, 살기 힘들면 폭동·민란을 일으킬 뿐이며,** 그들에게 영국의 국민권을 주어서 이조 통치에서 벗어나게 해주면 모두 '얼씨구나' 했을 것이다.

'민족'이란 정치꾼들의 이익을 위해 주입시키는 사기 단어다.

◉민족주의는 국민을 노예로 만드는 지배자행복 중심주의

만약 함경북도가 미국에 강점당해 오늘에 이르렀다면, 함경북도 인민들과 북한 인민들 중 어느 쪽이 더 행복했을까?

북한 주민들더러 강점 당한 함경북도의 미국인으로 살래, 그냥 북조선인으로 살래? 라고 물으면, 그들은 어떤 선택을 할까? 자유를 잃고 수용소에서 굶어 죽더라도 북조선 인민으로 살까? 민족이라는 게 국민의 자유와 인권과 행복보다 더 중요할까?

만약 함경남도가 독립 못하고 일본의 일부인 상태로 오늘에 이르렀다면, 북한인들이 그 곳으로 탈북 할까, 일본인으로 남은 사람들이 북한으로 '탈일'할까?

굶어 죽는 북한 주민과 재일교포 중 어느 쪽이 더 행복할까?

북한 주민들은 재일 교포보다 평균수명이 16년 짧은데, 그들더러 독립 안하고 일본인 신분으로 16년 더 살래, 위대한 독립국 북한인으로 16년 빨리 죽을래? 라고 물으면 그들은 어떤 선택을 할까? 북한의 굶어 죽은 300만 명에게, 일본인 신분으로 굶

어 죽지 않을래, 위대한 독립국 북한인으로 가족과 함께 굶어 죽을래? 라고 묻는다면 무어라 대답할까?

탈미나 탈일이라는 단어조차 없는데 탈북만 있는 이유는 무엇일까? 만약 북한의 일부가 '미제강점기' 상태였다면 북한주민 300만명이 굶어 죽을 때 미국은 그 곳 사람들을 반드시 살렸을 것이다.

과거 한국에 엄청난 식량과 자금을 지원해서 대량 아사를 막았던 것처럼 말이다.

국가의 독립에 관한 정치인과 국민의 이해관계는 보통 반대다. 약소 그룹 정치인은 독립 안하면 권력은 없으니 '독립'은 위대하고 합병은 악이라고 외칠 공산이 크지만, 막상 독립하면 대부분의 신규 독립국 국민들은 경제·안보 등에서 **훨씬 불리해지고**, 권력을 쥔 독립 투사들 대부분은 부패·무능해서 국민 삶을 거덜 내버리기 때문이다.

독립은 함께 사느냐 따로 사느냐의 문제일 뿐이므로, 신규 지배층이 국민에게 '민족의식'을 주입시키지 않으면 국민들은 독립 전의 과거를 그리워하거나 자유·인권·행복 등 '국민 행복 중심주의'로 타 선진국과 합치는 게 자신들에게 유리하다고 여길 수도 있다. 그리 되면 무능한 권력은 망하므로, 국민을 '민족주의'로 세뇌시킬 수 밖에 없다.

조선시대 말까지도 '민족'이라는 단어조차 없었지만, 원래 그런 게 있다고 가르쳐야 (우리 민족이)나라를 빼앗겼느니 되찾았느니 하는 행위의 주체가 생기고, 권력을 쥔 자들이 영웅이 될 수 있기 때문에, 그런 목적으로 세뇌 시키는 사기 단어가 '민족'이다.

북한이 재남침 했다고 치자. 이 나라가 굶어 죽는 노예제 나라이고 북한이 자유와 인권의 나라라면 당신은 이 나라를 지키려고 싸우겠는가? 나라 따위도 중요한 게 아니다. 어떤 나라냐가 중요할 뿐이다. **선진 강국은 자유·인권·행복 등 국민 행복 중심주의 가치를 중시하지만, 후진국 국민은 민족·국가·독립·통일 등을 우선시하는 '지배자 행복 중심주의'인 '민족주의'로 세뇌 된 바보 국민으로 만들어진다. 바로 권력 때문이다.**

자유와 인권이 보장되는 세상이 목적이고, 민족·국가·독립·통일 등의 가치는 그 '상위가치'를 위한 수단일 뿐이며, 국가 간에도 '인간 행복'이라는 상위 가치를 위해 타국과 합쳐서 강대국을 이룰 수도 있지만, **민족주의 사기극에 걸려들면, 풍요로운 강대국보다 굶주리는 약소국을 선택하고, 자유를 잃고 노예가 되는 삶을 제 발로 찾아가기도 한다.**

심지어 사악한 지배자 치하의 참혹한 노예로 몰락해도 동족 지배자 치하이면 '민족해방'이라 믿는 바보로 만들고, 독립하면 악몽의 세상이 될게 뻔한데도 '권력지향세력'의 사익을 위해 수백만 국민이 죽는 독립을 하거나, '민족통일전쟁'이라는 구실의 '지배영역 확대 전쟁'에 국민들을 내몰아 수백만 국민들을 죽게 만들기도 한다.

⊙고구려사와 고조선사가 '한국사'라는 말도 거짓말

고구려사와 고조선사가 우리 민족사라는 말도 거짓말이다.
고구려는 한반도 북부와 대륙 일부를 지배하던 조폭 집단의 지배

영역일 뿐이고, 민족이라는 개념조차 없던 시대인데, 그게 어떻게 우리 민족사가 될 수 있는가?

고구려사는 한국사도 중국사도 아닌 고구려사일 뿐이다.

고구려나 고조선사가 우리 민족사라면서 '우리 민족의 땅은 아주 넓었대' 라는 거짓말은, 옛 지도자의 거짓말 즉

'우리는 찬란한 재벌 민족이었대. 다시 노력해서 재벌이 되자. 하면 된다' 라는 정치 목적의 거짓말이나,

신분제의 잔재를 없애고 분열된 국민을 하나로 묶기 위해 '우리는 한핏줄 단군의 자손이야 뭉치면 살고 흩어지면 죽어' 라는 국민 통합 목적의 거짓말처럼 필요한 면도 있을 순 있다. 하지만 거짓말도 어느 정도라야지, 지금은 그런 미개한 시대도 아니다.

제대로 설명하면 국민 대부분이 알아 듣는데, 물질적으로 선진국이 되어가는 국민들의 정신을 이 지경으로 만들어 놓고서 대체 다음은 어쩌려고?

그런 거짓말이 지나쳐서 국민을 국사 바보로 만들어 놓으면, 국민은 자신의 과거도 모르고 미래도 선택할 줄 모르는 참 바보가 되어버린다.

우리는 유적도 유물도 없는 전설 속의 고조선사 가지고 반만년 역사라고 부풀리는 국제 역사계의 코미디 나라인데, 그런 식이면 그리스 신화의 그리스는 수백만 년 역사다.

우리는 '단일민족'이니 '단군의 자손'이니하는 거짓말들을 마구 갖다붙여 교육 시키지만, 단군은 평양의 지역신 전설일 뿐, 조선시대 까지도 단군이 아닌 '기자'를 시조라고 인식했다.

설령 단일민족이라고 쳐도, 민족 혈통을 유지하면 환웅의 천당에 보내 주기라도 하는가? 긴 역사를 억지로 만들 필요가 있을까? 긴긴 역사의 이란·이라크와 시리아를 사람들이 부러워 하는가? **50년 공부해서 고시 합격했대와, 1년 만에 붙었대 중 어느 쪽이 나은가?** 설령 단군이 존재 했어도 그는 이 땅 최초의 정복자일 뿐인데, **정복자가 노예제 국가의 국민을 모두 낳았다는 식의 거짓말을 믿는 것도 문제다.**

*우리 동방의 예악 문물이 중국과 견줄 수 있는 것은, 기자(箕子)가 이땅에 봉(封)을 받아 8조의 교훈을 베푼 때문이니...태조께서...으뜸으로 제사를...[세종1년(1419) 2월25]
*조선에 문명을 전했다는 기자의 무덤과 사당이 현재 평양성 외곽에 있다[제이콥 로버트 무스]
*조선 문명의 창시자인 기자묘도 총알과 탄피로 손상되어 있었다.[영국인 비숍, 청일전쟁 당시]

⊙ '민족'으로 뭉치지 말고 '가치'로 뭉쳐야 한다.

'민족주의'는 '지역주의'가 확대된 개념일 뿐이며, 봉건주의와 지역주의가 기형적으로 결합된 수구적 이데올로기가 '진보'로 위장해서 판치고 있다. 민족주의는 국민으로 하여금 누가 나쁜 놈인지는 관심 없고, 누가 국민을 더 행복한 세상으로 이끌어 줄지에도 관심 없는 바보 국민을 만든다. 그런데 북한 주민들은 너무 세뇌 당해서 속는다 치고, 문제는 남한이다.

인민의 적은 자유와 인권을 말살하는 세력이지 타민족이 아니다.

그러나 한국사 교과서는 국민의 사고를 '민족'의 범주에 가두려고만 한다. 자유·인권보다 민족주의라는 수구적 이데올로기가 득세하면, 개인과 사회의 존재 이유를 왜곡시키고 국민 행복을 걷어차는 우민(愚民)을 양산한다.

그야말로 '정신적 반신불수' 국민이 되는 것이다. **오죽하면 U·N이 한국에게 '단일민족'을 강조하지 말라고 권고 했겠는가?**

극우 파시즘의 일종인 민족주의는 그 특유의 배타성 때문에, 자기를 객관화시켜 볼 줄 모르고, 우리만 잘났다고 믿고 타 민족은 깎아내린다. 우리는 옳고 남은 그르니 선악을 분별 못하고 반성할 일도 없어진다.

민족주의 한국사 교과서를 읽으며 반성하는 사람 본 적 있는가?

인류 역사 중에서 가장 실패한 일은 '끼리끼리주의 고착'이다.
그 끼리끼리주의가 인간의 분별력을 흐리고,
삶의 본질적 목적을 흐리며,
그렇게 수백 개로 쪼개어져 있어서 인류가 불행한 것이다.
서양인들이 유럽인이라는 공동체로 뭉치려고 하거나,
큰 나라가 민족을 외치는 것은 이해라도 되지만,
큰 나라들도 똑같이 민족적 배타주의로 나가버릴 경우
가장 큰 피해를 입는 쪼그만 나라가 민족을 외친다.
조선시대 내내 '끼리끼리주의'로 나라를 망쳤고,
지금도 역시 그렇다.
모든 비극의 원인은 의외로 간단함을 알아야 한다.
**정신 혁명으로 이런 낡은 것들을 없애고
'인류 공동체' 개념이 서면,**
나와 남은 궁극적으로 다른 존재가 아님을 깨닫게 되고,
지구에서 대부분의 비참한 일들은 사라질 것이다.

인류는 하나이며 민족은 없다.
그리고 민족보다 중요한 게 바로 자유다.
인간 삶의 본질적 목적인 행복,
그 바탕이자 인류 보편의 가치인 자유.
우리는 민족으로 뭉치지 말고 가치로 뭉쳐야 한다.
한국인이여,
당신은 '자유인'인가, 민족주의 낡은 우물 속에 갇혀 있는가?
진보 간판의 수구 좌파여,
낡은 민족주의 망령에서 깨어나라…!

제4장 한국사 교과서의 일제강점기 사기극

13 반봉건 한일합방 운동을 한 100만 명의 조선인들…312
14 남북한의 사악한 역사조작 세뇌교육, 과연 무엇이 정의인가?…335
15 안중근과 동학, 그리고 악당화 된 국민영웅 이토 히로부미…350
16 한줌의 독립파를 위해 전 조상을 바보로 만든 한국사 교과서…369
17 매국노와 매민노(賣民奴)……………………379
18 그냥 한번 웃고 넘어갈 을사늑약 코미디극…………386
19 또 하나의 코미디 헤이그밀사 조작극……………396
20 한국과 일본, 고대에는 언어가 같았다……………399
21 국사 교과서가 감추는 진실, 백제와 일본은 사실상 같은 나라…401
22 일제가 이 땅에 처음 발 디뎠을 때……………409

13.반봉건 한일합방 운동을 한 100만 명의 조선인들

◉한국사 교과서라는 '국민 바보만들기 3류소설' 요약

'한국사 교과서'라는 '국민 바보 만들기 3류 소설'을 요약하면 이렇다.

1. 우리는 반만년 찬란한 역사의 민족이다.
2. 우리 민족은 악당 일제에게 강점을 당해 나라를 빼앗겼다.
3. 우리 민족은 악당 일제에게 끔찍한 학살과 수탈과 고통을 당했다.
4. 우리 민족은 끔찍한 고난을 당하면서 독립을 학수고대 했다.
5. 위대하신 독립투사님들께서 나라를 되찾으려 고군분투 피흘려 주셨다.
6. 우리는 위대하신 독립투사님들의 노고로 꿈에 그리던 해방을 얻었다.

7. 결론: 일본은 악당, 친일파는 악당, 위대하신 독립투사님 만만세!

'승자 만만세주의', '봉건지배층 중심주의' 한국사 교과서는 이 7가지 명제에 살을 붙인 것이며, 위대하신 독립투사님들께서 만주에서 추위에 떨며 독립투쟁 하실 때, 친일파 놈들이 민족을 배반했다고 가르친다. 그런데….

앞서 보았던 그 끝없는 굶어 죽음과 노예제의 참상이 언제 사라졌을까? 바로 조선통감부 시대다.

만약 당신이라면 당신의 나라를 '지배층 행복' 기준으로 선택 하겠는가, '국민 행복' 기준으로 선택 하겠는가? 당신을 노예로 부리며 굶겨 죽이는 지배층을 '우리'라고 인식하겠는가?

인민은 지배층 걱정해주는 존재가 아니라 자기들 살기 좋은 세상을 택하는 존재다. 따라서 **조선왕조와 통감부 시대를 모두 살아본 한반도인들은 '지배층행복 중심주의'인 '민족주의'가 아니라 '인민행복 중심주의'인 자유·인권과 행복 기준으로 자기들이**

살기 좋은 나라를 고르게 되어 있다. 굶어 죽는 조선의 노예로 살 것인지, 일본 국민으로 살 것인지를 말이다.

'한국사 사기교과서'는 이 단순한 사실을 속이고,
사상 최대로 뭉친 100만 조선 민중의 한일합방 운동이 봉건 지배층을 굴복시켰다는 사실을 속인다.

당시 100만 백성 연명으로 왕에게 올린 '한일합방 청원 상소문'은 왕의 무능함을 질타하고 있고, '자유 아니면 죽음을 달라'고 외치던 서양의 '민권사상'까지 언급하며 "100만 백성들이 들고 일어날 수도 있다"는 은근한 압력까지 행사하고 있다.

'국가의 주인은 국민'이라는 '민권의식'은 이미 꽃 피어 있었고, 대규모의 국민 행동으로 옮겨지고 있었다.

그들은 전제 정치의 문제를 신랄히 비판하면서, 한국과 일본을 원래 동족이었다가 백제의 멸망으로 헤어져 살고 있는 상태로 인식하고 있었고, '동족인 한국과 일본이 나뉘어 살면 약한 나무처럼 흔들릴 수 있지만 합치면 큰 나라가 될 것'임을 말하며, 한일합방을 '민족통일'로 인식하고 있었다. '순종실록' 속으로 들어가 보자.

⦿100만 조선인의 연명으로 발표한 '한일합방 성명서

*일진회장 이용구가 100만 회원 연명으로 된 '일한합방 성명서'를 발표하였다. 그 성명문에 "...일본은...수만 명의 군사를 희생시켜 가면서 청나라의 굴레에서 벗어나게 하고 우리의 독립을 확고히 해주었다. 그런데도 정사를 어지럽히고 호의를 배격하여 이 만대의 기초를 능히 지키지 못한 것은 우리 스스로

초래한 것이다. 마침내 '일로전쟁'을 초래하여 일본의 손해는 갑오년의 10배나 되었으나 우리를 러시아 사람들의 범 아가리에 한 덩어리의 고기로 먹히게 되는 것을 면하게 하고…이런데도…이 나라에 붙었다 저 나라에 붙었다 하는 폐단을 만들어 마침내 외교권을 남에게 넘겨주고 보호 조약을 체결함에 이른 것도 우리 한국 사람들 스스로가 초래한 것이다…점차 문명의 모범을 조금씩이라도 받아들여야 하는데 도리어 '헤이그문제'를 만들어내어 일대 정국의 변동을 일으키고 7조약을 계속하여 체결하게 된 것도 우리 스스로 초래한 것이다…**3년 동안 한 가지 사업도 발전시키지 못하고 권세와 이익을 다투고 폭도와 비적**(匪賊)**이 창궐하여 인민의 생활은 아침·저녁도 고려하지 못하게 되어 점점 극도에 빠지게 한 것도 우리 스스로 채택한 것이다.** 이토오 태사(伊藤博文,太師)가 백성들을 보살펴주고 동궁을 이끌어주며 우리 한국을 위하여 수고를 다한 것은 잊기 어려운 것이다. 그런데도 해외의 하얼빈에서 변괴가 생긴 것으로 인하여 일본 전국의 여론이 물끓듯 하여 한국에 대한…어떠한 위험을 불러 일으킬지 모르게 된 것도 우리 스스로 채택한 것이다…

우리 한국은 전제(專制) **정치로 인민들의 권리를 속박하여 자유롭지 못한 민족인 까닭에 스스로가 채택한 책임을 지고 있다고 하여도 될 것이다…**(안중근이 이토오를 죽인-필자)그 파란을 안정시키면서…우리 백성들에게 일등 대우의 복리를 누리게 하며 정부와 사회가…일대 정치적 기관을 이룩하도록 하는 것이 곧 우리 한국을 보호하는 것이다…우리 2천만 국민에게 맹세를 다지며 이 뜻을 성명한다." 하였다.[실록, 순종2(1909)-12-4]

⊙100만 조선인의 연명으로 올린 한일합방 청원 상소문

...나라의 존망이 문제로 되는 위급한 때를 자주 만났으나 한 번도 황제의 조칙으로 정확하게 국민에게 선포하여 사수하도록 한 사실을 듣지 못하였습니다...**서쪽 지방의 백성들이 자기 임금에게...'자유 아니면 죽음을 달라.'고 하였습니다...2천만 백성들은 위태로우며 곤궁함이 극도에 이르렀습니다...**

일본 천황 폐하는 너그럽고 어진 마음과 큰 도량으로 우리를 성토하지 않고 형제처럼 어루만지고 있는데 우리는 모든 일에 신의를 잃고...그래서 국모의 변고를 가져와서 산하가 분노하고 억울해하게 되었으니 이 또한 누구 때문이겠습니까?

혹은 자기 나라를 나라로 여기지 않아서...
러시아의 공사관으로 피난하기도 하고 혹은 중립을 선언하고 교묘한 외교를 좋아한 관계로 일로 화평조약이 먼저 체결되어 우리가 거기에 복종하게 되었으니, 우리가 외교권을 박탈 당한 것 또한 누구 때문이겠습니까? *(국왕 당신 때문이다-필자)*

그러나 조정의 신하들은 깨닫지 못하고 여러 번 속임수를 써서...'헤이그사건'을 도발하는 데에 이르러...외부의 여론이 끓어오르고 있는 중에 일본과 한국이 나라를 합쳐서 하나의 큰 제국을 새로 만들어야 한다는 의논이야말로 2천만 동포로 하여금 죽을 곳에서 살아날 구멍을 얻게 된다는 것을...

두 나라의 역사를 상고해보면 그 종족을 둘로 가를 수 없게 된 지가 오랩니다. 일본 군사가 우리나라의 백마강에서 당나라 군사와 싸워서 패배하게 되자 백제도...망하게 되어 한국과 일본

은 각각 자기 영토를 지켜왔으나…서로 교류하였습니다.

고려가 원나라 군사를 이끌고 일본을 침략하고…백성들을 살육하였을 때 일본 백성들이 복수한다며 중국 연해를 침략하여 우리나라도 해마다 그 여독을 입게 되었습니다.

그리하여 왜구가 있기 시작하였지만…

일본의 천황 폐하는…그 믿음과 그 의리는 태산과도 같고 북두성과도 같습니다. 우리 나라가 청나라에 망하지 않은 것이 어찌 천황의 덕이 아니며 우리 나라가 러시아에 먹히지 않은 것이 어찌 천황의 인덕이 인한 것이 아니겠습니까?…

다행히 지금 합방해야 한다는 것으로 우리의 여론이 기울어지고 있는데 백성들이…점차 깨닫게 된 것을 볼 수 있습니다…

우리 나라로 들어오는 일본 사람이 해마다 만 명이나 되는데…이렇게 함께 살면서 다른 정치를 하는 형세로 6, 7년이 지나면 점차 우리 땅 위에 새 일본이 서게 될 것인데…

수십 년이 지난 뒤에는 그들은 주인이 되고 우리는 종이 되며 등에 지는 것은 한국인이고 타는 것은 일본인일 것입니다…

다행히 우리 나라는 일본과 본래 같은 종족에서 나와서 아직까지 탱자와 귤만큼 판이하게 달라진 것이 아니고, 지금 서로 다투는 것도 심하지 않은 만큼 그 국경을 없애고 두 이웃 사이의 울타리를 아주 없애버려서 두 나라 백성들로 하여금 한 정치와 교화 밑에서 자유로이 노닐면서 다같이 함께 살고 함께 다스려지는 복리를 누리게 한다면 누가 형이고 아우고를 가릴 것이 있

겠습니까? 더구나 지극히 어진 천황 폐하인데야 더 말할 것이 있겠습니까? 우리 2천만 동포를 교화시키고 양육하여 동등한 백성으로 잘 만들 것입니다....보호받는 열등 국민이라는 이름을 벗고 일약 새로운 대제국으로서 세계 1등 민족의 대열에 올라...이것은 반드시 올 재앙을 더 없는 큰 복으로 전환시키는 것이 아니겠습니까?...사건이 나기 전에(이토오 살해의 보복을 당하기 전에-필자)...속히 결단을 내리시기 바랍니다...하였다 [순종2(1909)-12-4]

이어서 내각에서 장서를 올렸다. 장서에, "내각 총리대신 이완용 각하에게 의견 올립니다...대일본 제국이 우리를 대하는 진의는 갑오년이나 갑진년이나...시종 변함이 없었습니다...
일본 천황 폐하가 우리 황제 폐하와 태자 전하에게 예를 갖추는...은애가 형철한 데서 알 수 있습니다.
그러니...한 나라가 된다면...우리 백성들은 함께 교화되어 날로 발전시키는 총애가 있을 것입니다...
**우리나라와 일본은 지리상, 인종상, 역사상, 종교상, 문학상, 풍속상, 경제상, 정치상 일치합니다. 나눠면 약한 나무처럼 흔들릴 수 있지만 합치면 하나의 큰 나라로 될 것입니다...
독일 연방이 분열되었을 때는 프랑스에 짓밟혔지만 독일 연방으로 통합되어서는 구라파 대륙의 패권을 쥐게 되었습니다.**
오늘 일본과 한국이 합방하는 것은,
우리의 사직과 백성을 새롭게 보전하여 동방 안녕의 근본을 견고하게…하는 것입니다...하였다. [순종2(1909)-12-4]

⊙조선의 100만 국민들은 왜 한일합방 운동을 했을까?

'민족주의'로 세뇌 당한 한국인들은 한일합방을 '국치'라 부르지만, 그것은 봉건지배층 관점이고, **노예로 굶어죽던 민중들에게는, 그 동족 지배층이 주적이었다. 그래서 그 지배층을 몰아낼 우군이 필요했는데, 중국은 500년 원한이 깊어 우군이 될 수 없었고, 러시아도 한국군도 우군이 될 수 없었다.**

*내가 열두 살 되던 해(1903) 겨울에 러시아 병정이 정주에 들어왔다. 그들은 약탈과 겁간을 자행해서 성중에 살던 백성들은 늙은이를 몇 남기고는 다 피란을 갔다. 젊은 **여자들은 모두 남복을 입었다.** 길에서 러시아 마병(馬兵) 십여 명에게 윤간을 당하여 죽어 넘어진 여인이 생기고, 어린 신랑과 같이 가던 색시가 러시아 병정에게 겁탈당해 **'튀기'**(혼혈인의 비하표현)**를 낳고 쫓겨나 자살을 하였다.** 소와 돼지도 씨가 없어지고 말았다.
이때 어린 나는 우리 민족이 약한 것을 통분하고 러시아에 이를 갈았다. [이광수의 러일전쟁 당시 회고]

서양의 종군 화가가 그린 '조선을 약탈하는 러시아군'

*(중국군이) 가는 곳마다 행악(行惡)이 무변(無變)하야 백성의 재물을 함부로 빼앗고 **젊은 부녀들을 마음대로 능욕, 강간하며** 길가에 있는 개, 닭과 소와 말은 있는 대로 다 잡아먹고 끌어가며 [金廷老 내가 난리 치러 본 이야기: 9세 때의 청일전쟁]

*중국군이 광통교 약국에서 의약품을 빼앗으려 하다가 약값을 요구하는 최씨의 아들을 사살하고 최씨에게도 총을 쏘아 중상을 입혔다.[윤치호일기]

***중국군 병사들은 무제한의 약탈을 자행했다.**[비숍 1894]

***그들**(대한제국군)**은 악독하였고, 백성들을 착취 했으므로 지방민들은 그들을 두려워하고 원수처럼 미워하여, 그들이 해산되었을 때 모든 백성들이 경축하였다.**[황현의 매천야록 1907]

☞대한제국 군대 해산에 대한 민초들의 환영

*8만 명의 번영하던 도시가 1만5천 명으로 줄고 폐허가 되었다. 평양에서는 전투가 없었다. **이 모든 파괴는 적에 의해 자행된 게 아니라, 나라를 독립 시키겠다며 싸운 자들에 의해 자행되었다.** 일본군이 조선인들을 죽이지 않았다는 것이 알려지자 많은 사람들이 집으로 돌아왔다…**일본군이 후퇴하자 주민들은 훈련대로부터 고통받을 것을 우려했다. 주민들이 걱정한대로 조선인 훈련대는 사람들을 때리고 강탈했다.**[비숍]

☞그러면 당시의 민심은 누구를 선택했을까?

*조선인들은 러시아 침략군을 영원한 적으로 생각 하면서도 러시아의 진출을 막으려는 노력은 전혀 하지 않았다. 그들은 잔뜩 겁을 먹고 도망치고 있었으며…평양 주민들은 공

포에 떨고 있었다. 주민 중 1만 명은 이미 평양을 떠났고, 압록강 근처에서 내려오는 피난민 수만 명은 공포에 질려 있었다. **주민들 사이에 러시아군의 잔학성에 대한 소문이 퍼지면서 대다수 사람들은 미친 듯이 피난 길에 올랐다. 그러나 조선인들은 일본군을 두려워하지 않았고 오히려 일본군의 보호를 받으려 했다.** [종군기자 잭 런던의 조선사람 엿보기 1904-3-2]

*조선인들에게 일본의 점령은 말할 수 없는 기쁨의 원천이었다. 전쟁이 발발한 후 **인부와 마부, 상인들은 돈을 긁어 모았다. 어차피 지배계급**(양반)**들이 그것을 빼앗아 갈 것이지만 말이다.** [잭 런던 1904-3-2]

*나는 일본군처럼 질서정연하고 조용한 군대는 본 적이 없다. 민간인들 **아무도 일본군을 무서워하지 않았다.**

그들은 여자들을 건드리지 않았고 약탈하는 법이 없었다.

일본은 1894년에 얻은 명성, 즉 그들이 가져가는 모든 것을 돈으로 보상해 준다는 원칙을 지금도 증명해 보이는 중이다.

"러시아군 같았으면…" 하고 조선인들은 말했으며, 한명도 무례하거나 소란스럽지 않았고 그들은 오로지 병사 그 자체일 뿐이었다. **헨리 알렌 장군은 이렇게 말했었다.**

"일본군 보병은 지구상 어디에 내놔도 손색이 없다. 그들은 어디를 가든 명성을 얻을것이다" [잭 런던의 '조선사람 엿보기' 1904-3-5]

*러시아는 요동반도를 제외한 만주를 사실상 점령했고, 러시아는 누구도 막을 수 없을 만큼 강력하게 한국에 진출하고 있었으며, 적어도 반도 북부 지방이 러시아의 영토화 되는 것은 시간 문제였다.

압록강 전투지로 향하는 일본군과 맞이하는 조선인들
한국사 교과서는 이들을 침략군이라고 가르친다.

한국의 북방 사람들은 러시아인들을 아주 싫어했다. 러시아군들이 한국의 부녀자들을 겁탈하는 일이 자주 발생하자 더더욱 미워했다. 나는 전쟁 초기에 한국의 북부 지방을 여행 했는데, 가는 곳마다 일본인들과의 우의를 귀가 아프게 들었다. [F.A.매켄지]

*노동자·농부들은 일본인들이 조선인 관리들의 압제를 막아 주리라고 기대했기 때문에 일본인에 대해 대단히 우호적이었다.[F.A.매켄지] ☞ 물론, 못된 일본인도 많았다.

*한국에 최초로 건너간 일본인들은 대체로 일확천금을 꿈꾸던 양심 없는 무리들이 대부분이었다. 일인들은 기회만 있으면 한국인들을 기만했고 법의 허점을 이용하여 한국인들을 괴롭히고 재물을 빼앗는 일이 많았으며, 감옥에 들어갈 정도가 아니면 무슨 짓이든 자행했다. [매켄지]

*일본군은 폭도(의병)를 토벌 한다면서 제천의 여러 마을을 폐허로 만들어 놓았다. 한 마을은 일본군이 마을 주민 7명을 죽였다고 했다. [매켄지]

*일본공사 이노우에 가오루가 일본 정부에 보낸 문서에는 이렇게 쓰여져 있다. <일본인은 무례할 뿐만 아니라 종종 한인들에게 모욕을 준다. 그들은 한인 고객을 대함에 있어 천박하게 행동하며 한인들과의 사이에 조그마한 오해라도 생기면 서슴없이 주먹을 휘두르며, 심지어 한일들을 강물에 처박기도 한다.

그들은 자기들이 조선을 독립시켜 주었으며 동학난을 평정해 주었다고 말하고, 일본인들을 반대하거나 불순종하는 한인들은 은혜를 모르는 자들이라고 말한다. 일본인들의 만행으로 그토록 기가 질려 있는 한인들이 어떻게 일본을 도울 수 있을까?

일본인들이 한인에게 오만하고 난폭한 행위를 계속 한다면 일본에 대한 존경심과 우의는 상실되고 증오와 적의만 남게 될 것이다.>

이노우에는 서울에 있는 미국인에게도 이렇게 말했다.

"일본군이 동학난을 평정하기 위해 조선에 들어왔을 때 그들

일러전쟁기의 일본군과 일러전쟁 수행을 돕는 조선인들

은 자그마한 군수품도 모두 자기의 돈으로 사서 썼다. 그들은 분별 있고 친절하여 한인들로부터 대접도 잘 받았다. 그러나 일청전쟁 이후 그들은 정복자보다도 더 오만하게 행세했다. 이에 한인들은 일본인에 대해 다소 분노를 느끼기 시작했으며…" [대한제국의 비극, 매켄지]

☞ 이보다 더한 일도 많았지만 그래도 민심은 일본을 선택했다. 왜냐하면 그보다 수천 배 더 못되게 군 게 조선 지배층이기 때문이다.

인간은 잘해주면 좋아하고 못되게 굴면 싫어하는 동물일 뿐이지, 같은 민족 지배층이냐 아니냐로만 구분하는 민족주의적 바보가 아니다.

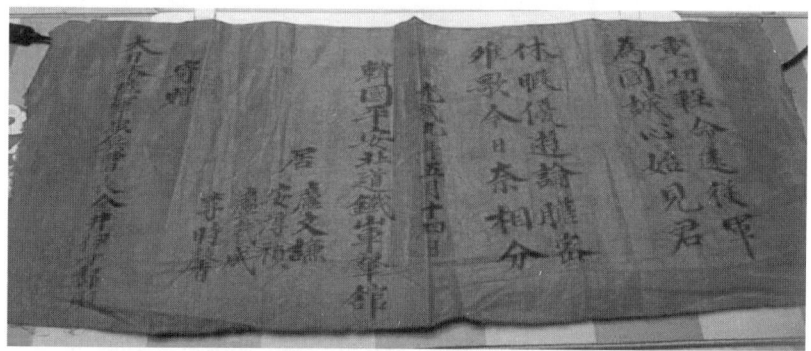

철산군 주민 대표들이 일본군 조장에게 보낸 송별시

*철산 주민 대표들이 일본육군 조장 가나이 이주로(金井伊十郎)에게 보낸 송별시

重功輕命遠從軍　공 높이고 목숨 버려 멀리 군무에 종사해
爲國誠心始見君　나라위한 성심을 처음 그대에게서 보네
休暇優遊論膽密　여가에 노닐면서도 담대 진밀을 논하니
唯歌今日奈相分　오늘 노래를 할 뿐 어찌 헤어질 수 있으랴

☞러일전쟁이 끝나갈 무렵, 떠나가는 일본군에게 지역민 대표들이 보낸 시. 붉은 비단에 묵서로 적혀 있다.[박건호 소장]

***국왕의 신하 한 명을 만났다. 그는…백성의 1/3이 일본의 통치를 원하고 있다며 일본인이 들어온 순간부터 백성들이 자유의 분위기를 누리는 실정이라고 한다.
국민들에게 애국심이 없는 것이 놀라웠다** [압둘 라쉬드 이브라힘]

☞조선 백성의 1/3만 일본의 통치를 원한다는 소리는 말도 되지 않으며, 지배층은 체면 때문에 줄여서 말할수 밖에 없다.
만약 한국을 정복한 김씨 지배층이 당신을 노예로 부리고, 다 빼앗고 당신은 굶주린다면, 당신은 김정은의 통치와 미국의 통치 중 어

일러전쟁기의 일본군과 조선인들

느 쪽을 원하겠는가? 반복하지만 조선 말까지도 민족이란 개념의 단어조차 없었고, 양반과 상놈만 있었다.

한국사 거짓말 교과서는 국민들이 '민족독립'을 원한 것처럼 사기 치지만, 그리 되었을 시 이득을 보는 것은 양반 지배층일 뿐이고, '민족독립'은 양반 지배층의 악정을 이어 간다는 것으로서 그런 악정의 기약 없는 연장을 원하는 국민은 양반 외에는 없었다.

당시에는 한국사 세뇌 교과서가 없어서 국민들이 지금처럼 바보로 세뇌당하지 않았을 때이기 때문이다. 한국의 왕이 유일하게 방문한 나라가 일본인데, 한국은 일본 황태자와 순종 황제가 서로 방문한 사실조차 감춘다. 침략 당했다고 해야 하니까....

일본 황태자의 방문을 환영하는 구조물과 태극기 일장기의 거리

당시 국민들이 환영 구조물을 만들고 일장기를 흔들며 일본 황태자를 반기는 사진들이 많이 나오는데, 국민들이 일본 황태자를 반긴 이유가 뭘까? 바로…얻어 먹은 게 많기 때문이다. 얻어 먹은 거 없으면 미쳤다고 그렇게 반기는가? 가난한 사람들이 없는 돈에 그렇게 생돈 써가면서……이유는 더 있다. 그것은………… **"제발 저놈의 지배층 쫓아내고 나라를 다스려 주시오 미치겠소"**이거였다. **한국사 교과서는 조선이 어떤 나라인지를 속이면서 시작하지만, 굶주리는 노예였던 당시의 한국인들에게 있어 일본군은 한국군과 한국 지배층보다 훨씬 더 민중의 우군으로 여기던 존재였다.** 일본을 반기는 국민이 소수였다면, 일본 황태자 환영 깃발들이 저렇게 휘날릴 리 없고, 저런 대형 환영 구조물이 건립될 수도 없다. 김정일이나 김정은이가 한국 방문을 못하는 이유는 신변위험 때문이다. 맞아 x지진 않더라도 면상에 계란이라도 맞으면 돼지 체면이 손상되니까. 그러나 일본 황태자가 조선을 방문했던 이유는, 여론이 일본을 반겼기 때문이다. 그래서 일장기가 요즘의 성조기처럼 곳곳에 휘날린 것이다.

서대문을 지나는 일본군 민중들에게 있어
당시의 일본군은 요즘의 미군과 똑 같은 존재였다.

당시의 일본은 지금의 미국보다 훨씬x(훨씬)² 반가운 나라였다.
지금의 미국 대통령보다 당시의 일본 황태자가 더 환영받을 수 밖에 없었던 이유는, 지금은 미국 때문에 굶주림에서 벗어난 세대가 거의 사라져서 '원래 이렇게 살았나보다' 하고 살지만, 당시에는 일본 때문에 굶어 죽음과 노예에서 해방된 사람들이 멀쩡히 살아 있었기 때문이다.
조선 지배층에 비하면 김정일과 김정은이는 천사다.(정은아, 널 천사라고 띄워 주니까 적화통일 되더라도 학살자 명단에서 난 빼주라. 알았지? 100만 명 중에서 한 명 빼는거야 뭐~)^^

순종,영친왕과, 조선을 방문한 일본 황태자

한국사 교과서는 봉건 지배층 중심주의의 '거짓말 책'이니 못된 지배층이 권력을 잃은 것을 마치 유태인처럼 나라없이 광야를 떠돌기라도 한 것인 양 '아이고 우리나라 빼앗겼네, 국치 당했네' 하며 슬퍼하게 만들지만, **세상에 나라 없는 인민은 없다. 좋은 나라냐 나쁜 나라냐, 어떤 그룹으로 뭉쳐 사느냐의 차이만 있다.**

미국과 합병되었다면 우리는 그냥 '미국인' 신분으로 살게 되고, 일본과 합병되어 오늘까지 흘러 왔다면 그냥 '일본국민' 신분으로 살게 될 뿐이다. 하와이나, 오키나와, 홋카이도민처럼 말이다. 물론 분단도 없고...**미국의 텍사스도 멕시코로부터 독립한 후 미국에 합병된 것인데, 그들은 나라 빼앗긴 게 아니라 초강대국 대통령도 배출하면서 잘먹고 잘 살고 있다.**

조선도 중국으로부터 독립한 후 일본에 합병된 것일 뿐이다.

한국사 사기 교과서는 한일합방을 '국치'니, 강점이니, 나라 빼앗겼

조선의 황비(순종비)와 일본 귀족으로 보이는 여성들

느니 하는 온갖 거짓말들로 채웠지만, '**국치**'나 '**나라 빼앗긴 것**'은 국민을 노예로 부리며 굶겨 죽이던 봉건 지배층 중심주의 사관이고, 대다수의 국민들은 "그놈의 국치(國恥) 좀 당해 봤으면 소원이 없겠소. 일본 황제여, 제발 이놈의 나라 좀 빼앗아 주소. 아이고 우리 죽것소…!" 이게 민심이었다는 소리다.

이것이 남북한 국사교과서 사기꾼들이 감추고 싶어 하는 둘째 비밀이다. 못된 나라의 권력이 무너지면 국민에게는 새로운 나라가 생긴다. 합병 된다고 해서 나라가 없는 게 아니다. 만약 북한이 미국에 합병된다면, 손해보는 것은 지배층이니 그걸 막으려고 '민족주의'로 세뇌시키는 것이며, '국치'를 당하면 지배층만 손해일 뿐, 인민은 대박 터진다. 초기에는 차별 당할 수도 있겠지만 미국인처럼 교육도, 일자리도, 자유와 인권도, 성공할 기회도 얻으면서 급속히 미국인 수준을 따라가게 되니까. 다만 조선인에게는 선택권이 있었으나, 북

러일전쟁 기간의 일본군과 조선 백성들

일러전쟁기 압록강에서 찍은 조선인들과 일본군들

한 인민에겐 선택권이 없다. 주인이 아니라 노예니까.
노예 해방이 되어야만 선택권이 생기는 것이다.

이 사진들 속 일본군이 침략군으로 보이는가, 국군으로 보이는가?

국군은 인민을 지켜주는 군대라 정의하면, 조선인의 국군은 일본군이었다. 인민을 노예로 부리던 봉건 지배층도 조선군도 인민의 적이었다. **당신이라면 당신을 노예로 부리는 자들에게 같은 민족이라며 충성 하겠는가?**

◉ 외국인의 눈에 비친 '일청전쟁'

*주민들은 무도하게 그들을 겁탈한 중국 군인들에게서 받는 고통을 호소했다. **조선인들은 중국인에 대한 공포로 인해 우리가 대동강을 가로질러 건넌 적이 있던 우진강의 인접한 마을을 버리고 가버렸다.** [비숍]

*일청전쟁 직전에 서울에 진주하여 총칼로 무장한 일본군이 나팔신호와 함께 무기 부딪히는 소리가 곳곳에서 들려왔어도 조

일청전쟁기의 조선군과 일본군

선의 농부들은 평화롭게 일할 뿐 신경쓰지 않았다. **하긴 왜 그런 걱정을 하겠는가? 일본군이 조선 정부보다 더 심한 위해를 끼칠 수 있을까? 조선 정부는 마지막 푼돈과 한 톨의 곡물까지 빼앗지 않았는가? 가족이 굶주리는 것보다 더 비참한 일이 있을까?** [헤세 바르텍, 조선1894년 여름]

*(중국군이)강제로 한국인의 집을 사들이고자 하여 이에 항의한 정언 이범진을 청군의 군영에 잡아다가 매를 때렸다.[윤치호일기, 1884-5-28]

***중국은 그 문건에서 조선이 '우리의 속국'임을 두 번씩이나 언급했다.** 이에 일본은 조선을 중국의 속국으로 인정 할 수 없다고 답했다. 그 때 일본은 조선이 내정 개혁에 대한 세가지를 제안하며 함께 이를 수행하자고 요구했다. 그 내용은
1.재정의 조사, 2.중앙과 지방관료의 선발 3.국가의 방위를 위한 훈련된 군대의 성립과 조선에서의 평화 보장…[비숍]

*대다수의 사람들은 일본이 승전할 거라는 확신을 갖지 않았다…

조선군과 청군 포로들

그러나 승리하자 제물포 곳곳에 일본의 승전을 축하하며 화려하게 치장했고, 이홍장의 허수아비를 만들어 불태웠다.[비숍]

*원산에서 2일을 보냈다. 전쟁기간 동안 일본인들로부터 노동의 대가로 막대한 돈을 받게 된 조선 사람들은 부자가 되어 있었고…[비숍 1894]

*조선 군대는 농부들을 착취하고 있었다.

농부들은 먹이일 뿐 권리 같은 것은 없다…대부분의 농민들은 겨우 목숨을 부지할 정도로 가난했다. 왜 조선 사람들은 수수로 때울 정도의 식사마저 구할 수 없는지가 의아스럽다.[비숍]

☞한국사 전체를 통틀어서 가장 중요한 변곡점이자 가장 크게 자축할 만한 경사적 사건이 바로 '중국으로부터의 독립'이다.

소선이 발전을 못한 이유는, 지배층의 무능이 1차 원인이지만, 돈을 벌어봤자 중국에서 조공 요구로 빼앗아갈 것이라는 두려움도 주 원인이다. 조선이 금광을 개발하지 않은 이유도 캐내봤자 빼앗길 것이기 때문이며, 무역도 중국의 눈치를 봐야했고, 국제 화폐를 모두 빼앗겼던 이유도 크다.

빼앗아 가는 자와는 떨어지는 게(독립) 이득이고, 보태주는 자와는 붙어 사는 게(합병) 이득이다. 조선 민중이 발전하지 못한 근본 이유는 벌어봤자 지배층에게 빼앗기기 때문이고, 지배층이 나라를 발전 시키지 못한 이유 중의 하나도, 벌어봤자 중국에게 빼앗기기 때문이다.

열심히 벌어봤자 내 것이 되지 않는다면 발전은 절대 불가능하다. 한국의 발전은 '빼앗기지 않을 자유' 거기서부터 시작된 것이며, 그 결정적인 변곡점이 바로 일청전쟁 후 '중국으로부터의 독립'이다.

*조일동맹 조약이 체결되다...청나라 군사를 국경밖으로 철퇴시키고[고종31(1894)-7-22]
*청나라의 간섭을 받아 나라의 체면이...그래서 청나라 추종하던 습관을 끊어 버렸으니...그런데 무뢰배들이 아직도 청나라를 사모하여...[고종 32(1895)-1-5]
*독립 경축일을 정할 것을 명하다...청나라에 공납을 폐지한다.[고종32(1895)-5-10]

경부철도 기공식에 모여든 조선인들

14. 남북한의 사악한 역사조작 세뇌교육, 과연 무엇이 정의인가?

◉**한일합방시 서방 언론들이 조선인들에게 합방 축하메시지를 보낸 이유**

당시 선진국에서 조선을 볼 때 조선왕조는 못된 지배층이었다. 부정부패와 인권 말살과 잔학한 전제정치와 미신 만연 등 도저히 가망이 없어서 고통 당하는 인민들을 위해서는 선진국의 지배가 필요하다고 보았다.

*그들은 매관매직에 쏟아부었던 돈을 회수하기 위해 아전들을 풀어서 백성들을 가혹하게 수탈하고 있었다.[헐버트,대한제국멸망사,1906]

*고종은 돈에 관한 한 완전히 무모하며, 자신의 사치 방종을 위한 돈을 마련하기 위해 관직을 함부로 팔고 있다.[힐리에 주한 영국 총영사]

*인물의 지적 도덕적 능력보다는 주머니가 더 큰 기준이다[제이콥 로버트 무스]

*조선은 구제 불능한 국가다...양반 계층은 음모를 통해 사적 이익을 추구하는 사익 집단이다. 한국이 발전하기 위해서는 자치권을 포기하고 일본의 지배를 수용해야 한다.[윌라드 스트레이트, AP통신 특파원]

*조선에 설령 청렴결백의 전통이 있었다고 하더라도, 조선의 관리에게는 그런 전통을 전혀 찾아볼 수 없다...과거제도는 뇌물, 흥정, 매관매직 이상의 아무것도 아니다.[영국인 이사벨라 버드 비숍, 조선과 그 이웃 나라들 1897]

*조선에서 부를 쌓는 것은 의미가 없는 일이다. 혹여 거금을 손에 쥐면 그들은 돈을 땅에 묻거나 숨겨둔다. 안그러면 관리들이 빼앗아가기 때문이다. 조선인들은 열심히 일 할 필요성을 못느낀다. 무엇을 위해 일한단 말인가? **만일 그들이 돈을 번다면 곧 관리들에게 빼앗길 것이다. 관리들이야말로 조선의 몰락과 가난함의 주**

원인이니, 그들로 인해 조선은 이윤 추구와 노동 의욕은 물론 모든 산업이 사라지고 말았다. 서울보다 일을 적게 하는 도시는 이 세상에 없을 것이다. [오스트리아 여행가 헤세 바르텍(Hesse-Warregg)조선 1894년 여름]

*조선 정부는 하나의 거대한 강도가 됐다. [조지 클레이턴 포크, 일기 1884.11.13.~14]

*칠거지악·소박·삼종의지 라는 악습은 도저히 이해할 수 없다. 여자는 남자가 물린 상에서 밥을 먹어야 한다는 것도 너무한 처사다. [제임스게일,전환기의조선]
☞삼종지도란, 여성이 어려서는 아버지를, 결혼하면 남편을, 남편이 죽으면 아들을 따르는 것이 도리라며 철저하게 남성에게 복종하라는 세뇌 교육이다. 이러한 남성 위주의 유교사회에서 여성은 교육도 상속재산도 이혼 권리도 없었고 달아나면 곤장, 재혼하면 처형까지 당했다.

*너무 곤궁한 나머지 서해안 주민들은 중국 밀수업자들에게 그들의 어린 딸들을 한명 당 쌀 한말을 받고 팔았다. 국경을 지나온 몇몇 조선 사람들은 선교사들에게 처참한 국내 상태를 묘사하면서 길마다 시체들이 널려 있다고 말하였다. 그러나 조선 정부는 중국이나 일본에서 식량을 사들이는 것을 허락하기보다는 백성의 절반이 죽게 내버려 둘 것이다.(북한이 이랬다-필자)....병이 중하면 약이 따르는 것...언젠가는 조선이 러시아에 합병 됨으로써 해결이 될 것이다. 어쩌면 영국이나 미국이...할지도 모른다. [샤를르 달레 1874]

*평균 2만냥을 상납 하면 지방 관리가 될 수 있었고, 이렇게 임용된 관리들은 본전 찾으려고 노골적인 수탈들을 자행했다. [내가 본 조선인]

*나태한 국민들과 무능하고 가난한 정부, 조선은 암묵적으로 일본에게 지배 받을 것으로 예측된다. [빌타르 드 라퀴에리 1898]

일러전쟁 시 일본군 부상자를 후송하는 조선인들

바보가 된 한국인들은 미국과 서방이 가쓰라-태프트 밀약으로 자기들을 버렸다고 착각하는데, 그 반대다. 한국민을 살리려는 거였다.

한국은 유력 정치인까지 나서서 미국더러 "니들이 가쓰라-태프트 밀약으로 우리를 버려서 분단의 원인을 제공했잖아?" 라고 떠드는 나라인데, 우리 국민들은 '민족주의'라는 '지배자행복 중심주의'로 세뇌 당했기 때문에 분별 못하는 것이고, 선진국들은 자유와 인권이라는 국민행복 중심주의 관점에서 보기 때문에 한일합방을 지지 및 축하한 것이다.

한국은 북한 정복자의 노예가 된 것을 '민족해방'이라 부르는 '김일성 주체사상과 진보진영'까지 득세하는 나라여서, 일본인으로 살면 끔찍한 줄 알기도 하지만, 굶어죽는 나라의 국민들은 강대국과의 합병으로 선진 강국의 일원이 되고 싶은 욕구가 생기는 게 한국인만 모르는 세계인의 상식이며, 지금도 미국인 일본인으로 살고 싶어하는 지구인이 많을 것이다.

국민 행복의 관점에서 보면 소말리아 국민들이 한국인 신분이 되어 사는 게 나은 점이 많고, 그게 중국을 제외한 어느 나라도 한일 합방을 반대하지 않고 축하했던 이유다.

이는 월급 못받는 부실 구멍가게 사원에서 삼성전자 사원으로 신분이 상승한 사람들에게 축하하는 것과 같다.

한일 합방으로 국민들이 빼앗긴 것은 노비 문서와 굶주림과 구멍가게 사원 신분증이고, 그들이 얻은 것은 자유와 풍요와 대기업 사원 신분증이다. 선진국들은 나라 빼앗긴 한국인들의 염장 지르려고 축하한 게 아니라 우량 대기업 사원으로 신분이 상승한 국민들을 진심으로 축하했던 것이다.

⦿ 한국사 교과서가 감추는 조선의 민심

요즘의 한국인은 가짜 국사와 민족주의로 세뇌 당해서 분별력이 엉망이 되었지만, 과거의 똑똑했던 한국인들에게는 5가지의 과제가 있었다.

1. 중국에게 뜯어 먹히는 속국 신세 탈피.
2. 낡은 봉건 지배체제 탈피
3. 전근대적 원시적 고대 노예제 탈피와 신분제 탈피
4. 극심한 굶어 죽음에서의 탈피
5. 극심한 문맹에서 탈피

이것이 국민들의 과제였고, 그 중 하나라도 안되면 근대화는 없었다. 그런데 자력 근대화의 희망인 '갑신혁명'이 중국의 방해로 실패하여 다수의 선각자는 가족과 함께 민비 일파에게 살해 당했지만, 개화파 선각자들은 '독립협회'와 '만민공동회'를 통해 다시 일어섰다. 이에 고종은 '황국협회'를 만들고, 독립협회를 강제 해산한다.

러일전쟁 시 일본군과 함께 하는 조선인들

그러나 독립협회와 개화파 중심 세력들은 또다른 애국계몽단체 일진회를 만들어 활동을 시작했고, 동학 운동에 실패한 국민들과 그 외의 또 다른 그룹들은 1903년 동학 조직과 함께 진보회를 만들어 활동 하는데, 그 후 이들 세력이 거국적으로 뭉치고, 개화파와 독립협회 지식인들과 동학 농민군 지휘관이었던 이용구와 동학 교도들을 위시한 국민들이 범국민적으로 뭉쳐서, 100만 국민이 뭉친 사상 최대의 범국민 단체 일진회가 탄생한다.

한국사 교육은 일진회를 어용단체라 폄훼하는데 거짓말이다.

일진회는 독립협회와 동학과 개화파 대부분이 참여한 사상 최대의 범국민 단체였다.

과거 일본과 싸웠던 동학까지 가세한 이유는 이조 통치와 일본 통치를 겪어보니 인민을 살릴 우군은 일본이라 여겼기 때문이다.

100만 선각자의 일진회는 국가 운명의 기로에서 중대 역할을 했다. 그들은 일청전쟁 때처럼 일러전쟁 때도 일본을 도왔다. 일러전쟁의 승리를 위해 26만 일진회 회원들이 나섰고, 을사조약 체결에도 적극 나섰고, 한일합방 운동을 하는 등, 우리가 살 길은 중국과 러시아로부터 벗어나 일본과 하나 되는거라 여겼다.

그들은 일본군의 경의철도 시설 공사와 병참 업무를 적극 도왔고, 군수품과 부상병을 운송했으며, 러시아군의 움직임을 살필 첩보 요원을 반도와 만주 각지에 파견하여 일본군의 눈과 귀가 되어 주었다. 민심은 일본을 지지한 것이고, 일러 전쟁은 다음 구도의 싸움이었다.

[일본+조선 민중 vs 러시아+대한제국 지배계급]

일러전쟁의 승리는 '한일 양국민의 합작승리'였고, 한일합방은 민중의 피로써 일구어낸 '전리품'이었다. 전제군주 국가에서 주권자인 왕을 배제하고 합방 청원을 한 것은 왕에게 권력을 내려 놓으라는 말과 같아서 반역과 비슷하다. 때문에 예전 같으면 역적 죄를 물어 능지처참 해버릴 수도 있었지만 그 뒤에 있는 100만 민중의 힘 때문에 봉건 지배층이 꼼짝 못한 것이다.

민중의 단결된 힘이 이조 강점기의 사악한 지배층을 눌렀기 때문에, 지배층을 교체할 수 있었던 것이다. 그들이 팔아먹은 것은 나라가 아니라 봉건 지배층이고, 함께 새 나라를 만들어 인민을 살린 것이다. 문명의 전환기에 한국에도 국민을 살린 진짜 선각자들이 있었는데, 바로 100만 선각자의 일진회다.

◉민중의 단결된 힘이 평화적으로 봉건 지배층을 무너뜨리다.

*강한 자를 무서워하고 약한 자를 깔보는 저들 한국 백성은 새로운 주인이 한번 돌아봐 주는 것을 다투어 영광으로 여겼다.

메이지37년 한성에서 일진회가 열렸고, 제1정강은 일본에 대한 찬조를 명시한 것이었다. 몇달 되지 않아 전국적으로 호응하여 회의 참가자가 수십만 명이나 되었다[청나라 량치차오]☞청나라 사람이니 조선을 비아냥 댄 것이지만, 당시의 민심을 말하고 있고, 여기서 '새로운 주인'이란 표현은 '과거의 주인'이 자기들이었다는 소리다.

*합병론이 한국에서 무성할 때, 일본은 개의치 않으며 마치 염두에 두지 않는 것처럼 했다. 전국 신문들은 그저 일진회의 청원서를 요약하여 실었고, 때로는 각지의 유세 상황을 서술하는 등 간단한 기사로만 다루었으며, 단 한번도 그 가부를 언급하지 않았고, 전국 집회 상황도 자세히 언급하지 않았다...청원서를 올린지 8개월 만에 병합 조약이 체결되었다
[청나라 량치차오]☞청나라 인사가 비아냥 대지만, 그 속에 진실이 있다.

3.1운동 참가 인원 50만명(신용복 46만, 야마베겐타로 50만)**은 국민의 2.9%였다.**(50만/1680만=2.9%) **그러나 한일합방을 청원한 100만 명은 국민의 8%였다.**(100만/1250만=8%) **요즘 인구 비율로 600만 명이다. 국민 대부분이 문맹인 곳에서 국민 8%의 참여는 엄청난 것이다. 요즘 국민들이 600만 명이나 뭉치기는 어렵겠지만 그 때는 뭉쳤던 것이다.**
겨우 1~2천 명의 '임오군란'을 진압 못해서 민비가 도망친 나라의 왕이 100만 백성의 요구를 거부하는 것은 불가능했다. 왕이 백성들에게 등 떠밀려 합방 조약에 서명한 것이다.
한일합방이 강제인 것은 맞지만, 그건 조선 백성들에 의한 강제였다.

◉남북한의 사악한 역사조작 세뇌교육, 과연 무엇이 정의인가?

우리는 극소수의 의병과 양반 독립투사들만 애국인 것처럼 배우지만 의병들은 상투 수호 및 봉건왕조 수호와 종중·사대주의의 성리학적 세상을 원하는 기득권 양반 중심의 수구세력이었고, 민중의 외면을 받았던 반면, 동학농민운동과 독립협회의 후예인 비기득권 세력이 주축이 된 사상 최대의 시민혁명 세력은 민중의 절대적 지지를 받고 있었다.

한국인들은 모두가 자신을 양반의 후손이라 여기고 국민의 절반이 왕족 성씨인 희한한 나라지만, 신분제 철폐와 노예해방을 이루어, 팔려갔던 이산가족 노예들을 가족과 살게 해주고, 민중에게 성씨 선택권을 주어 왕족으로 만들고 98%의 피지배층에게 '전 국민의 양반화'라는 선물을 준 게 일본이며, 드라마에서 악당 만드는 친일파들, 독립투사를 밀고·색출하고 일제에 부역했던 친일파 대다수는 양반 지배층에 한을 품었던 계층이다.

친일파들은 양반 독립투사들에 의해 과거 같이 굶어 죽는 노예제 세상으로 가는 것을 두려워했고, 노예 신세로 굶어죽는 독립보다 인간다운 삶이 더 중요했기 때문에 양반 독립투사들을 색출하는 친일파가 된 것이며, 드라마에서 미화시키는 독립투사 대부분은 공산주의 사상범들이었고, 그들의 목적은 공산화였다.

독립투사 대부분은 일본보다 인민을 더 나은 세상으로 인도할 능력이나 비젼이 있어서가 아니라, 과거 기득권을 그리워한 양반 기득권 세력과, 봉건주의 미몽세력·공산주의 환상에 빠진 자들이 대부

반일파(의병,상부)와 친일파(일진회,하부)

분이어서, 자유와 인권을 갈구하던 대다수의 인민들은 일본을 반기는 친일파가 된 것이다.

우리 역사가 이런 사실을 공정하게 가르쳐 주지 않는 데는 미·소 점령군에 의해 남북한 권력에 임명된 세력 대부분이 일본을 악당으로 만들어야 자기들이 영웅 되는 친중파 양반 구기득권 층이라는 이유도 크다.

한국사 교과서가 영웅시하는 의병들의 사진을 보면, 그들 모두가 상투를 틀었지만 친일파와 일진회는 모두 단발이다. 거대한 문명 전파의 시대, 그 흐름을 받아들이는 세력과 거부하는 세력의 차이다.

인류사적 거대한 문명 전파의 시대....해양의 진보 세력과 대륙 수구

세력 간의 문명 전파의 격랑 속에서, 친일파는 낡은 것을 거부하고, 힘을 모아 봉건 왕조를 무너뜨린 진짜 진보세력이며, 우리를 살린 진짜 영웅이다.

친일파를 비난하는 진보 간판의 좌파 대부분은 그 문명 전파의 바람에 맞서 낡은 대륙 세력의 편에 서서 변화를 거부하고, 봉건왕조를 미화하고, 봉건 왕조를 절대 비판하지 못하고, 봉건왕조의 편에 선 수구 세력이다. 진보 간판으로 위장한 수구세력은, 19세기 말에 만들어진 민족이라는 일본산 단어에 얽매여서 선악을 분별 못하고, 악을 악이라 부르지 못하는 것이다.

⊙ 친일파가 악당이 아니라 친일파청산 선동꾼들이 진짜 나쁜 놈이다

"그래, 나 친일파다. 조선시대 말이었다면 한일합방 운동을 했을 것이고, 일제시대 말이었다면 한국의 독립 반대운동을 했을 것이다." 그러면 민족 반역자인가? 친일파니까 악당인가? 청산 대상인가? 수구 좌파여, 그대들이 마르크스와 김일성 김정일 등 좌파의 6대 성역은 절대 비판 못하고 일본 악당만들기만 해야 하는 딱한 사정 이해는 한다. 하지만 똑바로 듣고서 반박할 능력 없다면 그런 헛소리는 집에서나 해라.

남편이 아내에게 '남편사랑'을 할만한 행동을 하고서 남편사랑을 요구하면 정당할 수 있으나 술주정뱅이·도박꾼·바람둥이·폭력남편이 아내를 가두어서 구타하고 노예로 부리고, 자유를 박탈하고 굶기면서 '사랑'을 강요한다면 이는 횡포이며 아내는 못된 남편을 버릴 권리가 있다. 게다가 그 결혼이 아내의 의사와 무관한 강제 결혼이었다면 더더욱 그렇다.

봉건 왕조는 누가 선택한 권력인가? 국민이 선택한 적 있는가?

인민을 무력 정복하여 반대파는 다 죽이고 복종하는 자만 살려서 신분제 사회를 만들어 지배층만의 향락을 이어 온 게 조선과 북한의 봉건왕조다.

봉건왕조는 국민이 선택한 남편이 아니라 국민을 겁탈한 정복자다.

인민이 힘이 없어서 굴복 당할지언정, 그들에게 왜 충성해야 하는가?

못된 남편의 편에 선 독립투쟁 세력이나 공산주의 독립투사보다 일본과 함께 새로운 나라를 만들려는 아내(친일파)가 훨씬 더 정의로운 세력이다.

아내가 남편을 버렸다면, 그가 어떤 남편인지는 중요한 문제인데, 좌파의 교과서 조작은 조선을 '위대한 남편'으로 미화시켜서 좋은 남편(조선)을 배반한 나쁜 아내(친일파)가 대한민국까지 이어졌다며, 대한민국을 증오하도록 사기쳐 온 것이다.

북한·중국과 '좌파 수구세력'을 위해서 말이다. 아내를 존중하는 남편만이 존중 받을 자격이 있고,

국가는 국민을 위해 존재할 때에만 존재 가치가 있다.

조선이 국민을 위해 존재하는 나라였나?

친일파는 반민족자이니 청산해야 한다고? 정복자가 피지배층을 노예로 부리며 굶겨 죽이는 그런 민족 공동체에 누가 동의 했는가?

조선 국민으로 사느냐 일본 국민으로 사느냐의 문제가 인민이 노예로 굶어 죽느냐 마느냐의 문제보다 더 중요한가?

도대체 민족이 뭐길래 자유와 인권과 생명보다 더 중요하단 말인가?

일본을 배척하고 우리 스스로 굶어 죽음의 해결을 도모 했어야 한다고? 가족이 죽고 있는데 같은 동네 사람이 능력을 키워 살려줄 때까지 기약없이 죽어가야 한다는 게 수구좌파 그대들의 논리임을 알고 있는가?

같은 민족 지배층이 개과천선할 때까지 계속 노예로 굶어 죽는 게 옳은가? 그 정도 분별력도 없이 수십년 째 친일파 청산 노래를 떠들고 있나?

좌파여, 그런 게 '진보'인가? 조선과 북한 왕조처럼 외세를 등에 업고 인민을 정복해서 수 없이 죽인 세력은, 짧게 지배했건 장기 지배했건, 본질적인 조폭 집단일 뿐이다.

옆집 사람이 그대들의 집을 정복해서 장기간 노예로 부렸어도 지배권이 정당화 되지 않는 것과 같은 이치다.

좌파 그대들은 봉건 왕조를 비판한적 있는가?

생명을 경시 여기고 인권 말살하는 조선과 북한 왕조를 비판한 적 있는가? 봉건왕조 추종하는 게 그대들의 진보인가?

왜 옳고 그름에 대한 분별력이 없는가?

친일파가 독립 투쟁을 반대 또는 방해했으니 청산하자고?

간판만 진보인 단세포 좌파는 똑바로 들으라. 선진국 국민은 국민 각자의 판단에 따라 합병 운동이나 독립 운동을 한다.

합병(=통일)해서 더 나은 세상이 된다고 보면 합병운동을,

독립(=분단)해서 더 나은 세상이 된다고 보면 독립운동을 한다.

때문에 스코틀랜드 국민들이 서로 독립 운동과 반대운동을 해서 독립 찬반투표를 부결시키기도 하고, 하와이 주민들이 봉건 왕조를

몰아내고 합병 운동을 해서 초강대국 국민이 되기도 한다.

경제적 안보적으로 불리해지더라도 작은 나라 국민으로 오손도손 살고 싶으면 독립 운동을, 강하고 안전한 나라로 뭉쳐서 강대국 국민 신분을 후손에게 물려주고 싶으면 합병운동(=통일운동)을 할 뿐이다.

세상에 나라 없는 인민은 없다. 합병되건 독립하건 나라는 있다. 일본에 합병된 오키나와, 미국에 합병된 텍사스·하와이 사람들은 나라가 없는가?

국민이 개별적으로 국적을 바꾸는 것을 귀화라 하고, 국민 모두가 국적을 바꾸는 것을 합병이라고 한다.

만약 소말리아인의 일부가 한국인으로 살려면 이민과 귀화를 하고, 자국민 모두에게 한국인 신분을 선사하는 게 자국민의 미래에 더 낫다고 보면 한국에 합방을 요청하는 것이다. **나라 팔아먹는 게 아니라 국민들에게 한국인 신분증을 선사하는 것이다.**

당시의 조선인들은 텍사스나 하와이 같은 선택을 했던 것이다. 끝없이 굶어죽던 조선 시대가 망국이고, 그 망국민을 살린 한일합방은 매국이 아닌 구국이다.

간판만 진보인 수구 좌파는 지배자 중심주의 세뇌에서 벗어나 국민의 관점에서 사고하는 법을 왜 깨닫지 못하는가?

또 봉건 왕조가 해체되어 타국과 합병(=통일)되어 수십년 살아 왔다면, "이대로 사는 것은 싫어, 독립해서 딴살림 차리자" 하는 독립파도 있을 수 있고, "독립하면 망하는거야. 경제까지 단절되면 굶어 죽어. 이대로 강대국 국민으로 안전하게 살자"라고 주장하는 '합병유

일러전쟁기의 조선군과 일본군

지파(친일파)'도 있게 된다. 또 독립으로 권력을 획득할 가능성이 있으면 독립 운동을, 없으면 반대 운동을 하기도 한다.

독립 운동이나 반대 운동은, 한쪽이 영웅이거나 악당이 아니라 국민들 각자가 자유롭게 선택할 문제 중 하나일 뿐이다.

이런 상식조차 없이 악당만들기만 해서, 국민의 분열을 유발하는 게 '진보' 간판의 무개념좌파 그대들임을 아는가?

좌파 그대들은 유치원생도 아닌데 이런 기본까지 알려줘야 하는가? 도대체 누가 그대들의 정신을 이 지경으로 만들어 놓았는가?

국가의 독립은 회사의 분사와도 같아서 잘 될수도 있고 망할 수도 있다. **그런데 회사의 독립은 망했을 때 경영자가 책임을 지지만, 국가의 독립 후에는 아무리 엉망진창으로 망했어도 국사교과서 권력을 쥔 정치 사기꾼들이 국민 세뇌 교육으로 자신을 진보라 착각하는 어리석은 국민을 양산하므로, 괜히 독립했다가 수백만**

명이 죽었어도, 천만 이산가족이 생겼어도, 굶어 죽는 생지옥이 되었어도 그것을 '민족해방'이니 '위대하신 독립투사님'이니 떠드는 무개념 좌파로 길러지는 것이다. 그래서 세상에는 괜히 독립해서 망했다고 여기는 국민이 어디에도 없다.

한일합방으로 나라 빼앗겼다는 소리는 '대국민 사기'다.

조작해낸 가짜 역사를 국민에게 주입·세뇌 시켜서 국민을 바보 만들고, 국민을 분열 시키면서 지금까지 계속 거짓말로 선동하고 있다.

우리는 미국·일본 때문에 먹고 살아 왔다고 보아도 무리가 없는 나라로서, 안보·경제상 반일을 하면 할수록 손해 보는 구조이며, 유사시 우리를 도울 수 있는 거의 유일한 우방인데,

국민에게 가짜 역사 세뇌를 통한 반일감정 유발로 제 발등 찍는 바보 국민을 만들고, 정의로운 척 위장한 반일 선동으로 이득을 얻는 게 진보 간판의 좌파 역사 사기꾼 들이다.

암흑의 조선으로부터 민중을 구한 세력이 과연 누구인가?
봉건 왕조를 몰아내고 굶어죽음과 노예에서 해방시켜서,
사람 사는 세상을 만든 사람들이 적인지 은인인지를,
진보 간판의 수구좌파는 왜 깨닫지 못하는가?

그리고 멀쩡하게 잘살던 사람들을 다시 굶어 죽음의 나락으로 몰아넣어, 일제시대보다 수천 배 끔찍한 생지옥으로 몰락시킨 북한 왕조가 그대들의 우군인지 적군인지를, 민족 해방인지 민족 생지옥인지를, 김일성주체사상파 진보 진영이여 왜 깨닫지 못하는가?

15. 안중근과 동학, 그리고 악당화 된 국민영웅 이토 히로부미

⊙ 한국사 최고의 인기 정치인이었던 국민영웅 이토 히로부미

한국인의 기억은 모두 삭제 및 재주입 되었으니 이토가 조선을 위해 얼마나 큰 공헌을 했는지 모르고, 이토 히로부미의 사후 8도의 유림 대표들이 그를 기리는 집회를 열고 동상을 건립한 사실도 모른다.

이토는 당시 최고의 인기 정치가였고, 러일전쟁 뒤 조선을 방문 했을 때는 수많은 국민들이 인천항까지 마중 나갔으며, 인천에서 경성에 이르는 연도에서 수많은 조선인들이 일장기를 흔들며 환영할 만큼 그는 한국사 최고의 인기 정치인이었다.

그러면 그가 왜 그렇게 인기 있는 인물이었을까?

첫째, 조선인들을 굶어 죽음과 노예에서 해방시켜 주었기 때문이다. 앞서 보았던 그 끔찍한 굶어 죽음을 끝낸 게 일본과 이토였다. **한국사 사기꾼들은 타 민족에게 지배 당했다며 '국치' 운운하는데, 같은 민족 지배층에게 끔찍한 고통을 당하던 민중들에게는 민족 따위는 필요 없고, 그 고통에서의 해방이 중요한 것이다.**

둘째, 그는 독립영웅이었다. 중국에게 조공을 바치고 피 빨리던 시대를 끝내서 조선에 정치적 자유를 준 게 일본과 이토였다.

만약 북한 김정은이가 우리를 정복해서 인민을 굶어 죽게 만들었고, 영국이 와서 그 굶어 죽음을 끝내고, 우리를 삼키려던 소련을 몰아 내 주었다면, 우리 국민들은 타민족이라면서 그 영국을 배척할까? 민족의 국치? 강점? 한국사 사기꾼들아 작작 좀 해라.

국민을 잘 살게 만들었느냐 못살게 만들었느냐가 중요한 것이고,

태극기와 일장기를 든 이토 히로부미 환영인파

민족은 지배층에게나 중요할 뿐, 국민은 민족 따위에 관심 없고, 자신에게 이익을 준 사람을 좋아하게 되어 있다.

노예해방, 굶어 죽음에서의 해방, 법치주의 혁명, 자본주의 혁명, 교육혁명, 인간해방 등 조선왕조 수백년 동안에도 못하던 일들을 불과 몇 년 만에 끝내버린 게 이토와 일본이다. 민중은 단순하다. 조선 지배층과 중국이 내 재산을 빼앗지 않게 되니 좋더라 이거다.

때문에 이토는 조선인들의 은인이자, 국민 영웅이었던 것이다. 한국사를 통틀어 가장 큰 업적을 남긴 인물을 꼽는다면, 박정희도 누구도 아닌, 당연히 이토 히로부미가 될 것이다.

그 이상의 업적을 남긴 인물은 우리 역사에 존재하지 않는다.

일본악당화 목적의 국사 사기꾼들이 그를 악당으로 만든 것일 뿐, 실제는 한국사를 통틀어서 그 이상의 인기 정치인이 없었다.

심지어 천주교 조선대교구의 뮈텔 신부마저 이토의 치적을 칭송하며, 끝내 안중근의 '고백종부성사'를 거부 했었다. 용서 안된다 이거다.

◉ 거의 유일한 반일 친한파 매켄지의 눈

구한말의 외국인들 중 매켄지를 빼면 한국에 좋은 말 해준 인물을 찾기 힘든데, 거의 유일한 반일친한파 매켄지의 발언을 들어보자.

*이토와 접촉해보면 그가 한국인에 대해 진정 호의를 품고 있다고 느껴진다. 그에게 잘못이 있다면 일본 제국의 팽창에 동조하지 않을 수 없었던 그의 처지에 있지만 그에게도 덕(德)이 있었음은 사실이다. 영광스러운 생애의 황혼길에서 평안과 존엄의 삶을 누릴 수 있는데도, 누군가가 해야만 했던 그 막중한 임무를 스스로 맡았다는 것은 가상한 일이다…

이토는 일본인 이민자를 엄격히 규제했다. 수많은 악질범들이 본국으로 송환되었다. 그는 화의와 우의의 정책을 강조했으며, 외국인들의 협조를 얻는 데에도 성공했다.

그러나 일본인들의 목적은 한국을 통째로 병탄하고 한민족의 흔적을 말살하려는 것이었음이 점차 드러났다.

한 유력한 일본인이 사견임을 전제로 나에게 이렇게 말했다.

"**몇 세기가 걸릴는지 모르나 한국은 분명 일본에 병탄될 것입니다.** 식민지 통치에는 두가지가 있습니다. 하나는 상대를 외국인으로 간주한 채 통치하는 것인데, 당신의 영국은 인도에서 이 방식으로 통치했지만 이런 방식은 오래 갈 수가 없습니다. **두 번째 방법은 상대를 완전 동화하는 것입니다. 우리의 제도를 한국에 이식하고 우리와 일체가 되도록 만들 것입니다.**"

이것이 곧 일본의 자비심 많은 계획이다. 한국의 국토를 병탄하고,

모든 산업을 일본인들이 장악하고, 토착민들을 벌목꾼이나 물지게꾼으로 만들어 그 위대한 정복자들을 위해 봉사하도록 만들려는 가장 유치한 생각이다. [매켄지,대한제국의 비극]

☞뒤에서 밝히겠지만 매켄지의 이 예측은 틀렸다. 일본은 한국인을 벌목꾼이나 물지게꾼으로 만들지 않았다. 그리 만든 것은 조선 왕조였다.

◉조선 황태자의 스승이었던 이토 히로부미

한국인들 대부분이 모르지만, 이토 히로부미는 황태자의 스승이었다.

*조령을 내리기를 "**황태자에게 명하여 일본국에 유학하도록 하라.**" 하였다. 또 조령을 내리기를,.....장차 문명한 교육을 황태자에게 실시하려 하였는데, 사와 부의 책임을 맡길 사람을 얻기가 어려웠다. 안팎으로 널리 찾았다가 이제 대훈위 통감 공작 이토 히로부미를 특별히 선발하여 태자 태사(太子太師)로 삼아 책임을 맡긴다.

이토 통감은 덕과 공로가 높고 학문은 고금을 통달하였으며, 우리나라에 대해서는 실로 크게 떠받들고 지탱하여 준 공로가 있기에 짐은 언제나 존중하는 사람이다. 지금 비록 관작의 차이는 있지만 우대하는 것은 달리해야 하므로 **특별히 친왕의 예로 대우하여 모든 관리의 윗자리에 있게 하는 것이다.** 아, 우리 이토오 태사(太師)는 공경하여 짐의 뜻을 저버리지 말라." [순종 즉위년(1907) 11월 19일]

*이토 히로부미를 태자 태사에 임명하다...나라는 대를 이을... 사람을 육성하는 데는 일찍 가르치는 것을 근본으로 삼으나 교육에는 옛날과 지금의 차이가 있다. 세계가 서로 통하는 이 때에...태자궁에만 있게 해서는 안 된다. 그래서 태자 태사인 통감 공작

영친왕과 이토 히로부미

이토 히로부미로 하여금 일본에 데리고 가서 도와주고 깨우쳐주 게 하며, 교육하는 방도에 관계되는 모든 것을 대일본 대황제에게 의론하여 꼭 성취시키도록 하려고 한다.[순종 즉위년(1907년) 11월 19일]

*일본국 천황이 이토 히로부미를 우리 황태자의 유학기간 보육 총재에 임명하다[순종 2년(1909) 7월 27일]

*황태자가 글자를 써서 이토 태사와 이재곤에게 나누어 주다[순종 1년(1908) 4월 5일]

*일본 천황에게서 답전이 오다. 일본국 천황 폐하의 회전(回電)이 도착하였다. 그 전보문에, "이번에 이토오 히로부미 공작을 귀 황태자의 보육 총재로 임용한 데 대하여 폐하가 정녕한 전신(電信)을 보내주었으므로 감명을 금할 수 없어서 이에 성실한 사의를 표하는 바입니다." 하였다.[순종2(1909)-7-28]

⊙조선 황실과 이토 히로부미

*일본 통감 후작 이토 히로부미를 접견하다. 수옥헌에 나아가 황태 자가 시좌(侍座)한 상태에서 통감 후작 이토 히로부미를 접견하였다. (통감 이토는 이달 2일에 착임(着任)하였다. 이날 해군 중장 이노우에 요시토모등 16인과 함께 폐하를 알현하고 **태황제 폐하, 황태자**

전하, 황귀비 및 영친왕에게 예물을 봉정하였다.)*[고종43(1906)-3-9]*

☞중국 사신에게 큰절하고, 춤추고, 발구르던 모습과 대비된다.
통감은 입헌군주제의 총리나 한국 축구의 히딩크와 비슷한 존재였다.
반복하지만 민족 따위는 없다. 국민을 잘 살게 했느냐가 중요하다.
봉건지배층 중심주의 말고 국민중심주의로 보아야 하는 것이다.

*일본 특파 대사인 추밀원 의장이며 후작인 이토 히로부미(伊藤博文)를 특별히 대훈위(大勳位)에 서훈하고 금척대수장을 하사하라. *[고종41(1904)-3-24]*
*이토 태사(太師,큰 스승)가 안중근에게 피살되다.
황태자가 전보로 아뢰기를, "이토 태사(太師)가 오늘 오전 9시에 하얼빈 역에서 우리나라 사람의 흉악한 손에 의하여 피살되었으니 듣기에 놀랍기 그지없습니다...황실에서 일본 황실에 직접 전보를 보내어 위문하기 바랍니다." 하였다. *[순종2(1909)-10- 26]*

*태자태사공작 이등박문 문충공의 영전에...하늘이 동아에 복을 내려 뛰어난 인물을 낳으셨네....은택과 형벌로 국가를 경륜하며 왕을 받들고 패업을 안정시켜 유신을 크게 도왔으니...
선지자로서 후지자를 깨우치니 진실로 현자라, 결함을 고치고 부패한 것을 신기한 것으로 만들며, 우리 나라의 근본을 배양함에 일찍이 가르침에 열심이었고....광명함에 날로 이르니 이로움은 은나라 반경이요. 은혜는 친척보다 낫도다.
의지함이 깊고 두터워 대궐에 근심은 풀렸네. **어찌 알았으랴 끔찍한 전보가 하얼빈에서 올 줄을...지난 여름 작별할 때 그 말 아직도 생생하니....세자와 짝이 되어 외로운 나를 위로했지 그 말이 귓가에 생생한데...** *[고종 명의로 '태양'에 실린 제문(祭文)]*

*태자 태사(太子太師) 이토 히로부미(伊藤博文)에게 문충공(文忠公) 시호를 주다.
조령을 내리기를, "태자 태사 이토오 히로부미는 뛰어난 기질에 세상을 구제할 지략을 지녔고....**자신의 한 몸을 아랑곳하지 않고 스스로 맡아 나섬으로서 단연 동양의 지주가 되었다....**
일찍부터 우리나라에 왕래하면서 위태롭고 어려운 국면을 부지하고 수습하여 나갔으니, 그것은 전적으로 그의 큰 계책에 기인한 것이었다. 지난번에 통감으로서 대궐에 상주하여 있으면서 수시로 만나 정성을 다하여 인도하였으며....태자를 보좌하고 인도하여....**휴식할 사이도 없이 계속하여 만주로 행차하였다.**
속히 무사히 돌아오면 길이 의지하려고 하였는데 뜻밖의 변고가 생겨 놀라운 기별이 문득 올 줄을 어찌 생각이나 하였겠는가? 놀랍고 아픈 마음 끝이 없다. 고 이토 태사(太師)의 상에 특별히 의친왕 이강을 보내어 치제하고...**문충공(文忠公) 시호를 추증하라.**" 하였다.[순종2(1909)-10-28]

☞조선 왕실 입장에서의 이토는 구세주 같은 존재였다.
전국적인 폭동으로 왕실이 위기 상황인데 그 왕실을 지켜주었고, 중국에게 뜯기지 않고 큰절 안하게 되니 자기들도 좋았던 것이다.

*태자태사 이토 공작이 세상을 떠난 데 대한 조의를 표시하기 위하여 사흘간 한성 안의 음악 가곡을 정지할 것을 명한다.[순종2(1909)-10-28]
*황태자에게 이토 히로부미 태사의 죽음에 대하여 석달복을 입도록 하다.조령을 내리기를, "태자 태사(太子太師) 이토 공작의 상에 태자가 스승과 제자 사이의 예의에 따라 석달 복을 입는 규례를 따르도록 궁내부에서는 상복 규정을 정하라."하였다.[순종2(1909)-10-29]

일본군 중장이었던 영친왕

*일본 황태후가 붕서하였으므로 9일간 행궁에서 상복을 입다.[고종34(1897)-1-18]

*이토 히로부미 태사가 피살된 것과 관련하여...조령을 내리기를, "요즘 안팎의 정세가 어수선하여 국운의 흥망에 대하여 예견할 수 없고 짐의 나라 형편이 외로우며 허약하여 일본의 보호에 의거하지 않으면 어떻게 그 존립을 보장할 수 있겠는가?...

태자 태사 이토 공작은....일본 중흥의 큰 위업을 도왔으며....동양의 평화로 일관하고 대명을 받들었다.

통감의 임무를 맡아서는 두 나라의 이해관계의 공통된 근본 의리에 근거하여 짐의 국정을 지도하고 고락을 같이 나누었으며 **짐도 그의 정성에 의지하고 신뢰하여**....생각건대, 그는 일본 제국의 기둥과 주춧돌이 될 뿐 아니라 진실로 짐의 국가의 사표로 **그의 공훈과 덕행은 지난 옛적에도 비길만한 사람이 없었다.** 그런데...**하얼빈을 지나다가 고약한 백성의 흉측한 손에 갑자기 세상을 떠날 줄을 어찌 생각하였겠는가?** 이제 그의 장사하는

1909년 1월 31일 선천역의 태극기와 일장기를 든 환영인파

날을 당하니 마음이 더욱 아프다. 그 고약한 도당이 세계 형세에 어두워 일본의 두터운 우의를 무시하려다가 이런 변괴를 빚었으니 이는 짐의 국가와 사직을 해치는 자이다....나의 이 뜻을 어기고 흉악한 짓을 더 발생시키는 자가 있으면 민중들이 어떻게 편안하게 살며 국시가 어떻게 공고해질 수 있겠는가?"[순종2(1909)-11-4]

*고 이토 히로부미 공작의 26일 제전 때 왕세자가 제자료금 50원을 기증하고 나서 몸소 나아가 배묘(拜墓)하였다.[순종부록 5년(1912) 10월 16]
*이토 히로부미의 미망인에게 국화단,불로단을 하사하다[순종6년(1913) 12월 24]
*양궁(兩宮)에서 고 공작 문충공(文忠公) 이토 히로부미(伊藤博文)의 5년제에 일금 100원을 내렸다.[순종 부록 7년(1914) 10월 19일]

⊙순종이 이토오 히로부미에게 마지막으로 보냈던 친서

"황태자로 하여금 친서를 태자 태사(太子太師) 이토 히로부미(伊藤博文)에게 전달하게...**한국과 같은 나라가 그 사이에 끼어서 어떻게 존립을 바랄 수 있겠는가. 이러한 때에...법과 규율이 이에 비로소 펼쳐지고 나라의 운수가 이에 점차 펴나가게 되었으며,**

1909년 1월 27일 순종과 이토의 서북 순행시 평양역 광장의 기마대

황실이 편안하게 되고, 영토가 보존되었으며 백성들이 넉넉하게 살 수 있게 되었다...이 공훈과 업적은 내외의 백성들 모두가 다 알고 있는 사실이다. 이번에 귀 공작이 천황 폐하의 해임 명령을 받아서 짐은 안타까운 마음을..."[순종 2년(1909) 6월 15일]

⊙안중근과 이토 히로부미

이토는 메이지 유신과 근대화의 주역으로서 일본 외교의 틀을 짜고 헌법을 만드는 등 일본 현대사에서 그의 손을 거치지 않은 것이 별로 없다. 1909년 10월 러시아 재무장관과의 면담을 위해 방문했던 하얼빈 역에서 그는 조선의 '기득권 양반 지배층' 안중근에게 살해 당한다.

임종 때 범인이 한국인이라는 말을 듣고 이토는 "어리석은 놈"이라고 한마디 하고 숨을 거두었다. 이토는 안중근을 왜 어리석다고 했을까?

*지난 날 청일전쟁을 보더라도 그 전쟁은 그 때 조선국의 서절배(도적떼) 동학당이 소요를 일으킴으로 인해서 청일 양국이 함께 병력을 동원해 건너와서 무단히 싸움을 일으키고 서로 충돌한 전쟁이었다[안중근 동양평화론]

☞안중근은 동학군을 '도적떼'라 불렀다. 물론 도적떼의 성격도 없는 것은 아니나, 조선은 도적 떼라도 나서서 뒤엎어야만 하는 나라였음을 그는 인식하지 못했다.

양반 독립투사였던 그에겐 백성의 고통을 줄이고 불합리한 사회를 개혁하는 것보다 기득권 봉건 체제 유지가 더 중요했던 것이다.

⦿주한일본공사관의 내부 기록을 통해 본 동학의 진실

동학은 정치꾼들이 일본 악당화를 목적으로 미화시키는 사건인데, 정의로운 동학 혁명군을 악당 일제가 학살했다 식으로만 가르친다. 동학농민군 3만 명이 일본의 진압군 200명에게 몰살 당한 것은 맞지만, **학살이 아니고 패전이다. 전투에서 전멸 당했는데, 그게 어떻게 학살이 되는가?** 좌파는 쪽팔림을 모른다.

3만 명을 30만이라 부풀리기도 하는데, 겨우 200명에게 30만 대군이 죽임 당했다면 더 창피한 것임을 알아야 한다.

양민 학살은 오히려 동학군이 했다.
'나주에도 동학군 수만 명이 모였으니 진압군이 위엄을 떨쳐 구원해 주십시오' 라는 관군의 지원 요청서도 그와 관련 있다.
균형적 시각을 위해 반대 쪽 자료도 볼 필요가 있다.

동학 진압을 지휘한 일본군 南(미나미)소좌(대대장)의 내부 보고 자료다. 한국사가 동학을 미화 시키듯, 일본의 진압군은 동학의 나쁜 면만 볼 수도 있으니 중용적 시각으로 기록을 보자. 당시의 현장 기록이다.

*주한일본공사관기록 6권 동학당정토약기(東學黨征討略記.1895년 05월)

발신자 後備步兵 獨立第19大隊(후비보병 독립제19대대)

해가 이미 저물어 금산 현의 인민은 횃불을 밝히고 우리 군대를 맞이하였다. **이 금산현에는 원래 민가가 400~500호나 있었는데 동학도 때문에 불타고 지금 남은 것은 겨우 80호 가량 밖에 되지 않아...**

*금산에서 40리쯤 떨어진 곳부터 연도의 민가가 이미 모두 동학도에 의해 불 태워진 것을 보았다.

또 무지한 인민들은 우리 부대를 보고 동학도가 다시 나타난 줄 알고, 산골짜기 오두막집으로 도망쳐 숨어버리는가 하면, 길가에 엎드려 머리를 조아리며 아이고 아이고 소리 지르는 자도 있어...물어보게 하였더니 모두, "동비(東匪) 때문에 **집이 불태워지고, 재화는 빼앗기고, 아이들은 죽임을 당하고, 처는 약취당해 죽은 곳도 알 수 없다. 제발 우리를 살려 달라."**고 하였다.

*수백 명의 흰옷 입은 사람들이 깃발을 휘날리며 오는 것을 보았다. 퇴각했던 동학도가 다시 습격해 오는 것 같아서, 경계하라는 명령을 내리고 기다렸다. 그러나 가까이서 보니 총을 가진 사람이 없었다. 이 사람들은 모두 일본 군대가 와서 구원해준다는 말을 듣고 기쁨을 이기지 못해 나와서 우리를 환영하는 양민들이었다.

*허다한 인민들이 군문 앞에 와서 꿇어앉아 "아이고, 아이고" 소리 지르며 울었.....모두, 동비(東匪) 때문에 가족들을 살해당했으며, 처와 딸은 빼앗기고, 집은 불타고, 실로 하소연할 데 없는 백성이 되었으니 제발 구해달라고 했으며, 울며 호소하는 소리가 참담하여....

*비도(匪徒)에 가담함은 의롭지 못한 것이라 했으므로 **금산의 백성은 모두 동학도의 권유를 거절하였다. 이것이 결국 동학도의 원한을 초래하고 가장 잔학한 일을 자행하게 한 연유인듯 하다.** 그리하여 작년 6월에 동학도가 이 읍을 습격하고 민가를 불태우고 약탈을 했으며, 읍민 중에 조금이라도 담판에 임한 사람이면 생매장을 하거나 소나무에 결박하고 밑에서 불을 질러 태워 죽였다.

*그 외에도 학살된 사람의 수를 헤아릴 수 없다. 아직 시신이 강가에서 비바람을 맞고 까마귀 떼의 밥이 된 것을 여기 저기서 볼 수 있다.

*동학도가 겁탈하고 지나간 참상 중 가장 비참하기 그지없었던 곳은 전라 충청 양도 가운데 실로 이 금산현이 으뜸이다.

*인민들이 서면을 가지고 와서 청원하기를, "만일 내일 귀군이 이 지역을 떠나면 금산의 匪徒가 다시 내습할 것이다. 원컨대 우리를 불쌍히 여겨 이곳에 체재해 달라."고 했다.

그 심정을 헤아리면 이 청을 거절할 수 없었으나 공주와 노성의 일이 급하므로 할 수 없이, "동학도는 다시 오지 않을 것이다. 또다시 오지 못하게 하겠다."고 타일렀다.

그러나 인민은 듣지 않고 매우 간절히 청해 마지않으므로 다시 하루를 더 체재하기로 하였다.

☞**모든 봉기는 혁명과 도적떼의 성격이 공존하며, 승자에게 필요하면 혁명이고, 불필요하면 도적떼가 된다.**

동학 역시 도적떼라고 해도 옳고, 혁명이라 해도 옳으며, 이런 사건들은 승자가 갖다 붙이기 나름일 뿐이다.

교차검증해 보면, 실록에도 동학도의 양민 학살이 나오므로, 동학도의 양민 학살은 사실이라고 추정된다.

동학군은 초기에 '척왜양이' 등의 구호로 일본을 배척하기도 했지만, 훗날 동학군 출신들은 한일합방운동 주축 세력으로 변신한다.

만약 학살 당했다면 동학이 자기들을 죽인 자의 편에 섰을까?

동학도 최초에는 '충군애국'을 외쳤었다.

하지만 그건 괜한 짓이었고, 아무리 생각해 봐도, 자기들이 잘못한 것 같은데, 일본통치 시대를 살아보니 봉건 왕조 시대보다 일본 통치가 나았기 때문에 한일합방운동 세력으로 변신한 것이다.

한국사 정치꾼들은 이런 점은 빼고 동학을 학살 했다고 사기 친다.

⦿안중근과 한일합방

한국인들은 안중근이 이토오를 살해한 일을 '의거'라고만 여길 뿐, 그로 인해 자기들이 당하게 될 위험성은 알지 못한다.

국가 원수급 인사를 살해하는 것은, '선전포고급 도발'로서, 대규모 보복의 빌미가 되어 수많은 국민들을 죽음으로 몰아 넣을 수도 있는 위험천만한 자폭행위다.

사라예보의 요인암살 총성 한발이 제1차 세계대전을 낳았던 것이 그 대표적 사례다. 우리기 영웅시하는 모든 암살이 다 그렇다.

목숨을 던지는 희생 정신은 위대하지만, 수많은 국민들을 희생시킬 수도 있는 위험한 행동을 하면서 안중근은 국민들 중 누구의 동의를 얻었나? 그 때문에 100만 백성들이 그 위험에서의 탈출과 동시에, 민생의 고통에서 벗어날 수단이라고 본 것이 바로 '한일합방운동'이다.

태극기와 일장기를 든 조선인들의 인파(순종과 이토의 서북 순행시 환영인파)
당시의 일장기는 요즘의 성조기와 거의 같은 개념이었고 우의와 예의 표현이기도 했다
서울 거리에 성조기 휘날리는 게 이상하지 않은 것처럼, 당시의 성조기는 일장기였다.

안중근은 한일합방의 일등공신이었다.(일본은 보복 의사가 없었지만)
안중근은 본의 아니게 조선인들을 위해 훌륭한 일을 해 준 것이 많다.

한국인에게는 자력으로 봉건 지배층을 몰아낼 능력이 없었다.
지금도 북한 봉건 지배층을 몰아낼 생각은 커녕 되려 추종까지 하는 김일성주사파 진보진영이 득세하는데,
당시에는 더더욱 능력이 없었고, 봉건 지배층을 축출하지 못하면 지금까지도 양반 상놈 하면서, 아프리카를 우러러 볼 만한 굶어 죽음의 노예제 시대가 이어졌을 공산이 크다.

이토는 중국으로부터의 한국 독립에 가장 큰 공헌을 한 인물이면서 한국을 합병하는 것이 일본에게 도움 되지 않는다는 사실을 알았던 현명한 인물이었고, 문맹률 99.5%의 조선 민중 입장에서는, 민중이 살아날 수단이 한일합방 외에는 사실상 없었다.
하지만 생명의 은인에 가까운 그런 인물을 죽일 순 없었고, 합방을 막는 그가 정계 은퇴를 해 주어야 좋은 상태였다.

1909년 2월 4일 순종의 서북 순행 기념사진(창덕궁 인정전)

그런 상황에서 안중근은 그 은인을 죽임으로써, 일본이 한일합방이라는 악수를 두게 만든 중요한 공로자다. 일본이 아프리카보다 심한 막장 조선에 엄청난 자금을 투입해서(뒤에서 설명) 초비약 발전시킨 근본 이유는 합방으로 같은 나라가 되있기 때문이고, 조선이 이웃 나라에 불과했다면 그런 비용을 투입할 턱이 없었다.

내 땅을 옆집 사람과 공동 명의로 만들고서, 그 땅에다 빌딩을 짓게 만든 후, 명의 회복(독립)으로 빌딩을 빼앗아버린 셈이다. 안중근은 대단한 인물을 죽여서 유명해진 별 볼일 없는 인물이지만, 본의 아니게 한국인들을 위해 큰 공을 세운 것이다.

*후작 이등박문씨는 세계에서 가장 유명한 정치가요 우리 대한 독립에 대공이 있는 사람이라...각별히 후대하기를 바라노라[독립신문 1898년8월20]
*이등박문씨는 일본 정치의 대가다. 유람차 우리나라 황성(서울)에 들어오는데 정부가 특별히 후대하려 한다. 독립협회도 특별히 총대위원 3명을 정해서 용산 강두까지 보내 이등박문씨를 환영한다더라[독립신문 1898년8월25]

일본군 중장이었던 영친왕

*일본국 천황 폐하가 직접 전보를 보내왔다. 그 전보문에, "이토 히로부미가 화를 당한 데 대하여 심심한 동정(同情)을 표시하여 준 것을 짐은 감사하게 여기는 바입니다." 하였다. [순종 2년(1909) 10월 27]

*"이토 공이 살아 있었으면 어떻게 됐을까? 이토 공은 참으로 나를 성실히 보살펴주었지. 내가 공부를 마치고 새로운 지식을 가지고 돌아가 고국에 도움이 되도록 하라고, 그런 구상도 하고 있었지. 그 말이 거짓이었을지는 모르지만, 지금처럼 군인 총독에 의해 함부로 영국 식민지 흉내를 내는 일은 없었을지도 몰라." [황태자 이은이 아내 이방자 여사에게]

*어떤 얼간이(강우규)가 사이토 총독에게 폭탄을 던졌지만 수 명의 구경꾼이 부상했다고 한다. 나는 아연실색을 했다. 조선인은 이토 히로부미의 암살이 한일병합을 촉진한 것을 잊었다는 것인가. 바보들 같으니라고 [1919년 9월2일]-윤치호 일기

1909년 2월 3일 만월대를 방문한 순종(좌측은 이토,이완용)

⊙국민을 암살 흠모형 인간으로 키우는 한국의 비뚤어진 교육

우리 국민에게 독립과, 노예해방, 굶어죽음의 해방, 법치질서, 사유재산제, 교육혁명 및 전 국민에게 성씨를 선물했던 이토...

아마도 마당쇠,꺽쇠,개똥이,향단이,돌쇠 등의 이름으로 불렸을 필자의 조상에게, 전주이씨라는 왕족 성씨를 부여했을 가능성이 큰 인물....

한국사 전체를 통틀어 우리 국민들을 위해 가장 큰 공헌을 했던 인물. 그리고 그를 살해한 기득권 지배층 안중근...설령 이토가 은인이 아니더라도, 개인의 독단적 암살은 국민을 재앙으로 몰아 넣을 수 있다.

만약 한국이 소말리아를 인수 합병하는 방안을 그나라 정치권과 협의하는 중에 그 나라의 반대 세력이 우리의 지도자를 암살 했다면 우리는 어떤 반응을 할까?

한국인들은 보복공격 당해 죽어보지 않았기 때문에, 요인을 함부로 쏴 죽여도 되는 줄 안다.

만약 그것을 빌미로 선전포고와 보복 공격을 당해 제 가족이 희생 당했어도 안중근을 위대하다고 여기고 있었을까?

1909년 1월 31일 열차로 이동 중인 순종과 이토 히로부미

또 하나의 요인암살 사건이 전명운의 미국인 스티븐스 암살 사건으로서, "조선통감부가 조선 백성들을 크게 유익하게 하고 있다"고 평가한 데 대해 불만을 품은 양반 지배층이 그를 암살한 사건이다. 우리는 스티븐스가 뇌물을 먹고 거짓말 한 것처럼 가르치지만, 손바닥으로 하늘을 가릴 수는 없다. 그는 사실 그대로 말한 것이다.

봉건 지배층 중심주의 한국사 교과서는 전명운을 '의사'라 부르지만, 미국은 이를 '만행'이라 여겼다. 소문난 못된 지배층이 암살까지 일삼으니, 미국은 한일합방의 필요성을 더 절감하게 된 것이다.

이는 북한을 비판하는 사람을 북한 지배층이 암살한 것과 비슷하다. 그런 짓을 했다면 해외 여론은 과연 잘했다고 할까?

한국의 교육은 왜 암살을 미화하는가?

목적은 수단을 정당화 시켜주지 않으며, 국민을 '암살 흠모형 인간'으로 키우는 한국의 교육은 대단히 나쁜 교육이다.

이런 교육을 바꾸지 못한다면 그 폐해는 우리 국민들 모두에게 부메랑으로 돌아올 것이다.

16.한줌의 독립파를 위해 전 조상을 바보로 만든 한국사 교과서

⊙너무나 비양심적인 한국사 교과서

'봉건 지배층 중심주의'의 '한국사 사기 교과서'는 구 기득권 세력인 양반 독립파 한줌을 영웅 만들기 위해 나머지 전 조상을 모두 짓밟아버린다. 때문에 그런 악몽의 세상에서의 탈피를 위해 일본을 '노예해방군'으로 인식하고 반겼던 대다수의 국민들을 철저하게 짓밟아 뭉개버린다.

우리 조상들을 총 한발 못 쏴보고 나라를 빼앗긴 '바보 멍청이'인 것처럼 가르치고, 그 멍청한 팔푼이 조상들이 무력하게 빼앗긴 나라를 '위대하신 독립투사님'들이 고군분투 피 흘려 되찾아 주셨다고 믿게 만든다. 한 줌도 안되는 독립파를 영웅 만들기 위해 전 조상을 '바보 멍청이'로 만든 것이다.

우리는 그 교과서 가지고 "우리 조상들은 싸워보지도 못하고 나라 빼앗긴 멍청이, 멍청이…"라고 달달 외우는 꼴이지만, 우리 조상들은 바보가 아니었다. 거짓말에 속는 사람들이 바보일 뿐이다.

현명한 우리 조상들은 '민권의식'에 의해 한일합방을 추진한 것이다. 국가의 주인은 국민이며, 국민은 국민을 노예로 부리는 봉건 지배층을 몰아낼 권리가 있고, 국가를 타국과 합칠 권리도 있다. 우리는 우리 힘으로 봉건 조폭들을 교수대에 세우지 못했고, 심지어 그 조폭들을 숭앙하는 무개념 진성바보들이 많은 것도 사실이나, 국민 100만 명의 연명으로, **한일합방 청원서를 제출한 것은,**

'이 나라의 주인은 왕이 아니라 국민이다' 라는 '주체적 민권의식'

의 바탕 때문이지, 나라 팔아먹은 게 아니다.

왕을 처형한 프랑스 국민보다 한국 민중이 훨씬 더 위대했었다. 그런 국민적 위대함이 있었기 때문에 오늘의 한국이 있는 것이다.

국민의 8%가 서명 했다는 것은 당시로서는 최선의 민의의 반영이며, 현재인구 600만 명에 달하는 국민청원, 이는 대의 민주주의에 가깝다.

한국을 비약 발전시킨 바탕에는 국민의 힘이 있었던 것이다.

독립 투사가 아니라 국민의 힘이다. 국민의 공을 도적질하지 말라. 좌파여 그대들의 '김일성 주체사상'이 주체가 아니라 바로 그런 게 주체다. 그대들의 '김일성 주체사상'은 '봉건왕조 숭배주의' 일 뿐, 진보가 아니다. 만약 우리가 김정은 치하에서 수백만 명이 죽어가고 있다면, 일부 선각자가 미국과 함께 김정은을 몰아내고 한미 합병을 추진하면 그건 악행일까?

미국은 나라 빼앗은 악당이 될까? 독립이 중요할까, 자유가 중요할까? 그런 나라를 지키려는 독립 투쟁은 과연 정의일까? 누구를 위해서? 국가가 왜 지배층만을 위해 존재해야 하는가? 국민은 사람 아닌가?

●사상 최고의 베이비 붐 시대

우리 역사상 최고의 베이비붐 시대, 즉 최고의 인구 급증기가 바로 한일합방 직후인 1911년과 1912년이다.

이 두 해에만 조선 인구의 11%가 급증 했는데, 조선은 200년간 인구 증가가 미미했다가 한일합방 후에 인구가 급증했다.

사망률 급감과 출산률 급증 때문으로 풀이 된다.

*인구: 1910년 13,129천명, 1911년 13,832천명, 1913년 14,567천명 [국가통

계포털) (참고로 최고의 베이비붐 시대인 1950년대 후반의 인구 증가율은 2.9%다)

조선은 자식을 무식할 정도로 많이 낳던 시대다. 그래야 두세 명 중 한명 쯤은 건지니까... 하지만 죽는 인원이 급감하니 인구가 급증한 것이다.

조선 시대의 상가

일제 시대의 상가

백성들의 피를 빨던 양반 지배층은 나라 빼앗겼다고 원통해하며 독립투쟁도 했지만, 대다수 국민들은 "브라보"를 외치고 있었다. 국민의 힘이 이루어 낸 국민 승리의 결실이었다.

'100만 친일 선각지'의 봉기가 암흑의 이 땅에 '노예해방'과 '굶어 죽음에서 해방'을 이루어 내고, '인간해방', '여성해방', '자유혁명', '산업혁명'을 이끌고, 중국에 피 빨리던 데서 벗어나고, 끝없이 굶어 죽고 얼어죽던 노예제의 암흑 세상을, 사람 사는 세상으로 바꿀 수 있었던 것이다. 좌파여, 친일파가 그대들을 살린 것이다.

◉코미디보다 더 웃긴 합방조약 공포와 호화향락의 이씨왕가

고종과 순종은 일본 관리들에게 훈장 주는 것으로 실록을 도배했고 시호를 '왕창세일'했다.

일본은 8월 25일 합방 조약을 공포하려 했지만, 대한제국 정부가 29일로 연기 요청했다. 8월 27일 대한제국 황제 즉위 4주년 축하기념식을 치르고 연회를 즐기기 위해서다.

8월 27일 대연회가 열리고 대한제국 지배층은 일본 통감과 즐거운 시간을 보냈고 고종의 형인 이재면을 흥왕(興王)으로 봉하는 책봉식도 열렸다. 그들은 기녀와 창부를 불러 술과 고기로 밤새 연회를 열었고, 이씨 왕조는 자손 대대로 부귀영화를 누리게 되었다.

일본 황제는 병합에 협조한 고위 관리 76명을 조선귀족으로 봉했다. 또 3천만 원의 은사금을 조선귀족, 구한국관리(3,638명), 덕망있는 양반·유생(3,150명), 효자·절부(3,209명), 과부·고아·독신(70,902명) 등에게 뿌렸다. 고종은 나라 잃은 충격에 식음을 전폐하고 밤낮으로 후궁과 '2세 만들기 작업'을 한 듯하다. 덕혜옹주의 출생일이 1912년 5월이니… 우리 국민들은, 한일합방 조약 발표 후 전국적으로 난리가 나서 의병 항쟁이 이어졌다고 믿지만, 실제는 전국이 조용~했었다. '무능한 술주정뱅이 도박꾼 바람둥이 폭력남편'과 이혼 즉시, 유능한 부자와 재혼 하게 되어, 앞에서는 웃지않고 몰래 미소짓는 '즐거운 이혼녀'처럼…

*대한제국이 일제에 합병 된다는 조약이 공포되는 시간에도 종로의 상인들은 평소와 다름 없이 장사를 했다. [3.1운동 민족대표 최린의 일기]

새로운 남편 일본은 전 남편과의 한일합방 조약을 충실히 지켰다. 전 남편은 부자에게 아내를 팔고 받은 돈으로 잘먹고 잘 살았다. 물론 아내를 팔아 준 것이 옛 아내를 위한 최고의 선물이기도 했다. **조선의 왕공족(王公族)들은, 일본 황족조차 부러워할 만한 대우를 받았다. 이왕가는 천황가 다음 가는 부자였고, 왕공족을 위해 '이왕직'을 설치해서 매년 150만 원(엔)을 지급했다. 요즘 돈 수백억이며,** 일본 황족들도 많아봐야 7~8만원 받았는데, 그런 엄청난 생활비를 받으니 왕공족의 살림살이는 합병 이전보다 훨~씬 나아졌다.

총리연봉이 1만원일때 이은은 40만원씩 받았다.

이은은 일본 황족 나시모토노미야 마사코(이방자 여사) 공주와 결혼했는데, 이방자 여사는 한국의 장애인과 정신박약아 등의 불행한 사람들을 위해 평생 헌신한 인물이다.

조선 왕실에서 거의 유일하게 국모라 불릴 수 있는 인물이며, 좌파가 숭배하는 민비 따위와는 비교 대상조차 되지 않는다.

황태자였던 영친왕 이은은 육군 중장으로 승진한 후, 일본의 제1항공군 사령관으로 복무하다가 일본 항복 뒤 예편했고, 일본 국적을 선택했다.

다음은 '도쿄궁'이라는 그의 도쿄중심가 저택이며, 좌측은 그가 유럽에서

영친왕 이은의 도쿄궁(도쿄저택)

골프 치는 모습이다. 그는 최소 수십 번 이상 그곳을 방문했다고 하며, 훗날 일본의 패전 후 결국 일본에 귀화한다.

의왕 이강의 차남 이우는 1945년 육군 중좌로 진급한 후 히로시마에서 원폭으로 사망했고, 그의 수행원 요시나리 히로무(吉成弘) 중좌는 피폭을 면했지만, 그를 지키지 못한 죄책감으로 자결했다.

그의 육군장 장례식에는, 조선총독 아베 노부유키를 비롯한 각계 인사들이 대거 참석했다. **이처럼 일본은 이씨 왕가에 대한 한일합방 시의 약속을 끝까지 지켰다.**

아래 사진은 일본의 추남 귀족과 강제결혼 당했다는 덕혜옹주의 결혼 사진이다. 영화 속 청순가련형 톱미녀 공주가 추남과 강제결혼? 독립투쟁? 적당히 좀 하지... 덕혜는 치매(早發性癡呆)환자였다.

필자가 저 백작이라면 결혼식장 안가고 도망쳤을 것 같은데....ㅠㅠ
강제 결혼을 누가 당했는지는...혹시 바뀐 것일지도...

◉거짓말임을 자백하고 있는 '일제강점기'

북한이 '미제강점기'와 '일제강점기'라 쓰듯이, 진보 간판의 좌파는

덕혜옹주와 대마도 귀족 소 다케유키(宗武志)백작의 결혼사진

북한의 용어를 그대로 복사해서 들여왔다. 단지 국민 눈치 보여서 '미제강점기'라는 표현은 아직 못쓰고 있다. 강점이란 무력 침략하여 굴복을 받아내고 적장을 처형하는 것이 상식인데, 일제는 누구도 죽이지 않았고, 조선의 왕족들은 호화 향락은 누렸다.
이는 '거래'라는 강력한 증거다.

한국은 "매국노가 나라를 팔았다"면서,

분명히 팔았다고 자백하는 나라다. 왕의 전권대신이 나라를 팔고, 왕이 그를 처벌하지 않고 측근으로 두었으니, 이는 왕이 승인했다는 증거인데도, 강점이라고 교육 시킨다.

한국인들은 이완용은 매국노 매국노 하며 외우고,

한일합방은 강점 강점 하며 따로 외우다 보니, 열심히 욕하면서도 그 모순조차 깨닫지 못한다. 주입식 교육의 폐해다.

가족에게 땅 팔았다고 욕하면서

상대가 강제로 빼앗았다고 떠드는 사람은 뭐다?

(정답을 맞추신 분에겐 추첨을 통해 경품을 드립니다...경품은...최고급 벤츠 승용차와 최고급 슈퍼카...........를 닦는 500원짜리 청소포......(한국어 참 훌륭해)^^)

<병합 조약(倂合條約)>

한국 황제 및 일본국 황제는 양국간의 특별히 친밀한 관계를 고려하여 상호 행복을 증진하며 동양의 평화를 영구히....달성하려고 하면 한국을 일본국에 병합하는 것 만한 것이 없음을 확신하여 이에 양국간에 병합 조약을 체결하기로 결정한다...
1. 한국 황제는 일체의 통치권을 영구히 일본 황제에게 양여한다.
2. 일본국 황제는 이를 수락한다.
3. 일본국 황제는 한국 황제, 태황제, 황태자와...후손들이 각기...적당한 존칭, 위신과 명예를 누리게 하는 동시에 이를 위해 충분한 세비를 공급할 것을 약속한다.
4. 일본국 황제는 이외에 한국 황족 및 후손에 대해 상당한 명예와 대우를 누리게 하고, 이를 유지하기에 필요한 자금을 공여함을 약속한다.
5. 일본국 황제는 공로가 있는 한국인으로서 특별히 표창하는 것이 적당하다

고 인정되는 경우에 대하여 영예 작위를 주는 동시에 은금(恩金)을 준다.
6. 일본 정부는 완전히 한국의 시정을 담임하여 해당 지역에 시행할 법규를 준수하는 한국인의 신체 및 재산에 대하여 충분히 보호하고 그 복리의 증진을 도모한다.
7. 일본 정부는 성의 충실히 새 제도를 존중하는 한국인으로 사정이 허락하는 범위에서 한국에 있는 제국 관리에 등용한다. [융희4(1910)-8-22]

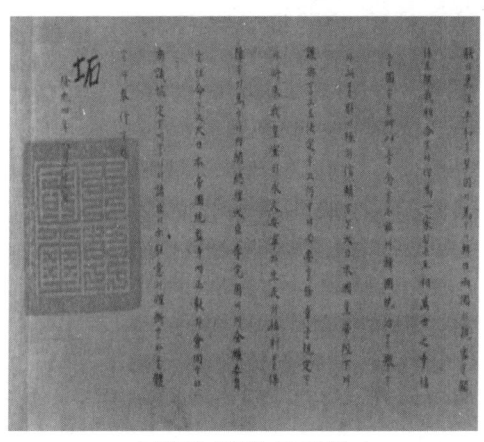

순종의 친필 위임장

조선국왕: 우리 왕실의 자자손손 호화향락 약속 하는거 분명하지?

일본국왕: 이렇게 문서로 약속하는데 왜 자꾸 물어? 문서에서 뺄까?

조선국왕: 아아~ 잉~ 왜 그러셔? 마음 변하지 말란 소리자~잉~

한일합방이 무효라는 주장은, 위임장에는 국새와 순종의 서명이 있지만 칙유문에는 국새만 찍혀 있고 친필서명이 없으니, 순종이 협박을 당해 체결했다는 것인데, 조약문과 칙유문은 성격이 다르다. **조약문은 법적 문서이고, 칙유문은 국민에게 알리는 공표문이다. 여기에 굳이 서명과 국새를 찍을 필요는 없다.**

지금도 공표문에는 들어가지는 않는데 학자들이 무식한 건가, 무식한 척 하는 건가? 순종은 위임장에 서명하고, 이완용은 협상을 잘 이끌었으니 최고 훈장도 주고 **이완용이 건강이 안좋을 때는 순종이 위문품도 보내 준 것이다. 온 백성이 왕을 버릴 때에도, 마지막까지 순종 옆을 지켰던 게 이완용이다.**

*이완용에게 위로금을 주다....부상을 위로하기 위해서다. [순종 3년(1910) 8월2]

＊한일 합병 조약을 맺도록 하다. 조령을 내리기를, "짐이 동양 평화를 공고히 하기 위하여 한 일 양국의 친밀한 관계로 피차 통합하여 한 집으로 만드는 것은 상호 만세의 행복을 도모하는 까닭임을 생각하였다. 이에 한국 통치를 들어서 이를 짐이 극히 신뢰하는 대일본국 황제 폐하에게 양여하기로 결정하고 이어서 필요한 조장을 규정하여 장래 우리 황실의 영구 안녕과 생민의 복리를 보장하기 위하여 내각 총리대신 이완용에게 전권위원을 임명하고 대일본제국 통감 데라우치 마사타케와 회동하여 상의해서 협정하게 하는 것이니 제신 또한 짐의 결단을 체득하여 봉행하라."[순종 3년(1910) 8월 22(양력)]

☞ 왕실의 안녕과 생민의 복리를 위해 전권을 위임 했다고 말하고 있다. '일제강점'은 거짓이며, '한일합방시대'가 맞다.

＊일본국 황제에게 한국 통치권을 양도하다... "짐이 부덕으로 간대한 업을 이어받아 임어한 이후 오늘에 이르도록 정령을 유신하는 것에 관하여 누차 도모하고 힘씀이 이르지 않은 것이 아니로되....피폐가 극도에 이르러....차라리 대임을 남에게 맡겨서 완전하게 할 방법과 혁신할 공효를 얻게 함만 못하다. 그러므로 짐이....결단을 내려 한국의 통치권을 종전부터 친근하게 믿고 의지하던 이웃 나라 대일본 황제 폐하에게 양여하여 밖으로 동양의 평화를 공고히 하고 안으로 팔역의 민생을 보전하게 하니 그대들 신민들은 국세와 시의를 깊이 살펴서 번거롭게 소란을 일으키지 말고 각각 그 직업에 안주하여 일본제국의 문명한 새 정치에 복종하여 행복을 함께 받으라. 짐의 오늘의 이 조치는 그대들 민중을 잊음이 아니라 참으로 그대들 민중을 구원하려고 하는 지극한 뜻에서 나온 것이니 그대들 신민은 짐의 이 뜻을 능히 헤아리라." 하였다.[순종3년(1910)8월 29(양)]

◉ 순종부록에 나오는 순종 말기의 상황들

＊시종 구로다 나가요시가 칙령을 받들어 조문하러 오다[순종19(1926)-4-30]
＊이완용의 상에 제자료와 물품을 하사하다[순종19(1926)-2-12]
＊**병이 위독한 이완용에게 포도주를 하사하다**[순종19(1926)-2-11]
＊총독부 군사령부 이하 문무 칙임관의 신년축하를 받다[순종19(1926)-1-2]
＊왕비와 함께 회정단에서 종척, 귀족 등의 신년축하를 받다[순종19(1926)-1-2]
＊**남대문 소방서와 의용소방대 등을 포상하다**[순종18(1925)-11-25]
＊칙사로 온 자작 지원실강(池園實康)에게 은제 화병을 하사하다[순종18(1925)-10-16]
＊왕비의 탄신일을 맞아 종척, 귀족 등을 접견하다[순종18(1925)-9-19]
＊**동양척식회사 총재 와타나베 가쓰사부로가 물품을 바치다**[순종 18(1925)-6-27]
＊창덕궁 경찰서 격검회에 은제와 도기 술잔을 하사하다[순종18(1925)-6-2]
＊**총독 사이토 마코토 부부가 토산 물품을 헌상하다**[순종17(1924)-8-2]
＊총독 사이토 마코토 등이 물품을 헌상하다[순종17(1924)-3-25]
＊**오순의 탄신일을 맞아 천황 부처가 칠보 화병을 보내오다**[순종16(1923)-3-24]

⊙ 한일 합방이 반드시 강점이어야만 하는 진짜진짜 이유

좌파가 굶어 죽는 노예제 조선은 무시하고, 봉건 왕조가 권력을 잃은 것만 강점이자 나라 빼앗겼다고 우기는 데는 사정이 있다.

독립 후 남북한의 권력을 쥔 승자들은 반드시 영웅이 되어야 하는데, 영웅 되려면 그들이 했다는 아주 미미한 독립투쟁을 띄워야 하고, **독립투쟁이 영웅화 되려면, 강점,수탈,학살이 꼭 필요한 것이다.**

만약 그런 시대가 아니었다면 독립투쟁의 정당성이 사라진다.

"우리 국민이 원해서 합병했고, 잘 살고 있었는데 니들은 뭐냐?"

이렇게 되어버리니까...ㅋ

국사판은 사기판이고, 그런 정치적 목적 때문에 권력을 쥔 승자는 반드시 강점,수탈,학살 등의 거짓말 국사를 가르칠 수 밖에 없다.

좌파는 독립투쟁을 띄워야 '독립투사님들이 나라를 되찾아주시려 피 흘리실 때 친일파는 민족을 배반해서 호의호식 했대'로 만들고, '그 친일파의 후예가 우파다'라고 뒤집어 씌울 수 있으니까...

그런데 미안하게도 한일합방은 강점이 아니고, 양국 황제와 양국 국민의 합의에 의한 정상적인 합병이라는 안타까운 사실....

그것도 우리 국민들이 열렬히 원해서....(좌파멘붕....ㅎ)

수탈 거짓말과, 학살 거짓말, 독립투쟁 거짓말은 뒤에서....

한국사 날조 교과서의 좌파 사기꾼들이여, 그대들의 딱한 사정은 이해 되지만, 굶어죽는 노예제의 한반도를 사람 사는 곳으로 탈바꿈시킨 사람들을 그토록 악당 만드는 역사 조작이 과연 옳은가?

그대들은 진실 따위는 중요하지 않은가? 정녕 부끄러움을 모르는가?

17.매국노(賣國奴)와 매민노(賣民奴)

한국에서 매국노의 대명사라 불리우는 이완용, 그는 1887년 미국으로 가서 주미공사를 역임했다. 어느 미국인이 "한국인은 돼지만도 못한 열등민족"이라는 말을 했을때 **이완용은 이 말에 몹시 자극 받아 세계 일등 민족이라는 미국을 연구 시찰하였다.**

그는 인디언의 특수 부락도 가보고, 인도·멕시코·폴란드·유태인까지 두루 연구해 보았다. 그 결과 과연 한국 민족이 세계에서 가장 열등한 민족 이라는 결론을 내렸다.

그가 미국에 도착 했을 때 조선인은 주목을 끌어 온갖 비평을 들었다. 그 가운데는 아주 극단한 말까지 있었지만 영어에 능통하지 못한 이완용은 자기에 대한 비평이 뭔지를 몰랐다.

다만 돼지 돼지! 하는 말만이 귀에 남았다.

공사관 으로 돌아온 이완용은 아까의 일들이 마음에 걸려 통역 서재필 에게 물어보았는데, 그의 대답은 이러했다.

*미국인 A - 한국인 이라고? 한국은 중국의 속국 아냐?

헌데 그 돼지 같은 열등 민족이 우리 미국에 전권 공사를 파견한다는 건 외람된 일 아냐?

*미국인 B - 돼지는 좀 지나친데....

*미국인 A - 지나치긴 왜? 돼지는 불결하긴 해도 그 고기와 털과 분뇨 마저도 쓸수 있어. 그러나 한국인은 인간이라서 하등의 쓸모도 없어. 무지몽매한 점은 인간으로서 하등 이고 불결함은

돼지에 뒤지지 않아. 중국인은 불결한 점은 한국인과 비슷하지만 그들에겐 근면심과 축재[재물을 모음]의 능력이 있어. 한국인에겐 그런것 조차도 없어. 이래도 돼지만도 못한 민족 아니야?
이완용은 이런 모욕을 받으며 미국에 4년을 머물렀다.
그후 이완용은 당시를 회고할 때마다 눈물을 흘렸다고 한다.
그런 체험 때문에 그는 세계의 열등 민족을 시찰하고 연구했다.
그런데 결국 한국인보다 열등한 인종은 도저히 발견하지 못한 것이다. 끝없이 굶어 죽으면서도 자신들은 잘났다고 믿던 시절, 이완용은 한국인의 모습을 객관적으로 깨달은 몇 안되는 인물 중 하나다.
그는 메이지 유신에 미국의 금융 기술지원 등이 있었음을 알고 미국의 도움을 얻어보려 했지만 도로도 자원도 기술도 없이 굶주리는 절대문맹의 나라에 미국이 나서줄 리 없었다.
조선은 미국의 도움을 이끌 아무런 유인이 없었던 것이다.

◉중국에 조중합방 요청 했다가 딱지 맞았던 조선

한국이 타국에 합병(=통일) 될 위기, 또는 기회는 8차례가 있었다.
첫째는 명나라에 '합병요청' 했던 게 받아들여져서 훗날 공산화 되는 것,
둘째는 임진왜란 때, 일본에 합병되어 일본의 일부가 되는 것,
셋째는 병자호란 때, 중국에 합병 된 후 중국과 함께 공산화 되는 것,
넷째는 청일전쟁 때 중국이 승리하여, 중국과 함께 공산화 되는 것,

다섯째 러일전쟁의 러시아 승리시 러시아에 합병 되어 공산화 되는 것,
여섯째 일본이 중국과 러시아를 깨부순 후 이루어진 한일합방,
일곱째 미 점령군에 의한 미국으로의 합병,
여덟째 김일성의 6.25 남침 시 적화통일 되어 공산화 되는 것,
미국과 일본을 빼면 모두가 공산화 되는 코스다.

(☞"차라리 미국의 한 주가 되고 말지"라고 말하는 사람도 있는데, 이는 "중소기업 임원 할 바엔 삼성전자 임원 하고 말지 뭐"라는 소리와 같다. 심지어 "하마터면 미국에 **합병 당할 뻔**(나라 빼앗길 뻔) **했다**"고 말하는 바보도 있는데, 미국은 우호적 거래처를 필요로 할 뿐, 불량 노숙자를 데려다가 식구로 삼는 나라가 아니어서, 혹을 달고 갈 이유가 없었다.)

중국과의 '조중합방'은, 임진왜란 시 선조가 요청했었는데, 명나라의 반응이 나빠서 선조는 생각을 접었다. 즉 중국이 '줘도 안먹은 것'이다. 중국에 합병될 위기는 또 있었는데, 병자호란 때 청태종이 조선을 정복했을 당시다. 그런데 지지리도 복 없던 조선 백성들…
청나라마저도 포로만 끌고서 조선을 안먹고 버리고 가버렸고, 굶어 죽던 노예제 사회는 끝나지 않았다.
청나라 입장에서 보면, 조선을 합병하지 않고 조공으로 피 빨아 먹으면 조선 백성들이 굶어 죽건 말건 신경 쓸 필요가 없지만, 합병해서 같은 나라가 되면 골칫거리만 된다.
그들도 조선의 꼬라지를 보았을테니, 안먹고 버리고 갈 수 밖에…

만약 그 때 중국에 합병 되었다면 굶어 죽음은 줄어들고, 노예해방도 빨라졌을 것이다. 그 때 중국에 합병되지 않은 것은 우리에게는 다행이지만 당시의 조선 백성들에게는 비극이었다.

한국인들은 남의 나라 합병하면 땅 넓어져 좋은 줄로만 아는데, 소말리아를 합병하면 우리는 정말 좋을까?

합병 전에는 굳이 빈민구제와 굶어죽음의 해방에 나설 필요가 없고, 지원금 생색만 내면 되지만, 같은 나라가 되었을 때는 완전히 다르다.

이는 북한과 통일했을 때도 동일하고, 한국을 합병한 일본도 동일했다. 만약 일본이 북한을 재합병하면 일본 국민들은 좋을까?

합병(=통일)은 장기적으로는 좋을 수도 있지만 단기적으로는 최악이다.

과거 독재 시절에는 국가에서 결정하면 국민은 따라야하니 어쩔 수 없이 조선인들을 받아들였겠지만,

민권시대인 지금 일본 국민들에게 묻는다면, 아마 절대 다수가 북한을 자국으로 받아들이는 데 반대할 것이며, 통일이 된다면 과거 일본 국민들이 겪었던 고충을 우리도 이해하게 될 것이다.

◉ **매국노(賣國奴)와 매민노(賣民奴)**

한일합방을 매국이라 본다면, 진짜 매국노는 따로 있다.

바로 박영효와 이용구다. 외세를 끌어들이고, 조선 민중 100만 명을 뭉치게 만들어서 한일합방 청원 상소와 한일합방 운동을 주도했던 매국노(=선각자)들...

그러나 국사 사기꾼들은 그들을 드러내지 않는다. 그들을 욕하면 당시 100만 백성들이 한일합방 운동을 한 게 들통나고, 이는 강점이 아니라는 게 들통나니 애먼 이완용을 매국노라 몰아서 욕하게 만든 것이다. **설령 그들이 매국을 했더라도, 이는 지배층에게만 매국이고, 피 빨리며 죽어가던 대다수의 백성들에게 있어 그들은 '노예 해방의 은인'이다.**

한국은 국민보다 지배층을 상위에 두는 나라여서 그들을 매국노라 부르지만, 그들은 매국을 통해 국민을 구했다.

만약 이 나라가 한일 통일 국가로 이어져 왔다면 그들은 위인이 되어 있을 것이지만, 패자이기 때문에 승자인 독립 영웅님들의 장난에 의해 악당화 된 것이다.

그런데, 이 땅에는 매민노(賣民奴)도 있다.

종북 진보 진영이 '위수김동', '친지김동'이라 존경하는 김일성과 김정일...100만명 학살도 모자라 300만 명을 더 굶겨 죽이면서 국민들 10년치 식량 비용으로 권력 목적의 김일성 궁전과 핵무기를 만들었다. 인민의 목숨을 팔아 권력을 지킨 매민노...

김일성주사파 진보 진영은 왜 매국노만 비난하고
매민노는 일체 비판하지 않는가?

⊙이완용을 매국노로 만들어 욕하는 진짜 이유

이완용이 멋대로 나라 팔았다면 그를 때려 죽이는 게 맞지 왜 훈장까지 주며 곁에 데리고 있나? 왕이 바보인가?

그런데 **한국인들이 결정권자는 빼고 매각 실무자만 입에 거품 물고 욕하는 이유는 네 가지다.**

첫째, 왕을 욕하는 것은 자기 책임을 인정하는 결과가 되어, '일본 악당화'를 통한 좌파와 북한 정권의 이익에 어긋난다.

둘째, 한국인들은 자기 위에 모셔야 할 왕이 있는 줄 안다. 100년 넘게 지났어도 신민의식(臣民意識)의 뇌 회로가 주체적으로 포맷되지 않았으니, 민비를 국모라 부르고, 봉건 왕의 동상이 광화문에 버젓이 있는 것이다.

셋째, 어느 개화파 선각자가

"한국인은 누가 멍석말이를 당하고 있으면 일단 달려들어 두둘겨 패고 보는 습성이 있다"고 했는데, 그 때문이다.

몇몇 사람이 "이완용은 매국노야"라고 외치니까

다들 그냥 패는 것이다.

넷째, 이완용 하나에게 모든 죄를 뒤집어 씌우면 자기들 책임과 자기 조상들 책임은 벗어난다는 면피심리가 작용한 결과다.

나라를 그 꼬라지로 만든 제 조상의 책임을 빼고 매국노만의 잘못이라는 소리는 말도 안되지만,

한 놈에게 다 뒤집어 씌우고 구타하면, 책임감에서 벗어나고 매국노 욕하는 애국자 된 기분을 만끽 할 수 있다.

친일파 청산 떠드는 자들의 심리도 그와 비슷한 심리다.

우리는 그런 머리는 잘 돌아가는 나라다. 그런 머리 딴데나 쓰지.

⊙한국은 낡은 전체주의 나라, 먼저 정신적 자유인이 되어야.

한국은 거의 전체주의 나라여서 민족이라 포장한 지배자를 상위에 놓고 국민(자유·인권·행복)은 그 아래이며, 김일성주사파 진보진영에 점령당한 한국의 교육은 국민에게 '자유'의 소중함을 가르쳐주지 않는다. 우리 국민들이 자유민주주의 국민으로 길러지지 않은 것이다. 그러나 국가는 목적이 아니라 수단임을 알아야 한다.

국가의 합병·독립·통일은 국민 행복을 위한 선택 대상 중 하나일 뿐이며, 국가는 국민 행복을 위해 얼마든지 합치건 쪼개건 할 수 있는 대상임을 깨닫고, 중요한 것은 '자유와 인권과 행복'이라는 사실을 깨달아, '민족주의'의 세뇌에서 벗어나면,

우리에게는 더 많은 가능성이 열릴 것이다.

18. 그냥 한번 웃고 넘어갈 을사늑약 코미디극

'을사늑약 코미디+사기극'은 역사 사기의 축에도 못끼니 조선왕조 실록 속으로 들어가서 가볍게 읽고 넘어가자. (1)~(7)단계 까지다.

(1)단계:일본 특파 대사 이토 히로부미가 국서를 바치다.[고종42(1905)-11-10]

(2)단계:일본 대사 이토 히로부미, 공사 하야시 곤노스께를 접견하였다.

협약문 초안을 제출하였기 때문이다.[고종42(1905) 11월15일]

(3)단계:한일 협상 조약(을사조약)을 체결하다[고종42(1905) 11월 17일]

(의정부 참정대신 한규설을 파면하다[고종42(1905) 11월 17일])

〈한일 협상 조약 내용〉

일본국 정부와 한국 정부는 두 제국을 결합하는 이해공통주의를 공고히 하기 위하여 한국이 실지로 부강해졌다고 인정할 때까지 아래 조관을 약정한다.
제1조 일본국 정부는 외무성을 통하여 한국의 외국과의 관계 및 사무를 감리 지휘할 수 있고 일본국 외교대표자와 영사는 외국에 있는 한국의 신민 및 이익을 보호할 수 있다.
제2조 일본 정부는 한국과 타국 사이에 현존하는 조약의 실행을 완전히 하는 책임을 지며 한국 정부는 이후부터 일본 정부의 중개를 거치지 않고 국제적 성질을 가진 어떠한 조약도 하지 않기로 한다.
제3조 일본 정부는 그 대표자로서 한국 황제 폐하의 궐하에 1명의 통감을 두되 통감은 오로지 외교에 관한 사항을 관리하기 위하여 경성에 주재하면서 직접 한국 황제 폐하를 궁중에 알현하는 권리를 가진다. 일본 정부는 또 한국의 각 개항장과 기타 일본국 정부가 필요하다고 인정하는 곳에 이사관을 두는 권리를 가지되 이사관은 통감의 지휘 밑에 종래의 재한국 일본영사에게 속하던 일체 직권을 집행하고 아울러 본 협약의 조관을 완전히 실행하기 위하여 필요한 일체 사무를 장리할 수 있다.
제4조 일본국과 한국 사이에 현존하는 조약 및 약속은 본 협약의 조관에 저촉하는 것을 제외하고는 다 그 효력이 계속되는 것으로 한다.
제5조 일본 정부는 한국 황실의 안녕과 존엄을 유지함을 보증한다.
이상의 증거로써 아래의 사람들은 각기 자기 나라 정부에서 상당한 위임을 받아 본 협약에 기명 조인한다.

[*광무 9년 11월 17일 외부 대신 박제순 *명치 38년 11월 17일 특명전권공사 하야시 곤노스께]

☞**을사조약 요약:** 외교권을 당분간 넘기는 대신 이씨 황실 잘 지켜줄게응, 믿어

(4)단계: 대신들의 을사조약 반대가 빗발치다.[고종 42년 11월 18일 1905]

법부 대신 이하영이 벼슬을 내놓겠다는 상소를 올리다
권중현이 한일 협상 조약을 막지 못한 것으로 사직을 청하다
이근명이 한일 협상 조약을 맺은 대신들을 처벌하도록 청하다
이우면이 한일 협상 조약을 맺은 대신들을 처벌하도록 상소하다
박기양이 한일 협상 조약을 맺은 대신들을 처벌하도록 상소하다
박봉주가 한일 협상 조약을 맺은 대신들을 처벌하도록 상소하다
박제순(을사조약 책임자)에게 임시로 의정부 의정대신의 사무를 대리시키다(그 와중에...)

☞상소가 총 70건쯤 되는데, 상소 몇 가지만 보자.

*이근명이 한일 협상 조약을 맺은 대신들을 처벌하도록 청하다.
"...그날 회의한 대신들을 법에 따라 처벌하심으로써 온 나라의 울분을 풀어 주소서." 하니, 비답하기를, "경은 나라 일을 우려하고 임금을 사랑하는 지성을 가지고 이런 말을 할 수 있겠지만, 그 일에 어찌 헤아린 점이 없겠는가? 경은 이해하도록 하라." 하였다.[고종42(1905)-11-19]

☞요약: 그래 니 말 이해해. 하지만 이건 내가 알아서 할게.

*이우면이 한일 협상 조약을 맺은 대신들을 처벌하도록 상소하다
"신은...원통함을 누를 길이 없어서...속히..." 하니, 비답하기를, "이미 대신들이 올린 차자에 대한 비답에서 칙유 하였다." 하였다.[고종42년(1905) 11-20]

☞요약: 내 대답은 이미 다른 애들한테 말해 줬어, 걔들 한테 물어봐.

*박기양이 한일 협상 조약을 맺은 대신들을 처벌하도록 상소하다
"...조약을...폐하에게 아뢰고 폐하는 정부에 물어서...일치를 보게 된 다음에 외부가 날인하여야 신의를 이룬다고 들었습니다. 이번 것은...그러니 도

로 찾아다 없애버릴...하니, 답하기를, "조약을 약정하는 법은 그렇게 하는 것이 당연하지만 이번의 경우 참작할 점이 있다." 하였다.[고종 42년 11월 21일]

☞ **요약**: 원래는 그러는 게 맞지만 이건 좀 달라서 내가 알아서 할게.

*윤두병이 한일 협상 조약을 맺은 대신들을 처벌하라는 상소를 올리다
"...반대를 표시한 몇몇 사람들도 단도직입적으로...거절하지 못함으로써...이런 일이 초래되었으니...빨리...나라의 법을 펴소서." 하니, 비답하기를, "그대는 여러 상소문에 대한 비답을 보지 않았는가?" 하였다.[고종 42년 11월 23 (1905)]

☞ **요약**: 나 같은 말 너무 많이 반복해서 입 아퍼. 알았으니 가봐.

*이상설이 한일 협상 조약을 맺은 대신들을 처벌하라고 상소하다
"폐하가...도리어...역적 두목을 의정대신의 대리로 임용하여 신이 그의 아래 반열에 나가도록 하니, 신은 울분이..." 하니, 비답하기를, "어찌 이해하지 못하겠는가? 더는 번거롭게 사임하지 마라." 하였다.[고종 42년(1905) 11월 24일]

☞ **요약** 　**신하**: 매국노한테 왜 나보다 높은 자리 줘? 나 삐졌엉.
　　　　　고종: 그래 그래 안다. 하지만 니가 이해하고 관두진 마라.

*민영환이 한일 협상 조약을 맺은 대신들을 처벌하라고 상소하다.
"폐하께서는 빨리 매국 역적들을 처단하고..." 하니, 비답하기를, "...왜 이렇게까지 번거롭게 구는가?...속히 물러가라." 하였다.[고종 42(1905)-11-28]

☞ **요약**: 야, 눈치껏 조용해질 때도 됐잖아? 몇 번이나 반복해야 돼?

*민영환이 한일 협상 조약을 맺은 대신들을 처벌하라고 다시 상소하다
"신들을 충성스럽다 하셨으니, 이는 역적들을 처단해야 한다고 여기신 것입니다...살펴 시행하소서." 하니, 비답하기를, "이미 거듭 타일렀는데도 지

루하게 구니, 서로 믿는 마음이 없는 것이다." 하였다.[고종 42년(1905) 11월 28]

☞ **요약**: 야, 말귀를 이해 해야지. 너까지 왜 그러니?...아 짜증나...!

*최익현이 한일 협상 조약을 맺은 대신들을 처벌하라고 상소하다
"아! 통분합니다...능지처참을 해...나라를 팔아먹은 죄를 다스리고..." 하니, 비답하기를, "...짐작하여 헤아릴 것도 있다. 대신들의 상소에 대한 비답을 보면 이해할 수 있을 것이다." 하였다.[고종 42년 11월 29일 (1905)]

☞ **요약**: 눈치 좀 있어 봐. 그래서 정승 못한 거잖아? 딴 애들한테 물어 봐.

(5)단계: 계속 이어지는 을사조약 반대 상소에 **열 받은 고종, 드디어 폭발!**

*한일 협상조약 맺은 대신들을 처벌하라고 상소한 이들을 잡아들이라 하다.

조령을 내리기를, "연이어 글을 올리는 것이야 도리에 어긋날 걱정이 뭐 있겠는가마는, 대궐 안에 머물러 있은 지 이미 이틀째이니 이것은 국조 이래 없었던 해괴한 일이다. 누차 타일렀음에도 불구하고 아직 물러가지 않는데 신하의 분수로 어찌 이런 것이 용납되겠는가? 소두(疏頭) 이하를 모두 법부에서 잡아 징계 처분하게 하라." 하였다.[고종 42년(1905) 11월 28일]

☞ **요약**: 이런 멍청한 것들을 신하라고, 야, 모두 감방에 쳐넣어!

(이것들이 지금껏 가만히 있다가 다 끝난 뒤에야 반대 하면서 충성스러운 척? 니들이야 그러겠지만 내가 계속 버티다가 쫓겨나기라도 하면 니들이 책임 질거야? 다소 쪽팔리더라도 계속 왕 해먹는게 쫓겨나는 것보단 낫잖아? 이런 눈치 없는 것들을 신하라고, 이것들을 그냥 콱.)

(6)단계: 다음은 분개했던 신하들이 '반성문' 쓰는 '셔터마우스' 진정 단계다.

*특진관 조병세가 집으로 돌아가도록 용서해준 것에 감사하다 (반성문 ^^)
*특진관 이근명이 집으로 돌아가도록 용서해준 것에 감사하다[11월30](반성문)

⑺단계(경과 설명 단계): 이완용 등이 해명 하면서 사직을 청하는 글
☞ '매국노'라는 사람들의 해명이라도 들어봐야 정상적인 이성 아닐까?

*이완용 등 5명이 한일 의정서를 조인한 전후 사정을 아뢰고 사직을 청하다
"…저 무리들이 과연 새 조약의 주지를 이해할 수 있겠습니까?…이것은 오늘 처음으로 이루어진 조약이 아닙니다. 지난 해의 의정서와 협정서에 있고 이번 것은 다만 성취된 결과일 뿐입니다. 저 무리들처럼 정의로운 마음을 가진 자들이 있다면 그 때에 쟁집 했어야 했고…어찌…갑자기 새 조약을 파기하고 옛 권리를 만회하겠다고 할 수 있단 말입니까?…

일본 대사가 올 때에 모두 중대한 문제가 있으리라는 것을 알았습니다…폐하께서는 의정부에 맡기셨고…신들은 허락할 수 없다는 뜻을 보였습니다.

이튿날 17일 오전에 신 등 8인이 함께 일본 대사관에 모였는데…이때에 **폐하께서…하문하셨으나, 신들은 절대 허락할 수 없다고 답하였습니다. 그러자 폐하께서, '그렇지만 감정을 가지게 할 수는 없으니 우선 늦추는 것이 좋겠다.' 하셨습니다.**

이에 이완용이…'대사가 폐하를 뵐 것을 청하는데 만약 폐하의 마음이 흔들리지 않는다면 다행일 것이지만, 만일 너그러운 도량으로 허락하게 된다면 어떻게 하겠습니까? 미리 대책을 강구해야 할 것입니다.' 하였습니다…

이완용이 만일…허용하게 된다면…첨삭하거나 개정할 만한 매우 중대한 사항이 있으니…하니, 폐하께서, '…그 말이 타당하다.'

하셨습니다. 이때...이완용이, '조약 3조 통감의 아래에 외교라는 두 글자를 명백히 말하지 않았는데, 이것이 훗날 끝없는 우환거리가 될 것이고...모호하게 하고 지나갈 수는 없습니다.' 하니,

폐하께서..."그렇다...첫머리의...'전연자행'이라는 구절은 지워버려야 할 것이다." 하셨습니다.

권중현이 아뢰기를, '일본 황제의 친서 부본에는 우리 황실의 안녕과 존엄에 손상을 주지 말라는 말이 있었는데 이번은...언급 없습니다...**이것도 한 조목 만들어야 하리라고 봅니다.'** 하니, 폐하께서, '과연 옳다.' 하셨습니다...

우리 여덟 사람이 아뢰기를, '이상 아뢴 것은...준비일 뿐입니다...안 된다는 말로 물리쳐야겠습니다.' 하니,

폐하께서, '그렇기는 하지만 조금 전에 이미 짐의 뜻을 말하였으니 잘 조처하는 것이 좋겠다.' 하셨습니다.

저희가 물러나 나오는데...일본 공사가...물었습니다.

한규설이, '우리 황상 폐하께서는 협상하여 잘 처리하라는 뜻으로 하교하셨으나, 우리들 8인은 모두 반대하는 뜻으로 복주하였습니다.' 하니, 공사가 '귀국은 전제국이니 황상 폐하의 대권으로 협상하여 잘 처리하라는 하교가 있었는데...대신들이 군명을 어기는 것은 어찌된 일입니까?...하였습니다...

조금 뒤에 이토 대사가...도착하였고...

이재극이 돌아와서 "짐이 각 대신에게 협상하여 처리할 것을 허락하였고, 또 짐이 지금 목구멍에 탈이 생겨 접견할 수 없으니 잘 협상하라."는 성지를 전하였습니다...

대사가…참정대신은 무엇이라고 아뢰었습니까.'하였습니다. 한규설이, '나는 반대한다고만 하였습니다.' 하니,

대사가, '무엇 때문에 반대 하셨습니까?' 하니, 한규설이, '설명할 게 없지만 반대입니다.' 하였습니다.

다음으로 외부 대신에게 어떻게 했는가를 물으니 박제순이,'…외부 대신을 맡고 있으면서 외교권이 넘어가는 것을 찬성한다고 말할 수 있겠습니까?' 하니,

대사가, '협상하여 잘 처리하라는 폐하의 명령이 있었으니…외부 대신은 찬성하는 편입니다.'라고 하였습니다.

다음으로 민영기에게 물으니 그가, '나는 반대입니다.' 하니,

대사가, '그렇다면 탁지부 대신은 반대하는 편입니다.' 하였습니다.

다음으로 이하영에게 물으니,

'대세와 형편을 모르는 바 아닙니다. 우리나라가 외교를 잘하지 못하였기 때문에 요구하는 것이니, 이는 우리가 받아들여야 할 문제입니다. 그러나 이미 지난해에 이루어진 의정서와 협정서가 있는데 이제 또 하필 외교권을 넘기라고 합니까?…하니,

대사가, '그렇지만 이미 대세와 형편을 안다고 하니, 또한 찬성하는 편입니다.' 하였습니다.

다음으로 이완용에게 물으니…'나는…(고칠 부분을) 아뢴 바가 있을 뿐이고 …하니, 대사가, '고칠 곳은 고치면 되니 찬성하는 편입니다.' 하였습니다.

다음으로 권중현에게 물으니 그가, '나는…학부 대신과 같은 뜻입니다. 한 가지 딴 의견은 황실의 존엄과 안녕에 대한 문구입

니다...하니, 대사가, 그것은 더 보태야 할 문구이니 또한 찬성하는 편입니다.' 하였습니다.

다음으로 심근택에게 물으니, '나도 학부 대신과 같은 뜻이었으나...충신과 역적이 갈라지기 때문에...하니,
대사가, '이 또한 찬성하는 편입니다.' 하였습니다.

다음으로 이지용에게 물으니, '나 또한 학부 대신과 같은 뜻이었습니다...하니, 대사가, '이 또한 찬성하는 편입니다.' 하면서, 이재극에게 전달해 달라고 하며,

'...각 대신의...논의가 같지는 않지만...**따져보면...반대한다고 확실히 말한 사람은 참정대신과 탁지부 대신 뿐입니다... 성지를 내리시어 속히 조인하기 바랍니다.'** 하였습니다...

이재극이 폐하의 칙령을 전하여 말하기를,〈첨삭할 곳은 법부 대신이 일본대사, 공사와 교섭해서 바르게 되도록 하는 것이 좋겠다〉고 전하였고...폐하께 보고 하여 통촉 받았습니다.

또 우리가 부강해진 다음에 조약이 무효 되는 문구의 칙령을 전하니 대사가 직접 붓을 들어 적어 넣어서 다시 폐하에서 보도록 하였으며, 결국 조인하는 데 이른 것입니다...

그런데도 탄핵하는 자들이 깨닫고 분석하는 사람은 없이 마치 개 한마리가 짖으면 모든 개가 따라 짖듯이 소란을 피우니 어찌 한심하지 않겠습니까?

폐하께서 알기 때문에 신들에게 죄 주지 않았으며...

사임 말라고...하셨습니다...저 무리들은 폐하께서 어떤 뜻을 지니고 있는지 모르고 떠들어대니...

하니, 비답하기를, ..."여론이 당사자에 책임을 돌리고 해명을 용납하지 않는다. 지금처럼 위태로운 때에 다 같이 힘을 합쳐서...한층 더 노력함으로써 타개할 계책을 도모하라." 하였다.[고종42년(1905) 12월 16]

☞ **고종과 신하들이 충분히 협의 했던 것이 '을사조약'임을 알 수 있다.** 왕의 허락 없이 신하 멋대로 날인할 수는 없고, 그들을 처벌하지 않은 것은 조약서 날인이 왕의 뜻의 반영임을 뜻한다. 그런데도 늑약이라고? 일부 무식한 학자들은 왕의 조인이 없어 무효라고 하는데, 조인 없이 공백이 아니고, 원래 공사와 외부대신이 조인하는 것이다. 그 사례를 보자.

*조일 동맹 조약이 체결되다 [대조선·대일본 양국 동맹 조약]

...이 동맹 조약은 청나라 군사를 조선 국경 밖으로 철퇴시키고 조선국의 독립과 자주를 공고히 하며 조선과 일본 두 나라가 누릴 이익을 확대하는 것을 기본으로 삼는다...이를 위하여 두 나라 전권 대신들은 이름을 쓰고 도장을 찍어서 증빙 문건으로 삼는다... 대조선국 개국 503년 7월 26일 외무 대신 김윤식 ☞**신하가 도장 꽝!!!** 대일본국 명치 27년 8월 26일 특명 전권공사 오토리 게이스케[고종 31년(1894) 7월 22일]

⦿을사 조약이 늑약인 것은 맞지만...

일본 관련 한국사의 거의 모두가 소설이지만, 을사 조약이 늑약이라는 사실 하나 만큼은 거의 유일한 진실이다. 왜일까?

고종은 권력자이니 당연히 조약을 피하고 싶었을 것이다. 단지 쫓겨날까 봐 **눈치껏 날인한 것이니 표면상 자발이지만 사실상 반강제다.**

그런데, 중요한 것은 민심이다.

**민심이 봉건 왕조와 일본 중 누구를 반겼느냐는 것이다.
가장 중요한 민심을 국사 교과서가 속인다는 것이다.**

봉건 기득권의 지속을 바라는 양반 지배층 한줌이 의병 일으켜서 독립투쟁 한거 가지고 마치 전 국민이 독립을 원한 것인 양...

학자들은 1907년부터 1911년까지 무장 항전에 참여한 수는 전체 인구 1312만 명 중 1.1%인 14만 명 정도라고 주장하는데, 실제는 외국인이 의병을 취재하려고 노력해도 찾기조차 쉽지 않은 정도였다. 매천야록은 1907년 7월~1908년 5월까지 피살된 일진회원의 수가 9200명이라 밝히는데, 그렇게 희생 당하면서도 100만 시민이 뭉친 시민혁명으로 세상을 바꾼 진짜 민심을 교과서가 숨긴다는 것이다.

역사가 신복룡은 '민족이 멸망하면서 한국처럼 무기력했고, 침묵한 민족이 흔치 않았다.'며 개탄했는데, 한국 역사가들이 죄다 이런 사고다.

**인민들이 굶어 죽던 소말리아가 미국에 합병되면 민족이 망한 것인가? 그건 누구 기준의 사관인가?
도대체 언제쯤 봉건지배층 중심주의에서 헤어나오려는가?
미국에 합병된 하와이 텍사스 사람들도 죄다 망했고,
일본에 합병된 오키나와 훗카이도민들도 망해서 없어졌는가?**
망한 사람이 보이지 않으니 너무 궁금해서....

도대체 누가 망했는데?

19. 또 하나의 코미디 헤이그 밀사 조작극

한국사 교과서는 고종이 헤이그에 밀사를 보냈다고 했다가 '특사'라고 격상시켜 가르치기도 하는데, 헤이그 특사의 진실을 알아보자.

*조령은..."이상설, 이위종, 이준의 무리들은....어떤 음모를 품고 있었기에 몰래 해외에 달려가 거짓으로 밀사라고 칭하고 방자하게 행동하여 사람들을 현혹시킴으로써 나라의 외교를 망치게 하였는가? 그들의 소행을 궁구하면 중형에 합치되니 법부에서 법대로 엄히 처결하라." 하였다.[순종즉위년(1907)-7-20]

*7월 20일에 "이상설,이위종,이준의 무리는....해외에 몰래 나가 밀사라 거짓말을 하고 제멋대로 사람들을 현혹시켜 나라의 외교를 망치게 하였다. 그들의 소행은 중형에 처해야 하겠으니....엄하게 처결하라." 는 조칙을 정중히 받았습니다...
피고 이상설은...교형에 처하고, 피고 이위종, 피고 이준은...종신징역에 처한다는 선고서를 작성하여 문의합니다....
체포한 다음에 형을 집행하는 것이 어떻겠습니까? 하니, 윤허하였다.[순종 즉위년 (1907)8월 8일]

☞ **고종 왈**: 전에도 헛소리 하더니, 도움도 안되는 것들이 괜히 내 입장만 곤란해지게···야, 헤이그밀사 사칭했던 애들, 다 잡아다 처형시켜!

*둘째 증거, 일진회 이용구 등 100만명 연명의 '일한합방 청원 성명서
일진회장 이용구가 100만 회원의 연명으로 된 '일한합방 성명서'를 중외에 발표하였다. 그 성명문에, 아!...2천만 국민 동포

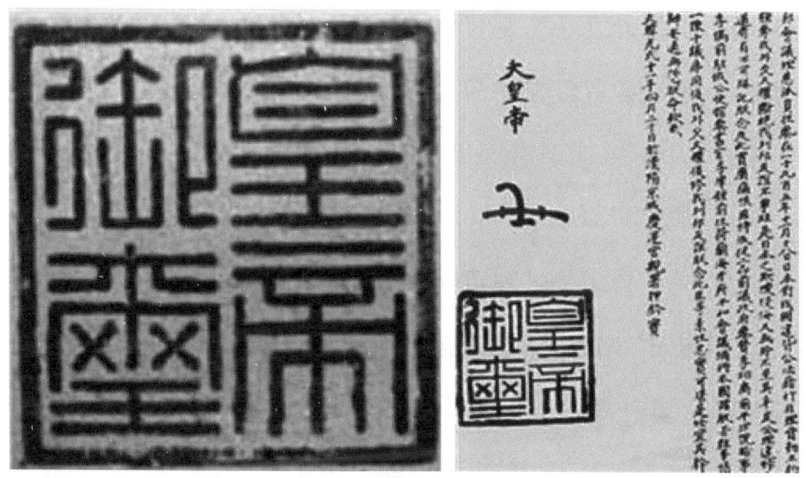

진짜국새(좌)와 가짜국새 (좌측 상단만 비교해도 가짜임이 확연히 보인다)

여!…일본과 한국의 관계가 이미 밀접해졌으니 감정을 풀고 기술을 배우며 문명의 모범을 점차 조금씩이라도 받아들여야 하겠는데 도리어 헤이그 문제를 만들어내어 일대 정국의 변동을 일으키고 7조약을 계속하여 체결하게 된 것도 우리 한국 사람들 스스로가 초래한 것이다…[순종2(1909)-12-4]

*세째는 공문서 위조범(국새위조 사기범) '헤이그 밀사 사기단'의 물증이다. 좌측은 다른 문서에 쓰인 진짜 국새이고, 우측은 고종의 밀사 위임장인데, 국새의 좌측 상단을 비교해 보면 진짜 국새와 크게 다를 것이다. 밀사를 자처하는 사람들의 문서에 찍힌 국새는 가짜다. 즉 공문서 위조다.

*넷째 증거, 일진회 이용구 등 100만명 연명의 '일한합방 청원 상소문'
…그러나 조정의 신하들은 깨닫지 못하고 여러 번 속임수를 써

서…결국 헤이그사건 도발에 이르러 부득이 임금의 자리를 물려주고 정사를 위임하게 되었으니…

☞속임수로 헤이그 사건 도발을 했다며 관련 신하들을 상소문에서 욕하고 있다.

'헤이그 특사'를 고종이 보냈다면 상소에서 이렇게 욕할 수 없다.

'헤이그밀사' 사건은, 충성심은 있지만 상황파악 못한 멍청한 신하들이 벌인 해프닝이었다.

한국사 날조교과서 사기단의 거짓말은 못말릴 정도로 용감무쌍하다. 거짓말을 지어서 교육시키면 결국 공신력에 문제가 생기고, 대가가 커지는데도, 그러거나 말거나 완전 들통날 때 까지는 우기고 보자는 거다.

20. 한국과 일본, 고대에는 언어가 같았다.

한국에서는 비밀이지만, 일본의 학자들은 한국과 일본이 고대에는 언어가 같았고, 일본어의 어근은 대부분 한국어에서 비롯된 것임을 밝혀낸지 오래다.

그러면 고대에는 같았던 한국어와 일본어가 지금은 왜 다를까?
달라 보이지만 지금도 우리가 가장 배우기 쉬운 언어가 일본어다.
왜냐하면 어순이 같기 때문이다.
한국어는 영어, 중국어, 불어 등과는 어순이 다르지만, 일본어와는 어순이 같고, 크게 변하지 않은 동류의 언어가 많기 때문이다.

예컨대 우리 말의 다리는 일본어의 타리, 매미는 '세미',
기와는 '가와라'이고 뱀은 '배미', 가마는 카마,
사각사각은 일본어의 '사쿠사쿠', 눈이 펄펄은 '파라파라',
찔끔찔끔은 '찌라찌라', 깔깔은 '카라카라',
그리고 물이 흐르는 졸졸은 '초로초로',
밥을 팍팍 먹는다는 팍팍은 '파꾸파꾸', 자꾸자꾸=자꾸자꾸,
키가 '쑥쑥'은 '스꾸스꾸', 먹는다는 말의 '우물우물'은 '모그모그'이며 '먹다'에서 유래한다.
일본의 대표 이미지인 '사무라이'도 우리 말의 '싸울아비'에서 유래한다.

제주도 사투리로 "나상 댕기당 트멍 나민 훗설 뵈린 척 헙서. 미시거엔 골암신디 알아지쿠강? (다니다가 시간 나면 잠깐 들르세요. 무슨 말인지 이해되세

요?)" "쐬몽생이는 돋고정허다."(해석 생략)

"고메기 딱살 어떵 헙디강?"(해석 생략)

이렇게 말하면 알아듣는 사람이 없는데 그 이유는,

육지와의 적은 교류 때문이고, 일본과는 더 오래 떨어져 살았기 때문에 더 많이 달라진 것이다.

앞서 밝혔던 임진왜란 때 조선 백성들과 왜군이 함께 뭉쳐서 싸우고, 함께 장사하고 노름판도 벌였다는 기록들을 보면,

그 때는 지금 만큼 언어가 달라지기 전이어서 어느 정도 대화가 통했을 가능성이 크다.

21.한국사 교과서가 감추는 진실, 백제와 일본은 사실상 같은 나라

⊙백제와 일본은 사실상 같은 나라.

백제 멸망 당시의 상황을 '일본서기'가 밝히고 있는데, "주유성이 함락 되었소. 어찌 해볼 수단이 없어요. 백제는 오늘로 끝장 났소. 조상 묘소에도 다시는 찾아갈 수 없게 되었어요" 라는 기록이 나온다.

당시 일본에서 백제를 수호하기 위해 파병한 27,000명의 군사들이 거의 전멸 했고, 백제는 망했는데, 이 때의 상황을 보자.

*당나라 사람들이 우리의 적을 데리고 와서 우리 땅을 어지럽히고 우리 사직을 전복 시키고 우리 군신을 잡아 갔습니다. [일본서기 660년 10월]

*(제명여왕이)처음 이곳(오사카)에 와 여러 무기를 비치하고 백제를 위해 신라를 치려고 스루가국에 명하여 배를 만들게 하였다. [일본서기 660년 12월]

*복신(백제)에게 화살 10만개...종자쌀 3000곡을 보내다. [일본서기 662년 1월]

*풍왕(백제)에게 포 300단을 보냈다. [일본서기 662년 3월]

*무기를 수선하고, 선박을 구비하며, 군량을 비축하였다.[일본서기 662년 12월]

***전선 1000척, 군사 2만7천명을 보내다** [일본서기 663년 3월]

*전선 1000척을 만들어 외국에 보내는 것은 국민이 총동원 되어도 힘들지 않을까 생각 합니다.[곤도 유이치로, 일본 고선박 복원 전문가]

*(30미터 기준)1,000 척을 만드는 데는 1만명 이상이 동원되어 2년 가까운 세월이 걸리지 않을까 생각합니다.[마광남, 한국 고선박 복원 전문가]

일본에 남아 있는 백제의 흔적들

☞일본의 제명 여왕이 즉시 파병을 결정하고 파병 준비도 직접 수행했고, 이를 위해 오사카로 천도까지 한다. 최고 통치자의 진두지휘 아래 1년 5개월간 일본 전역에서 모아진 물자와 군사들은 후쿠오카에 집결했고 전쟁 필승을 기원하는 성대한 의식까지 거행 되었다.

당시 100만여 명으로 추정되는 인구 속에서 27,000명의 병력과 물자들을 만들어낸 것은 당시 동원 가능한 능력의 최대치였다.

그렇게 모든 것을 쏟아 부은 일본 역사상 최대 규모의 파병이지만 결국 전멸했다.

대규모 파병 병력이 전멸하면 왕조가 몰락하는 경우가 많은데, 일본의 파병군이 전멸했는데도 왕실이 건재한 것은,

모국이 망하고 있는데도 파병하지 않았다면 오히려 그게 더 큰 죄악이기 때문이라고 일본 학자들은 설명한다.

또 일본의 역사가들은 일본이 백제인들이 건너가서 만든 나라임을 밝혀낸지 오래다.

일본인의 대부분은 BC 4세기~AD 7세기까지 한반도에서 건너간 사람들이며, 최근에도 일본 학자들은 백제의 26대 성왕이 일본의

29대 킨메이 천황(572-585)이었고, 일본 최초의 여왕 스이코 여왕은 성왕의 딸이며, 게이타이 왕은 동성왕의 아들이자 무령왕의 친동생 이라는 사실을 밝혀냈고, 고대에 한반도에서 건너간 인구가 약 150만 명 내외임을 밝혀내기도 했다.

일본인의 대부분은 백제계

일본에 남아 있는 백제의 흔적들

이며, 고대 일본인의 80% 이상이 한국인이었다. 일본의 역사서 '일본서기'는, '백제서기'라고 써도 될 만큼 백제에 대해 많이 다루는데, 그 책에 의하면 일본 왕궁이 있는 지명도 백제(百濟=구다라)였다.

1098년에 펴낸 지도에는 오사카를 백제주(百濟州)로 표기하고 있고, 백제강, 백제평야 등의 백제라는 이름이 곳곳에 있었다가 군국주의 정권에 의해 많이 지워졌지만, 지금도 백제군, 백제왕신사, 남백제초교, 백제대교 등의 고대 흔적이 곳곳에 남아 있다.

또 왕인 박사의 권유로 등극한 닌토쿠왕이 백제인임을 부인하는 학자는 없다.

천황가의 조상이 한반도에서 건너 왔음을 주장해 온 학자 마쓰모토 세이초씨도 고대 일본인은 백제인의 후손으로, 일본과 한국은 동족이며, 일본은 한국에서 갈라져 나온 국가임을 밝혀냈고, "쓰시마 해

고대 무덤의 벽화(좌측은 한국, 우측은 일본)

협이 있어서 반도가 삼국시대의 전쟁터였을 때 일본은 독자적으로 좀더 일본화 된 것이고,

미국이 영국에서 떨어져 나간 것과 같다"고 밝히기도 했다.

일본 덴노(天皇)**가 자신에게 백제인의 혈통이 흐른다고 한 말도 이와 같은 맥이고, 일본이라는 국호도 백제에서 '해돋는 쪽'이라는 뜻으로 쓰이던 단어이며, 일본의 문자인 가나를 만든 것도 백제인, 고대 일본어의 뿌리도 백제어**(구다라어)**였다.**

또 고닌왕은 백제 왕족이다 라는 고문서 목판본(1158)이 발견되고, 그의 왕후는 백제 무령왕(501-524)의 후손인 화신립 황태후, 즉 50대 간무왕의 생모라는 사실도 밝혀졌다. [속일본기 797년]

교토는 백제계 간무왕이 794년에 제창한 고대 왕도였다.

히로히토 덴노를 포함한 일본 황제들이 참배하던 '히라노 신사'의 신전에 모셔진 주신은 백제의 26대 성왕(523-554)이고, 다른 신들도 모두 백제 왕과 왕족들이다.

일본의 문화 제국 시대인 헤이안 문화시대를 활짝 연 일본의 영웅 간무천황은 할아버지도 백제 왕족이고, 어머니도 백제의 귀족이라는 사실이 1158년에 편찬된 고대 문헌 등으로 드러나기도 했다.

일본서기는 백제 26대 성왕이 일본에 백제불교를 전파했다고 기록하고 있다.

성왕은 알려진 것처럼 554년 신라군과의 전투에서 사망한 것이 아니라 장남에게 왕위를 물려주고 일본 왕실로 건너갔고,

성왕은 이미 539년 센카왕이 사망했을 때부터 백제와 일본을 넘나들며 양국의 왕을 겸임했던 것으로 드러났다.

성왕의 선대인 무령왕과 동성왕도 모두 백제왕으로 등극하기 전에 왜 왕실에 살았다. 일본서기에는 동성왕과 무령왕이 각기 일본에서 귀국해 백제왕으로 등극했다는 내용이 있다.

그러니 조부와 부친이 백제계 왜 왕실에서 살다 귀국해 백제왕이 됐다는 사실 만으로도 성왕이 어떻게 왜왕을 겸임할 수 있었는지가 설명이 되는 것이다.

일본 왕실에서는 새 왕도가 된 교토에 794년 성왕의 일본 왕실 사당인 히라노 신사를 세웠으며, 현재까지도 잘 보존되고 있다.

또, 백제의 무령왕은 왜의 후왕인 친동생 오호도에게 장수를 기원하는 주술적 청동거울을 만들어 주었는데, 오호도가 그의 친동생이었기 때문이며, **백제의 동성왕은 일본에 건너가 백제 왕가에 살았던 곤지 왕자의 아들이다.**

곤지왕자는 백제 개로왕의 제2왕자다.

'칠지도'는 일본의 국보인데, 일본 고대 역사학의 태두로 불리우는 교토대 우에다 마사키 박사는 '백제 왕이 왜의 후왕에게 칠지도를 하사했다'고 밝혀 파문을 일으킨 적 있고, 국수주의 청년들로부터 협박을 받았다고 밝히기도 했는데, 그는 '신찬성씨록'을 근거로 30대 비타쓰 천황도 백제 왕족임을 밝히기도 했다.

그를 비롯해서 고대사를 충실히 연구하는 학자들은 일본 내 반한 세력으로부터 갖은 협박과 정신적 박해를 받고 있다는데, 일본의 반한 감정의 이유는 반일감정의 반작용이다.

요약하면, 백제와 일본의 왕실은 일종의 '가족기업'으로서, 형제간에 친인척 간에 서로 오가면서 왕위를 이어 온 것이고, 백제와 일본은 사실상 같은 나라라는 것이다.
이 외에도 한일 양국이 동족이라는 근거들은 책 몇 권에 이를 만큼 차고 넘친다. 한국사 교과서가 감추고 있을 뿐이다.

또 일본 학자들은 유전학적으로도 한국과 일본은 완전 동일함을 밝혀냈는데, 일본 국립 유전학 연구소 사토시 호라이 박사는 한국인과 본토 일본인의 유전적 거리는 거의 제로(0)임을 발표하기도 했고, 돗토리 대학 다카오 교수팀도 같은 연구결과를 내기도 했다.

종합하면 고대 한반도에서 건너간 사람들이 큐슈에 정착한 후 혼슈로 퍼져 올라간 것이며,
한반도 도래인과 소수의 일본 원주민이 섞이고, AD600년까지 융합이 계속 되면서 현대 일본인이 형성된 것이다.

*한국인과 일본인은 수긍하기 힘들겠지만 고고학적, 유전학적 증거가 충분하다. 한국과 일본은 성장기를 함께 보낸 쌍둥이와도 같다. [제레드 다이아몬드 교수]

⊙한국인만 모르는 독립과 분단, 합병과 통일에 대해

한국인들은 지속적인 세뇌교육 탓에 통일은 좋고 합병은 나쁜

고대의 토기와 청동검(좌측은 일본, 우측은 한국)

것으로만 아는데, 통일과 합병은 원래 같은 말이다.

또 독립은 좋은 것이고 분단은 나쁜 거라 여기는데, 독립과 분단도 역시 같은 말이다. 똑같은 물건 가지고 사기치는 인간들도 문제지만, 덮어놓고 믿는 사람들도 문제다.

과거 일본이 한국에게 범한 가장 큰 죄악이 하나 있는데, 그것은 바로 임란 호란 이후의 300년 간이나 조선을 침략하지 않고 내버려둔 일이다.

인민들이 노예로 굶어 죽는 생지옥 나라는 스스로 지배층을 교체하던가 누군가가 침략해서 세상이 바뀌는 게 순리인데 조선에만 그게 없었다.

우리나라 일이니 일본은 무관하다? 침략이나 주권 침탈은 나쁜거다? 못된 가장의 주권만 중요하고 피지배 인민들의 인권은 중요하지 않은가? 더군다나 형제가 조폭에게 감금당해 죽어가고 있다면?

한일합방이 설령 침략과 강점이라고 쳐도, 침략한 게 죄가 아니라 침략 안한 게 죄다.

조선 민중은 납치범에 의해 노예로 죽어가는 상태였고, 일본은 그 납치범들을 300년이나 응징하지 않았던 악당들이었다.

⊙최초의 민족통일은 신라가 아닌 백제가 이룬 것

고대에는 한반도인이 일본을 주도 내지 정복했었다.

그러나 백제가 중국에게 짓밟히면서 한반도인들은 중국의 졸개에게 정복당해 끝없이 굶어 죽어 왔지만, 그동안 일본은 수백년 간의 발전을 이루어 한반도를 통일 했던 것이다.

일본으로 패퇴했던 백제 세력이 '금의환향' 해서 조선인들의 민심을 얻고 평화 통일을 이루어 우리를 삼키려던 중국과 러시아를 물리치고, '노예해방', '인간해방', '여성해방', '굶어죽음에서의 해방'을 이룩한 사건이 '한일합방'이다.

찢어졌던 동족과 다시 힘을 합쳐서 일약 아시아의 주도 세력으로 등극하게 된 사건이다.

우리가 배운 '삼국통일'은 가짜다. '민족'이라는 게 원래 있어 왔다고 치고, 한국식 '민족' 개념에 의하면 한국·일본은 동족이고, '최초의 민족통일'은 '한일통일(=한일합방)'이다.

즉 신라는 민족통일을 한 적이 없고, 최초의 민족통일은 신라가 아닌 백제(일본)가 이룬 것이며, 지금은 신 삼국시대다.

22.일제가 이 땅에 처음 발 디뎠을 때

⊙일제가 이 땅에 처음 발 디뎠을 때

한일합방 34년 전인 1876년, 일제가 이 땅에 처음 발 디뎠을 때의 일이다. '인천 항에 일본이 들어오고, 일본 공사 대조규가 조선 왕에게 주문을 올려 말한 부분'을 황현의 '매천야록'이 기록하고 있다.

[아국과 귀국은 동양 한 쪽에 자리 잡고 있으며, 지역적으로도 가까워서 서로 도와야 하는 관계에 있습니다. 이제 열방의 대세를 보면 정치와 교육으로 백성을 다스리고, 입법으로 재정을 다스리며, 농사를 권면하고 상업을 장려하고 있습니다. 이렇게만 하면 저절로 부강해지지 않을 리가 없으니 천하를 크게 보자는 뜻입니다.
만약 옛날부터 내려오는 법에 계속 얽매여서 변통을 못한다면 어찌 열강들 사이에서 자립 할 수 있겠습니까?
그래서 저희 조정에서 귀 정부와 회동하여 이러한 방법을 강구하여 현실 정치에 적용하는데 힘쓰시기를 원합니다.
이렇게만 된다면 기쁨과 슬픔을 함께 하는 우리 관계와 서로 돕고 의지하는 정국을 끝까지 보존 할 수 있게 됩니다. 엎드려 바라건대 칙령으로 대신들에게 이를 전해 주시기를 원합니다.]
그러고는 오강 16조를 보내어 개혁을 권했는데,
그 내용은 대략 이렇다.

1. 불필요한 관원을 줄이고, 문벌이 아닌 재주와 덕망 위주로 등용한다.
2. 내외의 대권을 모두 정부에 돌리며 그 아래에 6부를 둔다.
3. 왕궁과 정부를 구별하여 서로 간섭 하지 말게 한다.
4. 팔도에 나눈 고을이 너무 많으니 서로 합병하여 경비를 줄인다.
5. 뇌물을 바치고 벼슬 한 자는 모두 내쫓는다.
6. 관원의 봉급을 정하고 넉넉히 지불하며, 뇌물 수수자는 엄하게 다스린다.
7. 서울이나 지방의 관리들이 상업을 경영 하지 못하게 한다.
8. 전국의 재정을 하나 하나 밝히고, 수입과 지출을 계획적으로 한다.

9. 국내의 토산물을 하나하나 조사해서 세칙을 정한다.
10. 모든 국도는 평평하고 넓게 하고, 한성에서 항구까지 철도를 부설한다.
11. 각 해관을 정부가 관장하며 외국 사람의 간여를 허락 하지 않는다.
12. 법률을 정하여 죄인을 공평하게 다스린다.
13. 군대의 정원을 늘려 내란을 안정 시킨다.
14. 무관도 마땅히 글 읽은 사람을 등용하여 문무의 재능을 갖추게 한다.
15. 도성과 각 도 요충에 순포방(巡捕房)을 설치한다.
16. 각 도에 유학당과 중학 및 전문학교를 설치하고, 서양의 예를 따르며, 우등생을 뽑아 각 나라에 내보내 학업을 익히게 한다.

매천 황현은 이를 보며 한탄한다.

"**진심으로 우리나라 만을 위해 내놓았다고는 볼 순 없지만, 우리의 증세에 맞게 처방해 준 약이 아니라고 말하는 것도 옳지 않다. 우리가 힘써 행했어야 할 일이 아닌가?** 나라는 반드시 제 손으로 망하게 된 뒤에라야 남이 망하게 한다 했는데, 아 슬프다." 황현은 탄식 했지만, 그로부터 34년의 시간이 있었다. 워낙 엉망진창의 나라여서 그 때 정신 차렸어도 늦었을 수는 있지만, 늦었다고 여겨지던 그 때가 바로 기회였다. 그러나 기회를 활용할 역량이 없었다.

◉조선 개혁 실패의 진짜 이유

일본은 1854년 미국 페리 제독에 의한 미.일 통상조약 이후, 메이지 유신(1867~1912)으로 강력한 근대 산업국에 대한 열망이 단기간에 구현 된다. 1884년 베트남 지역을 둘러싸고 청과 프랑스간 전쟁이 벌어져서 청이 조선에 신경 쓰기 어려워질 때 즈음 일본의 도움을 얻은 김옥균과 박영효 등이 거사에 성공했고 짧은 와중에 개혁정책 14개항을 발표했다.

좌측은 아비의 등에 업혀 가면서 담배를 피는 조선 여성. 조선의 실제 문화는 우리의 상식과는 많이 다르다. 우측은 조선 말의 용산 나루터

1. 대원군 귀국 및 청나라에 조공 폐지
2. 문벌 폐지,
3. 인민평등에 따른 인재등용
4. 조세제도 개혁
5. 내시 폐지
6. 부정부패 관리 처벌 등등…

일본의 메이지유신을 이식한 혁신적인 안이었지만, 조공까지 폐지하겠다고 하자, 중국이 군대를 풀어 개혁을 방해했고 일본도 중국을 이길 힘이 부족하여 '갑신정변'의 개혁은 3일 천하로 끝나고 말았다. 그리고 이 땅의 유일한 희망이었던 개화파들은 민비 일파에게 처참하게 죽임당했다. 홍영식과 박영교(박영효의 형)도 살해당하고 김옥균은 민비가 보낸 자객에게 암살당했고, 그의 신체는 갈갈이 찢겨 거리에 내걸렸으며, 김옥균의 아버지를 포함한 가족들이 처형되고, 그의 아내와 딸은 남의 집 종이 되었다.

한반도 자력 근대화의 유일한 희망이 사라진 것이다.

혁명 실패는 조선 지배권을 이어가려는 중국의 방해가 결정적이었

전등이 보급된 서울 종로 거리

지만, 국민 의식도 상투에 목숨 걸 만큼 너무 낮았다.

당시 러시아는 지속적으로 남하 중이어서 부동항이 필요했고, 일본에게 있어 한국은 중요한 안보의 요충이었다.

일본이 지속적으로 한국에 신식 군대도 만들어 훈련도 시켜주고 각종 개혁을 권고 내지는 강권까지 하면서 조선의 개혁을 원했던 것도, 한국이 일본과 함께 대륙 세력을 견제하기를 원했기 때문이다.

영국이 러시아의 남하를 막기 위해 일본과 손잡고 일본을 대리인으로 내세운 것과 마찬가지로, 일본도 러시아를 막기 위해 한국과 손 잡고 한국을 지원하면서 동시에 양국의 안전을 도모하려 할 수 밖에 없는 형국이었다.

그러나 한국은 확고한 동맹은 커녕, 오히려 청나라, 러시아 등에 붙어 어장 관리 하면서 일본이 요구한 개혁은 거의 다 팽개쳐 버렸고, 개화파 선각자들을 모두 죽여 버렸다.

결국 도울래야 도울 수 없을 만큼 '자폭'해버린 것이다.

30년 세월이 흘러도 백약이 무효였다.

윤치호의 말대로 조선의 개혁 실패는 지배층의 무능 때문이었

한강 나루터의 뗏목과 일본이 만든 다리

던 것이다. 결국 일본은 한국을 키우는 것은 불가능해보이니, 차라리 직접 한반도를 장악 하는 게 모두에게 낫다는 결론을 내린 것인데, 한국사 교육은 그 진실을 절대 알려주지 않는다.

◉봉건 지배층의 행복과 국민의 행복은 반비례한다.

그런데 봉건 지배층의 행복과 국민의 행복은 보통 반비례한다.

국민을 노예로 부리는 봉건 지배층이 계속 행복해버리면, 국민은 계속 고통 속을 헤매야 하고, 그 봉건 지배층이 망하면 국민은 보통 행복해진다. 북한도 지배층이 행복하면 국민은 불행하고, 지배층이 망하면 국민은 행복해진다.

굶주리는 나라가 선진국에 무혈인수 된다면 특히 그렇다.

이는 사원들 월급을 못주는 부실 중소기업 무능한 기업주의 경영권을 대기업이 인수 하는 것과 비슷해서, 부실 중소기업 업주에게는 회사 빼앗겼으니 국치(망국)일 수 있지만 부실기업 사원들은 반대다.

부실 기업이 대기업의 계열사로 인수합병 되면,

대기업 사원으로 신분이 바뀐 부실기업의 초졸 또는 무학의 사

일제시대 초기의 조선 백성들(이 사람들에게는 우리민족 지배층이냐 타민족 지배층이냐가 중요한 게 아니었다. 굶어 죽는 노예 백성이냐 아니냐가 중요했던 것이다.

원들은 새로운 회사가 생기는 것일 뿐이며,

기존 사원들에게 당분간 차별 받을 수는 있으나, 급격히 상승된 소득과 복지의 기쁨이 차별의 슬픔을 압도하지 않을까?

사원들에게는 단지 좋은회사 되면 좋고 나쁜회사 되면 나쁜거 아닐까?

아무리 민족주의 사기 교육이 창궐한다 해도 우리는 왜...
봉건 지배자의 관점에서만 보고 국민 관점에서는 볼줄 모를까?

◉**진정한 진보의 시작은**

*일본 외무성이 프랑스 선교사를 석방할 것을 청하는 공문을 보내오다....'근래에 프랑스 선교승(宣敎僧) 4, 5명이 귀국에서 체포되어 옥에 갇혔는데....전에도 이런 일이 있었는데 다시 지난날의 전철을 밟는다면 프랑스의 격노는 더욱 심해질 것이다...귀국을 위하는 계책으로는 잡아둔 사람들을 빨리 풀어주고 관대하게 대하여 본국으로 돌려보내는 것보다 좋은 방법이 없을 것이다....' 하니, 윤허하였다.[고종15(1878)-6-6]

☞프랑스가 조선에 대해 무력을 사용할 위험성을 일본이 알려서 이

일제시대 초기의 조선 백성들

를 차단하고 있는데, **만약 필자가 1876년 개항기에 조선 백성으로 살고 있었다면, 일본이 프랑스의 침공을 그냥 내버려두거나, 조선 왕조를 개선 시키려는 괜한 노력 하지 말고, 강점해서라도 조선을 지배해주길 원했을거 같은데, 당신의 생각은 어떤가?**

그로부터 30여년 후에야 노예제와 굶어 죽는 시대가 끝났는데, 외세를 통해서라도 굶어 죽는 시대가 빨리 끝나는 게 낫지 않을까? 한일합방이 너무 늦은 거 아니냐는 얘기다.

물론 동의하지 않을 수도 있다.

남의 나라를 지배하는 것은 나쁘다는 생각도 물론 일리는 있지만, 중요한 것은 '지배층행복 중심주의'인 '민족주의' 말고, '국민행복 중심주의' 관점으로 사고하는 것이다.

한국사 교과서는 오직 봉건 지배층 중심주의이며,

우선 당신만이라도 국민 중심주의 사관을 갖는 것, 그것이 진정한 진보의 시작이 될 것이다.

한국의 역사조작 이념사기극(1)

1판 1쇄	2022년 3월 2일
지은이	이방주
펴낸이	새미래북스
등록일	2022년 01월 25일
등록번호	제2022-000018호
주　　소	경기도 파주시 중앙로 308, 1305호(현대금촌타워)
대표 전화:	0505-815-1472
팩　　스:	0505-747-1472
이 메 일:	smrbooks@naver.com
가　　격:	15,000원

ISBN 979-11-977759-0-1

주문,후원:농협 301-0274-7182-11
　　　　　(새미래북스)

*파손된 책은 교환해 드립니다.